TODO BLUES

Redbook

TODO BLUES

Manuel López Poy

MA
NON
TROPPO

MA NON TROPPO

Diseño de cubierta: Regina Richling

Diseño de interior: David Saavedra

ISBN: 978-84-949285-1-2

Depósito legal: B-25.519-2018

Impreso por Sagrafic, Pasaje Carsi 6, 08025 Barcelona

Impreso en España - *Printed in Spain*

Gracias a David Moreu, Héctor Martínez, Ramón del Sólo, Eugenio Moirón, Josep Pedro, Hernan "Chino" Senra, Mario Cobo, Cristian Poyo Moya, Blas Picón, Balta Bordoy, Manuel Recio, Joan Ventosa, José Luís Martín, Jordi Monguillot, Lewis Romero, Mabel González Bolaño, Lluís Souto, Miquel Abella, Chema Núñez, Gabriel Gratzer, Martín Sassone, y los componentes de *Ciudad Blues*, cuyos artículos, apoyo documental y asesoramiento fueron fundamentales para la preparación de esta obra.

Índice

Introducción: Un asunto diabólico 9
1. Historia esencial del género y sus protagonistas 11
Un viaje a los orígenes 13
El nacimiento de una identidad 29
El final de la esclavitud 41
La germinación del blues 55
La aparición del bluesman 65
Los locos años veinte y la consolidación del blues 83
Los duros días de la ruta hacia el norte 101
La depresión que lo cambió todo 119
El nuevo sonido de la gran ciudad 131
Tiempos nuevos, tiempos salvajes 151
Los tiempos están cambiando 173
El triunfo de los viejos mitos 185
Transitando por el siglo XXI 191
2. El blues británico 201
3. Blues del continente europeo 233
4. Al sur del sur. El blues en Latinoamérica 261
5. El blues en España 289
7. África y el blues del desierto 325
8. Los divulgadores 339
9. Las claves del género 357
Filmografía 375
Bibliografía recomendada 395

Introducción: Un asunto diabólico

«El blues no es algo que se pueda aprender rápidamente. Hay algo que no viene en los libros.» La frase, atribuida a Otis Rush, resume por sí sola la tremenda osadía que supone escribir sobre la música madre de las músicas de la cultura pop. Escribir un libro sobre El Blues es, sin ninguna duda, la empresa más arriesgada que he emprendido nunca. Y lo pongo así, en mayúsculas, porque soy de los que consideran que esa palabra encierra mucho más que un género musical, un sentimiento o un estilo de vida, que de todas formas se interpreta. Dice el manual de Perogrullo que cada uno habla de la misa según le ha ido en ella. Claro que tratándose de la música del diablo el símil no parece muy afortunado. En mi caso, mi pasión por el mundo del blues nació por el más puro azar, un azar encarnado en un viejo Chevrolet conducido por un entrañable amigo, que en un día lejano me condujo hasta un pueblo rodeado de campos de algodón, en el delta del Misisipi, lugar del que yo no había oído hablar en mi vida. Yo buscaba otras quimeras, todas ellas encarnadas por el espíritu literario y aventurero del *On the road* y en Clarksdale me di de bruces con el blues en el *crossroad*.

Desde entonces no he dejado de leer sobre su historia y de escuchar a quienes la protagonizaron, sin haber dado jamás con la respuesta a la pregunta del millón de dólares: ¿qué es exactamente eso que se llama blues? He indagado y preguntado a músicos y expertos, negros y blancos, europeos y americanos, legos y fanáticos, y casi siempre he encontrado más dudas que certezas. Por eso cuando se me dio la oportunidad de embarcarme en el ambicioso proyecto que supone este libro, el cuarto que escribo ya en torno a este endemoniado asunto pero el primero que lo aborda en su globalidad, me propuse tres cosas: disfrutar haciéndolo, narrar la historia desde el punto más humano posible, dejando que las leyendas fluyan libremente, y tratar de aportar los datos suficientes para dar al lector una visión panorámica pero sin influir en su opinión con la mía personal. Que cada uno saque sus conclusiones y pase un buen rato... y con eso me doy por más que satisfecho.

Como decía al principio, escribir sobre blues es un asunto delicado, espinoso y arriesgado, porque el aficionado lo suele vivir con una pasión casi religiosa y el que más y el que menos tiene sus dogmas y los defiende con la vehemencia correspondiente. La polémica es inherente a cualquier conversación sobre el género y soy consciente de que en torno a este libro se celebrará más de un aquelarre. Habrá quien considere escasas algunas biografías y superfluas algunas explicaciones. Habrá a quien le rechine que en el libro figuren ciertos nombres, especialmente de músicos blancos y para colmo europeos. No faltará quien considere anatema mezclar el blues británico con el afroamericano y quien crea que muchos músicos de blues que aquí figuran no son merecedores de tal nombre. Hay quien sostiene que el blues en esencia está reservado a los afroamericanos como sus únicos y verdaderos autores, mientras que los blancos pueden aspirar, como mucho, a ser meros «intérpretes» o «turistas» del género, como también los califican algunos. Y hay también quien cree que, a principios del siglo XXI estamos hablando de una música universal y que el blues es blues, se haga en el Tíbet o en Chicago. En el terreno de las opiniones, pasa como en el de la fe, que todas contienen la verdad en exclusiva y ninguna tiene la razón absoluta.

Pero no es al experto erudito a quien se dirige en esencia este libro, o al menos no a él en primera instancia, sino al aficionado a la cultura en general y la música en particular, que tenga curiosidad por saber cuáles son los fermentos de la banda sonora que le ha acompañado a lo largo de la mayor parte de su vida. Porque el blues es el ADN básico de la música popular actual en todo el mundo, si exceptuamos la música clásica y las músicas folclóricas regionales, entendidas en el más estricto sentido, sin mestizajes modernos. Este libro pretende recoger la parte más amplia posible de esa impronta que ha dejado en nuestra cultura la música que hace ya más de un siglo crearon los descendientes de los esclavos como máxima expresión de su lucha por la supervivencia y la dignidad. No he pretendido escribir una Biblia y tampoco buscaba hacer una simple guía, pero sí quería contar una historia, lo más amena posible, que sirviese a la vez de homenaje al pueblo afroamericano y de manual para asomarse a su historia. Si lo he conseguido o no, es algo que, como siempre, dejo a tu criterio, estimado lector.

Manuel López Poy

1. Historia esencial del género y sus protagonistas

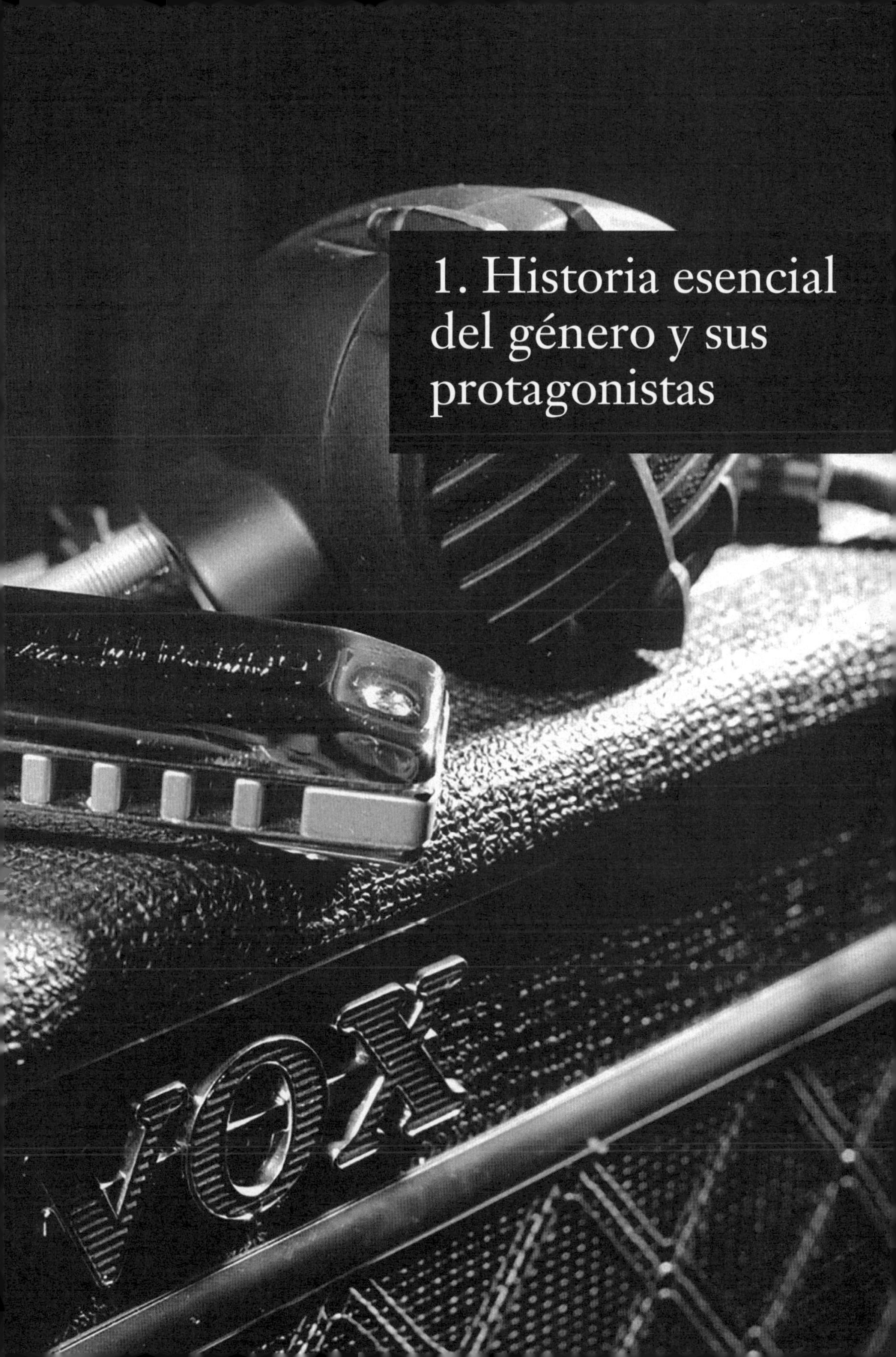

Un viaje a los orígenes

El martes 20 de enero de 2009, las miradas de todo el mundo se dirigieron a la escalinata del Capitolio de Washington, para asistir una trascendental cita con la historia: la toma de posesión de Barack Obama, el primer presidente negro de los Estados Unidos de América, que juró su cargo ante casi dos millones de personas, además de su familia y un grupo selecto de invitados entre los que figuraban lo más rutilante del *star system* afroamericano: Oprah Winfrey, Puff Daddy, Aretha Franklin, Magic Johnson, Beyoncé y su marido, Jay Z, Muhammad Ali y Denzel Washington, entre otros. Para todos ellos el momento era único, especial e irrepetible, sobre todo por una cosa: representaban a la élite de un pueblo, los descendientes de los esclavos negros llevados a la fuerza a tierras americanas durante generaciones y explotados, segregados y tratados como ciudadanos de segunda durante siglos. Al margen del estéril debate sobre los orígenes afroamericanos o no del presidente –que Ancestry.com, la red genealógica más grande del mundo, conecta con John Punch, el primer esclavo conocido en Virginia, pero, para sorpresa de propios y extraños, por vía de su madre, de origen irlandés–, los orígenes de la propia primera dama, Michelle LaVaughn Robinson Obama, se pueden rastrear hasta una plantación de Georgia en el siglo XIX, donde un blanco desconocido dejó embarazada a una adolescente, Melvinia Shields, que sería la madre de su tatarabuelo. Un pasado similar compartían los demás famosos de la tribuna, con unas biografías que en muchos casos son un retrato vivo de la secular segregación racial de los Estados Unidos, como el campeón mundial de boxeo Muhammad Ali, que renunció a su nombre de pila, Cassius Clay, porque era un nombre de esclavo, o la estrella de la televisión Oprah Winfrey, cuyos humildes orígenes como hija de madre soltera criada por su abuela, que la vestía con ropa hecha con la tela de sacos, violada en la adolescencia y recluida en un centro de detención juvenil, parece un calco de la de las grandes estrellas femeninas del blues de los años veinte.

Todos ellos forman parte de la élite social de lo que el poeta, intelectual e investigador musical Amiri Baraka –nacido Leroi Jones– definió como el pueblo del blues en su libro *Blues People*, en el que realiza afirmaciones tan drásticas como: «Si la sociedad no aceptaba a un negro, ello no se debía a que ese negro careciese de educación, a que fuese vulgar e inepto para vivir en esta sociedad, sino al puro y simple hecho de que ese negro era un negro». Y mantenía con rotundidad que: «El criterio específico que indica el radical cambio operado en los negros, en el camino desde la esclavitud hasta la "ciudadanía", es su música». Fue precisamente esa música, la banda sonora del largo camino recorrido por los africanos que fueron llevados por la fuerza a los territorios norteamericanos hasta alcanzar su estatus de ciudadanos de pleno derecho, lo que equivale a decir que el blues es el símbolo cultural tanto del sufrimiento como de las ansias de libertad de los afroamericanos y una de sus principales aportaciones a la cultura norteamericana e incluso mundial.

Una tragedia africana

La prehistoria del blues comenzó en algún lugar de la costa occidental africana, donde en 1619 fue embarcado un lote de esclavos en el *San Juan Bautista*, un barco negrero portugués que a los pocos días de navegación fue asaltado por un buque corsario inglés, el *White Lion*, que se adueñó de aquella carga humana o «madera de ébano», como eufemísticamente la llamaban los tratantes de esclavos. A finales del mes de agosto el corsario inglés llegó al puerto de Jamestown, en la colonia británica de Virginia, donde cambió parte de su carga humana por suministros para poder continuar su viaje. Estos fueron los primeros esclavos procedentes de África que llegaron a la Norteamérica anglosajona, los conocidos como «20 and odd» –que anteriores versiones de la historia afirmaban que viajaban en un buque holandés– y que constituyen en definitiva el germen de la actual población afroamericana. Sea como sea, estos cautivos fueron los primeros negros africanos que pisaron el territorio de lo que serían los futuros Estados Unidos de América, para crear, muy a su pesar, un pueblo y una cultura que serían esenciales en la historia de lo que un día se calificó como la primera potencia mundial y en el que nació parte fundamental de la cultura popular del siglo XX.

Esta es la versión oficial y más extendida sobre el origen de los afroamericanos en Estados Unidos, aunque también podríamos remontamos todavía casi cien años atrás, a 1526, cuando el español Lucas Vázquez de Ayllón intentó crear una colonia en las Carolinas con cien esclavos negros, que probablemente fueron los primeros africanos que pisaban lo que acabarían siendo los Estados Unidos. Como curiosidad cabe señalar que los primeros esclavos llegaron a tierras norteamericanas quince meses antes que los Padres Fundadores del *Mayflower*, lo que coloca a los afroamericanos en la *poole position* del pedigrí estadounidense. Técnicamente estos africanos no tenían exactamente la calificación de esclavos, sino de siervos o sirvientes, que era

como se denominaba a los trabajadores de las haciendas coloniales inglesas, incluidos los blancos que firmaban un contrato de trabajo por un determinado tiempo a cambio del viaje desde Europa y la manutención en las granjas y plantaciones en las que trabajaban.

Antes de la Independencia habían llegado a las colonias británicas de Norteamérica casi dos millones y medio de personas de origen europeo –el 85 por ciento ingleses, irlandeses, escoceses o galeses, el nueve por ciento alemanes y el cuatro por ciento holandeses–, de las cuales ocho de cada diez lo hicieron bajo alguna forma de servidumbre por contrato. Para los marginados económicos y políticos europeos, la única salida era irse al nuevo continente, hipotecando su vida durante un mínimo de siete años de trabajo sin remunerar. Eso sin contar a los presidiarios, que podían reducir su condena con trabajos forzados en las colonias. A pesar de todos los sufrimientos, América suponía para todos la posibilidad de alcanzar la libertad y una vida mejor. Para todos, menos para los 287.000 esclavos que llegaron a las costas de Norteamérica entre aquel día de 1619 y el 4 de julio de 1776, cuando el recién nombrado Congreso de los Estados Unidos aprobó la Declaración de Independencia que ponía el énfasis en dos temas: los derechos individuales del hombre y el derecho de revolución, dos asuntos de los que los negros llegados de África y sus descendientes estarían todavía excluidos durante más de un siglo.

La diferencia fundamental era que tanto los siervos europeos como sus descendientes podían alcanzar la plena libertad, cosa que no sucedió con los africanos, que a partir de 1654 se convirtieron oficialmente en esclavos privados de todo derecho, curiosamente por pretender defender su derecho a la libertad. Ese año, John Casor, un sirviente negro, se convirtió, para su desgracia, en el primer esclavo legalmente reconocido en las colonias británicas de Norteamérica. Casor le dijo a su vecino Robert Parker, que su propietario, un colono llamado Anthony Johnson le estaba manteniendo como esclavo más allá del término legal que le correspondía. Parker le dijo a Johnson que si no liberaba a Casor denunciaría el hecho a la justicia, lo que, según las leyes locales, podría suponer la pérdida de algunas de las tierras de Johnson, quien se avino a liberar a Casor, que a partir de ese momento estuvo siete años trabajando para Parker, pero como asalariado. Johnson dijo sentirse engañado y presentó una denuncia para recuperar a Casor como esclavo. El condado de Horthampton, en Virginia falló a favor de Johnson, y declaró que Casor debía regresar con él como esclavo de por vida. La cosa podría parecer surrealista si no fuese trágica, pero adquiere tintes más trágicamente absurdos si se tiene en cuenta que el demandante esclavista, Anthony Johnson, era un negro libre.

De todas forma, ya en 1641 Massachusetts había aprobado una enrevesada ley que establecía que podían ser considerados esclavos «cautivos capturados en guerras justas y los extranjeros que se vendan voluntariamente a sí mismos o sean vendidos», punto este último que dejaba poca escapatoria a la esclavitud forzada, excepto por el uso de la palabra «extranjeros», gracias al cual algunos hijos de esclavos nacidos en las colonias podrían obtener la libertad. Pero esa duda quedó solventada en 1643, cuando la colonia de Maryland estableció por ley que «todos los negros u otros esclavos, servirán durante la vida». El clavo que remachó este cadalso del cautiverio lo pusieron a principios del siglo XVIII las autoridades de Carolina del Sur, que decretaron que «Deberá asumirse siempre que todo negro, indio, mulato y mestizo es esclavo, salvo que pueda demostrar lo contrario». Curiosamente a partir de ese momento la entrada de esclavos en las colonias británicas en el norte de América pasó de 21.000, entre 1619 y 1700, a 189.000 en los siguientes sesenta años. Se había puesto en marcha un negocio tan inhumano como lucrativo, la trata de esclavos con destino a las plantaciones de los futuros Estados Unidos.

La trata, un negocio de pesadilla

Desde la llegada los primeros esclavos a Jamestown, los famosos «20 and odd», hasta 1807, año en el que el Parlamento de Inglaterra promulgó el Acta para la Abolición del Comercio de Esclavos, los barcos que cubrían la ruta entre Inglaterra, la costa occidental africana y Norteamérica o las islas del Caribe, transportaron más de tres millones de esclavos. La inmensa mayoría de ellos procedían de lugares conocidos como Senegambia, Sierra Leona, la Costa de los Esclavos, la Costa del Oro, el golfo de Benín, Cabinda y Luanda, todos en la zona media de la costa oeste del continente. En el siglo XV los portugueses habían instalado en la zona unos depósitos en los que se retenía a los esclavos que les vendían los propios africanos, habitualmente reyezuelos o jefes tribales de zonas del interior, y que luego eran vendidos a los españoles, primero, y a los ingleses después, para ser usados como mano de obra en el llamado Nuevo Mundo. Durante los siglos XVI y XVII, España, Holanda e Inglaterra compitieron por hacerse con este mercado, que fue prácticamente monopolizado por Gran Bretaña, a través de la British

South Sea Company, a partir de 1713. En realidad, la esclavitud existía en África desde tiempos ancestrales y los perdedores de los enfrentamientos tribales se convertían en esclavos de los vencedores, e incluso los árabes del norte del Sáhara vendían esclavos negros desde los días del Imperio Romano, pero fueron los europeos los que convirtieron la esclavitud en una industria.

La trata se convirtió en un negocio redondo, en el que en buena medida se sustentó el desarrollo de los países europeos, con especial peso en el Reino Unido, y se cimentó la base económica de la primera Revolución Industrial. El precio de los esclavos fue subiendo y a finales del siglo XVIII un esclavo sano de entre dieciocho y veinticinco años, podía costar entre 16 y 20 libras esterlinas. Era un ciclo económico perfectamente estudiado, tal y como se explica gráficamente en el libro *Camino a la libertad. Historia social del blues*: «A mediados del siglo XVIII un joven negro comprado en África por el equivalente a cuatro libras en ron, herramientas de hierro y baratijas, podía alcanzar las 40 libras en el mercado americano, y un barco negrero de nueva construcción podía ser amortizado en sólo tres viajes. Para ello era preciso «esclavar» bien el buque, es decir, llenarlo hasta los topes de forma que entrasen el mayor número de esclavos en cada viaje». De esta forma, encajándolos como si fueran sardinas en una lata, en un barco negrero de tipo medio podían cargarse más de cuatrocientos cautivos, que habitualmente viajaban separados en tres grupos, el de los hombres, los adultos jóvenes y las mujeres y niños, aunque la carga de sufrimiento no entendía de clases ni cupos. Subalimentados y hacinados entre sus propios excrementos, a veces tardaban varios días en pisar la cubierta, a la que eran sacados, cuando el tiempo lo permitía, para que les diese el aire y pudiesen hacer un poco de ejercicio, cosa que no tenía ningún motivo humanitario sino que tenía como objetivo tratar de reducir en lo posible el número de muertes durante la travesía y así perder carga y ganancias. En estas ocasiones algunos avispados negreros hacían que algunos de los esclavos tocasen danzas tribales para animar a bailar a sus compañeros de infortunio, pero la mayoría de las veces, la única música que sonaba era la del tristemente famoso látigo de siete colas, golpeando la piel de aquellos desdichados. Las mujeres era violadas a menudo por la tripulación y los niños tenían un mortandad muy elevada, ya que no se los consideraba una mercancía de mucho valor. Se estima que la disentería, el escorbuto, las dolencias respiratorias y el maltrato se cobraban la vida de al menos uno de cada seis esclavos en cada viaje aunque, hasta bien avanzado el siglo XVIII, la cantidad de bajas podía llegar tranquilamente a la cuarta parte del pasaje. Al desembarcar en el puerto de destino, después de tres meses de travesía, se los encerraba en barracones y se trataba de mejorar un poco sus condiciones higiénicas y su alimentación, tratando de engordar sus famélicos cuerpos, igual que se hace con el ganado cuando se lleva a la feria. Pero pasados entre dos y siete días, según las necesidades del mercado, se los llevaba a la plaza pública para ser vendidos en subasta, sometidos otra vez a los malos tratos y, en muchos casos, obligados a bailar para demostrar su buen estado físico.

Pero en las bodegas de los barcos negreros viajaron también las semillas del blues. Encadenados a los grilletes, entre las heces, los vómitos y los lamentos, viajaron el dounumba, el diarou, el bubu, la abdadja, el dondo, el kakilambe y otros ritmos y músicas africanas, con los que, en medio de aquel horroroso mar que ni siquiera habían imaginado, cantaron su miedo y su angustia los cautivos africanos, entre los que a buen seguro hubo unos cuantos griots, esos juglares africanos que contaban y cantaban historias y que llevaron a las tierras americanas, no sólo instrumentos como el djembé, la kora, la sanza y el halam, sino también la memoria de la cultura y el folclore del continente africano. Envuelta en la pesadilla de la esclavitud viajó también una cultura ancestral y una tradición musical que en la tierra de destino se transformarían al contacto con los ritmos de tradición europea para alumbrar una nueva música que llegaría a tener una influencia fundamental en la música y la cultura populares del siglo XX.

La vida en las plantaciones. El látigo y la Biblia

Las colonias británicas situadas al este y al sur de los Apalaches y al este del río Misisipi: Virginia, las dos Carolinas y Georgia, más los futuros estados de Alabama y Misisipi, se habían creado en unos vastos territorios de clima subtropical, con frondosos bosques y fértiles llanuras de aluvión, ideales para la agricultura extensiva, que fue a lo que se dedicaron los primeros colonos blancos una vez que hubieron expulsado o exterminado a los indígenas locales, como los tancarara, los biloxi, los apalaache o los tuscarora. Eso les permitió crear grandes plantaciones que en algunos casos llegaron a tener 400 kilómetros cuadrados, más o menos como la ciudad de Las Vegas. La llegada masiva de esclavos en los primeros años del siglo XVIII permitió a los estados sureños crear agricultura con una producción enorme y un planteamiento capitalista en el que cada nuevo esclavo permitía expandir las tierras cultivables y los beneficios de cada nueva cosecha posibilitaban una nueva inversión en esclavos, que a su vez hiciesen crecer la propiedad. En líneas generales se consideraba plantador, o dueño de una plantación, a quien tenía una propiedad con más de veinte esclavos y gran plantador a quien poseía más de cincuenta. Estas haciendas se dedicaron al monocultivo de un reducido número

de productos, básicamente algodón, tabaco, arroz y caña de azúcar, lo que fue la base de un fabuloso negocio de exportación a los países europeos, pero el mismo tiempo las convirtió en dependientes de la mano de obra esclava, más cara cada año que pasaba.

Nació así una aristocracia de terratenientes blancos con una filosofía de vida más parecida a la de los viejos regímenes monárquicos europeos, muy distinta de la de la población de los estados del Norte, heredera directa de las filosofías revolucionarias de la Ilustración y los principios del capitalismo industrial. En sus plantaciones, los africanos arrancados por la fuerza de sus hogares eran sometidos a un proceso de aculturación prácticamente absoluta, sometidos a continuos malos tratos físicos y a humillaciones morales con el objetivo de hacerlos olvidar que algún día tuvieron la condición de hombres libres. En este proceso, individuos procedentes de diversas tribus o zonas geográficas: *wolofs*, *mandingas*, *sarahules*, *bantús* o *ashantis*, fueron despojados de todo resto de tradición cultural, arrancándoles su folclore al mismo tiempo que su dignidad. Se les prohibió reunirse para realizar sus ritos sociales o religiosos, se les prohibió usar tambores por miedo a que fuesen usados para convocar reuniones, se disgregó a los grupos raciales de forma que se fomentaron las dificultades de comunicación y se alentaron incluso ancestrales odios tribales. En definitiva, se uniformizó a los antiguos individuos pertenecientes a una etnia o una cultura africana, para convertirlos simplemente en negros esclavos.

Mientras tanto el entramado legal que sustenta este sistema sigue creciendo. En 1664, un tribunal de Maryland dicta que los negros no cristianos pueden ser esclavizados, una broma cruel si tenemos en cuenta que por aquel entonces estaba prohibido de facto que los esclavos pudiesen acceder a la religión cristiana de los blancos, excepto en casos muy puntuales y habitualmente en las colonias del Norte. En 1705 en Virginia se promulga otra ley que considera al esclavo un bien mueble, al igual que un caballo o un rebaño de ovejas. De este modo, los padres y los hijos podían ser vendidos como esclavos, podían formar parte del pago de deudas y cualquier tipo de transacción comercial sin traba ninguna, lo que unido a la creciente carestía del precio de los esclavos, provocada por la paulatina persecución internacional de la trata, provocó que el verdadero negocio acabase siendo la compraventa más cruel y despótica. Ni siquiera se dejaba prácticamente opción a la acción humanitaria de los amos más liberales, ya que a los propietarios de esclavos las leyes les prohibían expresamente enseñarles a leer y escribir, ni tampoco dejar que formasen matrimonios ni creasen ninguna estructura familiar, con el objetivo de criarlos como ganado destinado al trabajo manual y la venta. Aunque con el paso de los años la prohibición de crear núcleos familiares se fue suavizando, la segunda premisa –la de su consideración como herramienta de trabajo y mercancía– se mantuvo hasta el día de la abolición de la esclavitud, e incluso a veces, un poco más allá. Pero la aplicación de los peores métodos disciplinarios y abusos de todo tipo a los siervos negros no sólo tenía un origen o una explicación económicos, por muy crudos que fueran, sino que se alimentaba directamente de una ideología racista que los colonos conectaban en ocasiones con un mandato religioso –al fin y al cabo, ninguno de los protagonistas de la Biblia era negro– y que se traducía en un razonamiento tan simple como perverso: «Todos los esclavos son negros; los esclavos son degradados y despreciables; por consiguiente, todos los negros son degradados y despreciables y debieran ser mantenidos en la esclavitud», tal y como recoge el profesor Stanley M. Elkins en su obra *Slavery, A problem in American Institutional and Intellectual Life*.

Los primeros cambios a esta trágica situación vendrán finalmente del ámbito religioso. A partir de 1737, con la llegada a las colonias americanas del predicador metodista inglés George Whitefield y la rápida extensión de lo que se conoce como el Gran Despertar –un movimiento de revitalización cristiana de tipo conservador, centrado en la predicación y alejado de los rituales ceremoniales– se produjo una incorporación masiva al cristianismo de los esclavos, a los que se les ofrecía una mejor vida eterna como recompensa por los sufrimientos en su vida terrenal, cosa que obviamente garantizaba su fervor religioso, ya que no sólo tenían el cielo ganado, sino que la iglesia era uno de los pocos lugares donde estaban a salvo del maltrato, la humillación y la violencia. Fue en ese entorno donde surgió la primera manifestación musical de los negros traídos en contra de su voluntad a tierras americanas: los himnos religiosos, que en algunos casos revelaban un fervor cuando menos curioso o irónico, como denota la letra de uno de ellos recogida por Paul Oliver en su obra dedicada a la historia del blues: «El hombre blanco usa el látigo / Pero la Biblia y Jesús / Hacen del negro un esclavo». Los espirituales –cantos religiosos de origen europeo, interpretados tanto por blancos como por negros– se convertirán en una de las primeras expresiones musicales de los esclavos, que poco a poco las irán adaptando a su propio estilo.

En 1739 aparecen las primeras ediciones en Estados Unidos de los himnos religiosos del doctor Isaac Watts, un pastor religioso inglés y prolífico autor de música sacra, cuya obra fue difundida en América por John Wesley, uno de los fundadores de la Iglesia metodista, que realizó una importante labor de evangelización entre los esclavos negros que abrazaron con entusiasmo aquellos cantos religiosos.

La música que alivia las penas

Este entusiasmo de los esclavos por la música y las reuniones religiosas estaba justificado en gran medida porque se contaban entre sus escasas vías de escape de la miseria y de la dureza de su vida cotidiana. Las manifestaciones musicales de los esclavos o los negros liberados estuvieron siempre muy restringidas y sometidas a severas prohibiciones, incluida la de tocar tambores, algo que no era privativo de las colonias inglesas y que ya habían hecho antes los españoles con los esclavos de la isla de Cuba, prohibiéndoles construir y tocar sus tambores tradicionales y obligándolos a agudizar el ingenio para sustituirlos por objetos domésticos de distinta sonoridad, como taburetes o cucharas de madera, colaborando así al nacimiento de la rumba. En las colonias británicas la excepción a esta prohibición generalizada de reunirse para bailar u hacer música era Congo Square, la plaza de Nueva Orleans en la que durante los siglos XVII, XVIII y XIX se toleraron las reuniones de negros para bailar al son de los tambores y que se convirtió en el epicentro de una actividad musical inusitada en el resto del país, desarrollándose danzas como *bamboula* o la *calenda*, ambos de origen africano, aunque la tolerancia pasó por los inevitables altibajos. En 1768 se prohibió a los negros el baile en lugares públicos los domingos y festivos, cincuenta años después se toleró de nuevo y lo volvieron a prohibir completamente entre 1825 y 1845. A finales del siglo XIX y principios del XX, la plaza fue el escenario de la evolución musical del jazz orquestal y de los jolgorios y celebraciones del Mardi Grass, el carnaval de la perla de Luisiana. Esta música de fuerte contenido percutivo fue casi inexistente en el blues original y se desarrolló sobre todo en el jazz, una música de origen eminentemente urbano que fermentó en los entornos de mayor tolerancia e integración social de Nueva Orleans, como el famoso barrio de Storyville, que sería la cuna del jazz. Después de más de tres siglos retumbando, los tambores dejaron de sonar en Congo Square tras la Segunda Guerra Mundial, sucumbiendo a la oleada de racismo puritano que sacudió el sur de los Estados Unidos.

A pesar de todas las prohibiciones, que como hemos visto trataban de impedir todo tipo de acceso a la cultura y el progreso personal de los esclavos, en 1746 Lucy Terry, una esclava comprada por Abijah Prince, un negro adinerado procedente de la colonia holandesa de Curaçao que se casó con ella y le concedió la libertad, crea la que se considera primera obra literaria de un ciudadano negro en Estados Unidos: un poema sobre una incursión india, que en realidad no se publicó como libro hasta 1855, sino que se conservó como una composición musical, una balada titulada «Bars Fight». En realidad, la primera afroamericana en publicar en papel una obra fue Phillis Wheatley, autora del poemario *Poems on Various Subjects, Religious and Moral*, editado en 1773. Wheatley llegó a América siendo una niña de siete u ocho años y tuvo la fortuna de ser comprada por los Wheatley, de Boston, que le enseñaron a leer y escribir y cuando vieron su talento natural, la animaron a convertirse en la primera escritora afroamericana profesional. Sin embargo, esta historia es una venturosa excepción en un relato racial plagado de sufrimientos y torturas como la máscara de hierro que se colocaba en la cara de los esclavos que para saciar su hambre robaban comida, a veces a los animales de las granjas, o como el bloque, que consistía en un tronco de madera que el esclavo llevaba en la cabeza unido a una cadena larga atada al tobillo para entorpecer los movimientos de la víctima, o los de cortar un pie al esclavo fugado o azotarlo salvajemente ante el resto de los cautivos. Pero quizá la tortura más cruel era la que sufrían todos los esclavos sin excepción, durante todos los días de su vida, la de la privación de la libertad y la negación de los sentimientos más elementales como la amistad, el amor o el cariño familiar, algo que refleja con una crueldad meridiana el canto tradicional de las plantaciones «Sold off to Georgy», recogido por Alfonso Trulls en su libro *Blues*: «¡Adiós, compañeros esclavos! Os voy a tener que dejar. / Voy a dejar el viejo campo. / He sido vendido a Georgia. / Adiós a toda la plantación. / Adiós al viejo cuartel / A mi padre y a mi madre. / A mi querida mujer y a mi hijo. / Mi pobre corazón se está rompiendo. / Nunca más os verá. / ¡Oh!, nunca más».

La Independencia que olvidó a los esclavos

En 1775 la relaciones entre las trece colonias británicas en Norteamérica y el gobierno del rey Jorge III de Inglaterra estaban llegando a un punto de ruptura a causa de la intransigencia de la metrópoli en su política de impuestos, que se traducía básicamente en gravar con tasas muy elevadas todos los productos que importaban y exportaban los colonos e impedir que estos tuviesen el más mínimo control de los ingresos por esos impuestos, que iban a parar directamente a las arcas de la Corona. La metrópoli impedía además que las Trece Colonias impusiesen por su cuenta ningún tipo de gravamen a los productos que importaban, lo que causó un profundo malestar que se tradujo en abierta rebeldía, especialmente tras la llamada Ley del Té, de 1773, que permitía que este producto entrase en Norteamérica libremente sin gravámenes y muy encarecido. Tres barcos cargados con té y anclados en Boston fueron asaltados y su mercancía arrojada al mar, lo que fue el detonante de las hostilidades que estallaron abiertamente en 1775 con el enfrentamiento armado entre milicianos coloniales y soldados británicos en el pueblo de Lexington, Massachusetts.

El descontento económico se mezcló con las ideas revolucionarias de la Ilustración francesa, por aquellos días en pleno proceso de fermentación, de las que eran seguidores los principales líderes de la revuelta americana como George Washington, Benjamin Franklin, Thomas Jefferson y John Adams. Cuando el 4 de julio de 1776 se produce la Declaración de Independencia, que incluye la Primera Declaración Universal de los Derechos del Hombre, las trece colonias crean una nueva nación, el primer sistema político liberal y democrático, en el que había un enorme agujero negro, nunca mejor dicho; el medio millón de esclavos procedentes de África, casi una quinta parte de la población total. Entre ese medio millón se encontraban los esclavos del propio redactor del texto de la Declaración de Independencia, en el que se afirmaba que «todos los hombres son creados iguales; que son dotados por su Creador de ciertos derechos inalienables; que entre ellos figuran la vida, la libertad y la busca de la felicidad», Tomas Jefferson, que no sólo tenía esclavos, sino que una de ellos, Sally Hemings, fue su amante y compañera durante más de treinta años, y tuvo con ella varios hijos que nunca reconoció. En términos generales, en aquellos tiempos el hecho de ser revolucionario, masón e ilustrado, como eran la mayoría de los padres de la patria norteamericana, no estaba reñido con tener una postura proclive a la esclavitud e incluso a ciertas dosis de racismo. George Washington tuvo esclavos, y Benjamin Franklin no ponía reparos en publicar en su periódico anuncios sobre venta de esclavos y en un texto titulado *Observations concerning the increase of mankind*, publicado en 1751, llegó a caer en el más abierto desprecio racista para avalar sus argumentos contra la trata, que consideraba una amenaza para la economía y la seguridad del país, cayendo en la más cruel de las incongruencias: «¿Por qué aumentar el número de los hijos de África aclimatándolos a Norteamérica, donde se nos ofrece una oportunidad tan buena para excluir a todos los negros y tostados, y favorecer la multiplicación de los hermosos blancos y rojos?». En lo que sí coincidían tanto Jefferson como Franklin era en admirar las cualidades musicales de los africanos y sus descendientes. Incluso el primero hizo una reflexión al respecto, partiendo del desprecio, eso sí, en su estudio *Notas sobre el estado de Virginia*: «Nunca he encontrado un negro que exprese un pensamiento que vaya más allá de la mera narración; nunca he visto un trazo elemental de pintura y escultura; en música, eso sí, son mejores que los blancos».

En realidad la participación de afroamericanos en la guerra fue un asunto espinoso desde el primer momento. Muchos negros libres se apuntaron a las milicias revolucionarias e incluso han pasado a la historia como héroes. Tal es el caso de Peter Salem que en la batalla de Bunker Hill dirigió un grupo de afroamericanos que salvaron la vida de su jefe, el coronel William Prescott. Pero en las colonias del Sur los plantadores y hacendados temían que los esclavos aprovechasen el conflicto para fugarse y pasarse a los ingleses, que les habían hecho promesas de libertad si lo hacían, o incluso que se rebelasen y los atacasen a ellos y sus familias. Incluso el general Washington, siempre necesitado de soldados, dio orden de que no se permitiese el reclutamiento en sus ejércitos de «desertor, negro o vagabundo alguno». A pesar de todas estas reticencias, las crueles matemáticas de la guerra se impusieron y tras las bajas sufridas durante el invierno de 1777 en el campamento de Valley Forge, Washington aceptó la incorporación de un batallón de negros de Rodhe Island e incluso el Congreso Continental, ofreció a los propietarios de esclavos mil dólares por cada uno que se incorporase al ejército. Al final de la contienda había cerca de 5.000 soldados negros en el ejército de los recién creados Estados Unidos, a los que se recompensó con tierras en el oeste del país y la libertad para los que todavía no la tenían.

Pero como se apuntaba antes, la cuestión de la esclavitud era un problema que la joven nación no había resuelto y que comenzó a crear diferencias inmediatas entre los estados del Norte y los del Sur del país. Mientras Vermont declaraba en 1777 que «nadie debía estar obligado, por ley, a servir a otro como criado o esclavo» y Pensilvania comienza a abolir la esclavitud en 1780 prohibiendo la tenencia de esclavos en el estado por más de seis meses, la presión de los estados de Virginia, Maryland, Georgia, Delaware y las dos Carolinas consigue que el Congreso de los Estados Unidos proclame en 1793 una Ley de Esclavos Fugitivos que convirtió la caza y captura de esclavos fugitivos en un lucrativo negocio, al que comenzaron a dedicarse todo tipo de delincuentes y desalmados bajo el amparo de la autoridad, que no sólo perseguían con saña a los huidos, sino que amedrentaban con violencia a quienes estaban dispuestos a proporcionarles un escondite. Y ciertamente cada vez eran más quienes estaban dispuestos a ayudar a los fugitivos, especialmente los miembros de una incipiente burguesía afroamericana que comienza a surgir tras la guerra, integrada por comerciantes, profesionales liberales y antiguos miembros de la milicia, que incluso llegaron a tener su propias logias militares, la primera de ellas creada por Prince Hall, que había llegado a Boston en 1765, como esclavo procedente de África, y que fue liberado en 1770, a tiempo de unirse a los rebeldes y acabar la guerra como destacado miembro del ejército.

Pero desde el principio fueron sobre todo las distintas iglesias y confesiones religiosas las que alentaron el movimiento de liberación de los esclavos. Uno de los primeros movimientos organizados contra la esclavitud es el de la comunidad cuáquera de Germantown a principios del siglo XVIII, aunque no pasó de protestas aisladas contra la compraventa de seres humanos.

Himnos para la libertad

Tras la Guerra de Independencia se produce un nuevo fenómeno en las congregaciones religiosas, la aparición de los predicadores de raza negra que producen un revulsivo en su comunidad y un incremento de su toma de conciencia como colectivo social. Uno de los primeros negros que obtuvo licencia para predicar a los esclavos fue George Lisle, que hacia 1775 fundó en Silver Buff, Carolina del Sur, un templo que fue destruido durante la Guerra de la Independencia. En 1788 Andrew Bryan, un esclavo que comprará su libertad dos años después, funda en Savannah, Georgia, la primera iglesia negra. Esta creación de una iglesia verdaderamente afroamericana se enmarca dentro del Segundo Gran Despertar, el movimiento espiritual de resurgimiento cristiano, que nace alrededor de 1790 y se prolongará hasta casi la mitad del siglo XIX, caracterizado por una inusitada actividad evangelizadora que produce conversiones masivas, especialmente entre los esclavos negros que ven en la iglesia no sólo la salvación espiritual, sino también alivio y esperanza para sus sufrimientos terrenales. Fue como una segunda parte de lo que había sucedido cincuenta años antes, con el Primer Despertar, pero esta vez con un espíritu social reformador traducido especialmente en tres aspectos: la mejora de las condiciones penitenciarias, la abolición de la esclavitud y la lucha contra el alcoholismo.

George Lisle

El símbolo musical de ese movimiento es «Amazing Grace», quizá el himno religioso más popular entre los afroamericanos de todas las generaciones, que ha pasado a formar parte indisoluble del folclore norteamericano. Escrito por el clérigo y poeta inglés John Newton, que tuvo una juventud bastante disoluta y pecaminosa que incluyó una temporada como marino en un barco negrero, fue publicado por primera vez en 1779 y casi desde el primer momento se convirtió en un camuflado canto contra la esclavitud. La canción volverá a cobrar una enorme popularidad a mediados del siglo XX en los tiempos de las Marchas por la Libertad, la mayor movilización de los afroamericanos en la lucha por los derechos civiles, siendo especialmente famosa la versión de 1947 de la reina del góspel Mahalia Jackson. Aretha Franklin, Elvis Presley, Sam Cooke, Johnny Cash, Arlo Guthrie o Mike Oldfield, figuran en la interminable lista de músicos que han interpretado su estribillo: «¡Gracia increíble! Qué dulce es el sonido / que salvó a un miserable como yo. / Una vez estaba perdido, pero ahora me encuentro, / era ciego, pero ahora veo. /Gritar, gritar en voz alta por la gloria. / Hermano, hermana, doliente, / todos gritan gloria, aleluya».

A punto de concluir el siglo, en 1793, el mismo año en que se proclama Ley de Esclavos Fugitivos, aparece una máquina que aumentará el sufrimiento de los esclavos en las plantaciones tanto como la susodicha ley. Eli Whitney, un inventor que a los trece años fabricó un pelador de manzanas y que durante la Guerra de Independencia puso en marcha el primer sistema de producción en cadena para producir mosquetes para el ejército rebelde, inventa la desmotadora de algodón, una máquina que permitía separar de forma rápida y fácil las fibras de algodón de las vainas y las semillas. Eso supuso un salto cuantitativo en el negocio de la producción de algodón justo en el momento en que aumentaba la demanda mundial de este producto debido a la invención del telar mecánico en los albores de la Revolución industrial, lo que coincidió justo con la abolición del tráfico de esclavos por parte de Gran Bretaña, de forma que, al no poder comprar esclavos nuevos en África, los hacendados apretaron todavía más las tuercas a los que ya estaban en territorio americano. Se habían acabado las contemplaciones, si es que alguna vez las hubo. La cría de esclavos se fomentó y las fugas se persiguieron con más saña que nunca.

Mr. DIBDEN in the Character of MUNGO
in the Celebrated Opera of the Padlock.
London Printed for R. Sayer at No. 53 Fleet Street & J. Smith at No. 35 Cheapside

Pero mientras prosigue la batalla personal, política y judicial en torno a la esclavitud, el interés por la música de los esclavos va en aumento. Ya por 1799 Johann Christian Gottlieb, un músico alemán de formación clásica que había tocado en la orquesta que dirigía el compositor austriaco Joseph Haydn, interpretaba en un teatro de Boston, *The gay negro boy*, un espectáculo en el que cantaba con la cara tiznada de negro y acompañándose con un banjo. Había aprendido su repertorio directamente de los negros de Charleston, Virginia, a donde había llegado en 1795 procedente de Hannover. Hay quienes sitúan en este momento el inicio de los espectáculos burlescos de imitación –aunque hay otros antecedentes, como *The Padlock*, una ópera bufa con un actor pintado de negro estrenada en Londres en 1768 e importada luego a Norteamérica– que comenzarían a popularizarse a principio del siglo XIX con los *minstrels*, los espectáculos de blancos con la cara tiznada a los que se incorporarían los negros masivamente tras la Guerra Civil, contribuyendo a crear una música propiamente afroamericana, en la que germinaría el blues.

Pero no sólo en los estados del Norte del país, donde la situación de los negros era mucho más libre y llevadera, surgieron los fermentos de una música. En las plantaciones también hubo ocasión para que los esclavos, principalmente los llamados domésticos, pudiesen dar salida a sus habilidades musicales, sobre todo para disfrute de sus amos que les facilitaron el manejo de instrumentos europeos y los instruyeron en la práctica de melodías populares procedentes de sus lugares de origen, Inglaterra, Irlanda, Francia y Alemania para solaz de sus invitados en las fiestas que celebraban en sus mansiones. Pasados los tiempos de temor a revueltas y tras años de aclimatamiento mutuo de amos y siervos a la vida en las plantaciones, los propios esclavos, en sus escasas ocasiones de holganza, también empezaron a cantar y bailar danzas de origen africano, como los *shouts*, que eran un calco de las realizadas en su tierra de origen, dando saltos o arrastrando los pies en círculo mientras batían palmas y proferían gritos, en muchas ocasiones para regocijo y esparcimiento de sus amos blancos. De esta forma se fue produciendo poco a poco una simbiosis en la que Europa puso las reglas, las pautas instrumentales, y África el sentimiento y la improvisación que evita la rutina de la repetición. Todo ello dio lugar a una música propia de los negros de los Estados Unidos, cuyo máximo exponente será el blues, que surgirá a finales del siglo XIX, que está a la vuelta de la esquina.

El nacimiento de una identidad

En 1800 los Estados Unidos tienen unos 5.200.000 habitantes, de los que cerca de 1.000.000, casi un veinte por ciento, son negros. Diez años después habrá dos millones de habitantes más, en buena medida gracias a una creciente oleada de inmigración europea procedente especialmente de Irlanda y Alemania, a causa de la hambruna en el primer caso y de las persecuciones políticas y religiosas en el segundo. En 1808 se prohíbe la trata y se pone fin a más de dos siglos de importación de esclavos a Estados Unidos desde África. Eso no significa que los esclavos dejen de llegar –cosa que no sucederá hasta después de la Guerra Civil– sino que al tener que hacerlo de forma clandestina, el tráfico de personas procedente de las costas africanas se reduce drásticamente, lo que supone la ruptura del cordón umbilical de los negros norteamericanos con sus ancestros africanos. La influencia de las culturas de sus pueblos y etnias de origen disminuye paulatinamente y con el tiempo los *mandingas*, *wolofs*, *fulas* o *sarahules* pasan a convertirse simplemente en negros norteamericanos, o lo que a finales del siglo XX acabará conociéndose como afroamericanos. Este cambio significa un hecho decisivo en la conformación de una cultura propia por parte de los descendientes de esclavos para los que África era una tierra rememorada en el recuerdo de sus padres, narrada por viejos esclavos en las noches de verano en los porches de las ruinosas cabañas donde vivían confinados. La herencia tribal pesa cada vez menos al lado de años de penurias y humillaciones, sobreviviendo a base de saber adaptarse a una sociedad en la que ellos estaban en el último escalón, privados de toda esperanza de futuro. En ese sedimento a mitad de camino entre dos mundos fantasmales germinará el blues, o como diría Samuel Charters, uno de los primeros investigadores de las raíces del género en su obra *The Roots of the Blues: An African Search*, citado por otro gran estudioso, Ted Gioia: «Algunos elementos del blues proceden de los músicos tribales de los antiguos reinos, pero como estilo, el blues representaba otra cosa. Era, en esencia, una nueva clase de canción que había nacido con la nueva vida en el sur de los Estados Unidos».

Creando una cultura propia

Más allá de los cantos religiosos que les enseñan los pastores y misioneros blancos, la primera música creada por los siervos de color día tras día, en jornadas interminables en las plantaciones son los *work songs*, las canciones de trabajo, unos cantos repetitivos estructurados en un sistema de llamada-respuesta –uno de los trabajadores entonaba una frase y el resto respondía a coro– similares a los de cualquier equipo de trabajo en cualquier lugar del mundo pero con una salvedad: los esclavos de las plantaciones norteamericanas desarrollaron a través de ellos nuevos códigos de comunicación y de conducta, tal y como describe Alex Haley en su famoso libro *Raíces*, con el que realizó una profunda investigación en su árbol genealógico que le condujo hasta el origen en el pueblo de Juffure en Gambia: «Estos negros tenían una forma de comunicarse que sólo ellos conocían. A veces, cuando trabajaban en los sembrados, Kunta descubría un rápido gesto o un movimiento de cabeza. O alguien profería una exclamación breve y extraña; a intervalos irregulares uno la repetía, y luego otro, siempre fuera del alcance de los capataces».

A partir de los *works songs* comenzará a desarrollarse antes de la Guerra Civil otro tipo de canto ligado al trabajo en el campo, los *field hollers*, conocidos también simplemente como *hollers* o *hoolies*. Son un tipo de canto más individual que los cantos de trabajo, que se hacen siempre en cuadrilla. Existían diversas variantes según el tipo de entorno o trabajo en el que se realizase, así por ejemplo los *cottonfield hollers* eran los cantos de los campos de algodón, los *cornfield hollers* los de las plantaciones de maíz o los *levee camp holler*, que eran los de los trabajadores que construían diques para evitar inundaciones. Servían también para que los capataces diesen instrucciones a los trabajadores o para que estos se comunicasen entre sí, incluso para realizar comentarios banales sobre hechos cotidianos. Quizá una de las mejores definiciones del espíritu que animaba a esas canciones de trabajo sea el que recoge Ted Gioia en su libro *Blues. La música del Delta del Misisipi*, haciéndose eco de unas palabras pronunciadas por el musicólogo Alan Lomax: «sonaban como una conversación entre primos por encima de la valla de un jardín» y en su opinión suponen «unas pruebas sonoras concluyentes de que, a pesar del tiempo y del cambio de idioma y de emplazamiento, todo el espíritu de África occidental todavía florece en los Estados Unidos, y de que las raíces del blues son africanas». Esta frase pronunciada a principios de los años sesenta del siglo XX podría explicar perfectamente un fenómeno que se produjo casi ciento cincuenta años antes.

La descripción más precisa y conocida es la del naturalista y periodista de Nueva York, Frederick Law Olmsted, que en 1952 efectuó un viaje por el sur de los Estados Unidos contratado por el *New York Daily Times* para realizar un amplio estudio sobre la esclavitud. Olmsted dijo que el *holler* era «un grito musical largo, fuerte, que subía y bajaba y se rompía en falsete».

Una particularidad importante de los *hollers* es que ya contienen la llamada *blue note*, que es una de las características diferenciadoras del blues. La mayoría de los historiadores enlazan su origen directamente con algunas formas de comunicación propias de los trabajadores del campo africanos e incluso con la llamada a la oración de los musulmanes, con los que muchos esclavos procedentes del sur del Sahel habían estado en contacto durante siglos, pero su desarrollo es genuinamente negroamericano, como negroamericanos son los *leeve*, los *hammer song* o los *roustabout*, las canciones propias de los trabajadores de las obras de los pantanos, de la construcción del ferrocarril o de los muelles portuarios, que nacieron también en la primera mitad del siglo XIX.

Pioneras del feminismo abolicionista

Harriet Tubman

El ambiente de trabajo en el que se crearon los *hollers* no era ni mucho menos exclusivo de los hombres, sino todo lo contrario, ya que las afroamericanas llevaron desde el primer día de esclavitud una carga incluso más dura que sus compañeros. Forzadas a convertirse a la vez en animales de cría y fuerza de trabajo, las esclavas sufrieron una triple condena: la explotación inhumana como esclavas, los abusos sexuales como mujeres y al machismo de los hombres de su propia raza como negras. Y a pesar de eso, o quizá precisamente por eso, fueron ellas las que protagonizaron muchas de las historias de rebeldía ejemplar, contribuyendo decisivamente a crear las organizaciones de evasión de esclavos, educando a sus hijos e hijas contra viento y marea y luchando para derribar el doble muro del machismo y el racismo.

En 1820 en una hacienda de Maryland nace Araminta Ross, que pasará a la historia como Harriet Tubman, popularmente conocida como «la Moisés de los Esclavos». A los seis años le asignaron el cuidado del bebé de sus amos y si este lloraba recibía hasta media docena de latigazos, cuyas marcas conservaría de por vida. En ocasiones se vio obligada a robar la comida de los cerdos y a medida que fue creciendo le fueron asignando cada vez trabajos más penosos, como tirar del arado, transportar troncos o cargar fardos de un almacén de telas en el que en una ocasión le propinaron un golpe que le abrió la cabeza y tuvo que curarse por su cuenta, sin recibir ningún tipo de atención. Se refugió en la religión y debido a su traumatismo craneal sufría desmayos que la llevaron a afirmar que tenía visiones celestiales. A los veinticuatro años la casaron con un negro libre, pero ella siguió siendo esclava, lo que complicó mucho la relación. Este tipo de uniones no eran inusuales y en realidad las esclavas eran poco más que un desahogo sexual para sus maridos y animales de cría para sus amos, ya que los hijos que pariera también serían esclavos. En 1849, cuando iba a ser llevada a una nueva hacienda de Carolina a la que había sido vendida, se escapó junto a sus hermanos Ben y Henry en dirección a Filadelfia, usando la red del Underground Railroad (el ferrocarril subterráneo), cuya existencia detallamos más adelante. En su vejez, Tubman contaba que la víspera de la fuga se despidió de su madre cantándole una canción religiosa titulada «Me dirigiré a la tierra prometida» que incluía una estrofa en la que decía «Vendré y te encontraré en la mañana», que encerraba una promesa en clave de volver a rescatarla.

Una vez libre en los estados del Norte, regresó al menos 19 veces, jugándose la piel para ayudar a escapar a otros esclavos en el Underground Railroad. La primera vez lo hizo para salvar a su sobrina Kessiah que iba ser vendida junto a sus dos hijos, y luego se convirtió en una figura clave en la organización de la red de fuga de esclavos. Harriet fue la bestia negra de los esclavistas que pusieron precio a su cabeza y que la pintaban como un demonio, una asesina armada y sedienta de sangre. Por si no había tenido bastante, en la Guerra de Secesión siguió jugándose la vida como espía, enfermera y exploradora del ejército unionista, luchando con las armas en la mano. Afortunadamente para ella, logró sobrevivir para contarlo y murió a los noventa y siete años, rodeada del cariño de sus decenas de nietos y bisnietos y convertida en una pionera del feminismo en Norteamérica. Su figura ha sido siempre un referente para la comunidad negra y ha tenido en la música un inevitable reflejo que llega incluso a nuestros días. En 1997 el guitarrista Brandon Ross, el bajista Melvin Gibbs y el batería J. T. Lewis montaron una banda de jazz, blues, rock y R&B que lleva su nombre y en 2017 Marcus Shelby Quartet, un grupo de la escena del blues y el jazz de San Francisco, compuso el tema «Harriet Tubman and the Songs of Freedom».

Otra pionera fundamental en la historia del abolicionismo y el feminismo norteamericano fue Isabella Baumfree nacida esclava en 1797, que en 1828 se convirtió en la primera mujer negra en ganar un juicio contra un hombre blanco por la propiedad de un esclavo. Isabella pleiteó con su antiguo amo, John Dumont, de West Park, Nueva York, para recuperar a su hijo Peter, de cinco años, al que había tenido que abandonar dos años antes al huir de la plantación con su hija de pocos meses y alcanzar la libertad. Su historia es un trágico ejemplo de la vida de las esclavas negras. Vendida una y otra vez, azotada con varillas de metal y sometida a los caprichos sexuales de sus amos, a los dieciocho años se enamoró de un esclavo de una granja vecina, cuyo amo prohibió la relación ya que si tuvieran hijos estos no serían de su propiedad. Un día el esclavo se fugó para verla y le dieron tal paliza que murió a causa de las heridas. Isabella nunca olvidaría aquella historia aunque acabó casándose con el que tuvo tres de sus 13 hijos. En 1843 se cambió el nombre y se puso Sojourner Truth (algo así como «la residente temporal de la verdad») y se convirtió en una activa antiesclavista famosa por su discurso *Ain't I A Woman?* (¿No soy una mujer?) pronunciado en 1851 ante la Convención de los Derechos de la Mujer en Akron, Ohio, en la que emocionó a la audiencia con frases como estas: «Parí trece hijos y vi cómo todos fueron vendidos como esclavos, cuando lloré junto a las penas de mi madre nadie, excepto Jesucristo, me escuchó ¿Acaso no soy una mujer? El pequeño hombre vestido de negro dice que las mujeres no pueden tener tantos derechos como los hombres, porque Cristo no era una mujer. ¿De dónde vino Cristo? ¡De Dios y de una mujer! ¡El hombre no tuvo nada que ver con Él!». Sojourner murió a los ochenta y seis años, habiendo sobrevivido a la mayoría de sus hijos, que fallecieron casi todos en circunstancias trágicas.

Isabella Baumfree

Revueltas y fugas

A pesar de su apacible vida en las plantaciones, los dueños de esclavos, sobre todo los terratenientes de las grandes plantaciones que albergaban una gran cantidad de mano de obra negra, vivían con un temor sordo pero constante: el miedo a que los esclavos, mayoría numérica, pudiesen rebelarse y buscar una venganza violenta. Este clima de desasosiego fue en aumento desde que en 1781 comenzase la revuelta de los esclavos en Haití que culminó con la declaración de Independencia de la isla y el sangriento exterminio de blancos. El miedo a una revuelta fue aumentando a principios del siglo XIX, debido a sucesos como la llamada conspiración de Gabriel Posser, en 1800 en Virginia, o la conspiración de Denmark Vesey, conocido como Telemaque, en Charleston en 1822, que fueron abortadas antes de que se produjesen y en ambos casos los cabecillas fueron ahorcados sin que se llegase a comprobar realmente el alcance de sus conjuras.

A pesar de que a los negros libres se les prohibió realizar cualquier tipo de reunión, portar armas de caza e incluso asistir en grupo a las celebraciones religiosas, el miedo de los terratenientes llegó a niveles de paranoia, tal y como se demuestra en un escrito del terrateniente de Virginia William Byrd recogido en el libro *Camino a la libertad*: «Tenemos ya diez mil de estos descendientes de Cam, capaces de tomar las armas, y su número aumenta cada día, tanto por los nacimientos como por la importación. Y si surgiera entre nosotros un hombre de valor audaz, exasperado por la imposibilidad de mejorar su fortuna, podría, con mejor suerte que Catilina, provocar una rebelión de esclavos». Pero en realidad esas rebeliones fueron muy escasas y, en la inmensa mayoría de los casos, individuales. La única revuelta de esclavos merecedora realmente de tal nombre en la historia de Norteamérica, fue la que lideró Nat Turner en agosto de 1831, en Virginia. Turner, un esclavo extremadamente inteligente y con cierta propensión al mesianismo religioso, que aprendió a leer por su cuenta e incluso llegó a adquirir a escondidas conocimientos de manejo de explosivos y fabricación de aparatos mecánicos, lideró una revuelta de esclavos en Jerusalem, en el condado virginiano de Southampton, que duró sólo 48 horas pero dejó una profunda huella en el ánimo de los habitantes del país. Tras una oleada de disturbios y saqueos en la que participaron más de medio centenar de esclavos y en la que murieron 55 personas de raza blanca, la rebelión fue abortada y sus cabecillas ejecutados. Aunque en un principio Turner logró huir, fue localizado dos meses después, condenado a muerte y ahorcado. Su cadáver fue profanado, decapitado y descuartizado, e incluso hubo quien se quedó con trozos de su cuerpo como macabro recuerdo. En la represión posterior fueron asesinados alrededor de 120 afroamericanos, la mayoría de ellos linchados por la milicia sin la más mínima prueba de su participación en la revuelta.

Hechos como este enconaron la situación de enfrentamiento entre esclavistas y abolicionistas radicales, como David Walker, un esclavo fugado que en 1829, dos años antes de la revuelta de Turner, había publicado en Boston un folleto titulado *Walker´s Appeal* (La demanda de Walker), en el que ensalzaba el valor de los negros, apelaba a su orgullo y los instaba a liberarse mediante una revuelta violenta. El documento supuso una conmoción en la comunidad blanca e incluso líderes del abolicionismo como William Lloyd Garrison, mostraron su abierta oposición a Walker, cuyo radicalismo le llevaba a afirmar que «Estados Unidos es más nuestro país que de los blancos, nosotros lo hemos enriquecido con nuestra sangre y nuestras lágrimas». Eran esa sangre y esas lágrimas que anegaban las plantaciones las que alimentaban el espíritu de rebeldía que no se traducía precisamente en esas grandes rebeliones a la que llamaba Walker, sino en acciones cotidianas, en pequeños gestos que les hiciesen más llevadera la situación o les acercase hacia la única salida realista de la esclavitud: la fuga.

Entretanto, los abolicionistas del Norte seguían organizándose. El año de la rebelión de Ted Turner, 1831, comienza a publicarse en Boston *The Liberator*; periódico antiesclavista fundado por William Lloyd Garrison e Isaac Knapp, con tres cuartas partes de los suscriptores afroamericanos. El último número se publicó el 29 de diciembre de 1865, nueve meses después del final de la Guerra Civil. Sus páginas no sólo acogieron artículos y protestas contra la esclavitud, sino que también sirvieron para unificar la acción y el pensamiento de quienes trabajaban más activamente en pro de la libertad de los negros sojuzgados en los estados del Sur.

El ferrocarril subterráneo

Los más activos abolicionistas eran los integrantes de una organización secreta conocida como Underground Railroad («Ferrocarril Subterráneo»), una red clandestina que coordinaba las fugas a los estados del Norte y de la que se tiene noticia pública por primera vez también ese mismo año de 1831, cuando el esclavo Tice David se fuga de una plantación de Kentucky y su amo culpa a un desconocido «ferrocarril subterráneo» de ayudar al esclavo a alcanzar a la libertad. El Underground Railroad se consolida con la actividad de los comités de vigilancia, creados para proteger a los esclavos huidos de los cazarrecompensas en Nueva York en 1835 y Filadelfia en 1838 y su nutre con organizaciones como la sociedad Antiesclavista Americana, fundada en 1833 y que para difundir sus mensajes, además de discursos, utiliza canciones populares hábilmente modificadas para incluir anuncios y avisos en clave. De esta forma no sólo lograban dar a sus comunicaciones una apariencia inocente sino que se los hacían llegar a una población mayoritariamente analfabeta a la que los mensajes escritos no hubiesen servido para nada. Estas canciones también ayudaron a consolidar y unificar un folclore exclusivo para los negros de los distintos estados, que carecían de medios de comunicación propios. Entre las canciones más populares relacionadas con el Underground Railroad figuran «Go Down Mose», un himno religioso que narra la historia bíblica de Moisés conduciendo a su pueblo a la libertad, «Now Let Me Fly», un espiritual que habla del profeta Ezequiel y el cautiverio de los judíos en Babilonia, y «Song of the Free», una canción con la música de la popular «Oh! Susanna» y una letra explícita que habla de los peligros que los esclavos estaban dispuestos a afrontar para escapar a Canadá, incluida la muerte: «Voy camino de Canadá, / esa tierra fría y lúgubre. / Las nefastas consecuencias de la esclavitud / no puedo soportarlas más. / Mi alma se enoja dentro de mí / por pensar que soy un esclavo, / ahora estoy decidido a dar el golpe / por la libertad o la tumba. / Oh, padre justo, ¿no te compadecerás de mí? / Ayúdame a llegar Canadá, donde los hombres de color son libres».

Pero la más famosa de todas las canciones del ferrocarril subterráneo es «Follow the Drinkin' Gourd», una canción popular que fue publicada por primera vez en 1928 y que en 1947 fue recuperada por Lee Hays, del grupo folk Almanac Singers,

The Underground Railroad por Charles T. Webber, 1893

en el que también estaban Woody Guthrie y Pete Seeger, quien la publicó en la revista *People's Songs Bulletin*. John A. Lomax en su libro *American Ballads & Folk Songs* recoge el testimonio de H. B. Parks, un folclorista aficionado que contaba la historia que había tras esta canción: «Uno de mis tíos abuelos, que estaba relacionado con el movimiento del ferrocarril, recordó que en los registros de la Anti-Slavery Society se contaba la historia de un marinero de grandes patillas, conocido como Peg Leg Joe, que hizo varios viajes por el Sur e indujo a negros jóvenes a huir [...]. Él enseñaba esta canción a los jóvenes esclavos, mostrándoles la huella de su pie izquierdo normal y el agujero redondo hecho por su pata de palo. Luego iría delante de ellos hacia el norte y marcará el camino dejando una huella de carbón y barro del contorno de un pie izquierdo humano y un redondel en lugar del pie derecho». Drinkin' Gourd era una forma de referirse a la osa polar lo que le daría el sentido de guía a esta canción, una de las más importantes herencias musicales del Underground Railroad.

El nombre de esta organización secreta le venía dado por las palabras clave usadas para su estructura y funcionamiento, de tal forma que la ruta era la «vía», los guías que acompañaban a los fugitivos eran conocidos como «conductores», a los escondites –que podían ser casas particulares, iglesias o escuelas– se los llamaba «estaciones» o «depósitos» y las personas que los dirigían o regentaban eran los «jefes de estación». Kentucky, Maryland y Virginia, dada su condición de estados fronterizos con las zonas no esclavistas, fueron el origen de la mayoría de las rutas, que se extendían hacia el Oeste a través de Ohio, Indiana y Iowa, y hacia el norte cruzando Pensilvania y Nueva Inglaterra o en dirección de Detroit en su camino a Canadá. El Underground Railroad alcanzó su apogeo entre 1850 y 1860 y desapareció en 1863, en plena Guerra Civil, con la declaración formal de abolición de la esclavitud. Según algunas estimaciones, gracias a las fugas a través de esta red clandestina alrededor de 100.000 esclavos lograron huir del sur entre 1810 y 1860. Dos de las figuras más notorias de esta organización fueron Harriet Tubman y Frederick Douglass.

La vida de Harriet Tubman ya la hemos reseñado en el apartado anterior. Por su parte, Frederick Douglass, que se convertirá en uno de los afroamericanos más importantes en la historia de los Estados Unidos, había nacido esclavo, con el nombre de Frederick Augustus Washington Bailey, en 1818 en la hacienda del capitán Aaron Anthony –de quien durante toda su vida dijo ser hijo, aunque al final reconoció no saberlo a ciencia cierta– en el condado de Talbot, Maryland. Su madre, Harriet Bailey, murió cuando él era pequeño y pasó por varios amos, sufriendo duros castigos y protagonizando varios intentos de fuga. Una de sus amas, Sophia Auld, le enseñó los rudimentos de la lectura y la escritura y a partir de ese momento comenzó a leer cuanto periódico, libro o panfleto caía en sus manos, cimentando su espíritu rebelde y sus ansias de libertad, que extendía cuando podía a sus hermanos de cautiverio, como cuando enseñó a leer el Nuevo Testamento a los esclavos de uno de sus amos, William Freeland.

En 1838, con ayuda de Anna Murray, una negra nacida liberta y que acabaría convirtiéndose en su esposa, se fuga de la propiedad de su amo, Thomas Auld, haciéndose pasar por un marino negro libre. Cuando llegó a Nueva York continuó incrementando su cultura y militando en todas cuantas organizaciones antiesclavistas encontró. En 1843 Douglass participó en el «Proyecto Cien» de la Sociedad Antiesclavista Estadounidense, una gira dando mítines por todos los Estados Unidos, los no esclavistas, obviamente y en 1848 tomó parte en la Convención de Seneca Falls, donde nació el movimiento feminista norteamericano, que sería fundamental para el desarrollo del abolicionismo. Convertido en la figura más preeminente de la comunidad negra, se convirtió en colaborador del presidente Abraham Lincoln y tras la Guerra Civil se convirtió en el primer afroamericano candidato a la vicepresidencia de los Estados Unidos. Contribuyó a crear periódicos, escuelas y universidades para negros y murió en su casa de Washington D. C. tras unos años soportando una hostilidad generalizada por su matrimonio, tras la muerte de Anna Murray, con Helen Pitts, una feminista blanca veinte años más joven. Douglass mantuvo siempre que, aparte del amor y el apoyo de Anna, lo que le ayudó definitivamente a escapar fue la letra del espiritual «Run to Jesus, Shun the Danger» («Corre hacia Jesús, evita el peligro»). De hecho, este líder antiesclavista manifestaba que no había que ser muy listo para encontrar las similitudes entre la reiterada esperanza en alcanzar el cielo y las ansias de libertad y fuga al norte del país, que los esclavos manifestaban en sus oraciones. En 1850 la situación de los negros libertos como Douglass y los principales integrantes afroamericanos, tanto blancos como negros, se complica todavía más con una nueva Ley federal de Esclavos Fugitivos, que endurece todavía más la de 1793 con graves multas y penas de prisión para quienes ayuden a los fugitivos. La nueva ley autorizaba a cualquier blanco a detener a todo negro del que sospechase que era un esclavo huido, lo que provocó que incluso los negros nacidos libres corriesen el riesgo de ser capturados y reducidos a la esclavitud por falta de pruebas sobre su condición de hombres libres. Si a esto se le suma que el precio por un esclavo fugado en 1847 podía elevarse tranquilamente a los 50 dólares de la época, no es de extrañar que miles de afroamericanos que vivían los estados del Norte fronterizos con las zonas esclavistas huyeran a Canadá.

Vientos de guerra

En esos agitados días, concretamente en marzo de 1852, una mujer de escasa estatura pero elevadas ideas abolicionistas, llamada Harriet Beecher Stowe, publica el libro *La cabaña del tío Tom*, una obra fundamental en la literatura universal y que dio a conocer la tragedia social que vivían los esclavos en el sur de los Estados Unidos. Hija y esposa de activistas predicadores antiesclavistas, Stowe era una buena conocedora de las circunstancias que rodeaban la existencia del «Ferrocarril Subterráneo», lo que la llevó a escribir la novela. Aunque nunca había pisado el sur ni había visto de cerca una plantación de esclavos Harriet supo describir con rasgos muy emotivos la tragedia y el desamparo en el que vivían los esclavos a través de la historia paralela de un negro doméstico, totalmente adaptado a la vida en la plantación e incapaz de imaginar una alternativa, y la de sus hermanos de raza que trabajaban en el campo, dispuestos a cualquier cosa con tal de conseguir la libertad. *La cabaña del tío Tom* es en realidad la primera novela que llega al gran público con un protagonista negro, convirtiéndose en la novela más vendida del siglo XIX, y aunque con el tiempo la expresión «Tío Tom» acabó siendo usada peyorativamente para definir a los negros serviciales o poco reivindicativos, en su día la obra sirvió para despertar muchas conciencias adormecidas con respecto a la esclavitud o que tenían una visión excesivamente beatífica y edulcorada del problema.

Esta visión edulcorada también se podría detectar en la falsa visión idealizada de los cantos de trabajo proporcionada por algunos políticos de la época como el diputado de Virginia, Daniel J. DeJarnette que al escuchar los cantos de los esclavos trabajando afirmó sin ningún rubor que «Los esclavos del Sur despiden más humanidad, felicidad y satisfacción que cualquier otra población trabajadora de la Tierra», tal y como recoge en su obra el investigador Paul Oliver. Sin embargo una anécdota histórica nos indica que no debió de ser tan beatífica la visión de la esclavitud que tenía Harriet Beecher Stowe, cuando el presidente Lincoln en el primer encuentro que tuvo con la escritora, en plena Guerra Civil, le dijo: « ¡Así que usted es la pequeña mujer que escribió el libro que inició esta gran guerra!» Hay que puntualizar que el larguirucho presidente –más de un metro noventa– se refería a la escasa altura de Harriet, alrededor de un metro y medio, y no a su estatura moral y personal.

No sólo la novela de Harriet espoleaba las conciencias abolicionistas, también la prensa de esos tiempos tenía un papel muy activo en esa batalla, publicando encendidas soflamas, o bien recogiendo el sentir de los esclavos y publicando las canciones como la famosa «Go down Moses», que fue reproducida en las páginas del *New York Tribune* en 1861, tal y como se recoge en el libro *Camino a la Libertad* y que explicita perfectamente la simbiosis entre el mundo bíblico y las ansias de libertad terrenal: «Oh, deja marchar a mi pueblo! /¡Oh, baja, Moisés! A esta tierra de Egipto. / Y ve a decirle al faraón / ¡que deje marchar a mi pueblo!».

Pero por muy importante que fuese la labor de los escritores y los periodistas en la expansión de la sensibilidad abolicionista, el campo de batalla decisivo fue el de la fe. A mediados del siglo XIX llega a su momento de mayor influencia social el movimiento religioso conocido como Segundo Gran Despertar, que no sólo desató una nueva gran oleada de conversiones religiosas, sino que las predicaciones de los pastores baptistas y metodistas en el sur de los Estados Unidos hicieron florecer congregaciones negras independientes que se contaban por centenares en algunas ciudades del Sur como Charleston, Richmond o Petersburg. También propiciaron el surgimiento de los *camp meetings*, un tipo de servicios religiosos que se celebraban generalmente al aire libre y que podían durar varios días, propiciando danzas y cánticos de ensalzamiento espiritual que en no pocas ocasiones derivaba hacia la celebración pagana. Al calor de este resurgir religioso surgieron entidades impulsoras del antiesclavismo, como el Oberlin College, una universidad privada cuyo presidente, Charles Finney, era un prestigioso líder espiritual que negaba la comunión a los propietarios de esclavos.

En ese momento histórico el país había llegado a un punto crítico de equilibrio inestable. De los veintidós estados que formaban los Estados Unidos, once eran esclavistas y otros once se consideraban libres. En 1854 se promulga la ley Kansas-Nebraska que establecía el nacimiento oficial de ambos estados por encima de la línea definida en el compromiso de Misuri que los colocaba en los estados no esclavistas. Sin embargo dicha ley establecía que los habitantes de los nuevos estados podían ejercer la soberanía popular para decidir si querían ser esclavistas o no, lo cual suponía de hecho el final del frágil acuerdo de Misuri y el incremento de la tensión entre esclavistas y antiesclavistas que avanzaba a pasos agigantados hacia el enfrentamiento civil. La situación se intentó solventar con la admisión de Maine como estado libre y se estableció definitivamente la línea divisoria de 36º 30', conocida como Mason-Dixon, entre estados esclavistas y no esclavistas. Pero el arreglo no convenció a nadie. La mecha del conflicto estaba encendida y los enfrentamientos entre esclavistas y abolicionistas empezaron a generalizarse en la zona fronteriza. En esta polarización violenta destaca John Brown, un blanco fanático del abolicionismo que dirigió una guerrilla armada y que el 2 de diciembre de 1859 fue ejecutado tras un grave enfrentamiento armado con el ejército en el arsenal federal de Harpers Ferry, en Virginia, donde murieron diez hombres, entre ellos dos hijos de Brown, lo que crispó la situación hasta límites insostenibles. Su muerte tuvo también una consecuencia musical ya que los soldados del ejército de la Unión compusieron en su honor la marcha «John Brown's Song», también conocida como «John Brown's Body», que acabaría siendo la base musical de «The Battle Hymn of the Republic» («El himno de batalla de la república»), compuesto por Julia Ward Howe, una de las canciones más populares del folclore norteamericano, que ha sido adaptada al góspel, al jazz, al blues y a cuantos géneros musicales han dado los Estados Unidos y que sería uno de los himnos de combate más reconocibles en la Guerra de Secesión que estaba a punto de desatarse.

El final de la esclavitud

En 1860 Abraham Lincoln gana las elecciones presidenciales como líder del Partido Republicano que apoyaba la prohibición de la esclavitud en todos los territorios de los Estados Unidos, donde en ese momento había cuatro millones de esclavos. El 4 de febrero de 1861, antes de la toma de posesión de Lincoln, siete estados esclavistas, Carolina del Sur, Misisipi, Florida, Alabama, Georgia, Luisiana y Texas, todos con economías dependientes del cultivo del algodón, declararon la secesión y formaron los Estados Confederados de América, a los que en los dos meses siguientes se unieron Arkansas, Carolina del Norte, Tennessee y Virginia, aunque parte de este último estado se unió a los antiesclavistas del Norte como Virginia Occidental. El 13 de abril de 1861 se produce la primera batalla de la Guerra de Secesión, con el ataque a Fort Summer, un enclave del ejército de la Unión en Carolina de Sur, por parte de las tropas de la Confederación. Había comenzado un conflicto que cambiaría para siempre a los Estados Unidos y que acabaría con la institución de la esclavitud con un costo humano que actualmente se cifra en cerca de 750.000 muertos.

A pesar de que el principal motivo para la contienda bélica esgrimido por ambos bandos era la cuestión de la esclavitud, en realidad los negros en general y los esclavos en particular estuvieron bastante al margen de su desarrollo, sobre todo durante los primeros dos años. Desde un primer momento, los negros nacidos libres y los antiguos esclavos fugados no fueron demasiado bien vistos en el ejército de la Unión, en el que a los que se alistaban voluntarios se les asignaban tareas de construcción, limpieza y apoyo, pero tanto la mayoría de los oficiales, como el propio presidente Lincoln, eran reacios a entregarles armas y asignarles misiones de combate. De hecho, la cuestión de la esclavitud no estaba tan clara en los primeros momentos y en ocasiones, algunos oficiales del Norte ordenaron que fuesen devueltos al Sur los esclavos fugados que pretendían unirse al ejército salvador. La cosa dio un vuelco definitivo en 1863, después de la batalla de Antietam, en la que, a pesar de ser un triunfo decisivo para los ejércitos del Norte, hubo más 10.000 bajas en un solo día, entre muertos y heridos, y ante el temor a la desmovilización y deserción de los soldados blancos, el ejército de la Unión decidió enviar a los negros al combate. Los soldados afroamericanos dieron sobradas muestras de valor, pero nunca estuvieron en igualdad de condiciones con sus compañeros. Para eso tendrían que esperar casi un siglo, hasta la Segunda Guerra Mundial.

Orgullo y melancolía

La historia que mejor ilustra el aparente contrasentido que privaba a los propios negros de su derecho a luchar por su libertad en el campo de batalla, es la del 54 Regimiento de Massachusetts, comandado por un oficial blanco, el coronel Robert Gould Shaw, que desde el primer momento peleó para que sus soldados se convirtiesen en la primera unidad de combatientes negros en ser enviada a primera línea de fuego. El regimiento fue organizado en marzo de 1863, justo después del decreto de emancipación de los esclavos, y antes de quedar completamente diezmado en una misión suicida durante el asalto a Fort Wagner, cerca de Charleston, el coronel Robert Gould –que moriría en ese combate– y sus hombres desfilaron orgullosos por las calles de Boston a los sones de «John Brown´s Body», la canción basada en el famoso «Glory, Glory, Aleluya» que se convirtió en el himno de los soldados negros. La otra cara de la moneda la pusieron los esclavos del Sur que fueron obligados a integrarse en unidades militares del ejército confederado para defender la esclavitud. Caso especial fue el de la milicia de la Louisiana Native Guard de la Confederación, integrada por negros libres, en su mayoría pequeños propietarios y profesionales liberales, que lucharon con los ejércitos del Sur hasta que fueron disueltos en 1862, cuando los blancos esclavistas dejaron de fiarse de unos negros armados en su propio ejército, por mucha fidelidad que hubiesen mostrado hasta ese momento.

Fue por esos días cuando, en la retaguardia del conflicto bélico, se registró la primera noticia sobre la existencia de algo vagamente definido como blues. En 1862, pocos meses después del comienzo de la Guerra Civil, Charlotte Forten, una maestra negra que había nacido libre y que se encontraba en una plantación de Carolina del Sur contratada para instruir a los esclavos domésticos, anotó en su diario diversas referencias a los cantos de los esclavos e hizo la primera referencia escrita al blues como un estado de ánimo al describir el ambiente en los *quarters*, las viviendas de los negros, tal y como menciona Paul Oliver en su libro *The Story of the Blues*: «Casi todos parecían alegres y contentos, y yo, sin embargo, llegue a casa con el *blues*. Me tendí sobre la cama y, por primera vez desde que estoy aquí, me sentí muy sola y me apiadé de mí misma». Por aquel entonces, y desde hacía más de medio siglo, era de uso frecuente la expresión *blues* o *blue devil*, como referencia a un estado de tristeza o profunda melancolía, un estereotipo que ha acompañado al género musical durante toda su existencia. En ese mismo diario, Charlotte Forten también hacía referencia a las noticias sobre las melodías de los negros del Sur que por entonces también había comenzado a recopilar Lucy McKim Garrison, una joven de Filadelfia que escuchó los cantos de los esclavos cuando acompañaba a su padre en un viaje por las Sean Island, en Georgia, y que comenzó a recoger las letras de sus canciones que acabaría publicando, junto a trabajos de otros amigos suyos, en 1867 bajo el título *Slave Songs of the United States*, la primera obra editada sobre los espirituales negros, que recoge fielmente la riqueza de la música creada por los antepasados de los actuales afroamericanos.

El Acta de Emancipación de 1863 significó la libertad de los esclavos del Sur.

En 1863, con la guerra todavía por decidir, el gobierno de la Unión dicta el Acta de Emancipación que decreta la libertad de los esclavos del Sur y que, entre otras cosas, tiene el efecto de disuadir a Inglaterra y Francia de una posible intervención en la guerra a favor de la Confederación por motivos económicos. A partir de ese momento, gracias al bloqueo de los puertos sureños, que impedía la venta del algodón recolectado por los esclavos, y a la derrota de los confederados en la batalla de Gettysburg, la balanza se empieza a inclinar paulatinamente a favor de las tropas de la Unión, hasta que el 9 de abril de 1865 el general confederado Robert E. Lee se rindió en Appomattox. Más de cinco años de combates acabaron con un país, sobre todo el Sur, arrasado, más de medio millón de muertos y cientos de miles de lisiados, y una parte de la población, los antiguos esclavos negros, sumidos en la miseria y la indefensión, en manos de un sistema corrupto, unos antiguos amos resentidos y una esperanzas de libertad que pronto se verían defraudadas.

El punto de inflexión que supuso en la historia de los afroamericanos la Guerra Civil, y sobre todo la figura de Abraham Lincoln, tuvo su evidente reflejo en el universo del blues y decenas de artistas glosaron la figura del mítico presidente. Sippie Wallace en 1925 grababa «Section Hand Blues», con una letra de agradecimiento al presidente Abe, como era popularmente conocido por los afroamericanos: «Si mi capitán pregunta por mí, / dile que Abe Lincoln nos liberó, / no hay ningún martillo en este camino / que me vaya a matar, pobre de mí. / Este martillo mató a John Henry, / pero este martillo no va a matarme a mí.

/ Me estoy yendo con mi zurrón, / con mi pala en la espalda, / aunque el dinero es lo que me falta, / me voy a casa», mientras que en 1954 John C. Baker y Joseph Swenski creaban «Abe Lincoln Blues» y John Lee Hooker recordaba también la figura del presidente en su tema «Ballad to Abraham Lincoln», grabado en 1961.

Posguerra, racismo y miseria

Al final de la contienda el Sur estaba prácticamente devastado tras una estrategia de guerra total en la que los ejércitos del Norte arrasaron los campos, quemaron haciendas completas y destruyeron casi completamente el sistema de comunicaciones. Ulysses S. Grant, comandante general del Ejército de la Unión, que accede al cargo de presidente del país en 1869 convierte la posguerra y la reconstrucción de los estados vencidos en un negocio completamente corrupto en el que los funcionarios del Norte, conocidos como *carpetbaggers*, por sus maletines hechos con tapices de las antiguas plantaciones, tratan de apoderarse a precio de saldo de los pocos negocios que quedan en pie y saquean la hacienda pública. La situación entre los que hasta hacía sólo unos meses eran amos y esclavos convierte los pueblos y las plantaciones en una olla a presión a punto de reventar. En 1868 se concede a los antiguos esclavos el pleno uso de sus derechos civiles y en 1870 el derecho de voto. Sin embargo, estos dos avances no pasarán de un plano teórico, ya que prácticamente desde el primer momento los políticos sureños, la mayoría de las veces con la connivencia de las nuevas autoridades impuestas por los vencedores del Norte, comienzan a dictar leyes para restringir el derecho de voto y crear las bases de una segregación que mantenga a los negros como clase social relegada. Por lo que respecta a la vida económica de los afroamericanos, el final de la guerra supuso el cambio de la esclavitud al sistema de aparcerías, que consistió básicamente en trabajar de sol a sol sin ninguna remuneración en las parcelas que les arrendaban sus antiguos amos, o los nuevos procedentes del Norte, y tenerles que entregar la práctica totalidad de los beneficios de la cosecha. Los antiguos esclavos, sin posibilidad de acceso a la propiedad de la tierra, se quedaron atrapados en una terrible situación, víctimas del odio de los blancos, que los culpaban de su derrota y su miseria e indefensos ante todo tipo de abusos y vejaciones. Los negros empezaron a vivir en un estado de pánico permanente y en su imaginario colectivo comenzó a germinar la idea de que la única salida era emigrar a las grandes ciudades del norte del país en las que había industrias que les proporcionarían trabajo y blancos que nos los perseguirían para lincharlos. Comenzó así un éxodo que se prolongaría durante más de un siglo, en el que más de siete millones de afroamericanos abandonaron el hogar de sus antepasados en el sur del país. Y en este éxodo la banda sonora la puso el blues, que se fue transformando y evolucionando, pasando de ser una música rural y casi primitiva, a convertirse en el ritmo de las grandes metrópolis y la base de la música popular de todo el mundo occidental en la segunda mitad del siglo XX.

En esa huida masiva tuvo bastante que ver el Ku Klux Klan, que fue creado el 24 de diciembre de 1865 en Pulaski, Tennessee, por un grupo de veteranos del ejército confederado que no podían soportar la nueva situación. El Klan, como sería popularmente conocido, suscitó inmediatas simpatías no sólo entre los antiguos terratenientes, sino también entre los blancos pobres, que descargaron sobre los antiguos esclavos todo su odio y su frustración por la política de impuestos y arbitrariedades de todo tipo que los habían sumido prácticamente en la miseria. La organización adoptó métodos cada vez más violentos para imponer un statu quo racial que no tendría nada que envidiar a la época de la esclavitud. Comenzaron a atacar a la población negra con cualquier tipo de pretexto y los linchamientos se volvieron cada vez más frecuentes y más impunes. La situación se agravó todavía más con la puesta en marcha de los códigos negros, leyes establecidas por los distintos estados para limitar drásticamente los derechos ciudadanos de raza negra, que ya habían comenzado a decretarse hacia 1830 pero que fueron rescatados en todo su vigor tras la guerra. Entre otras cosas, estos códigos prohibían la venta o arrendamiento de tierras a los negros, impedían su derecho a votar e incluso decretaba el estado de queda que impidiese circular por la calle a los afroamericanos a partir de ciertas horas. Esta situación de violencia racial se vio agravada por un aumento de la pobreza entre la población negra a raíz de la depresión económica que se produjo en 1870 y que provocó una hecatombe en la economía agrícola de los ya de por sí empobrecidos estados del Sur.

Soldados búfalo y cowboys negros

Para muchos ex esclavos, la solución a su penosa situación fue curiosamente la misma que para muchos blancos del este del país o de muchos europeos que huían del hambre y la persecución política en el viejo continente: la huida hacia el Far West, el Lejano Oeste, siguiendo el grito «Go West, young man!», que había lanzado en 1951 el periodista bostoniano John Soule desde las páginas del *Terre Haute Express* y que luego fue atribuida al político republicano Horace Greeley. Los pioneros afroamericanos del Oeste recibieron el nombre de Exodusters, un movimiento organizado fundamentalmente por Benjamin *Pap* Singleton, un empresario y antiguo esclavo fugado de una plantación de Tennessee en 1846, y Henry Adams, un antiguo soldado y activista de Luisiana. A partir de 1879 ambos hombres movilizaron a más de 40.000 personas a los nuevos territorios de Kansas, Oklahoma y Colorado, donde fundaron aldeas de población exclusivamente negra.

Bastantes libertos encontraron una salida en el ejército, combatiendo en las llamadas Guerras Indias que se produjeron entre 1869 y 1890 en los territorios más inhóspitos y desolados, convertidos en la sangrienta avanzadilla de la presunta civilización que conquistó esos territorios del Oeste en una cruel paradoja y que convirtió a muchos antiguos esclavos en el instrumento de uno de los mayores genocidios raciales que ha conocido la humanidad en los tiempos modernos. Entre estas unidades de «soldados búfalo», como los apodaron los indios a causa del color de su piel y su pelo ensortijado, destacaron el Noveno y el Décimo de Caballería, y el 24 y 25 de Infantería, a las órdenes del famoso general Ranald S. Mackenzie, que se ganaron el reconocimiento del alto mando por su valor en el combate y disciplina ejemplar durante sus acciones en las misiones de Río Grande, las Dakotas, Alaska o Nuevo México.

En contra de los que pudiera parecer por la iconografía creada por el cine, buena parte de la llamada Conquista del Oeste fue protagonizada por antiguos esclavos y aunque no salgan en las películas, un alto porcentaje de los *cowboys* eran negros. Algunos fueron realmente famosos, como Bill Pickett, hijo de un antiguo esclavo por el que corría sangre negra y cherokee, que se convirtió en un popular campeón del rodeo que inventó el *bulldogging*, una técnica extravagante y salvaje, que consiste en saltar desde un caballo a los lomos de un buey y derribar al animal mordiéndole los labios, u hombres de la ley como Bass Reeves, un agente que se disfrazaba con un antifaz para ocultar su rostro negro y tenía un ayudante indio, en el que se cree que se inspiró la figura del Llanero Solitario. Otra figura legendaria –y prueba evidente de la manipulación histórica de Hollywood– fue Britt Johnson, cuya esposa e hijos fueron capturados por los comanches en 1865 y que sirvió de inspiración para la película de John Ford, *The Searchers* (*Centauros del desierto*), protagonizada por John Wayne.

Nat Love

Pero sin duda el *cowboy* negro más famoso fue Nat Love, cuya autobiografía, *Life and Adventures of Nat Love* (*Vida y aventuras de Nat Love*), se convirtió en un auténtico *best seller* cuando la editó en 1907. Nacido en 1854 en un plantación de Tennessee, hijo del capataz y la cocinera, aprendió a leer y escribir, a pesar de las leyes que lo prohibían y cuando la esclavitud fue abolida y su padre murió en la más absoluta miseria, Nat se marchó a Texas después de vender un caballo que había ganado en una rifa y darle la mitad del dinero a su madre. Fue uno de los que viajaron a Kansas, pero acabó trabajando en el Rancho Duval, en Texas, donde lo apodaron Red River Dick, por su destreza domando caballos. El 4 de julio de 1876 ganó la impresionante cifra de 20.000 dólares en un rodeo en Deadwood, Dakota del Sur, lo que le valió un nuevo apodo: Deadwood Dick. A finales del siglo XIX el escritor Edward L. Wheeler publicó decenas de novelas cuyo protagonista era un pistolero llamado Deadwood Dick y Nat no sólo reivindicó el protagonismo, sino que añadió unas cuantas anécdotas a su propia biografía que culminó trabajando como revisor de los ferrocarriles Pullman. Murió en 1921 en Los Ángeles, después de sesenta y siete años de ajetreada vida. De él ha dicho Servando Rocha en su libro *El ejército negro*: «Un personaje único en un país entonces único, en proceso hacia la modernidad y el final de la época de los forajidos. Una presencia espectral, el fantasma de todas las canciones de blues que estaban por llegar». Cierto es que muchos de estos aventureros negros dieron lugar a leyendas que alimentaron la mitología del pueblo afroamericano y se tradujeron en baladas que cantaron los *hollers* y se convirtieron en fermentos del blues.

Jim Crow y el fracaso de la reconstrucción

Tras la guerra y la desmovilización se produce también un cambio en el ámbito estrictamente musical: la incorporación progresiva y masiva de instrumentos a la música realizada por los afroamericanos, que hasta entonces había tenido un carácter casi estrictamente vocal, tanto en la generada en el entorno laboral, los *work songs* o cantos de trabajo, como en el religioso, los espirituales. Tal cosa se debe fundamentalmente a la desmovilización de muchos soldados negros que formaron parte de las bandas de música en el ejército federal y a la desmovilización de los soldados de las bandas de música del ejército confederado que ponen en la calle un montón de instrumentos, sobre todo de viento. Este fenómeno se hará muy visible sobre todo en Nueva Orleans, donde rápidamente las cornetas y demás instrumentos de viento son incorporados a un género musical en proceso de gestación: el jazz. Pero lo más importante es que la formación musical se extiende entre los afroamericanos y pronto empiezan a formarse bandas de música, como la Florence, de Alabama, región donde hacia finales de siglo comenzará a tocar la corneta un joven llamado W. C. Handy, que andando el tiempo se convertirá en el autotitulado padre del blues.

A pesar de todas las penurias, o quizá a causa de ellas, la necesidad de esparcimiento y diversión estalla abiertamente los fines de semana y las noches de las épocas en las que no hay que recoger la cosecha, o sea, cuando no hay trabajo. En los *juke joints* la música improvisada por cantantes ambulantes o aficionados locales anima los bailes, que adoptan diversas formas y nombres: los más frenéticos de ascendencia africana, como los reels, jigs, square dance, shake dance, los rags, a ritmo del moderno ragtime, o los zapateados conocidos como stomps o los arrastrados slow drag. En los ambientes de esparcimiento y diversión, muy restringidos antes de la abolición de la esclavitud, se comienza a crear una música nueva, en la que se mezclan los ritmos bailables con las baladas y las canciones folclóricas de procedencia blanca. También sigue creciendo, especialmente entre el público blanco de clase media y alto nivel cultural, el interés por la música sacra afroamericana, como demuestra la publicación en 1867 de *Slave Songs of United States*, la primera recopilación de espirituales negros. Pero el verdadero avance de la música popular entre los antiguos esclavos se producirá en los espectáculos ambulantes que comienzan a recorrer el país después de la Guerra Civil y vendrá sobre todo de la mano de un tipo de representación a mitad de camino entre lo teatral y lo musical, cuyos orígenes son fundamentalmente racistas y que darán nombre a una de las peores ignominias legales que padecieron los negros del sur durante décadas: los espectáculos *jim crow*.

En 1877 el presidente Rutherford Hayes, un republicano, firma un compromiso con su oponente demócrata Samuel J. Tilden, que supone el final del periodo conocido como la Reconstrucción posterior a la Guerra Civil y sume a los antiguos esclavos en una situación de indefensión absoluta. Con la retirada de todas las tropas del gobierno federal que todavía permanecían en los estados del Sur, y el control de los gobiernos de los antiguos estados confederados por parte del Partido Demócrata, integrado mayoritariamente por antiguos esclavistas, comienzan a florecer las leyes que restringen los derechos recién adquiridos de los negros, conocidas como leyes Jim Crow, que tuvieron su primera expresión legal en Tennessee, en 1881.

En 1890 el estado de Misisipi cambia su constitución para eliminar los derechos civiles de los ciudadanos negros, algo que será imitado por otros cinco estados del Sur hasta que en 1896 se consolida definitiva y legalmente la segregación racial con la aprobación por parte del Tribunal Supremo de todas las leyes segregacionistas y discriminatorias de los distintos estados del país.

Este tipo de leyes, que recortan en la práctica los derechos que se habían concedido en teoría a los negros con el decreto de abolición de la esclavitud, imponen una situación que bajo el lema «iguales pero separados», da carta de naturaleza legal a una injusticia flagrante que impone la igualdad entre blancos y negros como parte natural de la vida cotidiana en el sur de los Estados Unidos. Desde ese momento, blancos y negros vivirán en los mismos pueblos y ciudades pero en mundos separados. Esta institucionalización del racismo alcanzará a los barrios, las escuelas, los cafés, los transportes, incluso los cementerios. Y provocará situaciones absurdas como la expulsión de músicos afroamericanos de bandas en las que hasta entonces blancos y negros tocaban juntos sin el menor problema, lo que ocasionó la desaparición de algunas de esas bandas por la baja de sus mejores músicos.

El nombre de esta aberración legal viene de un famoso espectáculo musical, el Jump Jim Crow, en el que un actor blanco, Thomas Dartmouth Rice, más conocido como Daddy Rice, montaba un número caricaturesco con la cara pintada de negro en el que imitaba los bailes ridículos de un esclavo con cojera. El espectáculo se estrenó en realidad antes de la Guerra Civil, en 1832, y la intención original era satirizar las políticas populistas del presidente Andrew Jackson, entre otras uno de los máximos responsables de las primeras campañas de extermino de los indios. Tras la guerra esta representación alcanzaría una gran popularidad con el auge de los *minstrels*, los espectáculos que hicieron de la imitación de los cantos y los bailes de los negros su razón de ser. Curiosamente, esos espectáculos fueron una de las incubadoras del futuro blues al crear unas expresiones musicales propias y llevarlas de pueblo en pueblo, de plantación en plantación, unificando poco a poco cánticos y músicas dispersos y alejados entre sí, lo que sirvió para incrementar los nexos de unión entre la población negra e ir alimentando poco a poco una cultura propia.

De hecho, las leyes discriminatorias produjeron un efecto no deseado por sus promotores, el de cohesionar a la comunidad negra de los estados sureños hasta un nivel de identificación común que nunca había tenido y además contribuyeron decisivamente a definir el rumbo que tomarían la música y la cultura afroamericanas. La consolidación de la segregación racial como forma de vida ineludible no cambió en exceso la vida de quienes hasta unos años antes vivían en la esclavitud privados de todo derecho, pero fueron un duro golpe para aquellos negros libres del Sur que habían comenzado a crear una clase burguesa –que en muchos casos trataba a toda costa de desmarcarse de sus hermanos de raza más desfavorecidos– y que veían sus derechos pisoteados y se descubrían ellos mismos colocados en el nivel social más bajo, sin que sirviesen de nada sus desesperados esfuerzos por integrarse en la sociedad blanca. O dicho en palabras de Amiri Baraka (LeRoi Jones) en su libro *The Blues People*, la burguesía negra de Nueva Orleans: «Hasta las infames leyes de discriminación, habían obtenido un estatus de autonomía y, hasta cierto punto, se habían beneficiado de las mismas ventajas sociales y económicas que los blancos. [...] En muchos casos trabajaban codo con codo con los blancos y disfrutaban de la vida mundana de la Nueva Orleans de los siglos XVIII y XIX, con su propio lugar en la Ópera y participando en los desfiles de los blancos con sus propias fanfarrias bien organizadas. La segregación los privó de sus empleos y les impidió frecuentar a los blancos; no se los autorizaba a disfrutar en el centro de la ciudad, ni en casa de los blancos ni en los desfiles militares».

De esta forma, los afroamericanos mejor preparados volvieron a estar entre su gente, abandonando en muchos casos su fascinación por los modos culturales heredados de los europeos y echándose en brazos de una cultura de orígenes africanos que en muchos casos habían despreciado. Pero sobre todo esa élite negra recuperada gracias al aislamiento forzoso a que fue sometida, se convirtió en la punta de lanza de la lucha por los derechos de los negros en los estados del Sur, como el caso de Ida Wells-Barnett nacida en 1862 en Holly Springs, Misisipi, que tras perder a su familia por una epidemia de fiebre amarilla logró convertirse en profesora y asistir a clases en la Fisk University de Nashville. Llegó a ser una líder de su comunidad cuando en 1884 lideró una campaña en contra de la segregación en el ferrocarril local de Memphis, negándose a cederle el sitio a un hombre de raza blanca, setenta y un años antes de que Rosa Parks desencadenase la mayor campaña de la lucha por los derechos civiles en Alabama. Ida Wells-Barnett se convirtió en una activa feminista y fue fundadora de la NAACP, la Asociación Nacional para el Progreso de las Personas de Color. Otras convirtieron su éxito social en una fuente de ayudas para el desarrollo cultural y social de su comunidad, como Sarah Breedlove, nacida en 1862 en el seno de una familia de esclavos de Delta, un pueblo de Luisiana, que tras una vida de padecimientos y humillaciones se convirtió en la primera mujer millonaria afroamericana gracias a sus productos de belleza para mujeres negras. Ella fue la mecenas de los artistas y escritores negros del movimiento cultural llamado el Renacimiento de Harlem, en la segunda década del siglo XX, y durante décadas el sostén económico de la causa de los derechos civiles.

Ida Wells-Barnett

La balada de los nuevos tiempos

Hacia 1885 se produce un hecho que revolucionará la historia de la música popular en los Estados Unidos: el nacimiento del Tin Pan Alley, el nombre que recibía la calle de Nueva York en la que un pequeño grupo de editores tenía sus tiendas de música y vendía partituras de canciones, antes de que la llegada del fonógra-

fo popularizase la música sin necesidad de que los clientes tuviesen que interpretarla. Diez años después, este grupo de editores crea la Music Publishers Association para conseguir el reconocimiento legal de los derechos de autor sobre las canciones, lo que se logró en 1909, cuando el Congreso acordó que por cada copia vendida en soporte mecánico (rollo de pianola, disco plano o cilindro de cera) los fabricantes pagarían un centavo por derechos de autor. En Tin Pan Alley, se empezaron a colocar los cimientos de la industria de la música, estableciendo la relación entre música y comercio. Sin embargo, para la inmensa mayoría de los músicos de blues, casi todos analfabetos y sometidos a la segregación racial de los estados sureños, la lucha por el reconocimiento de sus derechos como autores se prolongaría hasta bien entrada la segunda mitad del siglo XX.

A finales del siglo XIX la música que se hizo más popular entre los negros fueron las baladas, ya que fueron las que cantaron las andanzas de los primeros héroes populares negros como *Stag* Lee Shelton, un chulo de Memphis que asesinó a su rival Billy Lyons, dando origen a la canción «Stagolee» –que acabaría siendo universalmente conocida y versionada como «Stagger Lee»–, o Morris Slater, más conocido como Railroad Bill, un fugitivo de Alabama que alrededor de 1894 mató a una docena de personas y que acabó perdiendo la vida en una emboscada. El hecho fue cantado por Will Bennett, un baladista negro de Loudon, Tennessee, que en 1927 grabó un tema para Vocalion, con una letra reveladora del duro ambiente en el que se movían esos héroes populares afroamericanos y la extraña fascinación que generaban: «Railroad Bill me quitó a mi chica, / luego dijo que me quitaría la vida. / Voy a terminar con Railroad Bill. / Subiré a la montaña y le esperaré. / Con un Derringer del 41 en la mano / voy a terminar con Railroad Bill». En realidad no era estrictamente necesario que el héroe de la balada fuese un afroamericano. Casey Jones, el maquinista de ferrocarril que en 1900 salvó la vida de sus pasajeros al evitar un accidente cerca de la estación de Vaughan, Misisipi, perdiendo él la vida en una arriesgada maniobra, o el asaltante de ferrocarriles Sam Bass, ambos blancos, lograron tanta fama con sus distintas y distantes hazañas, que los baladistas negros las incorporaron sin problemas a su repertorio.

En definitiva, el final del siglo XIX es la época dorada de los *songsters*, músicos básicamente aficionados, cuya fama rara vez se extendía más allá de su condado y que cantaban en fiestas locales y familiares, interpretando temas que frecuentemente provenían del folclore europeo, especialmente anglosajón, y ellos adaptaban acompañándose con la guitarra. Unos cuantos de ellos transitarían el territorio musical que acabaría llevándolos al blues. Una de las baladas más populares que perduró hasta convertirse en una pieza clásica de la música norteamericana fue «John Henry», una canción que narraba un incidente que se produjo en 1870 o 1872, cuando un trabajador de la compañía ferroviaria C&O Line que abría agujeros con su taladro manual de acero para los barrenos que abrían el túnel Big Bend, en las montañas de Virginia Occidental, se puso a competir contra un taladro mecánico que la compañía había decidido implantar y falleció en el intento tras ganar el particular duelo. Esa hazaña del hombre enfrentado a la máquina le convirtió en un héroe a los ojos de los trabajadores estadounidenses, que comenzaron a cantar su gesta, tal y como recogieron a finales del siglo XIX los folcloristas Howard Odum y Guy B. Johnson. Algunas fuentes afirman que Henry era un presidiario cedido a la compañía C&O y que murió asesinado en el transcurso de una de la habituales peleas que se producían entre los trabajadores. Lo cierto es que su figura de negro recio y grande pasó a la historia popular norteamericana y ha protagonizado novelas, películas, obras de teatro y durante la Segunda Guerra Mundial fue usado como propaganda gubernamental como símbolo de la diversidad racial; incluso hay un festival en su memoria, el Leeds Downtown Folk Festival & John Henry Celebration. En el medio centenar de músicos que han cantado sus hazañas figuran desde *bluesmen* como Mississippi Fred McDowell, Furry Lewis o Lead Belly, a rockeros como Jerry Lee Lewis y Bruce Springsteen, pasando por artistas de los más variados estilos como Woody Guthrie, Johnny Cash, Van Morrison, Harry Belafonte o los raperos Gangstagrass.

Fueron las baladas y los *hollers* del campo los sonidos que sirvieron de la raíz para el parsimonioso pero firme crecimiento del blues en los años finales del siglo XIX y los primeros del XX, unos años en los que el país sufre un proceso de modernización vertiginoso. Los Estados Unidos entran en la llamada «Era del progreso» e inventos como la fotografía o la Coca-Cola, un «medicamento para el cerebro y los nervios», como lo define su inventor, el farmacéutico John Pemberton, comienzan a llegar a los rincones más alejados del país, junto a una nueva revista que se llama *National Geographic*. Además, proliferan los espectáculos itinerantes de todo tipo y están de moda los circos de Buffalo Bill y Phineas Taylor Barnum, que congregan a multitudes ansiosas de entretenimiento y que sientan las bases de una industria, la del ocio, que será uno de los distintivos de la cultura estadounidense en el siglo XX. Por esos días un muchacho llamado Charles Alexander Jackson, nacido probablemente en 1887, abandona su Nueva Orleans natal para convertirse en un músico ambulante que pasará a la historia con el nombre de Papa Charlie Jackson, convertido en uno de los pioneros del blues. Pasó varios años vagando por los caminos y pueblos del sur, enrolado en circos, compañías de vodevil, *mins-*

trels y todo tipo de espectáculos ambulantes, hasta que en algún momento a comienzos de los años veinte llegó a Chicago con su banjo de cuatro cuerdas bajo el brazo y se convirtió en la figura más conocida de Maxwell Street Market, el corazón del barrio negro –al que dedicaría su tema «Maxwell Street Blues»– gracias a su música bailable, sus chistes y sus canciones cargadas de ironías y doble sentido sexual, algo que sería conocido como el subgénero *hokum*. En 1924 grabó sus dos primeros temas, «Papa´s Lawdy Lawdy Blues» y «Airy Man Blues», consideradas las primeras grabaciones de blues rural y también los primeros blues grabados por un hombre dos años después de que Mamie Smith grabase el primer blues, dando inicio a lo que se conoce como classic blues, dominado por mujeres, algunas de las cuales, como Ma Rainey, Ida Cox o Hattie McDaniel, acompañarían a Papa Charlie a lo largo de su carrera. En los diez años siguientes grabó alrededor de setenta canciones, entre las que figuran temas como «Salty Dog Blues» o «Shake That Thing», herederos directos de las viejas canciones sureñas. En 1929 grabó con Arthur *Blind* Blake, el creador del Piedmont blues, y en 1934 realizó su última grabación con su amigo Big Bill Broonzy, a quien había enseñado a tocar la guitarra. Pero su estilo anticuado y excesivamente rural dejó de ser popular entre los habitantes del gueto del South Side, en cuyos callejones y tugurios desapareció para siempre, muriendo olvidado por todos. Al igual que su nacimiento, la fecha exacta de su muerte es una incógnita, aunque se da por bueno el año de 1938.

La germinación del blues

En la última década del siglo XIX la segregación impuesta tras la Guerra Civil aisló a los negros en su propia comunidad racial, lo que, a pesar de todo el sufrimiento y las injusticias que causó, reforzó su sentimiento de identidad y engendró un espíritu de colectivo social completamente inexistente durante los tiempos de la esclavitud y que fue decisivo para la creación de una cultura propia, superando lo poco que quedaba de sus particularidades tribales africanas originales. La principal expresión de esa cultura será la música. En 1895 el reverendo C. H. Manson crea en la localidad de Lexington la Iglesia de Dios en Cristo, denominada en algunos textos como la Iglesia Góspel de Misisipi, convirtiéndose en un precursor del movimiento Pentecostés que revolucionaría la música negra a partir de los cantos religiosos. En la música laica la renovación se produce en 1899, cuando se edita «Maple Leaf Rag», una composición del pianista Scott Joplin que supondrá el detonante de la explosión del ragtime, que a su vez sería decisivo para popularizar en todo el país el baile de los negros, como los *cakewlks* o los *walk-arounds* heredados de la época de las plantaciones.

A caballo entre dos siglos, el blues nace de la confluencia de dos procesos que, tal y como señala Paul Oliver, se producen casi simultáneamente en el seno de la comunidad negra integrada por los antiguos esclavos y sus descendientes: la «aculturación», pérdida paulatina de las señas de identidad cultural –en este caso la africana–, y la «inculturación», experiencia de aprendizaje por transmisión generacional de costumbres, conocimientos que crean unas nuevas señas de identidad –en este caso la de la nueva comunidad afroamericana–, o dicho de otra forma, el blues surge de la adaptación de armonías europeas aprendidas por los esclavos a sus reminiscencias rítmicas ancestrales. Esta simbiosis se produce de forma especialmente creativa en el estado de Misisipi y más en concreto en su región nororiental, conocida como el Delta, y uno de sus representantes más genuinos será Charley Patton –de quien hablaremos largo y tendido más adelante– un mestizo que mezcla a la perfección sus herencias culturales europeas y africanas. En Patton, que nació en la última década del siglo XIX en el condado de Hinds, de abrumadora mayoría negra, pesaba más su herencia cultural afroamericana, que su ADN racial, ya que era un individuo que podía pasar por blanco sin excesivas dificultades pero encarnaba a la perfección la herencia *fieldholler*, la forma de cantar de los negros del campo.

Con la música a cuestas

En los *field hollers* no sólo se inspiraban los cantantes del pre-blues, sino también algunos instrumentistas, fundamentalmente los armonicistas, como Johnny Watson, alias Daddy Stovepipe, un veterano de los *medicine shows* de principios de siglo y uno de los primeros armonicistas, nacido en Mobile, Alabama, en 1867 y que tenía casi cincuenta años cuando se convirtió en uno de los primeros intérpretes de armónica en grabar un disco, allá por 1924. Pasó sus últimos años como artista habitual en la famosa Maxwell Street de Chicago, donde murió en 1963. Otros pioneros de la armónica son Humphrey Bates, nacido en 1875, y Alfred Lewis, un experto en imitar los sonidos de la cacería del zorro. También abundaban los especialistas en imitar con la armónica los sonidos del ferrocarril, como Freeman Stowers, nacido en 1884, que a pesar de ser un médico graduado en la Universidad de Nashville se dedicó a amenizar las fiestas de los estados del Sur con su banda, la Augmented Orchestra: la misma especialidad tenía George *Bullet* Williams, que dejó grabada esta técnica en temas como «Frisco Leaving Birmingham», que describía un viaje a la localidad de Tupelo, Misisipi –casualmente, el lugar de nacimiento de Elvis Presley– con gran profusión de imitaciones del sonido del ferrocarril y comentarios más hablados que cantados.

En el caso de los armonicistas, la técnica de imitación del *holler* se traducía en cantar un verso a viva voz y dar la respuesta sustituyendo la voz por el sonido de la armónica. Será una técnica muy usada por los dúos de guitarra y armónica del blues rural, tanto del Delta como de Piedmont, en los que además se incorporaba la voz del guitarrista, aumentando el efecto *holler*. El mayor especialista en esta disciplina a principios del siglo fue Burl Coleman, más conocido como Jaybird Coleman, un apodo que le pusieron durante su paso por el ejército, debido precisamente a su extraordinaria habilidad para imitar con la armónica el canto de los pájaros y cualquier otro sonido animal, humano o mecánico. Había nacido en una familia de aparceros en el pueblo de Gainesville, Alabama, en la primavera de 1896, justo el mismo año en que, en Alemania, Matías Honor sacaba al mercado la Marine Band, que costaba sólo 50 centavos y que pronto empezó a ser usada masivamente por músicos autodidactas en las plantaciones de algodón, los campos de trabajo y las fiestas campestres del sur de los Estados Unidos. Coleman consiguió su primera armónica a los doce años y a los veintiuno es llamado a filas. Su pasmosa habilidad con la armónica hace que sus mandos lo elijan para entretener a sus compañeros que comienzan a llamarle «Jaybird» (arrendajo). Tras desmovilizarse, decide ganarse la vida como músico y se enrola en las compañías de espectáculos ambulantes y en diversas *jug bands*, las bandas que tocaban en las calles y los pueblos usando instrumentos caseros. A veces también acompañaba a su hermana Lizzie Coleman cuando actuaba en las calles de Birmingham y Bessemer, donde pasó prácticamente toda su vida. En 1920 se une a Big Joe Williams y su Birmingham Jug Band, con la que recorrió buena parte de Estados Unidos.

Jaybird Coleman

En 1927 grabó su primer disco, «Mill Log Blues» y en los siguientes tres años registró 15, entre ellos su famoso «Man Trouble Blues». Durante la Gran Depresión sobrevivió tocando en reuniones familiares, fiestas campestres y lo más llamativo de todo, en celebraciones del Ku Klux Klan que llegó a brindarle su protección ante las amenazas que recibía de algunos de sus hermanos de raza. Durante toda su vida mantuvo el estilo anticuado de sus primeros tiempos, inspirado directamente en los cantos espirituales, pero sobre todo en los *field hollers*, los antiguos, mezclando su voz de falsete con el sonido de la armónica, que en su día le convirtieron en un innovador virtuoso pero que acabó pasando de moda. Al ser incapaz de actualizarse en los años cuarenta acabó desapareciendo del panorama musical .Murió a los cincuenta y cuatro años en un hospital para veteranos de guerra. Otro armonicista pionero destacado es DeFord Bailey, que nació en 1899 y fue una estrella del country y el blues desde la década de 1920 hasta 1941, convirtiéndose en el primer artista afroamericano en ser presentado en el Grand Ole Opry, el mayor espectáculo del country, exclusivo para blancos.

Las primeras orquestas populares

La consolidación de la armónica como instrumento fundamental de acompañamiento en las bandas callejeras supuso prácticamente el final de instrumentos como la flauta y el violín, que a partir de la última mitad de los años veinte comienza a desaparecer de las grabaciones de blues. Como ya se ha mencionado con anterioridad, uno de los fenómenos que contribuyó en mayor medida a la consolidación de la música popular afroamericana y por ende al nacimiento del blues, fueron los espectáculos ambulantes, que no sólo eran compañías de *minstrels* y *medicine shows* con bailarines y cantantes y números cómicos, sino que en ocasiones eran simples grupos de músicos que iban de pueblo en pueblo, tocando en bodas

o fiestas campestres, tanto de negros como de blancos, un repertorio de música bailable. La mayoría eran semiprofesionales, campesinos que trataban de sacar un dinero extra con la música, y que fueron introduciendo instrumentos baratos y populares, como las flautas, las armónicas, los *kazoos*, los *washboard* o *rubbing board* (tablas de lavar), el *wash-tub bass* (un barreño usado para confeccionar algo similar a un contrabajo) o las jarras de whisky sopladas por la boca, conocidas como *jug* y que darán nombre a las bandas callejeras o *jug bands*. Por cierto que este último instrumento, que nació como una especie de sustituto de la tuba de las bandas de jazz y se usaba como mero acompañamiento, acabó teniendo auténticos virtuosos como Earl McDonald, de la Old Souther Jug Band, que interpretaba solos de *jüg*. La influencia del jazz de Nueva Orleans en estas orquestas populares, que tendrán su época de esplendor dos décadas más tarde en las calles de Memphis, es evidente y algunas incorporaban a clarinetistas, como Johnny Dodds, que se desplaza desde Storyville a los pueblos de Misisipi o Alabama para actuar con la Dixieland Jug Blowers. Las bandas que no podían contar con músicos de viento de verdad clarinetes o cornetas de llaves, los sustituían por una figura que se hizo célebre en los tiempos previos al florecimiento del blues rural y que perduró todavía hasta bien entrado el siglo XX: el *whistler*, un artista del silbido, realizado tanto con sus propios labios como tocando un silbato usando una técnica remotamente similar a la del *slide* de la guitarra.

En general, tanto las bandas como los dúos o los solistas que actuaban en este circuito de fiestas y modestos espectáculos rurales tenían un repertorio en el que cabía casi de todo, desde los temas inspirados en los bailes europeos como la polca o el vals hasta baladas, ritmos de ragtime, jazz primitivo e incluso hillbilly. Como hemos visto, aparte de algún virtuoso llegado de Nueva Orleans, las estrellas solían ser los armonicistas por su habilidad para asombrar al público imitando sonidos y reproduciendo ambientes, aunque algunos comenzaron a componer canciones con nuevas estructuras, como William Moore, un armonicista nacido en la zona de Richmond, la capital de Virginia, que solía tocar una melodía titulada «Old Country Blues», que anuncia a las claras el género que iba fermentando en ese tránsito entre dos siglos. Otro tipo de músico rural ambulante muy habitual en la época era un guitarrista ciego, como Arthur *Blind* Blake, natural de Florida y pionero del Piedmont blues, que se hizo famoso en las fiestas de Georgia y la Costa Este, con piezas bailables como «Souther Rag», con el sello personal de su guitarra ragtime que acabaría inspirando a músicos como Lonnie Johnson, Reverend Gary Davis e incluso Johnny Cash. Realizó su primera grabación, «Early Morning Blues», en 1926, y registró más de ochenta canciones, pero el alcohol acabó con su carrera a la temprana edad de cuarenta años. Otros músicos que comenzaron interpretando ritmos diversos, desde baladas hasta música bailable, antes de convertirse específicamente en blues fueron Mississippi John Hurt, Mance Lipscomb, Jefferson *Brock* Mumford y Charlie Galloway, dos guitarristas que habían tocado en Nueva Orleans con Buddy Bolden la leyenda del jazz y, por supuesto, la familia Chatmon, que estarán en el momento indicado y el sitio justo cuando germine el blues del Delta en la plantación Dockery, como veremos más adelante. El fenómeno del clan familiar musical era bastante habitual, como demuestra la existencia de los Wright, competencia directa de los Chatmon aunque no pasaron a la posteridad ya que no salieron del reducto campestre y no dejaron grabado ningún disco.

Los armonicistas se caracterizaban por su habilidad para imitar sonidos, asombrando así al público.

Tutwiler, kilómetro cero

El siglo XX comienza con cambios sustanciales en el mundo de la ciencia, las comunicaciones y los espectáculos. En 1902 se crea en Chicago el primer sindicato de músicos negros dentro de la Federación Americana de Músicos y el cuarteto Dinwiddie Colored Quartet graba la primera composición de un grupo musical afroamericano. En 1903 los hermanos Wright consiguen hacer volar el primer avión, se rueda la película *El gran robo al tren*, el primer *western* de la historia, se crea la hoy tristemente célebre base de la Marina de los Estados Unidos en Guantánamo, Marie Curie gana el Premio Nobel de Física, el ingeniero español Leonardo Torres Quevedo patenta el Telekino, un autómata que obedecía instrucciones transmitidas por ondas hertzianas. En 1904 sale al mercado la primera moto Harley-Davidson y Henry Ford abre su fábrica de automóviles de Detroit, creando la primera cadena de montaje, y cuatro años después sale a la calle el Ford T, el primer utilitario de la historia. Como consecuencia de todo ese acelerón industrializador, en 1905 nace en Chicago el IWW (Industrial Workers of the World), un sindicato de clase y revolucionario que fue uno de los primeros que afrontó el conflicto que supuso la creciente incorporación al mercado de trabajo de los hijos y nietos de los esclavos liberados. Los Estados Unidos, que tras ganar la guerra de 1898 contra España en apoyo de la independencia de Cuba y Filipinas están convirtiéndose en una primera potencia mundial, son un país en acelerado crecimiento con 76 millones de habitantes, de los que casi nueve millones son de raza negra y el noventa por ciento viven en los estados del Sur, de los que tratan de huir en una permanente emigración hacia las ciudades del norte industrializado.

En lo que se refiere a la historia de la música, la fecha clave de ese inicio del siglo XX es el verano de 1903, cuando un director de orquesta llamado William Christopher Handy descubre el blues en el apeadero de Tutwiler, un pueblo del Condado de Tallahatchie, Misisipi, que por aquel entonces no llegaba a los 400 habitantes. La historia ha sido contada mil veces y adornada con todo lujo de detalles y anécdotas, unas más históricamente ciertas que otras. En esencia, la historia cuenta que W. C. Handy, un músico de treinta años que pasaba la noche pacientemente en el apeadero de Tutwiler esperando un tren que venía con retraso, se entretuvo escuchando a un músico negro que cantaba una especie de lamento y se acompañaba con una vieja guitarra, deslizando una navaja por las cuerdas del mástil. En sus memorias Handy lo define como un negro flaco y ágil, con la ropa hecha jirones y los zapatos rotos y una expresión en la cara que le dejó impresionado: «Su rostro reflejaba una especie de tristeza antigua. Cuando tocaba, apretaba un cuchillo contra las cuerdas de la guitarra, de un modo que popularizaron los guitarristas hawaianos que empleaban una barra de acero [...]. El efecto fue inolvidable. Su canción también me cautivó de inmediato». La canción contaba simplemente que el hombre se dirigía a Moorehead y repetía varias veces la frase «Goin' where the Southern cross the Dog», en referencia a la línea del ferrocarril que recorría el Delta del río Yazoo, conocida como Borth Dog que en aquel punto se cruzaba con la línea que recorría otro tren conocido como «el sureño». En realidad, era una canción simple, que hablaba de la vida vagabunda, común a muchos afroamericanos por aquel entonces, pero Handy se quedó impresionado por la fuerza que transmitía aquella primitiva forma de hacer música, que el guitarrista flaco y desharrapado había definido como blues, y que volvió a escuchar un par de años después en una sala de baile de Cleveland, otro pueblo de Misisipi, interpretada por tres músicos aficionados locales, con un éxito que dejó estupefactos a Handy y a su orquesta de profesionales que actuaban aquel día en el local. Desde ese momento, Handy comenzó a buscar la forma de repetirla y darle forma en una partitura, algo que hizo tres años después, en 1909 en Memphis, cuando compuso «Mr. Crump», una idea del candidato a la alcaldía de la ciudad, Edward H. Crump, que pensó que una buena forma de atraerse al electorado afroamericano era a través de la música y le encargó a Handy que le compusiese el himno de la campaña, cuya estructura de blues la convirtió en una pieza muy popular en Beale Street, la arteria comercial del barrio negro de Memphis. Al menos esa es la versión de Handy, puesta en duda años después por el propio Crump, que dijo no recordar este detalle. Lo cierto es que tres años después «Mr. Crump» se convirtió en una partitura con el título de «Memphis Blues», la primera canción compuesta como un blues de doce compases, y en 1914 publicó «Saint Louis Blues», una de las primeras canciones en lograr un éxito popular masivo que se convirtió en un estándar grabado por las principales figuras de la música negra, de Louis Armstrong a Billie Holiday, pasando por Bessie Smith, Cab Calloway, Dizzy Gillespie, Etta James o Herbie Hancock, entre otros muchos.

W. C. Handy

Handy había nacido en 1873 en el seno de una de las familias de la escasa burguesía negra de Florence, Alabama. Hijo y nieto de predicadores, se sintió atraído por la música popular desde su más tierna infancia, para escándalo de sus padres. Se compró su primer instrumento, una guitarra, trabajando a escondidas en una zapatería, lo que decidió a su padre a apuntarle a clases de órgano, decidiendo que ya que quería ser músico, al menos que tocase un instrumento piadoso. Pero el instrumento con el que desarrollaría su carrera sería la corneta, que comenzó a tocar en una banda local mientras siguió estudiando solfeo. A los veintiún años se fue a Birmingham, donde se convirtió en profesor de música y montó una pequeña orquesta. Poco después, en 1893, tras un azaroso viaje, la banda llegó a Chicago para participar en la Exposición Universal. En 1896 regresó a Florence para dirigir la banda de la universidad para negros de Alabama y dar clases, lo que hizo hasta 1902, año en el que comenzó a viajar por Misisipi para estudiar a fondo la música folclórica de los afroamericanos. En 1903, cuando era director de la banda The Knights of Pitias, de Clarksdale, se produjo su famoso e histórico encuentro con el blues. Tras el reseñado paso por Memphis y tras componer las primeras partituras del género, en 1917 se marchó a Nueva York. Allí llegó a ser un músico famoso y se asoció con Harry H. Pace, un universitario al que había conocido en Memphis. Grabaron discos de jazz, ragtime y música popular e incluso editaron para el sello Victor el «Crazy Blues» de Mamie Smith, la ya mencionada primera grabación del género. Murió el 28 de marzo de 1958, tras unos últimos años de penurias económicas. A su funeral en Harlem acudieron más de 25.000 personas que quisieron rendir un último tributo al padre del blues.

Sin embargo, la versión de Handy, de su descubrimiento musical, que él mismo incluyó en su autobiografía *Father of the Blues* (*El padre del blues*), ha sido cuestionada por numerosos investigadores de la música afroamericana, como Ted Gioia, quien afirma que «una buena parte de este entretenido libro, empezando por el propio título, es cuestionable», como cuestionable es también la fecha en la que habitualmente se sitúa este supuesto descubrimiento, tal y como afirma también en su libro Gioia: «Una lectura atenta de la autobiografía de Handy revela que él no especifica el año del encuentro en Tutwiler, y es posible que sucediera en una fecha posterior». Pero tanto para Gioia como para la narrativa del blues en general, lo importante es que ese momento cimenta el edificio sobre el que se levanta la historia del género: «En cualquier caso, Handy siguió pensando en él durante días y meses, y se dio cuenta de que la música del guitarrista era algo más que una interpretación aislada: representaba nada menos que un estilo regional. El cantante de la estación empleaba lo que más adelante se conocería como "forma de blues": una progresión armónica que se repite y que típicamente ocupa doce compases, con una estrofa de tres frases».

La maternidad del blues

A pesar de la fama alcanzada por los orquestales y refinados blues de W. C. Handy, el auténtico blues rural del Misisipi, el que dijo haber escuchado en Tutwiler, siguió siendo una música ignorada para la mayor parte del público norteamericano durante las dos primeras décadas del siglo XX, lo que convierte el descubrimiento de

Ma Rainey y su banda

Handy en una convención genéricamente aceptada, porque en algún momento hay que poner la fecha de nacimiento del género, aunque siempre puesta en duda. De hecho, el bautizo del blues pudo haberse producido un año antes, en 1902, cuando Ma Rainey, una cantante de poco más de dieciséis años, actuaba en un pueblo de Misuri con una compañía ambulante, escuchó a una joven cantar una triste canción que hablaba de un chico que la había abandonado. Según contó una y otra vez a lo largo de su vida, cuando Ma le preguntó qué era aquella extraña melodía, la chica se limitó a contestar simplemente: «un blues». A igual que Handy, la canción le produjo tal impresión que la incorporó a su espectáculo, ignorando en aquel entonces que la historia de la música la bautizaría como «La Madre del Blues».

Ma Rainey vino al mundo como Gertrud Malissa Nix Ridgett el 26 de abril de 1886, sólo veintitrés años después de haber sido abolida la esclavitud, en Columbus, Georgia, un puerto fluvial del río Chattahoochee, donde abundaban los locales de diversión que atraían a numerosos músicos ambulantes. Otras informaciones sitúan su nacimiento en 1882 en Russell, Alabama. Su abuela y sus padres, Thomas Pridgett y Ella Allen-Pridgett, eran cantantes y en esa disciplina iniciaron a la joven Gertrud, que a los catorce años ya actuaba en espectáculos ambulantes. En 1904 se casó con el cómico William *Pa* Rainey y ambos formaron el dúo Pa & Ma Rainey, con el que actuaron en circos, espectáculos de vodevil y teatros ambulantes como el famoso Rabbit Foot Minstrel. En 1912, mientras trabajaba en la compañía Moses Stokes Traveling Show, Ma Rainey conoció a una joven cantante llamaba Bessie Smith, a la que se permitió darle algunos consejos, que la muchacha parece que ser que aplicó muy bien, ya que acabaría siendo conocida como «La emperatriz del blues». Según Sandra Lieb, biógrafa de Ma Rainey, ambas habrían sido amantes, una historia desmentida sin embargo por Maud Smith, cuñada de Bessie. Circula incluso una historia que habla de que Ma fue arrestada en Chicago en 1925 por conducta indecente: al parecer se encontraba desnuda en compañía de algunas de sus bailarinas. Se dice que Bessie Smith pagó la fianza pero la veracidad de esta anécdota es difícil de comprobar. Lo cierto es que Ma Rainey tuvo siempre fama de ser una mujer de armas tomar que coleccionó amantes y sus relaciones sexuales con mujeres no eran una excepción en el ambiente del espectáculo en el que se movía. En 1928 grabó una canción, «Prove it on me blues» con una letra en la que se presenta como una lesbiana sin tapujos y afirma «Salí anoche con una multitud de amigos. / Deben haber sido mujeres, porque no me gustan los hombres», aunque también hay quien interpreta que es una canción cantada desde un punto de vista masculino. Lo que sí es cierto es que su voz cautivó tanto a hombres como a mujeres, aunque no tuvo oportunidad de pisar un estudio de grabación hasta 1923, cuando le faltaba poco para cumplir los cuarenta años y fue descubierta por el productor J. Mayo Williams para grabar con Paramount Records en Chicago. Destacó notoriamente no sólo por su música sino también por su personalidad y su ácido sentido del humor. Sus canciones hablaban abiertamente de lesbianismo, prostitución, homosexualidad, violencia, traición y desamor. Cantaba temas como «Slave to the blues», diciendo a la cara del público el sentimiento más crudo del blues sin perder la sonrisa: «Melancolía, por favor dime, ¿tengo que morir como una esclava? ¿Me oyes suplicando?, me vas a llevar a la tumba. Si pudiera romper estas cadenas y dejar mi afligido corazón en libertad. Pero es demasiado tarde, la melancolía me ha hecho esclava de mí misma». Actuó junto a músicos tan legendarios como Papa Charlie Jackson, Joe *King* Oliver o Thomas Dorsey, y en 1924 grabó un tema, «See See Rider», en el que toca la trompeta un joven músico llamado Louis Armstrong. Siguió actuando hasta que llegó la Gran Depresión y el negocio de la música empezó a flaquear. En 1935 decidió regresar a Columbus y vivir como empresaria dirigiendo dos salas de espectáculos. Murió en Rome, Georgia, a los cincuenta y tres años de edad.

La aparición del bluesman

En la primera década del siglo XX, los años en los que los primeros músicos ambulantes que acabarán siendo conocidos como *bluesmen* comienzan a recorrer los caminos, la comunidad negra de los Estados Unidos vive un profundo y tenso proceso de cambio social. Mientras que las oportunidades económicas crecen, sobre todo en las zonas industriales del norte del país, en los campos del Sur la violencia gratuita del Ku Klux Klan sigue sembrando la muerte y el terror, mientras que en algunos guetos urbanos la tensión llega a límites insoportables y estallan los conflictos raciales. En 1900 en Nueva Orleans, un tiroteo entre un afroamericano, Robert Charles, y dos policías que acaba con la muerte de estos últimos produce una oleada de disturbios en los que turbas de blancos lincharon a 20 negros y quemaron dos escuelas. El resultado final fue de 28 muertos y centenares de heridos. Este tipo de hechos provocan un aumento de la emigración de ciudadanos negros hacia el norte para escapar del racismo y buscar trabajo en las pujantes ciudades industriales, en lo que a partir de 1910 se conocerá como la Gran Migración, que movilizará en las dos décadas siguientes a más de un millón de personas. En esas ciudades industriales la población negra se cuadriplica en pocos años con lo que trae consigo un aumento de la tensión racial.

Entre el 14 y el 16 de agosto de 1908, en Springfield, Illinois, se producen unos violentos disturbios raciales que provocaron al menos 16 víctimas mortales y finalizaron con la intervención del ejército. Los incidentes se originaron cuando una muchedumbre de blancos pretendía linchar a dos afroamericanos acusados de violar a dos jóvenes blancas, y al no poder hacerlo se ensañaron con los habitantes del barrio negro de la ciudad, quemando negocios, destrozando mobiliario y agrediendo salvajemente a la población. El hecho de que estos disturbios se produjesen en un estado del norte del país, y supuestamente no segregacionista, como Illinois, aceleró el proceso de concienciación entre la población afroamericana respecto a la necesidad de organizarse frente al racismo sistematizado y cotidiano, algo que tomó cuerpo seis meses después, el 12 de febrero de 1909, cuando coincidiendo con el aniversario del nacimiento de Abraham Lincoln, se constituye oficialmente la NAACP (La Asociación para el Progreso de la Gente de Color), que se convertiría en la entidad más importante en la lucha por los derechos civiles.

El nacimiento de la NAACP es el indicador más evidente del nacimiento de un nuevo tipo de ciudadano afroamericano que reivindica su lugar en la sociedad de derechos en la que en teoría vive y que trata de aprovechar las oportunidades que le proporciona el sistema democrático. Algunos negros comienzan a destacar y hacerse famosos, sobre todo en el terreno de la música y el deporte, poniendo en evidencia el racismo subyacente en la sociedad norteamericana. Casi un año después de la creación de la NAACP, el 26 de diciembre de 1908 en Sídney, Australia, el norteamericano Jack Johnson se convierte en el primer negro campeón del mundo de los pesos pesados, tras derrotar al canadiense Tommy Burns y desata una oleada de indignación racista que Johnson alimenta derrochando dinero y exhibiéndose con novias y amantes blancas. El 4 de julio de 1910 en Reno, Nevada, pelea contra Jim Jeffries, excampeón del mundo que se había retirado invicto y que siempre se había negado a combatir con negros. El público blanco no sólo quiere la derrota, sino la humillación de Johnson, pero este gana y la población afroamericana se lanza a la calle a celebrarlo mientras el Ku Klux Klan se emplea a fondo para impedirlo. Los disturbios acaban con un número de muertos que nunca ha sido completamente clarificado. Perseguido y acosado, abandonará los Estados Unidos, a donde regresará diez años después, tras perder su título, para acabar cumpliendo condena en la penitenciaría de Leavenworth. Durante los siguientes veintidós años no se permitirá que ningún negro dispute el título de campeón mundial, que finalmente conseguirá Joe Louis en 1937.

Pero si el trato a la élite de la comunidad afroamericana era vejatorio, la situación en la que vivía el subproletariado negro era insufrible. En los años finales del siglo XIX y primeros del XX los estados del Sur vivieron una etapa de sobreexplotación económica que cambio literalmente el paisaje. Las talas masivas de árboles y la desecación de pantanos para crear zonas de cultivo acabaron con los bosques que antes eran impenetrables, se construyeron carreteras, se crearon nuevos pueblos y se amplió la red de ferrocarriles. Los dueños de los terrenos y los especuladores se enriquecieron, pero los peones afroamericanos sólo lograron pasar de agricultores explotados por el sistema de aparcería a obreros mal pagados y condenados a vivir en condiciones infrahumanas, como relata un informe de la Labor Research Organisation, elaborado en Luisiana por Charlotte Todes y recogido por Paul Oliver en su *Historia del blues*: «A lo largo de las vías del ferrocarril se alineaban unas cien barracas donde vivían los trabajadores negros [...]. En su interior, prácticamente desnudo, se amontonaba la basura. Tanto debajo de las viviendas de los blancos, como debajo de las de los negros se guardaban los cerdos y, sin duda, debía de haber gran cantidad de mosquitos, ya que abundaban los charcos. Sólo había un grifo para todos los trabajadores y éstos tampoco disponían de medios para cocinar». En ambientes como ese vivieron futuros *bluesmen* como Ishman Bracey, que comenzó trabajando como *waterboy* (aguador) para los trabajadores que construían el ferrocarril de la Illinois Central Railroad y acabó integrando junto a pioneros como Tommy Johnson o Charlie McCoy el primer grupo de *bluesmen* de Jackson, Misisipi, durante los años veinte; o Sam Collins, también conocido como Jelly Roll Hunter y Big Boy Woods, que realizó los más duros trabajos hasta que grabó su primer disco, «Yellow Dog Blues», a los treinta y siete años.

El mito del hombre libre

Peg Leg Howell y su banda en Atlanta

En contraste con la situación de miseria, explotación laboral y marginación en que vivían el resto de sus hermanos de raza de los estados del Sur, los primeros *bluesmen* eran, según el sociólogo y folclorista Howard W. Odum, los negros más libres debido a su vida errante, sin ataduras a la tierra ni a la familia, una forma de vivir que, a pesar de todos los problemas de la supervivencia cotidiana, les permitía tener horizontes más amplios y sobre todo, libertad para soñar con una existencia y un mundo distintos, y ese mundo y esa existencia se traslucían en sus temas de blues. Si las baladas y las canciones populares de los *songsters* hablaban en general de hechos cotidianos o historias ajenas, los blues les permitían cantar acerca de ellos mismos, de sus propias vivencias y sentimientos, tal y como señala Paul Oliver: «brindaban la oportunidad de cantar sobre sí mismo y convertirse en un héroe. Gracias al blues un hombre podía fanfarronear un poco y construir, en torno suyo, una historia imaginaria [...]. También podía hablar de sus desgracias con el fin de mitigarlas [...]. Era a la vez un tipo de canción y un estado de ánimo».

Uno de los músicos que encaja como un guante en esa descripción y que mejor refleja esos años de gestación del espíritu del blues es Joshua Barnes Howell, que pasó a la historia como Peg Leg Howell, cuyos temas simbolizan claramente la transición de los cantos de trabajo, los *hollers* y las baladas, al blues primitivo. Nació en marzo de 1888 en una granja de Eatonton, Georgia, donde pasó sus primeros veintiocho años, hasta que un pariente suyo le pegó un tiro en una pierna en el

Arthur
Blind Blake

transcurso de una pelea. Un cojo estaba inhabilitado para trabajar en el campo y era una rémora para su familia, así que no le quedó más remedio que abandonar la granja y buscar trabajo en una fábrica de fertilizantes del pueblo, donde el trabajo era tan duro que tuvo que abandonar y marcharse a la ciudad, a Atlanta. Llegó allí con treinta y cinco años y sin más forma de buscarse la vida que su guitarra, que había aprendido a tocar de forma autodidacta. Él afirmaba que aprendió en una sola noche, una fanfarronería que se aviene perfectamente con su carácter de pionero del blues. Sin que se sepa muy bien cómo, se había convertido en un precursor del estilo *fingerpicking* y el *slide*, algunos años antes de que lo popularizasen los creadores del blues de Piedmont, como Blind Blake, Pink Anderson, Brownie McGhee o Blind Boy Fuller. Su habilidad con la guitarra y su voz suave y modulada le convirtieron en una figura popular en las calles de Atlanta, donde redondeaba sus ingresos vendiendo whisky de contrabando, una actividad que sería muy habitual en los *bluesmen* de los años veinte y treinta, y que a Lowell le costó un año de prisión en 1925. A su salida fue localizado por los ojeadores de Columbia Records y Peg Leg aprovechó su reciente experiencia carcelaria para grabar «New Prison Blues», el primer disco de country blues producido por la compañía. En los años siguientes siguió grabando temas de diversos estilos –a veces en solitario y a veces con el guitarrista Henry Williams y el violinista Eddie Anthony–, desde baladas a ragtimes, en la mayoría de los casos adaptaciones de las canciones que había escuchado durante los años que había vivido en la granja y versiones de música popular. Además de Williams y de Anthony, Peg Leg se rodeó de otros músicos callejeros como Jim Hill, que tocaba la mandolina y con el que grabó algunas canciones, y Ollie Griffin, que tocaba el banjo. Con todos ellos montaba en ocasiones un grupo con el que iban a tocar a las fiestas de blancos donde interpretaban baladas y hillbilly. Howell también siguió vendiendo alcohol ilegal –sobre todo en los años de la Gran Depresión, cuando sus ventas de discos se redujeron prácticamente a cero–, y consumiéndolo, lo que agravó su diabetes, le hizo perder la pierna sana y lo confinó en una silla de ruedas en 1959. En 1963 fue redescubierto por los investigadores musicales George Mitchell y Roger Brown cuando vivía en la miseria más absoluta. Ellos le grabaron una serie de temas que fueron recogidos en un álbum, *The Legendary Peg Leg Howell*, editado en 1964. Murió dos años después, cuando tenía setenta y ocho, dejando para la posteridad temas legendarios como «Skin Game Blues», «Broke And Hungry Blues» y «Tishomingo Blues», un tema este último que, por cierto, dio título a una novela policíaca de Elmore Leonard, ubicada en el año 2002 y ambientada en el profundo Misisipi.

El latido del Delta

Durante el primer tercio del siglo XX Misisipi fue el estado más pobre del país y todavía bien entrados los años cuarenta la electricidad era una rareza en más de la mitad de los hogares, especialmente en los de los negros. Su nombre ha estado siempre asociado a las plantaciones de algodón, las trágicas inundaciones del río que le da nombre y, sobre todo el blues. Aunque no se puede afirmar tajantemente que este género musical y cultural sea una creación exclusiva del estado de Misisipi, lo cierto es que en él nacieron la mayoría de los hombres y mujeres que lo crearon y a él están asociados la mayoría de los mitos y leyendas que lo sustentan. Y si hay en Misisipi un lugar que merezca el apelativo de criadero y cuna del blues, ese lugar es el Delta.

La región del Delta del Misisipi está situada al noroeste del estado del mismo nombre y no se trata del delta de la desembocadura del río, que se halla más al sur, en el estado de Luisiana, sino de una fértil llanura de aluvión estrecha y alargada de norte a sur, formada por las crecidas de los ríos Misisipi y Yazoo. Fue una de las regiones agrícolas más ricas del sur de los Estados Unidos antes de la Guerra Civil, en la que se producía caña de azúcar, arroz y algodón de la mejor calidad, con una población mayoritariamente negra y esclava que se vio en la más brutal de las pobrezas al final del conflicto. Con unos veranos largos, calurosos y húmedos y unos inviernos cortos y fríos, las condiciones de vida eran extremadamente duras para una población que a principios de siglo rondaba el millón y medio de habitantes, que desde finales del siglo XIX a mediados del XX emigraron hacia el norte de forma sistemática y continuada. En las tres primeras décadas del siglo XX en ese territorio de 10.000 kilómetros cuadrados –la extensión de Asturias, Líbano o el área metropolitana del valle de México, por ejemplo– nacieron, vivieron y murieron los grandes nombres del blues primitivo, cruzándose en sus caminos una y otra vez, intercambiando canciones, historias y conocimientos musicales, influyéndose mutuamente a partir de un núcleo central: la plantación Dockery.

Situada entre los condados de Ruleville y Cleveland y surcada por las aguas del río Sunflower, en el corazón del Delta, la plantación Dockery fue fundada treinta años después de finalizada la Guerra Civil, en 1895, por un emigrante de origen escocés, Will Dockery, que introdujo una novedad respecto a lo que era habitual en la región: en lugar de recurrir al sistema de aparcería –por el que el propietario de la tierra cedía a los granjeros negros una parte de ella a cambio de un elevado porcentaje de la cosecha– comenzó a contratar a trabajadores residentes en la zona, lo que garantizaba a estos y sus familias una mayor seguridad económica y vital. El experimento funcionó y la Dockery, que tenía su propio médico, sus propios templos, dos escuelas y varias tiendas, llegó a dar trabajo a 4.000 familias y se convirtió prácticamente en una población autónoma bajo los designios de Dockery que, por si faltaba algo, no era racista en absoluto, a diferencia de la mayoría de sus vecinos blancos, así que la plantación fue durante las primeras décadas del siglo XX un polo de atracción para los agricultores del Delta, y por ende, para muchos que también era músicos. Curiosamente, estos eran lo último que quería ver por su casa Will Dockery, un individuo bastante puritano que no fumaba ni bebía y que quizá hubiese sufrido un infarto de haber imaginado que su granja se convertiría en el vivero de la música del diablo, si nos atenemos a lo que cuenta Ted Gioa en su libro *Blues. La música del Delta del Misisipi*: «El viejo Dockery desaprobaba cualquier clase de música. Había fruncido el ceño cuando su hijo mostró interés por aprender a tocar el piano. A veces permitía que un arrendatario negro de su plantación tocara música en otra localidad, si la ocasión lo justificaba, pero cuanto más lejos mejor». Es difícil imaginar un propietario menos adecuado para un sitio que pasaría a la historia por haber albergado a los pioneros del blues del Delta, una música que cobraría dimensiones internacionales y comenzó en aquellos barracones, con un puñado de granjeros que tocaban la guitarra, vendían whisky ilegal y frecuentaban los peores tugurios en compañía de las mujeres de peor fama del entorno, algo de lo que, afortunadamente para él, no se enteró el señor Dockery, que falleció en 1936 ignorante de lo que hacía sus trabajadores en su horas libres.

En realidad, el proceso de selección de los trabajadores de la Dockery no debía de ser muy escrupuloso, al menos desde el punto de vista de las costumbres personales y las aficiones musicales que tanto despreciaba el dueño de la plantación, sobre todo si tenemos en cuenta que una de las primeras familias que se instaló fueron los Chatmon, originarios de Bolton, Misisipi, y bien conocidos en el Delta por sus habilidades artísticas. Ellos formaron una de las bandas pioneras del blues, los Mississippi Sheiks. El cabeza de familia, Henderson Chatmon, había sido un destacado *musicianer* –alguien con notables conocimientos musicales, incluso con dominio de la lectura de partituras– en los tiempos de la esclavitud, su esposa, Eliza, también cantaba y tocaba la guitarra, y sus hijos, Carter, Lonnie y Sam, heredaron sus habilidades, aunque el miembro más famoso del clan era Armenter Chatmon, más conocido como Bo Carter, que también actuaba por su cuenta y que se convirtió también en un *bluesman* legendario, gracias entre otros a su tema «Corrine

Corrina», cuya versión original grabó en 1928. Carter se encargó fundamentalmente de dirigir a los Mississippi Sheiks, ya que al parecer sus hermanos eran excesivamente aficionados a la bebida para llevar las riendas del negocio. Con la banda también tocaban habitualmente Walter Vinson, un gran guitarrista y compositor, también vecino de Bolton, y Papa Charlie McCoy, también conocido como Tampa Kid y hermano mayor de Kansas Joe McCoy, que sería el marido de Memphis Minnie, en una prolongación de esta saga que llegaría a los orígenes del blues de Chicago. Los Mississippi Sheiks fueron la banda más popular de los primeros tiempos del blues, y gozaban de gran fama entre la población blanca de la zona del Delta, que los contrataba habitualmente para sus fiestas. Curiosamente también eran la banda favorita de Al Capone, el gánster de Chicago, que los descubrió gracias su disco más famoso, «Sitting on Top of the World» («Sentado en la cima del mundo»), que grabaron en 1930 y que ha sido versionado por centenares de artistas, de Frank Sinatra a Bob Dylan, pasando por John Lee Hooker o Grateful Dead. Algunos miembros de los Sheiks también formaron parte de bandas paralelas como los Mississippi Mud Steppers y los Blacksnakes, grabaron un centenar de canciones y a finales de los años treinta abandonaron la música para volver a dedicarse a su oficio de granjeros. Su contribución al blues ha sido inmensa, pero quizá la más importante haya sido la de crear aquel vivero de *bluesmen* que se llamó la Dockery Farms.

Mississippi Sheiks

El viejo bocazas y sus amigos

El más importante de todos aquellos trabajadores de la Dockery, desde el punto de vista del blues, y probablemente el más crápula desde el punto de vista del jolgorio, fue sin duda Charlie Patton. Que llegó a la plantación junto a sus padres y sus doce hermanos hacia 1900, procedente de un pequeño poblado llamado Herring's Place, luego rebautizado como Bolton, a unos 190 kilómetros de la granja. Las dudas envuelven su fecha de nacimiento y se suele dar por buena la del 1 de mayo de 1891, aunque otras fuentes apuntan a que fue en 1881 o 1885. Lo cierto es que llegó a la Dockery siendo poco más que un niño y poco después de que esta comenzase a funcionar, o sea, formando parte de sus primeros pobladores y allí vivió hasta los treinta y cuatro años. Sus padres fueron Bill y Annie Patton pero los rumores afirmaban que su verdadero padre era un vecino de su familia en Bolton,

Henderson Chatmon, el patriarca de una saga musical que cristalizaría en los míticos Mississippi Sheiks, antes mencionados. Su aspecto físico también alimentó todo tipo de leyendas. Negro de tez clara y rasgos que podrían pasar por los de un blanco, se decía que era un mestizo mejicano, pero en realidad por sus venas corría sangre negra, blanca y cherokee. Fuese como fuese, lo cierto es que tenía un talento musical innato que desarrolló de la mano de su mentor, Henry Sloan, otro vecino instalado en la Dockery, que le enseñó a tocar la guitarra y los rudimentos del estilo que practicaba, una especie de blues primitivo. Como el blues se retroalimenta de leyendas, era inevitable que algunos hayan querido ver en Sloan al guitarrista que W. C. Handy se encontró en el apeadero de Tutwiler y que dio origen al bautismo del blues, aunque no hay un solo dato que avale esta hipótesis más allá de las puras especulaciones. Sloan nació en 1870, sólo siete años después de que la esclavitud fuese abolida por el presidente Lincoln. Era hijo de Sam y Laura Sloan, dos libertos procedentes de Carolina del Norte que acabaron instalándose en la plantación Dockery a principios de siglo. En 1918, al final de la Primera Guerra Mundial, se unió a la riada humana que se trasladó a Chicago; allí desapareció sin dejar rastro ni grabación alguna de su música, aunque otra teoría apunta a que a principios de los años veinte se instaló con su mujer y sus hijos, Henry Jr. y Hall, en West Memphis, Arkansas, donde podría haber fallecido en 1948. En cualquier caso, su figura es uno de los pilares fundacionales del blues, un estilo que él comenzó a interpretar en una forma primitiva a finales del siglo XIX, en su etapa de músico ambulante antes de llegar a la plantación Dockery.

Sin duda el mejor trabajo de Sloan fue haber transmitido sus conocimientos al joven Charlie Patton, que comenzó cantando baladas al estilo de los *songsters*, siempre con cierta carga erótica, como «Shake It and Break It», o su particular «Spoonful», o el histórico «Pony Blues», el primer tema que compuso, según cuentan, a la edad de diecinueve años y que grabaría muchos años más tarde, el 14 de junio de 1929, para convertirla en una especie de piedra angular del blues rural. El tema contiene todos los elementos básicos del blues, igual que Patton encarna en sí mismo el prototipo de blues que serviría de patrón a todos los que vendrían detrás. A pesar de ser un hombre de una apariencia física tirando a menuda –apenas pesaba más de 60 kilos– su presencia escénica era impresionante y su voz en directo era atronadora con un punto estridente, que se podía escuchar a más de 500 metros de los locales donde actuaba, según contaban algunos testigos de sus conciertos, como un joven llamado Chester Arthur Burnett, que pasaría a la historia del blues como Howlin' Wolf, con quien volveremos a encontrarnos más adelante.

Patton se labró una fama personal bastante turbia que no menguó su fama como músico, venerado por los *bluesmen* de su entorno y admirado por el público, tanto negro como blanco, que acudía a verle aunque para ello tuviesen que recorrer varios kilómetros, en unos días en que el medio de transporte más socorrido eran los propios pies. Bocazas, pendenciero y mujeriego impenitente, su chulería personal le causó numerosos problemas, incluido su despido de la plantación Dockery, que le llevó a recorrer los caminos como músico ambulante. En poco tiempo se convirtió en un mito de los *juke joints* del Delta. Sus letras hablan de aventuras, desencuentros con la ley, amoríos, sexo, miseria y catástrofes, como la inundación de 1927, o incluso a la guerra, con su canción «Down the Dirt Road Blues», en la que decía: «Algunos dicen que estos blues del otro lado del mar no son malos. / No debían ser sus blues del otro lado del mar como los que yo siento. / Aquí todos los días parecen un crimen. / Me voy mañana, sé que no queréis que me quede». Salió poco del Delta, donde era el rey, con su porte elegante, su aspecto de duro a pesar de su cojera y sus alardes fanfarrones que le valieron el apodo de «Old Wide Mouth» (viejo bocazas), y que le trajeron más de un problema cuando se atrevió a criticar abiertamente en su canciones a las autoridades blancas. Tuvo varios compañeros de correrías como Willie Brown o Jake Martin, pero su compinche de cabecera fue Son House a quien conoció en una de sus salidas de la prisión. En 1929, contactó con Henry Speir, un cazatalentos de la capital del estado, Jackson, que se movía habitualmente por la zona del Delta y que se lo llevó a Richmond para grabar 14 canciones para el sello Paramount. Los discos se vendieron bastante bien, Patton se embolsó la por entonces fabulosa cantidad de 1.000 dólares y regresó de nuevo al Delta, para meterse en un lío de faldas y desapareció hasta que Speir dio de nuevo con él y se lo llevó a Wisconsin para grabar nuevas canciones junto a Henry Sims, su nuevo compañero de correrías. Con la Gran Depresión volvió a los caminos y a los garitos, aunque en 1930 la Paramount volvió a localizarlo para grabar con sus compinches Son House, y Willie Brown y la pianista y cantante de góspel, Louise Johnson. En 1933 se trasladó a la localidad de Holly Ridge con su última mujer, Bertha Lee, una cantante muy joven con la que tuvo una relación tumultuosa marcada por sus problemas con el alcohol. El 28 de abril de 1934, tras celebrar un concierto, murió de un ataque al corazón. Dos meses antes de morir había estado en Nueva York para grabar sus últimos diez temas, entre ellos su famoso «Poor Me» (Pobre de mí), un extraño epitafio para alguien tan grande, osado e insolente.

Charlie Patton

Otro producto de la Dockery que contribuyó decisivamente a la germinación del blues del Delta fue Willie Brown, uno de esos personajes legendarios sobre cuya vida tradicionalmente hubo más especulaciones que certezas. Nació en Clarksdale, la mítica cuna del blues en el corazón del Delta del Misisipi, en 1900, aunque sobre su fecha de nacimiento hay algunas dudas, ya que algunos especia-

Eddie James House, Jr.

listas sostienen que se casó en 1911 y que para entonces ya era músico ambulante, algo actualmente descartado. Lo cierto es que su dramática interpretación de los blues dejó huella en el género. Fue sobre todo un *sideman* excepcional, uno de esos eternos acompañantes de las primeras figuras del blues ambulante; su nombre está íntimamente ligado al de Son House, Charlie Patton o Robert Johnson, y fue un modelo a seguir para *bluesmen* míticos como Lonnie Johnson, entre otros muchos. Poseedor de una impactante voz rasposa, dejó grabadas para la posteridad siete canciones registradas, tres de ellas consideradas fundamentales en la historia del género: «M & O Blues», «Make Me a Pallet on the Floor», ambas grabadas junto a Charlie Patton en 1930 y «Future Blues», un tema en el que revela una avanzada técnica en su interpretación con la guitarra, que para algunos estudiosos supera a la de su maestro Patton. En 1935 se produjo una de sus últimas apariciones públicas junto a Son House en Rochester, en el estado de Nueva York, en 1952. Después regresó a su domicilio en Tunica, Misisipi, donde falleció pocos meses después.

Jake Martin, un cantante que nunca llegó a grabar fue otro primerizo compañero de andanzas de Charlie Patton. Llegó a la Dockery en 1916, aunque estuvo ausente tres años que pasó en el ejército tras los que regresó para pasar allí prácticamente toda su vida, casi al final de la cual, en 1967, fue localizado y entrevistado por el investigador musical David Evans para documentar el blues de la plantación en su libro *Big Road Blues*. También según las investigaciones de Evans, hacía 1917 llegó a la Dockery otro de los granes pioneros, Tommy Johnson acompañado por su hermano LeDell. Nació probablemente en 1896, muy cerca de allí, en el pueblo de Terry y en realidad no se instaló en la Dockery, sino la plantación Sanders, situada muy cerca y a donde llegó a los veinte años en un intento de sentar la cabeza y alejarse de su vida anterior, que había pasado pegado a su guitarra, la botella y las faldas de las mujeres. Comenzó tocando en fiestas campestres y garitos de la zona Cristal Springs acompañado por sus hermanos, Major y LeDell, quien se encargó de difundir la historia de que cuando era un adolescente. Tommy se había fugado de casa con una mujer mayor que él y que dos años después regresó al pueblo convertido en un cantante y guitarrista consumado, gracias a un pacto que había hecho con el diablo. De hecho, la descripción que ha sobrevivido del pacto en el *crossroads* es la de Tommy, que en sus borracheras hablaba de un negro alto que había aparecido a medianoche en un cruce de caminos para coger su guitarra, tocar unos acordes y devolvérsela a cambio de su alma. En 1928 un cazatalentos se lo llevó a Memphis donde grabó algunos blues históricos, entre ellos «Big Road Blues» y «Canned Heat Blues», que le dieron cierta fama local. Consiguió un contrató con Paramount para volver a grabar en 1929, pero los desacuerdos con la compañía por problemas con los derechos de autor, acabaron su carrera discográfica. En los años treinta siguió tocando, muchas veces con Ishmon Bracey, en fiestas campestres, *juke joints* y espectáculos de todo tipo en la zona del Delta, asombrando al público con su espectacular puesta en escena tocando la guitarra por detrás de la cabeza y lanzándola al aire mientras la tocaba. A pesar de que acabó convertido en un alcohólico nunca dejó de tocar e incluso llegó a montar una banda eléctrica a imitación de las de Chicago, pero ninguno de sus proyectos acabó bien debido a su adicción a la bebida y a su personalidad huraña y desconfiada. Murió la noche de Halloween de 1956 después de la que sería su última actuación. Quizás al final, el diablo vino a reclamar su deuda.

Nace el gran mito del crossroads

Aunque generacionalmente no es un pionero del blues en sentido estricto, si hay una leyenda que encarne el mito del *bluesman* del Delta esa es la de Robert Johnson. Aunque nació sólo dos años antes que Muddy Waters, su nombre siempre se asocia a músicos mayores que él, *bluesmen* de los que en realidad aprendió tanto los rudimentos musicales como los modales y el estilo de los viejos *bluesmen* del Misisipi como Charlie Patton, Tommy Johnson o Son House. Su celebérrimo pacto con el diablo y su canallesca personalidad forjaron una leyenda alrededor de este *bluesman* que no ha parado de crecer con los años. Centenares de artículos, películas, libros, documentales, discos y cómics han sido destinados a glosar su biografía, que siempre se ha nutrido más de la fabulación que de los hechos históricos comprobados. Vino al mundo un lunes 8 de mayo de 1911 en el pueblo de Hazlehurst, Misisipi, y era hijo de Julie Ann Majors y un jornalero llamado Noah Johnson que estaba de paso por el pueblo. Su madre se casó luego con un tal Charles Spencer y se trasladó a Robinsonville y el niño creció con ese apellido, ignorando quien era su verdadero padre, hasta que cuando ya era un adolescente su madre se lo confesó y él eligió el apellido con el que se haría famoso como Robert Leroy Johnson. En otra versión afirma que Spencer era el primer marido de Julie, un tal Charles Dodds, que había tenido que abandonarla a causa de una amenaza de linchamiento y que se había vuelto a reunir con ella haciéndose llamar Spencer. El caso es que Robert se crio bastante a su aire y con grandes dosis de libertad. Nunca fue un estudiante aplicado y abandonó la escuela alegando un problema en la vista. También cuenta la leyenda que fue en ese momento cuando su madre lo mando a vivir con Charles Spencer a Memphis, donde el chaval habría aprendido a tocar la armónica y la guitarra, mientras ella vivía con un nuevo marido, Dusty Willis, veinticuatro años más joven que ella. Lo cierto es que Robert creció siguiendo a su madre, siempre con un padrastro nuevo y pasando estrecheces. Empezó tocando la armónica y después lo intentó con la guitarra, con la que era bastante mediocre, a decir de Son House, cuyas palabras son recogidas en el libro *Preachin' the Blues: The Life and Times of Son House*, de Daniel Bueaumont: «Tocábamos en los bailes de los sábados por la noche y aquel niño pequeño siempre estaba dando vueltas por allí. Era Robert Johnson. Tocaba una armónica entonces, y era bastante bueno en eso, pero quería tocar la guitarra. Se sentaba a nuestros pies y tocaba durante los descansos y hacía un ruido como nunca habías escuchado».

Robert Johnson

A los dieciocho años, se casó con Virginia Travis, de dieciséis, que murió poco después del parto junto al hijo de ambos. A partir de ahí decidió dedicarse exclusivamente a la música y comenzó a recorrer los caminos con su guitarra, convirtiéndose en el mujeriego, bebedor y pendenciero que cuenta la leyenda. Ese recorrido de garito en garito le llevó a la zona de Martinsville, un poco más al sur de Hazlehurst, donde por aquel entonces vivía Son House, de quien pudo aprender técnica con la guitarra, y otro músico legendario, Isaiah *Ike* Zimmerman, de quien se rumoreaba que había aprendido a tocar la guitarra visitando los cementerios a medianoche. De Ike Zimmerman se sabe más bien poco: que nació en Alabama en 1907, que llegó a Misisipi para trabajar en la construcción de la Highway 51, que dominaba el *fingerpicking* y el *slide* y que nunca llegó a grabar. Acabó emigrando a California, abandonando el blues y abrazando la religión hasta que murió a los sesenta años convertido en predicador. Parece ser que Johnson pasó una larga temporada a finales de los años veinte y principios de los treinta viviendo en su casa y recibiendo sus lecciones. Durante algún tiempo actuaron juntos hasta que Robert abandonó la zona. Parece ser que es ahí donde empieza a alimentar la leyenda de su pacto con el diablo, a medianoche en un cruce de caminos, a quien le había vendido el alma a cambio de una increíble habilidad con la guitarra. No fue el primero en contar semejante leyenda, Tommy Johnson y Lonnie Johnson ya lo habían hecho antes, pero fue su versión la que se agigantó con el tiempo hasta convertirse en la universal leyenda del *crossroads*.

El caso es que para cuando regresó a Robinsonville había adquirido una asombrosa y peculiar técnica con la guitarra, que le convirtió en un virtuoso y en un artista de leyenda que se pasó la vida vagabundeando. Tocaba en todo tipo de locales, de *juke joints* a barberías, trastiendas de almacenes o la propia calle, donde conoció a músicos de toda edad y condición. Su vida sentimental fue tremendamente agitada. En Martinsville tuvo un hijo con Virgie Mae Smith y en 1931 se casó con Caletta Craft que también murió en el parto. Luego vivió con Esther Lockwood, madre de Robert Lockwood Jr. que se convertiría también en otro mítico *bluesman*. Fruto de sus innumerables amoríos tuvo un largo e inconcreto número de hijos, todos ilegítimos. Uno de ellos, un anciano camionero llamado Claude Johnson, peleó en los tribunales hasta que a finales de los noventa, un juzgado de Misisipi le declaró único heredero.

El 23 de noviembre de 1936, el cazatalentos Don Law se lo llevó a la habitación 414 del Hotel Gunter en San Antonio, donde el sello Brunswick Records había montado un estudio de grabación temporal. Allí Robert Johnson grabó 27 canciones, en tres sesiones, entre ellas estándares eternos como «Come on my Kitchen», «Kind Hearted Woman Blues», «Cross Road Blues», «I Believe I'll Dust my Broom», «Terraplane Blues» y «Last Fair Deal Gone Down», estas dos últimas las únicas que saldrían al mercado antes de su muerte. Siete meses después volvía a grabar en un estudio improvisado en el mismo edificio de Dallas donde Brunswick tenía sus oficinas. Fueron dos sesiones que cerraron su carrera discográfica que consiste en 29 canciones y 12 tomas alternativas, que han sido versionadas miles de veces y han influido en todas las estrellas del blues y el rock. Después Johnson regresó al Delta con dinero fresco para presumir y disfrutar de la vida. Una noche de agosto de 1938 cuando tocaba en un local cerca de Greenwood llamado Three Forks, propiedad de un tal Ralph, con cuya mujer Robert mantenía relaciones, el marido celoso le sirvió un whisky envenenado. Johnson murió tras varios días de agonía. Algunos como Johnny Shines, contaban que murió tras varios días aullando a la luna, otros se convirtieron en presuntos testigos, como Sonny Boy Williamson II, que decía que aquella noche él tocaba con Robert y que intentó avisarle del peligro pero Johnson no le hizo caso.

Hay versiones que afirman que murió a causa de sífilis o neumonía, provocadas por su disipada vida. Incluso el lugar donde está su tumba es motivo de polémica y son varios los cementerios que se la atribuyen. Su muerte siempre estará envuelta en las brumas del misterio. Lo único cierto es que su certificado de defunción pone que murió el 16 de agosto de 1938 cerca de Greenwood. No hubo autopsia ni investigación policial y al entierro sólo asistieron su madre y un cuñado. Hoy su tumba es centro de peregrinación para turistas musicales de todo el mundo. Y por si todo esto fuera poco, su muerte inauguró otra leyenda, la conocida como «Maldición de los 27», los años que tenía Johnson al morir y la edad a la que fallecieron Jimi Hendrix, Brian Jones, Janis Joplin, Jim Morrison, Alan Wilson, Kurt Cobain o Amy Winehouse.

Hacia la Primera Guerra Mundial al ritmo de 12 compases

En 1912 se publican con gran éxito las partituras de «Memphis Blues» de W. C. Handy, «Baby Seals' Blues» de Baby F. Seals y «Dallas Blues» de Hart Wand. A partir de este momento se consolida definitivamente el esquema del blues con su clásica estructura de tres versos y doce compases. Aunque esa estructura formal todavía afectaba muy poco a los *bluesmen* rurales que no sabían leer una partitura e iban transformando su música a medida que recibían nuevas influencias de otros músicos. En esos años, el blues orquestal y canónico practicado por Handy y sus colegas directores de orquesta está bastante alejado del germinal blues del Delta, el más austero y emocional de todos. Se trata básicamente de un subgénero vocal que se apoya fundamentalmente en una guitarra y se acompaña de armónica o *kazoo*, los modestos instrumentos de viento de las zonas rurales. Pero lo cierto es que en las zonas urbanas, tanto del norte como del sur, el blues del Delta es un absoluto desconocido y todavía lo será por bastante tiempo. El público de Nueva Orleans, Memphis, San Luis o Chicago disfruta con la modernidad de los grandes espectáculos, con el brillo de las grandes orquestas y las acrobacias de los bailarines del vodevil, como el *cakewalk* a ritmo de ragtime o de los nuevos ritmos del jazz como el *two step* o el *fox trot*, que acabarían arrasando entre el público de la siguiente década. Casi de puntillas y sin hacer ruido, esos ritmos del jazz y el ragtime comienzan a cruzar el Atlántico y llegan a Europa, especialmente a los cabarets, que viven un periodo de euforia conocido como la Belle Époque. Pero es la calma que precede a la tempestad que estallará el 28 de julio de 1914 y que finalizará más de cuatro años después con el espantoso resultado de cerca de 31 millones de personas muertas, entre civiles y militares.

En esa inmensa carnicería también se verán envueltos los Estados Unidos, y participarán en ella soldados afroamericanos que llevarán por primera vez el blues a tierras europeas, pero eso será todavía más tarde, en 1917. Por el momento, la guerra queda lejos y el país vive momentos de optimismo y desarrollo. En enero de 1914 Henry Ford anuncia a bombo y platillo que pagará cinco dólares al día a los trabajadores de la planta de montaje de su modelo Ford T, en Michigan. Miles de demandantes de empleo, entre ellos un buen número de afroamericanos e incluso muchos europeos, se presentaron en la oficina de contratación de Ford Motor Company. El capitalismo paternal e inteligente del gran patrón del auto-

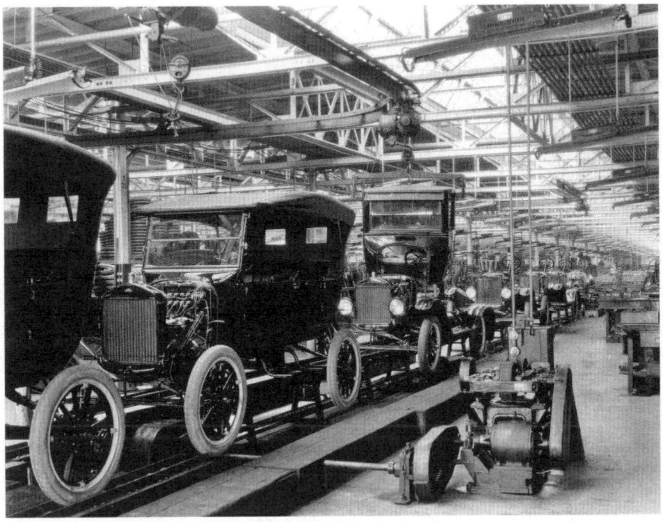

Línea de montaje de coches Ford modelo T.

móvil que lo que busca es que sus propios trabajadores sean la punta de lanza de la sociedad de consumidores que necesita para vender sus productos, encabeza un desarrollo industrial que se acelera con el principio de la guerra en Europa, que demanda materias primas y maquinaria bélica. Este impulso económico se traduce en mayor demanda de ocio que se traduce en el incremento de músicos y de teatros estables. En 1910 había 7.500 artistas negros registrados oficialmente en el país, de los que 6.600 eran músicos. Claro que en ese registro no figuraban la mayoría de los intérpretes de blues, que eran básicamente músicos ambulantes y, no en pocos casos, al margen de la ley. El problema es que esa gran cantidad de artistas afroamericanos apenas tiene lugares donde actuar de forma estable. Pero el crecimiento económico del país y el aumento de la población negra en las ciudades industriales, con la consiguiente demanda de locales de ocio, provoca un cambio radical en la situación.

En 1905 Robert Motts funda el Teatro Pekín, de Chicago, el primero cuya propiedad estaba en manos de personas de raza negra, que además de realizar una programación estable, tuvo una compañía de repertorio que hizo representaciones por los estados del Este y el Medio Oeste del país. Además de obras dramáticas, acogió a numerosos números musicales y rápidamente cundió su ejemplo. En 1913 se fundó en San Luis el Booker Washington Theatre, donde aquel mismo año debutó Josephine Baker. Un año antes había comenzado a funcionar en Harlem, Nueva York, los teatros por y para afroamericanos Lincoln y Lafayette, mientras en Filadelfia operaba el New Standar y en Washington D. C. el Howard. Todos ellos fueron fundamentales para el desarrollo de la cultura afroamericana, pero el paso decisivo para la música y la cultura popular negra se produjo en 1910, cuando Sherman Houston Dudley, artista de vodevil y empresario teatral, se establece en Washington D. C. y se convierte en gerente y tesorero de la Colored Actors' Union (Unión de Actores de Color). Un año después, Dudley crea su propia empresa, la S. H. Dudley Theatrical Enterprises, y comienza a comprar teatros, primero alrededor de Washington y luego en los estados vecinos y crea el Dudley Circuit, una red de instalaciones controladas por propietarios negros que permitían a los actores y músicos afroamericanos una serie de contratos estables y continuados. Este circuito llegó tener una veintena de teatros y acabaría dando paso en 1920 a la creación del famoso circuito TOBA ('Theahter Owners Booking Association), verdadero semillero de la música popular norteamericana en general y afroamericana en particular.

Pero en medio de esta vorágine de crecimiento económico y cultural, el 6 de abril de 1917, tras dos años y cuatro meses de complicada neutralidad, el presidente de los Estados Unidos, Woodrow Wilson, firma la declaración por la que el país entra en la Primera Guerra Mundial. En ese momento el ejército sólo cuenta con 10.00 soldados afroamericanos y, con ciertas reticencias por parte del alto mando, se establece un cupo para el alistamiento de ciudadanos negros que fue superado en una sola semana por los miles de voluntarios, en su mayoría procedentes del sur, que veían en el ejército una oportunidad de escapar de la miseria y del Ku Klux Klan, que sólo dos años antes, en 1915 se había refundado como segundo Klan y había recrudecido su campaña de linchamientos. Al final, a causa del reclutamiento obligatorio debido a la escasez de soldados, fueron 350.000 los afroamericanos que ingresaron en el ejército, un ejército segregado en el que sólo a una minoría se les asignaban servicios de armas, los demás eran condenados a los trabajos más serviles. Al final hubo batallones enteros combatiendo en las trincheras, codo con codo con los soldados blancos, y algunas unidades como el 369 Regimiento de Infantería fueron incluidas entre los combatientes más duros y heroicos. Sus aliados franceses los apodaron los *Men of Bronze* (Hombres de bronce) mientras que sus enemigos alemanes los llamaron los *Hell-fighters* (Luchadores del infierno).

Musicalmente, la presencia de soldados negros en la guerra supondría un paso importante en la difusión del blues y en su evolución, ya que en los cuarteles y los campos de batalla los afroamericanos procedentes de distintas zonas del país entraron en contacto, intercambiando conocimientos y formas de tocar y además supuso la primera oportunidad para que muchos soldados blancos procedentes tanto del norte como del oeste del país entrasen por primera vez en contacto con el blues y la música negra en general. Además de los blues orquestales y clásicos de W. C. Handy, como «St. Louis Blues» o «Memphis Blues», que formaban parte del repertorio habitual de la banda militar del 369 Regimiento de Infantería, conocido como los Harlem Hellfighters, el sonido rural del blues del primitivo blues del Delta, también acompañó a las tropas afroamericanas, tal y como constató el músico y folclorista blanco, por entonces piloto de las Fuerzas Aéreas, John Jacob Niles, autor de libros como *Singing Soldiers*, quien al reseñar el ambiente entre los negros alistados en el ejército, escribió: «Había cantantes de naci-

Harlem Hellfighters

miento, que procedían casi siempre de zonas rurales, y que, presionados por el hambre, el dolor, las heridas, la nostalgia y un largo pasado lleno de privaciones, entonaban la leyenda del hombre negro con distintas melodías que iban componiendo sobre la marcha».

Las heridas de posguerra

Pero, como había sucedido tras la Guerra Civil, tras el fin del conflicto en Europa vino otra vez la decepción. Los soldados negros habían conocido en las trincheras francesas el sabor de la igualdad y la libertad y el mayor intelectual afroamericano de la época, William Edward Burghardt Du Bois, escribió por entonces: «Volvemos de luchar. Volvemos luchando. ¡Paso a la democracia! La salvamos en Francia y, por el Dios del Cielo, la salvaremos en los Estados Unidos, o pereceremos en la empresa». Pero nada de eso iba a suceder y además, a las penurias del regreso a la infame segregación racial, se sumaría la catástrofe de una mortal epidemia.

El 11 de noviembre de 1918 Alemania y los aliados firman el armisticio que pone fin a la guerra en un vagón de tren en el bosque de Compiègne, en la campiña francesa. Pero como si no fuese suficiente con los más de 17 millones de muertos entre soldados y civiles, la Primera Guerra Mundial, todavía se reserva un trágico coletazo final que causará víctimas hasta en el rincón más alejado de los frentes de batalla. El 4 de marzo de 1918 se detectan en la base militar de Fort Riley, en Kansas, los primeros casos de una epidemia que pasará a la historia como la gripe española, aunque no comenzó en ese país, y que causará la muerte de entre un tres y un seis por ciento de la población mundial. En el mundo del blues esta epidemia se individualiza en la tragedia personal de uno de los músicos más representativos de la segunda década del siglo XX: Lonnie Johnson. Sobre su fecha de nacimiento hay múltiples discrepancias pero se apunta como más probable el 8 de febrero 1899. Lo que sí se sabe es que Alonzo Johnson, su nombre real, nació en el seno de una familia de músicos y se crio en Storyville, el barrio de esparcimiento de Nueva Orleans, donde los prostíbulos, las casas de juego y las tabernas competían para atraer a una clientela de marineros de todos los puntos del globo y soldados que iban y venían de la guerra de Cuba. Alonzo, aprendió a tocar el violín y el piano y pronto se convirtió en Lonnie y se hizo célebre en todos los garitos del barrio gracias a su virtuosismo con la guitarra, un instrumento no muy apreciado en aquellos tiempos de inicio del jazz pero que él logró convertir en una admirada herramienta al servicio del blues.

En 1917 se enroló en un espectáculo de revista que realizó una gira por Inglaterra y al regresar a casa descubrió horrorizado que toda su familia, menos su hermano James, conocido como *Steady Roll* Johnson, había fallecido a causa de la gripe española. Dispuesto a empezar una nueva vida, en 1921 Lonnie se fue con su hermano a San Luis, donde trabajaron en todo tipo de espectáculos, incluidos los vodeviles y los casinos flotantes. En 1925 la fortuna le sonríe, gana un concurso del sello Okeh Records, cuyo premio incluye un contrato discográfico, y se casa con Mary Williams, que se convertiría en una famosa cantante de blues conocida como Mary Johnson. A finales de los años veinte tuvo una época dorada, trabajando con las primeras figuras del jazz, como Louis Armstrong, Duke Ellington y Eddie Lang y con históricos del blues como Victoria Spivey o Texas Alexander. Sus baladas y sus blues refinados lo convirtieron en uno de los músicos más famosos de los años treinta y le permitieron servir de modelo a seguir por *bluesmen* como Big Bill Broonzy, Josh White o el propio Robert Johnson. De hecho, Lonie fue uno de los primeros *bluesmen* en explotar la leyenda del pacto con el diablo. Durante la Gran Depresión pasó por constantes altibajos, aceptando cualquier tipo de trabajo para sobrevivir. En los años cincuenta prácticamente desapareció de escena y fue redescubierto en 1959 por el productor y periodista musical Chris Albertson, que le animó a volver a grabar y a participar en la gira europea de 1963 del American Folk Blues Festival. En 1965 decidió instalarse en Toronto, Canadá, y abrió un club que fue un absoluto fracaso. Acabó deambulando de local en local, cada vez con menos categoría hasta que un día de 1969 fue atropellado por un automóvil y ya nunca acabó de recuperarse. Falleció el 16 de junio de 1970 prácticamente olvidado y en la ruina.

Los locos años veinte y la consolidación del blues

Después de la brutalidad que supuso la Primera Guerra Mundial, Europa y Estados Unidos entraron en una etapa de reconstrucción en la que no sólo era importante volver a poner en pie los edificios destrozados y los campos arrasados, sino también rearmarse psicológicamente y olvidar aquella espantosa carnicería. La reacción fue echarse en brazos de un frenesí de euforia y diversión, que marcaría la siguiente década con la etiqueta de «Los locos años veinte». Fueron los años de la locura colectiva y la diversión casi obligatoria, los años de la popularización del deporte y del cine, de los night-clubs y los cabarets, de bailes como del tango y el charlestón y de la extensión del consumo del alcohol y otras drogas hasta extremos desconocidos hasta entonces. Y fue también la época de afianzamiento de las músicas populares gracias a la extensión de aparatos de reproducción como el fonógrafo y al nacimiento de la radio. El escritor norteamericano Scott Fitzgerald calificó acertadamente la segunda década del siglo xx como «la década del jazz», pero también fue la década del nacimiento del son cubano y los ritmos latinos, el tango argentino y, como no, el blues afroamericano.

El renacimiento de Harlem

El 17 de febrero de 1919, los hombres del decimoquinto Regimiento de la Guardia Nacional de Nueva York, también conocidos como los Harlem Hellfighters, desfilaron por la Quinta Avenida de Nueva York de regreso a casa, después de haber combatido en las trincheras francesas durante la Primera Guerra Mundial. Su banda, bajo la batuta del teniente James Reese Europe, había recorrido toda Francia, llevando por primera vez el jazz, el blues y el ragtime al viejo continente. El teniente Reese, más conocido como Jim Europe, era un orgulloso defensor de la música negra y suya es la frase: « Los negros tenemos nuestra propia música y es parte de nosotros, un producto de nuestras propias almas y un fruto de las miserias y sufrimientos que ha soportado nuestra raza». Esa fría mañana de lunes desfila ufano ante la multitud que

El regimiento 369 desfila por la Quinta Avenida a su regreso a Nueva York.

los vitorea mientras sus hombres interpretan «Here Comes My Daddy», una popular pieza de vodevil. Harlem, el barrio negro más importante de los Estados Unidos, recibe a sus héroes orgulloso y con la brazos abiertos. Es el inicio de una nueva época, del primer período de esplendor de la cultura negra, que desarrollará a lo largo de los años veinte y que recibirá el nombre de «renacimiento de Harlem». Será una época de esplendor, quizá más fugaz de lo necesario y quizá más elitista de lo deseado, pero marcará un antes y un después en la historia de los afroamericanos, tal y como matiza David Levering Lewis en su obra *Cuando Harlem era una fiesta*: «El renacimiento erigió los cimientos para una revalidación integral de las energías culturales afroamericanas. Los hombres y mujeres del renacimiento de Harlem pudieron fracasar en su momento, pero no nos han fallado a nosotros en el nuestro».

El detonante cultural del renacimiento de Harlem fue la presentación del libro de poemas del periodista, escritor y primer abogado afroamericano, James Weldon Johnson, *Fifty years and other poems* (*Cincuenta años y otros poemas*), que era una alusión directa a los cincuenta años que habían transcurrido desde que fuera proclamada la emancipación de los esclavos. En ese momento Weldon dirigía la National Association for the Advancement of Colored People (NAACP), cuya revista, *The Crisis*, fue decisiva para el auge y desarrollo del movimiento. Que agrupó a escritores como Countee Cullen, Wallace Thurman, Zora Hurston, Jessie Fauset, Claude McKay, Jean Toomer o Langston Hughes, y pintores como Aaron Douglas, Lois Mailou Jones o Edward Burra. Todos aquellos intelectuales negros, a los que el escritor W. E. B. Du Bois definió como The Talented Tenth (el décimo talentoso), se codeaban con la élite blanca en la mansión de A'Lelia Walker Robinson, la multimillonaria y caprichosa heredera de Madame Walker, le reina afroamericana de los cosméticos, cuyos padres habían sido esclavos en una plantación de Luisiana y que había comenzado trabajando como lavandera para alimentar a su hija antes de dar con un producto para alisar el cabello que le había hecho ganar dinero a espuertas. En esas fiestas el reclamo era el alcohol, cuyo consumo por entonces era ilegal, y la música jazz que tanto fascinaba a escritores blancos como Carl Van Vechten, Eugene O'Neill o el mismísimo William Faulkner.

En general, el Harlem culto y un tanto elitista del renacimiento no se sentía atraído por el blues, una música que consideraban, sobre todo al principio –antes de que comenzaran a grabar las damas del *classic blues* a partir de 1920– una música más propia de gente del campo, los negros más primitivos y analfabetos de las aparcerías del Sur. El propio W. C. Handy tuvo ocasión de comprobar en sus propias carnes ese prejuicio cuando le impidieron tocar blues en el histórico Lafayete Theatre, el primer gran teatro de Nueva York en eliminar la segregación y donde actuaban con regularidad estrellas del jazz y el swing como Duke Ellington o Fletcher Henderson.

De todo aquel grupo de intelectuales el único que demostró un verdadero interés por el blues fue el poeta Langston Hugues, tal como recoge el exiliado catalán en Nueva York, Agustí Bartra, en el estudio de Miguel Alberto Reynoso *La presencia del blues en la poesía negra de Langston Hugues*, en el que Bartra sostiene: «Langston Hugues fue uno de los primeros en expresar en verso el espíritu de la música de los blues negros. Casi la mitad de su obra poética se sustenta en los blues. Son inolvidables los retratos poéticos de trabajadores negros. El dolor y el genio de sus hermanos de raza pervive en las letras de Hugues, que en ocasiones logra adquirir una tonalidad mesiánica y de franca rebelión». La obra en la que mejor se refleja esta simbiosis entre la poesía de Hughes y el blues es sin duda su poema *The Weary Blues*, escrito en 1923: «Balanceándose hacia adelante y hacia atrás con un suave canturreo, / escuché tocar a un negro / bajo en Lenox Avenue la otra noche, / bajo la tenue palidez de una vieja luz de gas. / Él hizo un balanceo perezoso / con la melodía de ese blues cansado, / con sus manos de ébano en cada tecla de marfil / hizo que ese pobre piano gimiera con una melodía. / ¡Oh Blues!».

Jazz blanco, blues negro

A pesar de esos aires de renovación y apertura cultural, en el barrio negro de Nueva York seguían existiendo fronteras raciales y sociales, quizá invisibles pero no por ello infranqueables. En la calle 133 los clubs acogían a una clientela mixta, como el Savoy, aunque también había locales donde los blancos no eran muy bien recibidos, mientras que al sur de la calle 135 los locales eran exclusivamente para clientela blanca y los únicos afroamericanos eran los músicos, bailarines o camareros que sólo podían entrar por la puerta de servicio. El más famoso de estos últimos era el Cotton Club, en la calle 142 esquina a avenida Lennox, donde actuaban las más importantes estrellas del jazz como Cab Calloway, Duke Ellington o Billie Holiday. Pero la verdadera musa musical del renacimiento de Harlem fue Florence Mills, nacida Florence Winfrey en 1896 en Washington D. C. y conocida como la Reina de Felicidad. Fue una de las más grandes actrices del teatro negro, la primera gran estrella negra femenina de ámbito internacional. Hija de esclavos libertos, comenzó a actuar a los seis años en una obra de vodevil, cantando con sus dos hermanas mayores, Olivia y Maude. Luego se unió a las cantantes de jazz y música clásica, Ada Smith, Cora Green y Carolyn Williams, para actuar en el Panama Four de Chicago, y en 1917 se enroló en la compañía itinerante Tennessee Ten, donde conoció a su marido, el bailarín Ulysses *Slow Kid* Thompson. Pero la verdadera fama le llegó cuando participó en 1921 en el musical de Broadway *Shuffle Along*, que supuso prácticamente la puesta de largo artística del Renacimiento de Harlem, que desde entonces la adoptó como su artista favorita, acudiendo noche tras noche a ver su actuación en el Plantation Club. Se convirtió en una estrella internacional, viajó a Inglaterra y Francia, convirtiéndose en una especie de embajadora del despertar negro que se estaba fraguando en Harlem. Su aspecto delicado, sus modales exquisitos y su bagaje cultural la convertían en una representación ideal de un nuevo modelo de afroamericano, bastante alejado por cierto de la mayoría de sus hermanos de raza, que seguían anclados, por culpa de la segregación racial, la explotación económica y la falta de acceso a la cultura, en el escalón más bajo de la sociedad. Su muerte prematura a los treinta y un años conmocionó al mundo cultural y su entierro fue una espectacular demostración de duelo por parte de la élite social afroamericana.

Casi en el polo opuesto se encuentra la cantante de blues Gladys Bentley, una figura que destacó en el ambiente transgresor y festivo del renacimiento de Harlem tanto por su desparpajo en el escenario como por el descaro con que exhibía su lesbianismo militante, además de por sus 130 kilos de peso y su enorme estatura, obviamente. Llegó a Nueva York alrededor de 1922, con sólo dieciséis años, huyendo de su Filadelfia natal –donde dejaba una familia ultraconservadora que la rechazó desde el primer momento– y de unos compañeros de colegio que le hicieron la vida absolutamente imposible. Se instaló en el Clam House, un *speakeasy*

Gladys Bentley

–que eran como se llamaban los locales de venta ilegal de alcohol durante la ley seca– que era además un afamado punto de encuentro de homosexuales y pronto se convirtió en una celebridad. En el Harlem del renacimiento, la tolerancia sexual permitía que la comunidad gay gozase de plena libertad y se celebraban bodas entre hombres y mujeres con todo el boato y esplendor. Vestida siempre con un llamativo esmoquin blanco y un sombrero de copa, Gladys se hizo acompañar por un coro de travestis para cantar con su voz magistral y poderosa unos blues absolutamente escabrosos mientras coqueteaba y provocaba al público de locales de abierta transgresión sexual, como el Ubangi Club. Su personaje inspiró a algunos escritores del renacimiento como Carl Van Vechten, que usó su figura en su novela *Parties*, publicada en 1930, o Blair Niles que se inspiró en ella para escribir *Strange Brother*, en 1931.

Pero llegó la Gran Depresión, se derogó la Ley Seca y se acabó la fiesta. El ambiente tolerante del Harlem renacentista desapareció y en su lugar llegó la intolerancia, la caza de brujas del senador McCarthy, un hombre que odiaba a los negros, la rebeldía, la homosexualidad y el comunismo, que era lo único de la lista que no afectaba a Gladys. En 1937 tuvo que marcharse a Los Ángeles, donde empezó a vivir con su madre, a la que odiaba cordialmente, en un pequeño bungaló, pasando muchas estrecheces económicas. Durante la Segunda Guerra Mundial logró recuperar un tanto su carrera, actuando en los numerosos bares gais que se abrieron en California, aunque en ocasiones fue detenida por actuar vestida de hombre. En 1952 grabó su último sencillo con los temas «July Boogie» y «Gladys Could Play», bastante alejados de la transgresión de sus primeros días e hizo un par de apariciones en un programa de televisión que dirigía Groucho Marx. Agotada por tanta persecución sus últimos años fueron bastante tristes, cuando no patéticos. Ella, que había alardeado de haberse casado en Atlanta con una mujer blanca a principios de los años treinta, acabo renegando públicamente de su lesbianismo en un artículo de la revista *Ebony* titulado «I am a woman again» («Soy una mujer de nuevo»), e incluso afirmó haberse casado con un hombre, algo que resultó ser un montaje. Acabó sus días en una secta religiosa y murió en enero de 1960, cuando casi nada en la sociedad norteamericana recordaba aquellos días de libertad y transgresión del lejano renacimiento de Harlem.

El blues clásico. La hora de las mujeres

El 26 de agosto de 1920, la Decimonovena Enmienda a la Constitución de Estados Unidos se convierte en ley otorgando definitivamente el voto a las mujeres. Había sido un largo y complicado camino desde la Convención pro Derechos de las Mujeres de Seneca Falls, en 1848, fuertemente vinculada al movimiento antiesclavista y en la que habían tenido un papel fundamental mujeres afroamericanas como Harriet Tubman o Sojourner Truth. El derecho al voto, con todo y ser una noticia de enorme importancia, no significó un avance tan sustancial como se podría suponer para las mujeres afroamericanas, con el acceso al sufragio restringido en muchos estados por su condición racial y las leyes de segregación. Pero 1920 fue un año fundamental para la mujer afroamericana por una razón aparentemente mucho más simple: su irrupción por la puerta grande en el mundo de la cultura y la industria musical. Ese año 1920, Nella Larsen, la novelista mestiza del renacimiento de Harlem, publica sus primeras obras e irrumpe con fuerza en los ambientes literarios, precediendo en pocos meses al terremoto cultural que supondrá la aparición de *John Redding Goes to Sea*, el primer relato de Zora Neale Hurston, antropóloga, escritora y folclorista que sacudió el ámbito cultural de la propia comunidad negra con posturas muy a contracorriente, como la utilización en su obra del dialecto afroamericano, que en su día fue visto como una caricatura del analfabetismo y que a partir de los años sesenta fue reivindicado como un trabajo estilístico de gran valor reivindicativo y cultural.

Mamie Smith

Pero el avance femenino más espectacular se produce en el ámbito de la música y concretamente del blues. En 1920 también se crea formalmente el circuito TOBA, montado a partir del Dudley Circuit, fundado por Sherman Houston Dudley, artista de vodevil, empresario teatral afroamericano y gerente de la Unión de Actores de Color, que añadió a su circuito de teatros para negros a socios y propietarios de teatros, tanto blancos como negros, creando una red de más de 100 salas. El negocio se hundió con la Gran Depresión de 1929. En realidad era un circuito considerado de segunda fila que no incluía los teatros y salas más prestigiosos del país pero permitió el desarrollo de la música y la cultura del espectáculo afroamericano, al facilitar por un lado, trabajo estable a las compañías y los artistas negros, y el acceso del público negro a una serie de salas no segregadas o exclusivas. La dureza de las condiciones laborales hizo que entre los artistas negros sus siglas fueran interpretadas como Tough on Black Artists (mano dura con los artistas negros), o más irónicamente todavía, como Tough on Black Asses (duro con los culos negros). Fue el laboratorio donde se foguearon y aprendieron el oficio artístico muchos músicos de blues y, sobre todo, la práctica totalidad de las *blueswomen* que protagonizaron el llamado *classic blues* de los años veinte.

Pero el pistoletazo de salida de ese *classic blues* y el protagonismo femenino se produce el 10 de agosto de 1920, 16 días antes de que se promulgue la ley que aprueba el sufragio femenino, Mamie Smith graba para el sello Okeh Records el que se considera oficialmente el primer disco de blues «Crazy Blues». En realidad Mamie Smith ya había grabado dos canciones para Okeh a principios de año, cuando en una carambola del destino, el 14 de febrero, una popular cantante del momento, Sophie Tucker, no se presentó a grabar unos temas del compositor Perry Bradford, a causa de una enfermedad. Bradford convenció a la discográfica para que la sustituyese Mamie Smith y acabaron haciendo historia. En realidad, la cosa tenía más enjundia de la que pudiera parecer, ya que la Tucker era blanca y el director artístico de la compañía, Fred Hager, temía un boicot de parte del público si se atrevía a grabar a una cantante negra. Pero «That Thing Called Love» y «You Can not Keep a Good Man Down», las dos canciones grabadas por la Smith, no sólo no fueron boicoteadas sino que supusieron un éxito. Los productores quedaron encantados y la sustituta fue invitada para volver a grabar otras dos canciones de Bradford «Crazy Blues» y «It's Right Here for You». El disco, a pesar de haber sido muy poco promocionado, se convirtió en un éxito espectacular, llegando a las 75.000 copias vendidas en los primeros meses, sobre todo entre la población afroamericana, lo que impulsó el nacimiento de un nuevo negocio, los *race records*, que fue decisivo para la implantación del blues como la música de moda entre el público negro no sólo de los estados del Sur y algunos barrios de Chicago, San Luis o Nueva York, sino en cualquier punto del país y las ciudades del Norte, que hasta aquel momento había sido una música bastante ignorada, cuando no despreciada.

Mamie había venido al mundo con el apellido Robinson en 1883, en Cincinnati, Ohio, y siendo una niña comenzó a actuar en los Four Dancing Mitchells, una compañía de baile, de la que pasó al espectáculo de vodevil Smart Set, que dirigía Tutt Whitney, quien la llevó por primera vez a Nueva York. A los veinte años era ya una veterana cantante de cabaret, que actuaba habitualmente en los clubs de Harlem, Baron Wilkin's Little Savoy, donde conoció a un camarero llamado William *Smitty* Smith, con el que se casó. Tras el éxito de sus primeras grabaciones montó su propia banda, los Jazz Hounds, con Perry Bradford, convirtiéndose en una diva de la comunidad negra de Nueva York que por aquel tiempo vivía el esplendor del renacimiento de Harlem. Viajó por Estados Unidos y Europa dirigiendo su propio espectáculo, *Mamie Smith´s Struttin´Along Review*, aclamada en todas partes como «La reina del blues». En 1929 participó en una de las primeras películas sonoras, *Jail House Blues*, y trató de hacer carrera en el cine, pero la quiebra económica de la Gran Depresión, que hundió la industria del ocio, la llevó a la ruina y tras una temporada final de excesos con las drogas y el alcohol murió en 1946, en un hospital de Harlem, hundida en la miseria y prácticamente olvidada por todos.

El éxito comercial de «Crazy Blues» tuvo dos consecuencias directas inmediatas: la consolidación del mercado de los *race records*, los discos dirigidos al mercado negro, que hasta entonces había sido residual, y el inicio de una auténtica obsesión por parte de las compañías discográficas por encontrar una cantante negra detrás de otra con el objetivo de explotar hasta la saciedad el filón que había abierto Mamie Smith. Los ojeadores y cazatalentos de los sellos Okeh, Victor, Emerson o Paramount se lanzaron a la calle, a escudriñar los clubs, compañías musicales ambulantes, salas de baile, iglesias e incluso prostíbulos en busca de esa voz negra femenina que les hiciese ganar cientos de miles de dólares de la noche a la mañana. El público quería blues cantado por mujeres y eso era lo que les iban a dar durante aquellos locos y salvajes años veinte.

Lucille Hegamin con su banda Blue Flame Syncopators

El mejor ejemplo de esta fiebre es un concurso de canto de blues que se celebró el 20 de enero de 1922 en el Casino de Manhattan. Tres de sus participantes, con trayectorias y estilos muy diferentes, se convirtieron en las primeras mujeres en grabar blues después de Mamie Smith. La ganadora, Trixie Smith provenía de una familia de clase media de Atlanta, Georgia e incluso había asistido a la Universidad de Selma, en Alabama. Conocida como «el ruiseñor sureño», ganó con una composición propia, «Trixie's Blues», algo no demasiado usual. Grabó su primer disco, «Desperate Blues», a los pocos meses y su mayor éxito sería «Railroad Blues», grabada en 1925. Acabaría su carrera como artista de cabaret y actriz de cine. En 1938 participó en el concierto From Spirituals to Swing, organizado por John H. Hammond, que supuso la revitalización del blues en el periodo anterior a la Segunda Guerra Mundial. La cantante que quedó en segundo lugar en aquel concurso, Lucille Hegamin, nacida Lucille Nelson comenzó actuando en espectáculos ambulantes antes de cumplir los quince años y en noviembre de 1920, tres meses después de Mamie Smith, se convirtió en la segunda cantante afroamericana en grabar un disco de blues, *The Jazz Me Blues*, que tuvo buenas ventas, pero su verdadero éxito fue *Arkansas Blues*, grabado en 1921. Desde 1922 hasta finales de 1926 grabó más de cuarenta temas para Cameo Records, lo que le valió el apodo de «The Cameo Girl». En 1934 se retiró de la música para trabajar como enfermera, aunque en los años sesenta regresaría esporádicamente para grabar algunas canciones con la discográfica de su vieja compañera Victoria Spivey, otra estrella del blues de los años veinte, y en 1964 participó en un concierto benéfico para Mamie Smith que pasaba por malos momentos. La tercera en discordia, y en el *ranking* de aquel histórico concurso, fue Daisy Martin que en 1921 ya había grabado algunos temas como «Royal Garden Blues» y «Spread Yo 'Stuff», convirtiéndose en una pionera tan prometedora como fugaz, ya que en julio de 1923, seis meses después del concurso grabó la última de las 16 canciones que grabó en total a lo largo de su corta carrera discográfica.

La emperatriz de la sonrisa triste

Pero el verdadero *star system* del blues comienza a edificarse en 1923, cuando sale al mercado el primer disco de Bessie Smith, *Down Hearted Blues*, que vendió alrededor de ochenta mil copias en el primer año, aunque su voz y su estilo se parecían muy poco a las voces delicadas y al estilo de cantante glamurosa y refinada que estaba de moda. Era alta y pesaba más de noventa kilos y su voz era portentosa pero áspera. Incluso un par de años antes había hecho unas audiciones para Thomas Edison, que al famoso inventor del fonógrafo y director de la primera compañía de grabación de la historia no le gustaron nada y en las que anotó simplemente «mala voz», lo cual demuestra que Edison podía ser un inventor genial pero no era precisamente un cazatalentos. Pues a pesar de todo eso, aquella chica nacida probablemente en 1892 o 1894 en Chattanooga, Tennessee, huérfana desde muy temprana edad, que sacó adelante a sus cinco hermanos cantando y bailando en la calle con uno de ellos, se convirtió en la Emperatriz del Blues, aunque bien podía haber merecido el mote de «emperatriz de la sonrisa triste», a tenor de la vida que llevó.

A los catorce años tuvo su primer empleo gracias a su hermano Clarence, que le consiguió una prueba en la compañía de Moses Stokes, que la contrató como bailarina en un espectáculo en el que la estrella era Ma Rainey. Especulaciones aparte sobre las relaciones entre las dos divas del blues, Bessie comienza a perfilarse como la gran estrella que tomaría el relevo de Rainey. En 1915, Bessie se unió al circuito TOBA, convirtiéndose en una estrella que llenaba teatros allá donde iba, hasta que en 1923 hizo su debut discográfico en Columbia Records, acompañada por el pianista Clarence Williams, grabando además del mencionado «Down Hearted Blues», «Gulf Coast Blues», compuesto por el propio Williams y considerados como los auténticos pilares del blues clásico. Por esos días se casó con Jack Gee, un chulo y matón que le dio muy mala vida y se aprovechó de la fortuna que la cantante iba acumulando gracias a que montó su propio espectáculo y acabó dirigiendo una compañía de más de 40 personas y recorriendo el país de punta a punta en su propio vagón de ferrocarril, con cocina salón y cuatro habitaciones, que las crónicas de la época definen como una mezcla de hotel, burdel y cantina. Pero mientras su vida artística llega a la cumbre, tocando en los mejores escenarios con los grandes músicos del momento, su vida personal y sentimental es cada vez más vertiginosa, sumida en una vorágine de alcohol, sexo y drogas. Mantuvo un intenso romance con una de las bailarinas de su coro, Lillian Simpson que acabó intentando suicidarse metiendo la cabeza en el horno de la cocina y abriendo el gas, cuando descubrió que no era la única en los placeres y amores de la emperatriz del blues, que seguía con su tristeza y su inacabable desamor. En 1929, tras lograr separarse de Jack Gee, que no divorciarse, tuvo un nuevo romance con otra cantante, Gertrude Saunders. Ese año protagonizó el largometraje *Saint Louis Blues*, que aunque supone un momento de esplendor, revela ya a una artista cansada y en horas bajas. Entonces llegó la Gran Depresión que acabó con las ventas de discos y en 1932 Columbia rescindió el contrato de Bessie Smith. Después de 160 canciones grabadas y millones de discos vendidos, de cuyos beneficios en realidad la cantante no vio más que una mínima parte, se deshicieron de ella como de un trasto viejo.

Bessie Smith

En 1933 el productor John Hammond conoció a una emperatriz del blues en horas bajas, según su propia descripción, borracha, desorientada en un garito de Filadelfia y la convenció de volver a grabar cuatro temas para el sello Okeh, que pusieron el broche a su carrera. Pero justo en el momento del declive profesional, su vida personal y amorosa encuentra por fin un momento de estabilidad y felicidad junto a su último compañero y viejo amigo, Richard Morgan, tío por cierto del músico de jazz Lionel Hampton, si bien la emperatriz de la sonrisa triste no estaba destinada a la felicidad doméstica. El 26 de septiembre de 1937 falleció en un accidente de automóvil cerca de Clarksdale Misisipi, la mítica cuna del blues. Su muerte estuvo rodeada durante años por una leyenda negra, que no se disipó hasta hace relativamente poco. Durante muchos años se contó que Bessie había muerto tras ser llevada a un hospital de blancos donde se negaron a atenderla. De difundir esta versión se encargó el implacable John Hammond, que decidió convertirla en una víctima de la segregación racial para ayudar a vender los discos que había grabado. En realidad, tal y como contaron luego los médicos y el conductor que la llevó al hospital, Bessie falleció en una clínica para afroamericanos. Nadie entonces en Misisipi estaba tan loco como para llevar a un hospital de blancos a una negra, por muy famosa que fuera. En lo único que no se ponen de acuerdo los testigos es en si falleció en el traslado o después de su ingreso en el hospital. A pesar de que en su funeral fue despedida por más de siete mil personas, algunos cuervos que la rodeaban se cebaron en ella hasta el final. Fue enterrada en una tumba anónima, ya que el dinero recaudado para su lápida se lo quedó el caradura de Jack Gee, de quien no había tenido la precaución de divorciarse. Al final, treinta y tres años después tuvo por fin una lápida pagada a medias por Juanita Green, hija de una antigua sirvienta de Bessie, y una joven cantante y admiradora que se llamaba Janis Joplin, otra que tampoco lo llevó demasiado bien con los hombres que la rodearon, pero esa ya es otra historia. La propia Bessie cantaba en 1926 un sucinto resumen de su vida en la canción «Young Woman's Blues»: «Soy una mujer joven y he recorrido mucho mundo. / Unos me llaman vagabunda y otros holgazana. / Nadie conoce mi nombre, nadie conoce mi vida. / Valgo tanto como cualquiera de tu ciudad. / No soy rubia, sino color marrón oscuro. / No voy a casarme ni a echar raíces, / voy a beber un trago y conquistar a los morenitos».

La constelación estelar del blues

Más allá de las reinas, las emperatrices y las grandes divas del género, hubo una legión de mujeres que se recorrieron el país de punta a punta, llevaron el blues por los pueblos y ciudades del país durante interminables giras por el circuito organizado por la TOBA, suscitando admiración, ganando más fama que fortuna, pero también enfrentándose muchas veces a un público irrespetuoso, a veces hostil, y bregando con unas condiciones adversas de trabajo que muy a menudo entraban en la pura y dura explotación. Las Sara Martín, Sippie Wallace, Mary Jonhson, Alberta Hunter, Alice Moore, Esther Bigeou, Alberta Brown, Rosa Henderson, Bessie Tucker, Hociel Thomas y tantas otras, fueron mucho más que voces conmovedoras y rostros dulces. Fueron artistas de una importancia decisiva para el éxito y el desarrollo de la música afroamericana. Y todo ello a pesar de tener en contra todos los condicionantes sociales, todos los prejuicios raciales y el hándicap de moverse en un ambiente brutalmente machista, por otra parte, propio de la época, como demuestran letras de temas como «When I Been Drinkin'», de Big Bill Broonzy: «Ahora cuando vuelvo a casa, cariño, déjame descansar / estoy buscando una mujer que nunca haya sido besada / quizá nos llevemos bien y no tenga que usar mi puño», o la todavía más brutalmente explícita de Kokomo Arnold: «Voy a arrancar una estaca de mi valla / y azotar a mi mujer hasta meterla en vereda. / Sabes que soy tu jefe y que tienes que obedecer mis órdenes. / Ya no eres una colegiala, seguro que no te dejas engañar por nadie».

Algunas fueron grandes estrellas que tuvieron la mala fortuna de ser eclipsadas por las grandes divas, que quizá sólo tuvieron mejor fortuna, como es el caso de Clara Smith, cuyas grabaciones de finales de los años veinte muchos críticos consideran tan importantes como las de Bessie Smith. A partir de 1923 trabajó en cabarets y teatros de Harlem y comenzó a grabar exclusivamente para Columbia. Estaba considerada como la Reina de los Moaners, una técnica de canto que consiste en la interpretación de una canción con una variación melódica a veces con los labios cerrados, produciendo una especie de gemidos que van de la queja al éxtasis, similar a lo que hacen algunos predicadores. Tres de sus canciones más famosas, «Far Away Blues», «I'm Going Back to My Used to Be» y «My Man Blues», las cantó a dúo con Bessie Smith de quien era íntima amiga hasta que una noche Bessie se emborrachó y en un arrebato de furia y celos, golpeó a Clara. Como anécdota se debe reseñar que fue Clara quien le dio a Josephine Baker la primera oportunidad de trabajar en el mundo del espectáculo, cuando allá por 1920, le encargó el vestuario de una de sus giras, durante la cual se rumoreaba que se habían convertido en amantes. Clara Smith continuó actuando hasta que murió en 1935 de un ataque al corazón en Detroit.

Victoria Spivey

Otras fueron lo suficientemente listas y previsoras para ponerse el frente de sus propios negocios y no dejarse arrastrar por el relumbrón del estrellato. Ese fue el caso de Victoria Spivey, que nació en 1906 en Houston, se quedó huérfana cuando aún no tenía diez años y comenzó a actuar con sus hermanos en la calle, en fiestas familiares y en bares de la ciudad, donde coincidió con leyendas como Blind Lemon Jefferson. En 1918 fue contratada para acompañar al piano las películas del Teatro Lincoln, de Dallas, pero fue despedida cuando descubrieron que no sabía seguir una partitura, defecto que se propuso corregir para siempre y comenzó a estudiar música. En los años veinte se dedicó a recorrer el circuito de garitos, prostíbulos, salones de juego, clubs de homosexuales y tabernas clandestinas de Galveston y Houston y siguiendo el ejemplo de la reina de aquellos ambientes, Ida Cox, Victoria se dedicó a cantar canciones con fuerte carga sexual en todas sus variantes y abundantes descripciones crudas de los aspectos más sórdidos de la vida cotidiana. En 1926 grabó su primera canción con Okeh, «Black Snake Blues», de evidentes connotaciones eróticas, que la colocó en primera fila de la escena musical, un negocio cuyos entresijos conoció cuando se trasladó a San Luis para trabajar como compositora en una discográfica. Sobrevivió como pudo a la Gran Depresión, abandonó el mundo del espectáculo temporalmente, en los años cincuenta y a principios de los sesenta montó su propia compañía y se dedicó a promover a viejas glorias y nuevas promesas, como Sippie Wallace, Willie Dixon, Otis Rush, Big Joe Turner o Luther Johnson. El 2 de marzo de 1962, un chaval llamado Bob Dylan pasó por su estudio para realizar su primera grabación.

Camino de perdición

También las hubo que tomaron el camino del escándalo y lo explotaron hasta la saciedad, como Lucille Bogan, que allá por 1935 decía en su canción «Shave'em Dry», cosas que harían palidecer al más obsceno de los reguetones: «Follé toda la noche, / y la noche anterior, cariño, / y todavía me quedan ganas de follar un poco más [...]. Tengo unos pezones en mis tetas / grandes como la yema de mi pulgar. / Tengo algo entre mis piernas / que hará levantarse a un hombre muerto». Lucille Anderson, que así se llamaba originalmente, se había escapado de su casa en Amory, Misisipi, con dieciséis años, para irse a Birmingham, Alabama, conocida como la Ciudad Mágica, centro de una importante industria del ferrocarril con una gran oferta de diversión de todo tipo. Se casó con un trabajador del ferrocarril, Nazaret Lee Bogan, con quien tuvo un hijo, y de quien obtuvo el apellido y poco más, porque pronto lo abandonó para trabajar para la mafia de la ciudad como vendedora de alcohol ilegal y ganarse la vida como cantante en los garitos donde se mete al público en el bolsillo con letras a base de sexo y humor que componía ella misma. Esa experiencia le dio una gran capacidad para conectar con los gustos de su audiencia y en 1927 se va a Chicago y graba para la Paramount, «Tweet Petunia», su mayor éxito, acompañada por Blinda Blake. Entre 1928 y 1930 sigue grabando sus propias canciones acompañada por músicos como Tampa Red y Cow Cow Dawenport. Su estilo picante tiene cada vez más aceptación pero se ve obligada a usar al nombre de Bessie Jackson para ocultar su verdadera identidad y evitar boicots, siempre acompañada por el pianista Walter Roland, con quien grabó un centenar de temas, la mayoría dirigidos a un mercado de discos baratos, sin etiquetar para evitar censuras, que eran consumidos en masa en los guetos de las ciudades. Sus canciones hablaban de infidelidades, alcoholismo, drogas y en general de unas vidas tan duras como la suya misma.

Lucille Bogan o su alter ego, Bessie Jackson, también cantó al sexo lésbico en «B. D. Woman's Blues», un tema al que con algún ligerísimo retoque tampoco le hicieron ascos Bessie Smith, Victoria Spivey o Ida Cox, entre otras muchas que no tenían ningún reparo en proclamar: «Llegará el momento en que las mujeres B. D. no necesiten un hombre, / la manera en que nos tratan es un menosprecio y un pecado sucio. / Mujeres B. D., ¡no comprendéis! Mujeres B. D., ¡no comprendéis! / Tienen la cabeza como la de un dulce ángel, pero caminan como un hombre. / Las mujeres B. D., saben lo que quieren / Pueden hablar *jive* igual que un hombre». B. D., o *bull-dyke*, hacía referencia a una lesbiana con modales masculinos y maneras rudas, y *jive*, era una forma de denominar el dialecto de los afroamericanos.

En esta amplia constelación de estrellas del blues, también hubo las que relucieron en las noches tétricas, siguiendo ese malditismo inherente a la música del diablo. La que más brilló en este terreno fue Ida Cox, nacida Ida Prathe, que vino al mundo en el invierno de 1896, 1889 o incluso 1886, que como suele suceder, la

Blanche Calloway

cosa no está muy clara. Lo cierto es que fue en un lugar de Georgia llamado Toccoa, que en la lengua de los nativos cherokees originarios significaba «hermosa», pero que los primeros colonos llamaron «charca seca». Comenzó cantando en el coro de la iglesia pero a los catorce años se escapó de casa con una compañía de músicos ambulantes y pasó una larga temporada actuando en compañías de vodevil. En 1923 empezó a trabajar para Paramount Records, que la publicitaba como «la reina sin corona del blues», en abierta competencia con Mamie Smith. Sus canciones giraban habitualmente en torno a la muerte, el misterio y las creencias espirituales, tanto cristianas como paganas, con unos títulos que no dejaban resquicio a la duda: «Graveyard Dream Blues» («El blues del cementerio de los sueños»), «Death Letter Blues» («El blues de la carta de la muerte») o «Coffin Blues» («El blues del ataúd»). A mediados de los años cuarenta sufrió un ataque cerebral durante un concierto y se retiró para dedicarse en cuerpo y alma a la iglesia, donde cambió el paganismo luctuoso por cánticos espirituales, aunque no todo en su vida había sido tan tétrico como pudiera parecer. También cantó a la independencia femenina con temas como «Wild Women Don't Have the Blues» una llamada a las chicas a responder al machismo con la misma moneda, ya que, tal y como reza la canción: «no se consigue nada siendo una niña angelical».

Pero ni siquiera el éxito libraba a las estrellas del *classic blues* del machismo galopante, como quedó patente en el caso Blanche Calloway, la hermana mayor del cantante Cab Calloway, que entre los años veinte y treinta llegó a ser directora de su propia banda, la Blanche Calloway and Her Joy Boys, cosa que pocas afroamericanas lograron. Una mujer al frente de una *big band* era algo difícil de digerir para los músicos, fueran estos blancos o negros. Y si a eso se le suma el racismo la cosa se puede volver insoportable, o peligrosa, como en la ocasión en la que durante una gira por Misisipi en 1936, fue encañonada y encerrada por utilizar el cuarto de baño de una gasolinera en el pueblo de Yazoo. Fue condenada y para pagar la multa que le permitiese a ella y a la banda salir del estado, tuvo que vender su coche, un flamante Cadillac amarillo.

Ilustres desconocidas

La lista de cantantes del *classic blues* es prácticamente inagotable. Fueron cientos, por no decir miles, las artistas que en un momento u otro probaron suerte grabando blues, a ver si el éxito llamaba a sus puertas. Cantantes de jazz, intérpretes de góspel, artistas de vodevil o simplemente muchachas con buena voz, fueron llevadas a los estudios por los cazatalentos de las discográficas para grabar temas que, en muchos casos tuvieron resultados muy discretos y sus intérpretes engrasaron esa enorme lista de cantantes de blues desconocidas para el público no especializado. Pero detrás de cada una de ellas hay una historia que habla de ese momento especial en el que, por primera vez en la historia de la música, el éxito podía estar al alcance de la mano y muchas cantantes lo intentaron una y otra vez, adoptando nombres e incluso personalidades distintas, como es el caso de Bernice Edwards, nacida en Katy, Texas, en 1907, que también fue conocida como Moanin' Bernice Edwards, Moanin' Bernice, Houston Bernice Edwards y Bernice Duke. Estaba especializada en canciones de *lowlife*, una palabra que viene a definir a alguien de escasa catadura moral y que se aplicaba a traficantes, drogadictos, alcohólicos, prostitutas, proxenetas, estafadores, matones..., lo que se conoce en general como gente de mal vivir. Sus temas más famosos fueron «Mean Man Blues» («el blues del hombre malo») y «Hard Hustling Blues» (un juego de palabras en torno a la prostitución), grabados a finales de los años veinte. A veces los nombres se repetían en equívocas personalidades, como Bessie Williams, elegido entre otras muchas cantantes por Kitty Brown, nacida en 1899 en Nueva York, que también usaba los seudónimos Rosa Green, Jane White, Dixie Gray y Mazie Leroy. Grabó probablemente una par de docenas de temas entre 1923 y 1924, la más famosa «I Wanna Jazz Some More», un título engañoso en el que la palabra *jazz* se usaba como un eufemismo para fluidos corporales, no como una referencia al estilo musical.

La lista podría continuar con Maggie Jones, conocida también como Fae Barnes y The Texas Nightingale, que fue la primera cantante de Texas en grabar un disco, actuó durante los años veinte en teatros de Nueva York y a principios de los treinta, cuando la industria del disco comenzaba a flaquear, se retiró a Dallas para crear su propia compañía de revistas; o Eliza Brown que grabó muchos dúos con Ann Johnson, entre los que destaca «Get on out of Here», es una pieza realmente curiosa ya que ambas recitan más que cantan y recuerda remotamente al rap; o Bertha *Chippie* Hill, nacida en Carolina del Sur, en una familia de 16 hijos que se trasladaron a Nueva York en 1915, que a los catorce años ya estaba trabajando con Ethel Waters y que actuó también con Ma Rainey en los Rabbit Foot Minstrels. Como decimos, es prácticamente imposible hacer una lista exhaustiva de las cantantes que en los años veinte dieron al blues una nueva vida, lo sacaron de los tugurios rurales y de las ferias ambulantes y lo llevaron a los teatros de las ciudades y a los gramófonos de los bares y los hogares, tanto de negros como de blancos. Fueron mujeres de vida dura, a veces extrema, a las que, en demasiadas ocasiones, la historia de la música arrinconó demasiado pronto a pesar de su inapreciable labor, o como dijo Buzzy Jackson en su libro *Disfruta de mí si te atreves*: «El poder de las primeras artistas de blues fue el primer indicio de que la cultura negra sería la que moldearía el aspecto y el sonido del siglo XX estadounidense [...]. La historia de las artistas de blues estadounidenses es una historia de mucho esfuerzo y de mucha mala suerte [...]. Es la historia de una mujer buena que se siente mal y de una mujer mala que se siente bien, porque, a fin de cuentas, no hay mujeres completamente buenas ni mujeres completamente malas». No se puede cerrar este apartado sin una mención a las mujeres instrumentistas, que aunque fueron bastante más escasas, hubo unas cuantas de enorme relevancia, como Dolly Jones, una casi inusitada trompetista, Bertha Gonsoulin y Lil Hardin, pianistas de King Oliver, o las también pianistas Mary Lou Williams y Lovie Austin, directora además de su propia banda The Lovie Austin's Blues Serenaders y acompañante de algunas de las más rutilantes estrellas del blues clásico, como Ma Rainey, Alberta Hunter, Ida Cox o Ethel Waters.

Los duros días de la ruta hacia el norte

El 16 de enero de 1920, ocho meses antes de que el Congreso aprobase el voto femenino, entra en vigor la ley Volstead, popularmente conocida como Ley Seca y que pasaría a la historia como el paradigma de ese refrán que dice que es peor el remedio que la enfermedad. Durante los casi catorce años que estuvo en vigor, la famosa ley que prohibía la elaboración, importación y venta de bebidas alcohólicas no sólo consiguió elevar a niveles históricos e insospechados el consumo de alcohol en todo el país sino que logró aumentar alarmantemente la delincuencia y, sobre todo, sirvió para consolidar las bases del crimen organizado y extender el poder de la mafia. Si tenemos en cuenta, además, que su final se produce en plena Gran Depresión, tenemos como resultado casi dos décadas continuas del mejor caldo de cultivo para la criminalidad. Forajidos como John Dillinger, Kate *Ma* Barker o Bonnie & Clyde y gánsters como Al Capone, Frank Costello o Lucky Luciano, se convirtieron en figuras populares, asiduos de las portadas de los periódicos y modelos para los protagonistas de la *pulp fiction*, el origen de la novela negra.

Carne de presidio

A esta situación no fue en absoluto ajena la comunidad negra, para la que la fabricación y contrabando de alcohol clandestino ya era una tradicional ocupación desde hacía años. De hecho, muchos *bluesmen* la tenían como su segunda –y en ocasiones prioritaria– profesión. Entre la endémica situación de marginación y pobreza, la presión racista de las fuerzas del orden y sus incursiones delictivas, los afroamericanos se convirtieron en los principales pobladores de los centros penitenciarios del sur de país durante la primera mitad del siglo XX y eso, obviamente tuvo su reflejo en el blues. Prisiones como la de Angola, en Luisiana, o la granja penitenciaria Parchman, en Misisipi, fueron tan importantes para el desarrollo del blues como la plantación Dockery en el Delta o los clubs de Beale Street en Memphis.

Uno de los mayores exponentes de la conexión entre el blues y el delito fue Charley Jordan, un músico de San Luis, que a su talento como compositor y guitarrista unía su habilidad como traficante de alcohol, actividad que tuvo que abandonar en 1928 al ser ametrallado por una banda rival y acabar en silla de ruedas, aunque con el tiempo pudo usar muletas para apariciones en el escenario. A pesar de su intensa vida delictiva tuvo tiempo para tocar durante los años treinta y cuarenta con artistas como Memphis Minnie, Roosevelt Sykes, Casey Bill Weldon y Big Joe Williams. Grabó un buen puñado de blues de gran calidad como «Keep It Clean», grabada en 1930, «Starvation Blues», en 1931, «Hell Bound Boy Blues», en 1932, o «Long Lonesome Drive», en 1934.

Fue precisamente Charley Jordan quien en 1930 llevó a los estudios de grabación a uno de los *bluesmen* más destacados de este peculiar santoral delictivo, William Bunch, nacido en 1902 en el seno de una familia de aparceros de Ripley, Tennessee, y que pasaría a la historia como Peetie Wheatstraw. Tras una infancia sórdida –a decir de sus biógrafos– en una plantación de algodón de Arkansas, a los veinticinco años se instaló en The Valley, en San Luis, uno de los guetos negros más antiguos y miserables de los Estados Unidos, donde pronto se hizo famoso con el apodo de «El sobrino del diablo», al que pronto añadiría el título de «*Sheriff* supremo del infierno». Como músico, era un excelente guitarrista y un peculiar pero apreciado pianista que colaboró con figuras míticas del blues como Papa Charlie McCoy, Casey Bill Weldon o Kokomo Arnold, otro reputado contrabandista de alcohol. Fue uno de los artistas más populares de la historia del blues y su producción discográfica en los tempos de la Gran Depresión sólo fue superada por media docena de nombres entre los que figuran *bluesmen* del calibre de Big Bill Broonzy, Tampa Red o Lonnie Johnson. Pero en lo que sobresalió notablemente fue en crearse una aureola de tipo duro, de artista delincuente, que muchos han conectado con las estrellas del *gansta rap* de finales del siglo XX. Los años pasados como músico ambulante en los caminos y garitos –con pacto con el diablo en un *crossroads* incluido– le habían convertido en un cantante turbio, un artista de carácter pendenciero, cuya leyenda llegó hasta el extremo de inspirar al escritor Ralph Ellison el protagonista de su obra *The Invisible Man*, una novela que narraba las tensiones raciales desde el punto de vista de los negros y que obtuvo el Premio Nacional de Literatura en 1953. Fue el mejor narrador de la Gran Depresión y compuso más de 160 canciones, que hablaban precisamente de la explotación y la miseria que sufrían sus hermanos de raza, con muchos guiños al mundo diabólico y referencias sexuales, que le convirtieron en el *bluesman* favorito de los obreros negros urbanos y le produjeron ventas de discos millonarias incluso cuando la industria discográfica atravesaba sus peores momentos. Murió en 1941, en pleno éxito y el mismo día de su cumpleaños, cuando su coche fue arrollado por un tren, justamente en una encrucijada.

Whistlin' Alex Moore

Este estilo de vida arrebatada y violenta quedaba perfectamente reflejado en algunos blues como los del pianista Whistlin' Alex Moore, famoso por las letras de sus canciones y su peculiar estilo de silbar, que le había proporcionado su apodo. Había nacido en Dallas en 1899 y había aprendido a tocar el piano en los ratos libres que le dejaba el trabajo, ya que era huérfano de padre y se encargaba de mantener a su madre y sus dos hermanos. A los diecisiete años ingresó en el ejército y a su regreso se empleó de carretero, transportando mercancías con un carro de mulas durante el día y tocando el piano por las noches en los *juke joints* y *barrelhouses*, donde daba rienda suelta a las más disparatadas historias, narrando el día a día plagado de miserias, privaciones y violencia, tal y como narra una de su letras, recogida por Paul Oliver en su libro *Historia del Blues*: «Disparé contra mi mujer porque estaba harto de tanta basura. / Un policía me saltó encima y me persiguió como a un conejo que huye del fuego. / Tenía trapos de franela roja y hablaba de echarme el mal de ojo. / Creo que me iré a Froggy Botton para liberarme de ella». Froggy Botton era un barrio donde abundaban los clubs de mala nota y la franela roja se usaba tradicionalmente para realizar prácticas de vudú, según reseña Oliver.

También Kokomo Arnold, nacido en un pueblo de Georgia en 1901, fue arrestado en unas cuantas ocasiones a causa de su larga dedicación al tráfico ilegal de alcohol, aunque en general logró eludir a los policías de Chicago, donde se dedicó al contrabando de bebidas alcohólicas, una actividad que ejerció con su verdadero nombre, James Arnold, hasta el final de la Ley Seca. Entonces tuvo que dedicarse definitivamente en serio a la música para poder ganarse la vida. James se convirtió en Kokomo, tras grabar en 1934 «Old Original Kokomo Blues», una versión de un tema de Scrapper Blackwell. También usó el nombre de Gitfiddle Jim para grabar temas como «Rainy Night Blues» y «Paddlin' Madeline Blues», a principios de los años treinta. Antes de retirarse, en 1938, para trabajar en una fábrica de Chicago, publicó 88 discos que ejercieron una poderosa influencia en *bluesmen* un poco más jóvenes incluido el famoso Robert Johnson, quien se inspiró en el «Old Original Kokomo Blues» para crear su famoso «Sweet Home Chicago».

También hubo quienes fueron a presidio sin que el contrabando de alcohol tuviese nada que ver en ello, como Texas Alexander, uno de los escasos *bluesmen* de los años veinte y treinta que no tocaba ningún instrumento y que logró bastante popularidad cantando en fiestas locales y picnics de Texas, acompañado por Blind Lemon Jefferson, y que fue a parar a la cárcel en 1939 por asesinar a su mujer. Un caso similar es el de Buddy Moss, uno de los mejores exponentes del Piedmont blues, encarcelado en 1935 por el asesinato de su esposa, en una condena que siempre estuvo cargada de sospechas de racismo y tras la que abandonó la música, a la que volvió en 1964 gracias a la ayuda de su viejo amigo Josh White, con quien se reencontró en un concierto que daba en Atlanta.

Booker *Bukka* White, un *bluesman* del Delta que también había sido vendedor de alcohol ilegal y músico en espectáculos ambulantes, fue grabado en la prisión de Parchman, donde estaba recluido por un asalto a mano armada cometido justo después de grabar su mayor éxito, «Shake 'Em on Down» por los Lomax en 1939.

De cárcel en cárcel

Ese año John Lomax, acompañado por su hijo Alan, realizó un viaje de tres meses en el que recorrió más de seis mil millas por el sur de los Estados Unidos y realizó 700 grabaciones, las más importantes en Parchman, una prisión que habían visitado por primera vez seis años antes, y que aquel año, entre los meses de mayo y junio, también visitó el antropólogo Herbert Halpert, que entre otros reclusos grabó a Mattie May Thomas, más conocida como Mattie May, que cumplía ya su tercera condena y que cantó para Halpert su impresionante «Dangerous Blues»: «Todo el tiempo hablas de lo peligroso que es el blues. / Si yo tuviera una pistola, también sería peligrosa. / Sí, quizás seas un matón. En realidad no lo sé, / pero te aguanto, así que no me des problemas nunca más. / Seis meses no son una condena. Cariño, nueve años no es nada, / tengo un colega que ha estado en la casa grande desde los catorce hasta los veintinueve. / La cárcel fue mi principio; la penitenciaría está cerca de ser mi fin. / La silla eléctrica me queda demasiado grande, / Te lo voy a decir, cariño, como el tano le dijo al judío: si no te gusto / hay cosas tuyas que tampoco me gustan a mí». Esta grabación fue realizada por Halpert en el taller de costura del Campamento 13 de Parchman, donde las blancas y negras ocupaban salas separadas, dedicadas a coser trajes para los presos y ropa de cama.

Pero Mattie no era evidentemente la única afroamericana presidiaria ni la única que cantaba blues, tal y como demuestran los temas recogidos en el disco *Jailhouse Blues*, editado por Rosetta Records con registros de Herbert Halpert y John Lomax, en el que Mattie May Thomas grabó cuatro temas, y que incluye también a Josephine Douglas cantando «Noah Built the Ark», Annabelle Abrams con «To Be Sho'», Beatrice Perry interpretando «Levee Camp Blues», Mary James y su «Rabbitt on a Log», Hattie Goff con «Mr. Dooley Don'rest Me», Josephine Parker que canta «How'm I Doin' It», Eva White interpretando «No Mo' Freedom» y Lucille Walker «Shake 'Em on Down», entre otras reclusas de las que se desconocen los delitos exactos que las llevaron a prisión en una época en la que la cárcel era un destino más que probable para los afroamericanos de los estados del sur del país. Las *blueswomen* no estuvieron ni mucho menos al margen del mundo del delito en los años de la Ley Seca, como demuestra la estrella del *classic blues*, Maggie Jones, que en 1924 decía en su tema «Good Time Flat Blues» cosas como estas: «No puedo vender whisky, no puedo vender ginebra, / no tengo dinero para comprar carbón en invierno, / no puedo ahorrar ni un dólar para salvar mi perra vida, / no puedo mantenerlo abierto, voy a cerrar mi garito. / El jefe de policía derribó mi sala de juegos, / sin lamentarme, me voy de esta ciudad».

Convictos afroamericanos trabajando en un astillero mientras cantan. Reed Camp, Carolina del Sur

Parchman fue la prisión más famosa por la que pasaron los Lomax, pero no la única y en este peculiar periplo penitenciario visitaron cárceles como Cummins State Farm en Gould, Arkansas, Goree State Farm, Women's Camp, una cárcel para mujeres cerca de Huntsville, Texas, State Penitentiary, conocida como «The Walls», en Huntsville, Texas y la Penitenciaría Raiford, en Florida. En todas ellas grabaron las canciones folclóricas y los blues de los presos, algunos de ellos futuros nombres famosos de la historia del blues y la mayoría músicos y cantantes anónimos que se acabarían diluyendo en el tiempo. Quizá el mejor intérprete anónimo que registró Lomax fue Smith Casey, nacido en 1895, probablemente en Riverside, cerca de Huntsville, en cuya penitenciaría acabo cumpliendo condena y donde tuvo un programa de radio semanal llamado «Thirty Minutes Behind the Walls« («Treinta minutos detrás de las paredes»). Salió en libertad condicional en 1945 y murió de tuberculosis cinco años después.

La leyenda de vientre de plomo

Pero si hay alguien que encarne perfectamente la leyenda del *bluesman* presidiario es Hudson *Hudie* Leadbetter, conocido como Leadbelly, un cantante de voz asombrosa y bravucón buscavidas de enorme estatura, que debía su propio nombre, Lead Belly (Vientre de plomo), a un apodo carcelario, sobre el que corrían varias versiones: que se lo habían puesto sus compañeros por su fortaleza física, que fue a causa de una perdigonada que recibió en el estómago o que se debía a su inexplicable aguante bebiendo alcohol. A los dieciséis años ya tocaba el piano y la guitarra en los burdeles y recorría los caminos emborrachándose en los más sórdidos tugurios o mientras trabajaba de lazarillo para músicos ciegos, como Blind Lemon Jefferson, quien enseñó al joven Hudie unos cuantos trucos musicales y a desenvolverse con soltura en los bajos fondos de Dallas y Silver City, un pueblo próximo a Waco, en Texas. Allí abundaban los prostíbulos a los que tan aficionados parece ser que eran tanto Leadbelly –que llegó a fanfarronear de que se había acostado con diez mujeres en un sola noche– como Blind Lemon. Este *bluesman* ciego, que cantaba con una voz aguda pero cargada de sentimiento, componía unas canciones con referencias tan visuales que hay quien duda de que fuese ciego del todo, o al menos que lo fuese de nacimiento. Sus letras eran de una crudeza total que rozaban la brutalidad y de una sexualidad casi explícita como demuestra en su canción más famosa, «Black Snake Moan»: «Hummm... una serpiente negra se arrastra por mi habitación. / Estaría muy bien que una guapa mamaíta la agarrase ahora mismo. / Ohhh... debe de haber algún bicho en mi cama, / una chinche no muerde con tanta fuerza. / Le pedí 50 centavos a mi mujer y me dijo "Lemon no eres ningún niño"». Pero Lemon también cantaba letras que hablaban sobre la crudeza de las ejecuciones, un destino nada inhabitual para los negros vagabundos y pendencieros como Hudie. Una de ellas, «Hamgman's Blues», difícilmente puede ser más cruda: «El mezquino verdugo está esperando para apretar la soga, / señor, tengo tanto miedo que tiemblo dentro de mis zapatos, / la multitud rodea el palacio de justicia, y el tempo corre deprisa. / Pronto un desdichado asesino va a exhalar el último suspiro».

El historial delictivo de su pupilo Leadbelly se remonta a 1915, cuando fue detenido por tenencia ilícita de armas y sentenciado a una temporada de trabajos en una cuadrilla de presidiarios del condado de Harrison, Texas, de la que logró fugarse y ocultarse usando la falsa personalidad de Walter Boyd. Una par de años después, fue acusado de matar en un baile a un individuo llamado Will Stafford en una pelea por lo que entonces se llamaba un lío de faldas, fue condenado a treinta y cinco años y encarcelado en Imperial Farm, una granja penitenciaria en la localidad tejana de Sugar Land. De allí salió con una enorme cicatriz en el cuello, causada por la puñalada de otro recluso durante una pelea a cuchillo. Durante el resto de su vida la cubriría con un pañuelo. A pesar de que casi mata

Hudson *Hudie* Leadbetter, Leadbelly

a su contrincante siete años después, en 1925 fue indultado y liberado después de escribir una canción al gobernador Pat Morris Neff durante una de sus visitas a la prisión, creándose así una leyenda que cuenta que el gobernador Neff, un hombre de profundas convicciones religiosas, estaba tan prendado de la voz y el buen comportamiento de Leadbelly que los domingos llevaba regularmente invitados a la prisión para que lo escuchasen cantar. El caso es que Huddie logró salir de la cárcel a la que no regresó hasta cinco años después, cuando fue condenado por intento de homicidio por apuñalar en una pelea a un hombre blanco, al que afortunadamente no mató, porque si no nadie le hubiese librado de la horca. Así que en 1930 entró en la tristemente famosa prisión de Angola, en Luisiana, donde un buen día de 1933 aparecieron por el penal John Lomax y Alan, que recorrían la región con un estudio de grabación ambulante en busca de talentos perdidos del blues y del folclore afroamericano en general. Leadbetter decidió repetir la jugada y echar mano de sus dotes musicales y a su poder de persuasión y grabó otra canción pidiendo clemencia, esta vez al gobernador de Luisiana, O. K. Allen, con una carta pidiendo su indulto. Algo en lo que le respaldaron los Lomax, que tras su salida de prisión le contrataron como chófer y ayudante para recorrer las granjas y prisiones del Sur en busca de nuevos talentos musicales. Finalmente se lo llevaron con ellos a Nueva York, donde fijó su residencia en 1934 y se casó con Martha Promise, con la intención de dar conciertos en la universidad, grabar discos y llevar una vida alejada de las peleas. Lo consiguió sólo a medias, ya que en 1939 volvió a ser detenido por apuñalar a un hombre en una riña en Manhattan, esta vez con una corta condena. Fue uno de los primeros negros del Sur que actuó para el público blanco de Nueva York, tocó con Pete Seeger y Woody Guthrie, con los que se unió a otros *bluesmen* como Sonny Terry, Brownie McGhee y Josh White para apoyar musicalmente las reivindicaciones sindicales de la izquierda durante los años cuarenta. Fue uno de los primeros *bluesmen* que viajó a Europa y contribuyó a crear el caldo de cultivo necesario para que el Village de Manhattan se convirtiese en un vivero de estrellas del folk como Cisco Houston, Phil Ochs, Joan Baez, Tom Paxton o Bob Dylan.

La gran evasión

En 1927 se producen en los Estados Unidos una serie de hechos que reflejan el viaje que el país está realizando de forma acelerada hacia su futuro rango de primera potencia mundial. El aviador Charles Lindbergh se convierte en un héroe nacional al ser el primer piloto que cruza el Atlántico a bordo de un avión, el *Spirit of St. Louis*. En Nueva York se celebra la primera demostración pública de un aparato que se convertirá en la estrella de las comunicaciones del siglo XX: la televisión electromecánica, se crea el Sistema de Radiodifusión Fonográfica de Columbia, más tarde conocido como CBS y comienzan los vuelos comerciales de la compañía de aviación de Pan American Airways. Pero también fue un año que comenzó de forma trágica con la llamada Gran Inundación del Misisipi, que comenzó en las navidades de 1926 y se prolongó durante un par de meses. Fue la más destructiva de las muchas inundaciones que provocó el río que vio nacer el blues. Murieron cerca de 250 personas y los daños se calcularon en más de 400 millones de dólares; miles de personas que habían perdido sus hogares comenzaron una desesperada migración a las ciudades industriales del norte. Fue un hecho tan traumático que quedó reflejado en las canciones de numerosos artistas de la época, como Charlie Patton, Memphis Minnie, Joe McCoy o Bessie Smith, quien del dedicó este «Back Water Blues», grabado en Nueva York en febrero del 27, cuando la catástrofe no había remitido completamente y cuya letra revela

Gran Inundación del Misisipi, abril de 1927

su absoluta empatía con el sufrimiento de los afectados: «Cuando llueve cinco días y los cielos se oscurecen como la noche, / entonces, el problema es estar en las tierras bajas por la noche. / Me desperté esta mañana, no puedo salir de mi puerta, / hay demasiados problemas para que una chica se pregunte dónde quiere ir. / Remaron en un pequeño bote en cinco millas para cruzar el estanque. / Empaqué mis ropas, las arrojé y me llevaron remando, / luego subí, me puse de pie sobre una colina vieja y solitaria y miré a la casa en que solía vivir. / Backwater blues, cojo mis cosas y me voy / porque mi casa se hundió y ya no puedo vivir allí. / No hay un lugar al que pueda ir una pobre chica».

En realidad, Bessie estaba equivocada y lo sabía, igual que lo sabían miles de afroamericanos desde hacía muchas generaciones. Sí había un lugar a donde ir y ese lugar tenía un nombre muy concreto, Chicago, la tierra de promisión situada a orillas del lago Michigan. El pianista Cow Cow Davenport, uno de los pioneros de boogie woogie, lo había cantado alto y claro en su tema «Jim Crow Blues» ese mismo año de 1927: «Estoy cansado de tanto Jim Crow, voy a dejar esta ciudad de Jim Crow. / Maldita sea mi alma negra, me dirijo al dulce Chicago, / sí, me voy de aquí, de esta vieja ciudad Jim Crow, / me voy hacia el norte, donde dicen que el dinero crece en los árboles».

Chicago. Las luces de la gran ciudad

En 1920 en Chicago había alrededor de 110.000 negros, de los que casi 90.000 había nacido en los estados rurales del sur, fundamentalmente en Misisipi, Georgia, Alabama y Arkansas, lo que explicaba el gran número de músicos de blues que había en la ciudad y la cantidad de público receptivo para esa música. Todos habían acudido huyendo del racismo endémico en el que se habían criado, amenazados permanentemente por el Ku Klux Klan y trabajando de sol a sol por sueldos de miseria. Acudían con los bolsillos vacíos y la cabeza llena de sueños y grandes esperanzas, pero las luces de la gran ciudad ocultaban los sombríos callejones donde anidaba la miseria y la desilusión. Zonas como los bloques de viviendas de State Street, al sur de South Park Avenue, construidas en madera, previstos para albergar a 150 familias, eran guetos que acogían a más de mil personas que vivían hacinadas entre la basura, acosadas por las ratas y las chinches. Era un laberinto conocido como Mecca Flat en el que jamás entraba la policía, pero tampoco los servicios municipales de limpieza, ni los sanitarios, ni los médicos, ni siquiera las instituciones de caridad. Las calles eran auténticos estercoleros en los que jugaban niños famélicos. En esos barrios el negocio más próspero eran las *sporting house*, locales con habitaciones de alquiler frecuentadas por las prostitutas y sus clientes. Ese era el hábitat natural de muchos de los *bluesmen* y las *blueswomen* cuando recalaban en la ciudad, recién llegados de los pueblos del Sur. Lo único alegre que había en esos barrios eran los sonidos del ragtime y el boogie woggie de los destartalados pianos de las tabernas.

Dos de esos músicos recién llegados a finales de los años veinte y principios de los treinta fueron Lizzie Douglas y Joe McCoy. Ella tenía treinta y cuatro años y llegaría a ser una de las mujeres más importantes del blues con el nombre de Memphis Minnie. Él tenía veintiséis años, permanecería casi toda su vida a la sombra de ella y pasó a la historia como Kansas Joe McCoy, un gran guitarrista de *slide* y compositor de algunas grandes canciones de blues y jazz. Ambos contribuirán decisivamente a sentar las bases de lo que se conoce como el Chicago blues. Ambos llegan a Chicago desde Memphis, donde un cazatalentos de la discográfica Columbia los descubre mientras tocan en una barbería. A los productores de la empresa sus nombres reales les parecieron demasiado vulgares. Uno de los técnicos propuso para ella el de la ratoncita *Minnie*, la novia de *Mickey Mouse*, un personaje de Walt Disney que está empezando a ser popular. Lizzie, o Minnie, había nacido en 1897 en el seno de una familia de granjeros pobres en Algiers, Luisiana, de donde se fugó a los trece años para unirse a una compañía de espectáculos ambulante donde comenzó a tocar el banjo y la guitarra. Dos años después estaba en las calles de Memphis actuando con el apodo de Kid Douglas, un nombre de chico para el rudo ambiente de Beale Street, donde forjó un carácter que le permitió competir en un mundo de hombres duros. Las cantantes de blues se movían bá-

Memphis Minnie

sicamente en el circuito de vodevil y actuaban acompañadas por un pianista, pero Minnie se convirtió en una pionera al cantar y tocar la guitarra compitiendo de tú a tú con los más curtidos *bluesmen* como Big Bill Broonzy, a quien le ganó el premio de un duelo de guitarras: una botella de ginebra. Su primer marido fue Will Weldon, de la Memphis Jug Band, la banda de jarra más famosa de la ciudad en la que en su juventud Minnie se codeó con pioneros del blues, como Frank Stokes, Furry Lewis o el propio Charlie Patton.

A los treinta años se casó con Joe McCoy, con quien formó una pareja artística y ambos grabaron discos como «I'm Talking About You», «Bumble Bee» o «What Fault You Find of Me?», entre una larga serie que forma parte fundamental de la historia del blues. Pero en el ámbito doméstico las cosas eran complicadas. Minnie se iba convirtiendo en una estrella y a Joe *Kansas* McCoy no le iba el papel de príncipe consorte, así que se separaron, ella fichó por el sello Decca que la convirtió en «la reina del blues», según rezaba su publicidad. Su música se volvió más seria, más comprometida, con temas como «Me and My Chauffeur Blues», que habla de la violencia cotidiana. Se casó de nuevo con otro guitarrista, Ernest Lawlars, que desde entonces se convirtió en Little Son Joe y acompañaría a Minnie hasta su muerte en 1962, cuando ambos vivían en unas condiciones miserables en Memphis, a donde habían regresado a finales de los años cuarenta. Minnie entró ya en una etapa de deterioro que la llevó primero a un asilo y luego a la muerte en 1973.

Por su parte Joe McCoy se unió a su hermano Papa Charlie McCoy para montar los Harlem Hamfats, que en 1936 lanzaron el tema «The Weed Smoker's Dream», que años después Joe recompuso como «Why Don't You Do Right» y se convirtió en un éxito en la voz de Lil Green en 1941 y en uno de los más famosos estándares del jazz, interpretado por artistas como Benny Goodman o Peggy Lee. Murió en Chicago a los cuarenta y cuatro años, sólo unos meses antes que su hermano. Poco después de morir los hermanos McCoy, también fallecía la mujer de Tampa Red, precursor del blues que había hecho famosa a la ciudad. Tras la muerte de su esposa entraría en una depresión que, agravada por su alcoholismo crónico, le llevaría al psiquiátrico. Tampa Red era conocido como «The Man with the Gold Guitar» («El hombre de la guitarra de oro») o «The Guitar Wizard» («El mago de la guitarra») debido a su extraordinaria habilidad en el manejo de su guitarra resonadora, construida con el cuerpo de una National con la que se convirtió en un consumado maestro del *slide*, con un estilo muy personal, que adaptó en 1940 la guitarra eléctrica y le convirtió en un precursor de los posteriores solos de guitarra típicos del blues de Chicago que practicarían Muddy Waters, Elmore James y Robert Nighthaw. Había nacido como Hudson Woodbridge en 1904 y aunque era originario de Georgia se había criado en la ciudad de Tampa, en Florida, donde aprendió a tocar la guitarra con un músico callejero llamado Piccolo Pete y de donde se marchó para convertirse en músico ambulante. Hacia 1922 llegó a Chicago y comenzó a trabajar en la compañía de Ma Rainey, donde conoció al pianista Georgia Tom Dorsey, con el que se asoció. Gracias a los buenos oficios del productor Mayo Williams, en 1928 grabaron su primer disco, «It's Tight Like That», un ragtime de letra escabrosa que se convirtió en un éxito. Durante la Gran Depresión siguieron triunfando con ese estilo cómico y picante conocido como *hokum*, hasta que Georgia Tom decidió abandonar el blues y pasarse al góspel. Tampa Red se convirtió en el músico de cabecera de Bluebird y mano derecha de Lester Melrose al que presentaría a muchos jóvenes artistas a los que ayudó en el principio de su carrera. Por esos años se casó con Frances y convirtió el hogar de ambos en un mezcla de local de ensayo, agencia de contratación y casa de huéspedes para los músicos que llegaban a la ciudad como Sonny Boy Williamson, Big Bill Broonzy, Elmore James o Big Walter Horton, entre otros. La muerte de su mujer le convirtió en un ser desesperado y aunque hizo algunas apariciones durante el periodo del *blues revival*, a partir de los primeros años desapareció convertido en un vagabundo en las zonas más sombrías del gueto, mientras su música era admirada e interpretada por los *bluesmen* más brillantes de Chicago. Murió en una residencia para indigentes en 1981.

El blues de rostro pálido

El cantor de jazz

Como vemos, 1927 es un año recurrente en la historia de los Estados Unidos. El 6 de octubre se estrena *The Jazz Singer* (*El cantor de jazz*), la película que inaugura la era del cine sonoro, que encierra algo más que un adelanto técnico. En realidad no tiene más de dos minutos de diálogo con sonido, pero la conmoción en el mundo del espectáculo es absoluta. La película cuenta la historia de un judío, miembro de una familia de rabinos, que pretende convertirse en cantante de jazz. Su protagonista, Al Jolson, cantante, actor, guionista y director de orquesta con una larga experiencia en el vodevil y los espectáculos itinerantes de principios de siglo, aparece en el film con la cara pintada de negro, al estilo de los viejos espectáculos de *minstrel*, en un imagen icónica, cargada de significado en una época en la que los negros ya son una presencia habitual en el mundo del espectáculo y las divas afroamericanas del blues clásico venden discos por millares.

Justo al día siguiente del estreno de *The Jazz Singer*, la compañía discográfica Victor saca a la venta dos canciones de aire country «The Soldier's Sweetheart» y «Sleep, Baby, Sleep», grabadas dos meses antes por un joven de treinta años, ferroviario de profesión y cantante de vocación, llamado Jimmie Rodgers, que se había presentado en un estudio móvil instalado en Bristol, Tennessee, por Ralph Peer, un cazatalentos del sello Victor, que ese día tenía una audición con Alvin Pleasant *A. P.* Delaney Carter, su esposa Sara Dougherty Carter y su cuñada Maybelle Addington Carter, más conocidos como «la Familia Carter», desde ese día piedra angular de la música country. Jimmie Rodgers aprovechó para grabar su par de temas, por los que cobró cien dólares, y en el otoño se encontró con la sorpresa de que habían tenido buena acogida, lo que lo animó a irse a Nueva York para grabar «Blue Yodel», un enorme éxito del que se vendieron más de un millón de copias y que creó un estilo que inspiró a *bluesmen* como Leadbelly o Tampa Red. En los siguientes seis años Rodgers grabó 120 canciones, hizo películas y se convirtió en una estrella. James Charles Rodgers había nacido en 1897 en Meridian, Misisipi, aunque en sus documentos figuró siempre el domicilio de sus abuelos en Geiger, Alabama. Era hijo de un empleado del ferrocarril y su madre falleció cuando tenía seis años, con lo que Jimmy se crió con unas grandes dosis de libertad. Una de sus aficiones favoritas era visitar los locales que frecuentaban los músicos negros y colarse para empaparse de su música. A los doce años ganó un concurso de jóvenes talentos y poco después se enroló en un *medicine show*, donde cantó y tocó la guitarra hasta que su padre lo localizó otra vez y lo metió en el ferrocarril como guardafrenos. En esa época aprendió todo tipo de música popular, desde baladas hasta hillbilly y blues, creando ese estilo propio que bautizó como *blue yodels*, que le valió el apodo de *The Singing Brakeman* («el guardafrenos cantor»). No tuvo mucha suerte, ni con la vida familiar ni con la salud ni con su carrera de cantante. Contrajo la tuberculosis, se le murió una hija y los espectáculos itinerantes que montó quebraron uno detrás de otro, así que no tuvo más remedio que seguir en el ferrocarril hasta que le llegó el éxito en 1927. En 1933, a los treinta y seis años, murió en Nueva York y su cadáver fue enviado a Meridian en un tren cuyo silbato no dejó de sonar en todo el viaje como último homenaje a uno de los más grandes cantantes de country, que logró un puesto de honor en el Olimpo del blues, con temas como «Brakeman's Blues», «In the Jailhouse Now» o «Mule Skinner Blues», entre otros muchos, encabezando una lista no excesivamente larga, pero sí selecta, de blancos que durante décadas tuvieron un protagonismo relevante, aunque habitualmente ignorado, en el country blues.

Porque aunque se trate de una música nacida esencialmente en las entrañas del alma negra y sea uno de los pilares fundamentales de la cultura afroamericana, el blues tuvo también desde el principio intérpretes blancos, aunque numéricamente fuesen más bien una excepción. Ya en 1915 Billy Smythe, Scott Middleton y Art Gillham compusieron «Hesitation Blues» partiendo de una canción popular, la misma de la que W. C. Handy partió para componer su «Hesitating Blues». Incluso el mismo año de 1912 en el que W. C. Handy publicó «The Memphis Blues», un músico blanco, Hart Wand, compuso «Dallas Blues», una canción escrita en el estándar de blues de 12 compases, aunque habitualmente interpretada en un estilo más próximo al ragtime. En noviembre de 1923, el guitarrista Sylvester Weaver, un acompañante habitual de la cantante Sara Martin, una de las estrellas del *classic blues*, grabó para Okeh Records, «Guitar Blues«» y «Guitar Rag», los primeros temas instrumentales de country blues y las primeras grabaciones conocidas de *slide guitar*. Una prueba de la relación entre los distintos géneros musicales y de la capital importancia del blues en los orígenes del folclore musical norteamericano, es que la segunda de ellas se convertiría en uno de los estándares básicos de la música country. Weaver había nacido el 25 de julio de 1897, en Louisville, Kentucky, la misma ciudad en la que moriría sesenta y dos años después.

El mismo año del 1927 en el que Rodgers inicia su camino a la fama, los Allen Brothers graban su primera canción, «Salty Dog Blues», con la que estos dos hermanos blancos, Austin y Lee, lograron un enorme éxito, vendiendo más de 18.000 copias y convirtiéndoles en uno de los dúos más famosos de la música popular, aunque muchos pensaban que eran negros, ya que la Compañía Columbia etiquetó uno de sus discos –«Chattanoga Blues», grabado en noviembre de ese mismo año en Atlanta por el cazatalentos Frank Walker– en la categoría de *race records*, reservada para músicos negros en lugar de la de hillbilly. Tras demandar a Columbia, acabaron por retirar la denuncia y firmaron un contrato con el sello Victor, donde emprendieron una carrera musical que los hizo famosos por sus blues comentando temas de actualidad y también por sus canciones picantes, de doble sentido y contenido sexual, los llamados *dirty blues*, como su célebre «Bow Wow Blues». Su carrera finalizó hacia 1934, arrollada, como tantas otras, por la Gran Depresión. Pero más allá de la mera anécdota de que pasasen por negros durante una temporada para muchos oyentes de sus discos, los Allen, dos chicos de clase media de Chattanooga que habían estudiado en un colegio privado, son ejemplo perfecto del movimiento que se produjo entre muchos de los primeros músicos de country, que abrazaron el blues tanto en su música como en el uso generalizado de este término en los títulos de sus canciones.

Destacan entre ellos músicos como Frank Hutchison, considerado el primer guitarrista rural blanco en grabar blues y un magnífico intérprete de blues de Piedmont especialista en *slide guitar*, o Moran Lee *Dock* Boggs, un intérprete de banjo con un repertorio en el que hace una mezcla de folk de los Apalaches y blues aprendidos en su infancia de un músico negro llamado Go Lightning. También forman parte de este grupo Jimmie Davis, que acabó siendo gobernador de Luisiana y que en su juventud fue un cantante en la línea de Jimmy Rodgers que se hizo popular por interpretar blues subidos de tono como «Red Nightgown Blues» o «You Are My Sunshine» y que en ocasiones tocaba a acompañado por el *bluesman* de Texas Oscar *Buddy* Woods, o al dúo de hillbilly y country blues, Tom Darby y Jimmie Tarlton, en el que el primero era un guitarrista de ascendencia cherokee, y el segundo un especialista en *steel guitar*, que durante años fue considerado un músico negro, hasta que fue redescubierto en los años sesenta. La lista podría seguir con Henry Whitter y su «Lonesome Road Blues», Uncle Dave Macon y su «Hill Billie Blues», Riley Puckett y su «Blue Ridge Mountain Blues», y un largo etcétera, que son una prueba palmaria de que existió un blues hecho por blancos, antes de que llegasen los Paul Butterfield, Michael Bloomfield o Johnny Winter en los años sesenta.

Memphis, parada y fonda

En la gran ruta hacia Chicago y las demás ciudades del Norte había una parada casi obligatoria: Memphis, la capital del algodón, la primera ciudad del Norte que todavía estaba en el Sur, el primer lugar donde los negros del campo pisaban de verdad suelo urbano y donde había un barrio, Beale Street, en el que podían campar a sus anchas con relativa libertad. En Memphis había tiendas para negros, cafés para negros, hoteles para negros y, sobre todo, clubs y garitos de todo tipo en los que los negros eran los amos y en los que recalaban y se mezclaban todos los estilos musicales que llegaban desde las distintas zonas geográficas del campo, de los pantanos de Luisiana a las montañas de los Apalaches, pasando por las llanuras del Delta o los campos de Alabama.

Desde los viejos tiempos de la emancipación, cuando la ciudad había sido ocupada por el ejército de la Unión y los antiguos esclavos habían comenzado a abandonar las haciendas rumbo a los barrios de Nueva York, Boston, San Luis o Chicago, Memphis había sido la primera parada en el camino a la libertad y muchos se habían quedado allí. Las calles de la ciudad más grande y más próspera de Tennessee, donde los barcos que remontaban el río Misisipi descargaban toneladas de materias primas con destino a las fábricas del Norte, se convirtieron también en punto de cita de las compañías de espectáculos ambulantes que recorrían los pueblos y ciudades de las zonas rurales. Los *minstrels*, *medicine shows* y teatros de vodevil acarreaban diariamente a un aluvión de aspirantes a artistas que comenzaban a foguearse en los clubs y los teatros estables de Beale Street. De todos ellos, el Monarch Saloon era el club más elegante, con mejor música y peor fama de Memphis. Lo había construido en 1909 Jim Kannane y lo dirigía un afroamericano llamado Jake Redwood que tenía a sueldo a un matón de enorme tamaño y armado con dos revólveres que era el encargado de mantener el orden y la paz en el local. Por allí pasó lo más granado de la música negra de principios del siglo XX, de W. C. Handy a Jerry-Roll Morton, y allí también se dejaron la piel muchos incautos jugadores de fortuna, no en vano el lugar era conocido como *The Castle of Missing Men* («El castillo de los hombres desaparecidos»), algo que coincidía sospechosamente con un negocio de pompas fúnebres que había en un callejón que daba a su parte de atrás. Junto al Monarch, locales como el Pee Wee's Saloon o la Battier's Drug Store, proporcionaban una amplia oferta de música, juego, prostitución y cualquier placer o vicio que el público reclamase las 24 horas del día, algo que era prácticamente extensivo a las calles y plazas próximas a Beale Street, que se convirtieron en el lugar idóneo para el desarrollo de todo tipo de espectáculos callejeros entre los que destacaba el de las *jug bands*, que se convirtieron en un sello musical identificativo de la ciudad en los años veinte y treinta del siglo XX.

En febrero de 1927, el avispado cazatalentos Ralph Peer grabó en el estudio que tenía montado en un edifico de la calle McCall el primer disco de la más mítica de todas las *jug bands*, precisamente la Memphis Jug Band, que estaba liderada por un músico autóctono de la ciudad, Will Shade, una especie de multiinstrumentista de la improvisación que tocaba la armónica, la guitarra y el *washtub bass*, una especie de contrabajo construido con un barreño. La banda estuvo activa durante más de veinticinco años y por sus filas pasaron decenas de músicos: pianistas como Johnny Hodges, Charlie Nickerson o Jab Jones, guitarristas como Will Weldon, Tewee Blackman o Charlie Burse –un escandaloso intérprete famoso por su números humorísticos y sus risotadas–, violinistas como

La Memphis Jug Band

Charlie Pierce o Milton Robie, mandolinistas como Vol Steven, tocadores de tabla de lavar como Robert Burse y Otto Gilmore, artistas del *kazoo* como Ben Ramey y cantantes como la propia esposa de Will Shade, Jennie Mae Clayton, Hattie Hart, Minnie Wallace o Memphis Minnie, la que se haría la más famosa de todos ellos al marcharse a Chicago con su marido, Charlie McCoy, y convertirse en una de las grandes figuras del blues de preguerra.

La Memphis Jug Band ha pasado a la posteridad como la más famosa pero en su día hubo otras que no le fueron a la zaga, como la Corley's Beale Street Jug Band liderada por Dewey Corley, un famoso intérprete de jarra, *kazoo* y *washtub bass*, con los guitarristas Willie Morris y Hacksaw Harney, el pianista Mose Vinson. También era muy conocida la Noah Lewis's Jug Band, dirigida por el armonicista Noah Lewis a quien acompañó durante años el guitarrista y cantante Ashley Thompson, que empezó a tocar con sólo trece años y que acabaría formando parte de la célebre banda de Gus Cannon, conocido como Banjo Joe, el líder de los Mississippi Sheiks, la legendaria banda Cannon's Jug Stompers, la única que verdaderamente logró hacer sombra a la Memphis Jug Band, en la que tocaría también el propio Noah Lewis. De hecho, era bastante habitual que los miembros de las *jug bands* pasasen de una a otra, ya que la mayoría de ellos eran amigos que se movían en unas pocas manzanas alrededor de Beale Street.

Fuera del ámbito de Memphis, otra *jug band* famosa fue la Birmingham Jug Band, de Alabama, una banda legendaria creada probablemente por un antiguo profesional de los *medicine shows*, Bogus 'Blind' Ben Covington, un falso ciego que tocaba la mandolina, y en la que actuarían el armonicista Jaybird Coleman, del que ya hemos hablado en su momento, y Big Joe Williams, un *bluesman* legendario que acabaría en Chicago colaborando con mitos como John Lee *Sonny Boy* Williamson I, que participaría en los primeras giras europeas del American Folk Blues Festival, autor del famoso tema «Baby, Please Don't Go» y que acabaría participando en la primera grabación discográfica de un joven neófito llamado Bob Dylan. No fue la única leyenda que pasó por una *jug band*, ya que esas bandas callejeras servirían de escuela en los inicios de muchos grandes *bluesmen*, como el guitarrista Lonnie Johnson, Big Walter Horton, que acabaría siendo uno de los grandes armonicistas del blues de Chicago en la banda de Muddy Waters, Sleepy John Estes, un magnífico guitarrista y compositor de temas que acabarían siendo versionados por grandes del género como Muddy Waters, o Yank Rachel, uno de los últimos maestros de la mandolina en el blues, que actuaría hasta mediados de la década de los noventa. Las bandas de jarra acabarían desapareciendo a mediados de los años treinta, arrasadas por la Gran Depresión y la propia modernización del blues.

La depresión que lo cambió todo

El 29 de octubre de 1929 pasaría a la posteridad con el nombre de Martes Negro. El desplome de la bolsa de Nueva York supone el pistoletazo de salida de la Gran Depresión que sumirá a los Estados Unidos primero y el resto de mundo después en una crisis económica de proporciones prácticamente desconocidas hasta entonces y que supondrá una debacle para la incipiente industria musical. En los primeros tres años de la crisis la producción industrial se reduce a menos de la mitad, el paro alcanza niveles dramáticos y en 1932 llega a los 12 millones de personas. El hambre se extiende por todo el país y las colas para recoger comida en las organizaciones de caridad se llenan tanto de blancos como de negros. El blues, igual que todo lo demás en los Estados Unidos, cambió radicalmente en los años treinta.

Las ventas de *race records*, la categoría que incluía a los discos de blues, se desplomaron estrepitosamente entre 1930 y 1934 cuando las compañías volvieron a grabar a gran escala. Durante ese periodo prácticamente desaparecieron las grabaciones de campo y la industria empezó a instalarse definitivamente en las grandes ciudades, especialmente en Chicago, donde los artistas tenían que emigrar si querían grabar discos y triunfar en el negocio de la música. Entre 1934 y 1945, tres marcas se hacen con el mercado discográfico de discos baratos y música popular: Decca, Vocalion y Bluebird. A finales de los treinta las ventas de discos se recuperan con fluctuaciones, subieron ligeramente en el 37 y bajaron moderadamente en el 38 y el 39. Una cuarta parte de las ventas correspondían a discos de góspel y la mayoría de los discos de blues que salían al mercado eran de artistas consagrados del momento como Blind Boy Fuller, Big Bill Broonzy, Sonny Boy Williamson I, Washboard Sam o Tampa Red.

Uno de esos músicos consolidados, Blind Lemon Jefferson, vive el mejor momento de su carrera a pesar de la nefasta situación que vive el país. Era uno de los fundadores del blues de Texas y uno de los músicos más populares de los años veinte, en realidad el primer *bluesman* que había cosechado un verdadero éxito comercial en unos tiempos en los que las que acaparaban las ventas de discos eran las damas del blues clásico. Canciones suyas como «Black Snake Moan», «Matchbox

Blues» y «See That My Grave Is Kept Clean», se convirtieron en estándares mil y una veces versionados que produjeron millones de dólares en derechos. De hecho, cuentan que Jefferson falleció con un cheque por sus derechos de autor en el bolsillo, la noche del 22 de diciembre de 1929, un par de meses después del estallido del Martes Negro y en medio de una ola de frío glacial que vació las calles de Chicago, cuando regresaba de un concierto, cargado de alcohol, se desorientó y fue hallado congelado al día siguiente. Hubo versiones para todos los gustos, desde que fue asesinado por su propio lazarillo para robarle, que le mató un marido celoso, que falleció de un infarto al ser atacado por un perro o que simplemente se perdió en la tormenta. Lo cierto es que no hay un certificado de defunción y su muerte casi pasó inadvertida entre todas las tragedias que provocaba la Depresión. La discográfica Paramount se encargó del retorno de su cadáver, acompañado por el pianista Will Ezell, a la ciudad de Wortham, en Texas, donde el músico que había escrito la canción «See That My Grave Is Kept Clean» («Cuida de que mi tumba se mantenga limpia»), fue enterrado en una tumba sin lápida hasta que en 1967 se colocó una gracias a una cuestación entre músicos de blues.

El blues del Nuevo Trato

En 1933 el presidente Franklin Delano Roosevelt pone en marcha el New Deal (el nuevo trato o contrato), conjunto de medidas económicas y sociales destinadas a reactivar la economía y tratar de encontrar una salida a la Depresión, aunque sus resultados fueron bastante más discretos de lo que la propaganda oficial afirmaba y la economía entró de nuevo en crisis en 1937. Entre otras medidas, como la puesta en marcha de grandes obras públicas o rígidos controles de precios de productos básicos, Roosevelt, creó la FERA (Federal Emergency Relief Administration), que subvencionaba programas de auxilio social que no siempre llegaban a los más necesitados, entre los que estaba la población afroamericana, tal y como quedó de manifiesto en el Chicago de 1932, Carl Martin, un músico del Piedmont blues con letras de una notoria sensibilidad, que clamaba contra el fracaso del New Deal, en su famoso tema «Let's Have A New Deal»: «Ya estoy cansado de estar sentado. / No consigo ni diez centavos y tengo los zapatos rotos. / Todo el mundo pregona hoy día "hagamos un nuevo trato". / Pues tengo que ganarme la vida aunque sea robando. / Vas al silo, presentas tu demanda. / Ocho de cada diez veces te contestan "imposible". / No quieren darte dinero, apenas te pagan el alquiler. / Y no les está costando ni un maldito centavo. / No he conseguido ni diez centavos desde que cerraron la fábrica. / Estoy sentado aquí mismo, esperando ese flamante Nuevo Trato». Martin y el resto de los representantes del Piedmont blues, como Josh White, el Reverendo Gary Davis, Blind Blake, Brownie McGhee o Blind Willie McTell, tenían unas letras con un contenido social más elevado que el de los demás subgéneros, dadas las específicas condiciones sociales y económicas de la zona en la que se movían, una zona de grandes fábricas de manufacturas de tabaco que crearon un proletariado afroamericano que no existía en las zonas rurales de otros estados del sur, que con la Gran Depresión aumentan su flujo migratorio hacia el Norte. A ello contribuyó decisivamente la puesta en marcha en 1933 de la Agricultural Adjustement Act, una reforma agraria que reduce de la producción de excedentes de algodón y tabaco, las columnas vertebrales de la producción agraria del sur.

En medio de esta desolada situación, en 1930, Son House uno de los pioneros del Delta, sale de prisión, donde había entrado por matar a un hombre, se supone que en defensa propia. El juez, después de revisar el caso, le soltó tras dos años en la cárcel. Curiosamente para una época en la que el negocio de la música cae en picado, realiza sus primeras grabaciones con Paramount Records, concretamente «Dry Spell Blues» y «Preachin' The Blues». Aunque las cosas están difíciles tiene la fortuna de encontrarse con Charley Patton, su compañero de la plantación Dockery, que es un consumado y conocido *bluesman* que se lo lleva con él a Wisconsin para grabar unos temas que fueron un desastre comercial. House regresó a tocar por los pueblos del Delta con su amigo Willie Brown hasta que este murió. A principios de los años cuarenta los Lomax lo localizaron y lo grabaron para la biblioteca del Congreso. Intentó salir adelante en Nueva York pero el blues rural ya estaba de moda, y desapareció hasta que fue localizado en 1964, cuando vivía prácticamente en la miseria por Alan Wilson, del grupo Canned Heat, que lo recuperó para el revival blues antes de jubilarse definitivamente en 1971. Murió en Detroit en 1988. En su lápida de Son House hay una frase que reza «Go away blues, go away, and leave poor me alone» (Vete, blues, vete y déjame pobre y solo).

Mientras Son House abandonaba la gran ciudad para regresar a los caminos del Sur después de salir de la cárcel, un músico ciego, Reverend Gary Davis, hace el camino inverso y en 1937 se casa con Annie Wright y se va a vivir a Mamorek, cerca de Nueva York para grabar con los sellos Folkways y Prestige. Dos años después se instala en Harlem, donde vivirá durante cerca de veinte años como una mezcla de predicador de la Iglesia Misionera Baptista y músico callejero, lo que le convirtió en uno de los personajes más populares del barrio. Igual que muchos *bluesmen* históricos, a finales de los años cincuenta y principios de los sesenta, aquel chaval que había nacido en 1896 en Laurens, Carolina del Sur y que se convirtió en un maestro del *fingerpicking* junto a leyendas como Blind Boy Fuller, Sonny Terry y Brownie McGhee, fue redescubierto por el revival del folk blues y participó en el Newport Folk Festival. Por esa época grabó también para el sello Vanguard y participó en un par de documentales. Murió el 5 de mayo de 1972. Tanto Son House como Gary Davis son ejemplos evidentes del cambio radical que la Gran Depresión introdujo en las vidas de los *bluesmen* y en la evolución de esta música, que dará un salto cualitativo importante al final de la crisis económica que coincidirá con el principio de la electrificación instrumental.

Chicago entra en ebullición

En 1934 Chicago pone fin a dos años de celebraciones, exposiciones y eventos de todo tipo organizados con motivo de Exposición Universal de Chicago que bajo el lema «Un Siglo de Progreso», conmemoraba el centenario de la fundación de la ciudad, en la que se exhibieron las grandes maravillas de la técnica y por la que pasaron casi cuarenta y ocho millones de personas. La ciudad, ya de por sí un foco de atracción para los campesinos del sur, se convierte a partir de ese año en una auténtica meca del peregrinaje de los afroamericanos que quieren mejorar su vida y huir de la segregación, de forma que a finales de la década la mayoría de los obreros industriales de la ciudad son negros, según los datos del sindicato United Packinghouse Workers of America. A mediados de los treinta, la ciudad incrementa espectacularmente su población y es una de las urbes más modernas del mundo. En 1937 se celebran los *playoffs* de la liga de fútbol americano en un partido en el Soldier Field en el que se da cita la mayor multitud reunida hasta entonces en un evento deportivo: 120.000 personas.

Ese mismo año, John Lee Curtis, de Madison, Tennessee, más conocido como Sonny Boy Williamson I, llega a la ciudad, fichado por el cazatalentos y productor de RCA Lester Melrose, para grabar con el sello subsidiario Bluebird varias canciones en las que su armónica brilla con contundencia, como «Prowling Night-Hawk», «Skinny Woman», «Sugar Mama Blues» pero sobre todo «Good Morning, Little Schoolgirl», un éxito que le convertirá en la figura más popular del momento en los barrios negros de todo el país. En los diez años siguientes graba más de 120 canciones que le convierten en uno de los máximos referentes de la escena de Chicago, con temas como «Stop Breaking Down» y «Hoodoo Man Blues». Para muchos es el pionero en el uso de la armónica como un instrumento de primer nivel, más allá del papel de mero acompañamiento al que había estado relegada hasta entonces, aunque ese es un papel que le disputan varios armonicistas, entre ellos su némesis, el otro Sonny Boy Williamson, el segundo, conocido como Rice Miller, el culpable de un embrollo histórico. El que pasaría a la historia como el gigante de la armónica Sonny Boy Williamson II, comenzaría siendo un mero imitador llamado Aleck Ford, de Glendora, Misisipi, que decidió hacerse pasar por John Lee para conseguir más actuaciones, aprovechando que Chicago quedaba muy lejos de su pueblo. Pero el verdadero Sonny Boy se enteró y se fue a buscarlo a los garitos de Arkansas y Misisipi con la intención de eliminar tan insolente competencia. Sensatamente, Rice Miller desapareció, hasta que John Lee murió dejándole el camino despejado. Eso sucedió la primera noche de junio de 1948, cuando regresaba a casa después de actuar en el Plantation Club y alguien, dicen que un marido celoso, le clavó un punzón para picar hielo en la cabeza. Murió a los treinta y cuatro años, en lo más alto de su carrera. Su estilo influyó decisivamente en armonicistas como Billy Boy Arnold, Junior Wells, Sonny Terry, Little Walter e incluso en un guitarrista que se convertirá en el rey de Chicago: Muddy Waters. Cinco años después de su muerte Rice Miller apareció en Chicago como miembro de la banda de Elmore James, convertido en su más ilustre sucesor con la personalidad de Sonny Boy Williamson II, que le llevaría a los más alto del Olimpo del blues.

Sonny Boy Williamson II

En ese Chicago rudo, convulso y peligroso, plagado de machos Alfa del blues, destacó con luz propia una muchacha llamada Lilian Green, que había llegado a la ciudad con su familia en los primeros años de la Gran Depresión, y que comenzó a grabar en 1939, logrando sus mayores éxitos a principios de los años cuarenta. A los dieciocho años ya era una habitual de los clubs nocturnos del South Side, sobre todo por su estilo de cantar insinuante y erótico. El cazatalentos Lester Melrose no podía dejar escapar una pieza así y se la llevó al estudio para grabar temas cargados de sugerencias, como «Romance in the Dark» («Romance en la oscuridad»), «Why don´t you do right?» («¿Por qué no haces lo correcto?»), «Give Your Mama One Smile» («Regálale una sonrisa a tu mamá») o «My Mellow Man» («Mi hombre suave»), que causaron verdadero entusiasmo entre el público. Su éxito estuvo respaldado por músicos como Joe McCoy o Big Bill Broonzy, pero tras la Segunda Guerra Mundial comenzaría un declive que la llevó a etapa final a la deriva de garito en garito, hasta que murió en 1954.

Puesta de largo en el Carnegie Hall

El 23 de diciembre de 1938, poco más de cuatro meses después de la muerte de Robert Johnson, el productor John Hammond organiza en el Carnegie Hall de Nueva York el espectáculo From Spirituals to Swing, un recorrido por la música afroamericana en el que intervienen figuras representativas de sus géneros más importantes, del jazz a la música de orquesta, como Count Basie, Benny Goodman, Big Joe Turner, Pete Johnson, Helen Humes, Meade Lux Lewis, Albert Ammons, Mitchell's Christian Singers, The Golden Gate Quartet, James P. Johnson, Sonny Terry y Big Bill Broonzy, quien sustituyó a Robert Johnson cuando Hammond descubrió que había muerto poco antes, dando pie al inicio de una de las más importantes leyendas del blues. El concierto, que estaba dirigido a un excepcional público mixto de negros y blancos, fue financiado por *The New Masses*, el periódico del Partido Comunista Estadounidense. El concierto, que tuvo una repetición en la Navidad de 1939, tuvo una importancia que trascendió lo meramente musical para convertirse en acto social de importancia histórica, al colocar la música negra en pie de igualdad con las más elevadas expresiones de la cultura blanca. Hasta ese momento el jazz era la más «respetable» de las músicas negras, tenía un marchamo de calidad concedido por un público blanco de alto nivel intelectual e incluso económico, pero el concierto del Carnegie Hall puso el foco en el protagonismo musical, político y cultural de los afroamericanos.

Obviamente, el acto fue también de importancia trascendental para los artistas que lo protagonizaron, pero si hubo uno de ellos para el que supuso un antes y un después en su carrera, e incluso en su vida, ese fue Big Bill Broonzy. Hijo de esclavos, predicador, soldado, obrero industrial, músico ambulante, mozo de almacén e imaginativo fabulador, William Lee Conly Bradley, el nombre que le pusieron al nacer, encarnaba casi todas las facetas que el hombre negro había asumido en la sociedad norteamericana y su sustitución de Robert Johnson como representante de las esencias del blues, le dio además la oportunidad de asumir la personalización del concepto de «pueblo del blues» que años más tarde elaboraría el intelectual radical afroamericano Amiri Baraka y de la que Broonzy sería el primer embajador internacional. Como si estuviese marcado desde el principios por todos los tópicos

Big Bill Broonzy

del arquetipo negroamericano, nació en algún momento indefinido de 1893, 1898 o 1903 y en algún lugar del condado de Bolivar, Misisipi, o de Jefferson, Arkansas. Era hijo de Frank Bradley y Mittie Blecher, que habían nacido esclavos y habían tenido 17 hijos. Bill comenzó tocando el violín con su tío Jerry en celebraciones religiosas y fiestas campestres. Pero a los diecisiete años dejó su incipiente carrera musical, se hizo predicador y se casó, pero fue su mujer la que lo llevó de regreso a la música ya que se gastó los 50 dólares que le habían ofrecido a Bill por tocar en un salón de baile, y no le quedó otro remedio que volver a tocar. Durante la Primera Guerra Mundial se alistó en el ejército y al licenciarse se marchó a Chicago, donde en 1924 conoció al veterano del *minstrel* Papa Charlie Jackson, que le consiguió unas pruebas en la discográfica Paramount. Pero no grabó su primer disco de verdad hasta 1927, titulado *Big Bill Blues* y acreditado como Big Bill & Thomps'. Los intentos se repetían, el éxito no llegaba y el seguía trabajando de día en lo que caía y tocando por las noches en busca de un nueva oportunidad, que llega en 1934 con el sello Bluebird. En 1936 es el primer *bluesman* en actuar con una banda estable de guitarra, contrabajo y batería. Se convierte en una figura habitual en los clubs del South Side y en los primeros años cuarenta su música sirvió de puente entre el blues de raíces rurales y el sonido electrificado que invadiría Chicago tras la Segunda Guerra Mundial. Desapareció temporalmente de la música a finales de los años cuarenta y a principios de la siguiente década fue localizado por el musicólogo Studs Terkel y recuperado para el espectáculo. En 1951 es en uno de los primeros *bluesmen* en visitar Europa, donde realizará giras habitualmente a lo largo de los siguientes años, ejerciendo de embajador de la música negra no sólo en el viejo continente, sino también en Asia, África y Sudamérica. Murió en Chicago el 15 de agosto de 1958.

Voces celestiales para la música del diablo

Mientras en Chicago el blues va evolucionando hacia un nuevo estilo más urbano y un sonido que se impondrá en la siguiente década, en Nueva York, en 1938, se produce una anécdota que revela que una nueva estrella está a punto de eclosionar y llevar a un viejo género hermano del blues, el góspel, a una nueva e inusitada dimensión: Rosetta Tharpe, una modosa muchacha educada musicalmente en el coro de la iglesia, deja pasmados a los clientes y propietarios del Cotton Club, el antro de mayor glamour y más lujuria de Harlem, al cantar el «Rock My» de la gran estrella del góspel Thomas Dorsey, con la orquesta de Cab Calloway, tal y como narra Mark A. Humphrey en el capítulo dedicado al holy blues en el libro *Solamente blues. La música y sus músicos*. La imagen del momento, captada por el fotógrafo James J. Kriegsmann, definen claramente cuál será el camino musical de aquella sonriente muchacha cuya vida fue un puro asombro: la historia de una cantante con una gran voz y un don especial para seducir al público, que mezcló el góspel religioso con el blues pecaminoso para sentar las bases del rock & roll.

Sus orígenes, como los de muchos *bluesmen* y *blueswomen* pioneros, están envueltos en el misterio. Habitualmente se da por sentado que nació en 1915, en Cotton Plant, Arkansas, donde sus padres, dos recolectores de algodón llamados Katie Bell Nubin y Willis Atkins, la bautizaron Rosetta Nubin. No obstante, algunos investigadores apuntan a que era hija de un cantante desconocido y de una predicadora que cantaba y tocaba la mandolina, llamada Katie Harper. En cualquier caso se da por hecho que su madre era predicadora y que Rosetta la acompañaba de iglesia en iglesia, donde la pequeña comenzó a asombrar con su canto a todos los feligreses. Dado el ambiente, es normal que su primer apodo artístico, a la temprana edad de cinco o seis años, fuese «La pequeña Rosetta Nubin, el milagro de la guitarra y el canto». A principios de los años veinte se mudan a Chicago y uno de los puntos de predicación de su madre fueron las aceras del Maxwell Street

El Cotton Club de Harlem, en la ciudad de Nueva York

Market, el punto de cita también de todos los *bluesmen* que vivían, o más bien, sobrevivían, en la ciudad. En 1934 Rosetta se casa con Thomas J. Tharpe, también predicador de la Iglesia de Dios en Cristo, de quien adaptó su apellido para convertirlo en nombre artístico y con quien recorre las iglesias del país cantando los más sentidos himnos religiosos.

Pero si en público lo suyo era el canto piadoso, en privado se inclinaba a la música del diablo. De hecho, había aprendido a tocar la guitarra con el toque sincopado del *bluesman* Lonnie Johnson, uno de los que afirmaba haber hecho tratos con el maligno. Ese estilo de tocar, unido a su portentosa voz y el ritmo que imprimía a sus interpretaciones, fueron la clave de su éxito, dentro y fuera de la música religiosa. Una de sus inspiraciones laicas fundamentales era Memphis Minnie, la única *blueswoman* que desafiaba con la guitarra en una competición de tú a tú a los encallecidos *bluesmen* de Memphis y Chicago. En 1938, además de asombrar a la clientela del Cotton Club, actúa en el famoso concierto From Spirituals de John Hammond a Swing, organizado en el Carnegie Hall por el productor John Hammond con una selección de los mejor del blues, el swing, el jazz y el góspel del momento. A partir de entonces sus incursiones fuera del circuito religioso son cada vez más habituales, aunque jamás dejó de tocar en la iglesia por mucho que a menudo su estilo desenfadado molestase a los fieles más intransigentes. Actuó en clubs nocturnos del Greenwich Village neoyorquino y en locales elegantes como el Teatro Apolo y logró un enorme éxito con canciones que combinaban los sentimientos religiosos con los afanes mundanos, como «This Train», «Tall Skinny Papa», o la espectacular «Strange Things Happening Every Day», la primera canción góspel en encaramarse a lo más alto del Harlem Hit Parade, la lista del Billboard dedicada a la música negra.

En 1946, se convirtió en pareja artística de Marie Knight, a la que vio actuar un concierto de su rival, Mahalia Jackson. Knight, nacida como Marie Roach, pro-

Rosetta Tharpe

bablemente en 1920, llevaba más de dos décadas en el circuito de la música góspel y logró su etapa de esplendor grabando con Rosetta numerosos temas para el sello Decca, entre los que sobresalen «Beams of Heaven» o «Up Above My Head», que alcanzó el sexto puesto en las listas de rhythm & blues del Billboard. En 1951 Knight, tras un desgraciado incendio en el que perdió a sus hijos y a su madre, abandonó el dúo para dedicarse a la música laica, concretamente al rhythm & blues, que estaba empezando a imponerse como la música de una nueva generación de afroamericanos urbanos, en detrimento del blues rural, que recordaba demasiado el pasado esclavista del sur. En 1964, en plena oleada del *blues revival*, se embarcó en el Blues and Gospel Caravan, una gira por Europa dirigida por Joe Boyd, en la que también participaban Muddy Waters, Otis Spann, el reverendo Gary Davis, Ransom Knowling y Little Willie Smith, Joe Cousin, Sonny Terry y Brownie McGhee. En 1970 tuvo un derrame cerebral que prácticamente la apartó de los escenarios.

Desde hacía tiempo a Rosetta le había salido una fuerte competidora, Mahalia Jackson, una estrella del góspel, que, al contrario que su contrincante, se mantendría estrictamente en el carril de la música religiosa. El día de gloria y consagración para Mahalia fue el 28 de agosto de 1963, en las escalinatas del Monumento a

Lincoln durante la Marcha en Washington por el trabajo y la libertad, justo antes de que Martin Luther King se dirigiese a la multitud para pronunciar su famoso discurso «I have a dream» («Yo tengo un sueño»), cuando ella llevó la emoción a las más de 250.000 personas expectantes, cantando «I've Been Buked and I've Been Scorned» («He sido humillado y despreciado»). Fue esa canción la que abrió la puerta a los corazones de los asistentes en los que el discurso del líder antisegregacionista entró con la fuerza de un huracán. La otra cara de la moneda sería «Take My Hand, Precious Lord», la canción que cantó cinco años después en el funeral de Luther King, asesinado en Memphis.

Mahalia, había nacido como Mahala Jackson en Nueva Orleans, el 26 de octubre de 1911, y desde muy pequeña la apodaron apodada «Halie». Su padre era estibador del puerto y su madre, criada y lavandera, murió cuando la niña tenía cinco años, quedando al cuidado de su tía Duke, una mujer autoritaria que se preocupó más de hacerla trabajar que de enviarla a la escuela. Creció en una pequeña vivienda con otros 13 miembros de su familia, entre los que estaban su tía Jeanette y su tío Josie, unos artistas de vodevil con los que pasaba el rato escuchando anécdotas y canciones de Ma Rainey y Bessie Smith y otras divas del blues clásico, y que le metieron en el cuerpo el gusanillo del canto que «Halie» practicaba los domingos en la iglesia. En 1927, con dieciséis años, se unió a la riada humana que durante esa década abandonó el sur para buscar una vida mejor en las ciudades del norte del país y se trasladó a Chicago, donde trabajó como sirvienta y se unió al coro de la Greater Salem Baptist Church. Allí conoció a los tres hijos del pastor, que tenían uno de los primeros grupos profesionales de góspel de Chicago, The Johnson Brothers, con los que «Halie» cantó hasta su disolución, a mitad de los años treinta. Por esos días rechazó la primera invitación formal para cantar blues, la que le hizo Earl Hines, por entonces una de las grandes estrellas de la música de Chicago al frente de la orquesta del Grand Terrace Café. Mahalia se había prometido a sí misma que nunca interpretaría música profana, algo que mantuvo toda su vida y que le costó su matrimonio con Isaac Lanes Gray Hockenhull, un adicto a las apuestas en los caballos que veía en la voz de su mujer una mina para ganar dinero y la presionaba permanentemente para que se convirtiese en cantante de blues. A mediados de los treinta se asoció con Thomas A. Dorsey, considerado el padre de la música góspel y pasó casi diez actuando con él. En 1931 grabó su primer tema, «You Better Run, Run, Run», del que no ha quedado ninguna copia conocida y seis años después firmó un contrato con Decca Records, donde grabó varios temas, de los que el más conocido fue «God Separate the Wheat From the Tares», pero que pasó sin mayor pena ni gloria. Su carrera discográfica se interrumpió hasta que en 1947 fichó con Apollo Records, donde, junto a la pianista Mildred Falls, grabaría «Move on up a Little Higher». Este, su primer *single*, vendió ocho millones de copias y le proporcionó el primero de los tres Grammys que obtuvo en su carrera. Llegaría a grabar más de treinta álbumes, la mayoría con Columbia

Records, y una docena de discos de oro que la harían merecedora del título de la reina del góspel. Los actos de su funeral, en enero de 1972, congregaron a cientos de miles de personas, entre las que se encontraban las figuras más destacadas de la comunidad afroamericana.

Con ella y con Rosetta Tharpe, que fallecería un años después, desaparecían las dos figuras más relevantes del góspel, una música que había contribuido a engendrar el soul y el rock y que fue la hermana buena y formal del descarriado blues, con el que convergió en un género, el holly blues, que proporcionó artistas de enorme talento, como los pioneros del género, Reverend Gates, Edward Clayborn, *Arizona* Juanita Dranes, Washington Phillips o Bertha Lee, la esposa de Charlie Patton, quien por cierto cantaba góspel o blues con la misma intensidad, algo que también hacían Blind Willie Johnson, Skip James, Blind Joe Taggart, Gary Davis o el propio Son House. Pero sin ninguna duda el nombre que consolidó el góspel como género musical más allá de las cuatro paredes de la iglesia fue Thomas Andrew Dorsey, un organista de iglesia que acompañó a Ma Rainey en su giras de vodevil –fundamentalmente porque se casó con su encargada de vestuario– y que vivió la vida pecaminosa del pianista de blues y barrelhouse bajo la personalidad de Georgia Tom, hasta que en 1930 abandonó la música del diablo y creó la compañía Thomas A. Dorsey Gospel Song Music Publishing Company, para unir el negocio con la devoción y dedicarse a grabar y vender discos, partituras y libros de góspel. También fue el creador y presidente de la Convención Nacional de Coros y Conjuntos de Góspel, y como compositor logró que el público no religioso se interesase por el género con canciones como «Peace in the Valley», que cantaron desde Mahalia Jackson hasta Elvis Presley, o «Precious Lord, Take My Hand», el góspel más famoso de todos los tiempos.

El nuevo sonido de la gran ciudad

A finales de los años treinta y principios de los cuarenta, con el advenimiento de la guerra y los cambios sociales que supuso el final de la Depresión, también se produjeron transformaciones en el panorama del blues que supusieron el final de la carrera de muchos músicos que, o bien no fueron capaces de adaptarse a los nuevos tiempos, o sucumbieron al agotamiento de décadas de altibajos y miserias artísticas, como fue el caso de DeFord Bailey, un armonicista con una técnica revolucionaria que influiría posteriormente en muchos virtuosos de ese instrumento, pero que en 1941 abandonaría completamente el mundo de la música para sobrevivir como limpiabotas. Había nacido en 1899 en Smith County, Tennessee y llegó a actuar en el Grand Ole Opry, el mayor espectáculo radiofónico de la música country –en el que fue el primer negro–, pero el racismo y la falta de reconocimiento pudieron más que su vocación musical y, aunque fue rescatado fugazmente para tocar en un revival del Opry a principios de los setenta, desapareció para siempre y murió en el anonimato en 1982. Otra víctima de los nuevos tiempos fue Yank Rachel, uno de los más grandes intérpretes de mandolina de la historia del blues, que había comenzado tocando en una *jug band* junto a Sleepy John Estes y Hammie Nixon, con quienes recorrió Tennessee y la zona del Delta. Después se instaló en Memphis, donde hizo unas exitosas grabaciones con Estes y un pianista llamado Jab Jones, con quienes había formado la Three J's Jug Band. Con la llegada de la Depresión, Yank Rachel se instaló en Brownsville, Texas, donde había dado sus primeros pasos como músico. Aguantó los días difíciles tocando en fiestas y celebraciones locales, en ocasiones con su viejo amigo John Lee *Sonny Boy* Williamson I, quien se lo llevó en numerosas ocasiones a Chicago para participar en sus sesiones de grabación. En 1940 y 1941 ambos grabaron una serie de éxitos que los colocaron en lo más alto del blues del momento. Pero cuando llegó la Segunda Guerra Mundial, las cosas empezaron a flojear y Rachel se fue a San Luis, donde no le fue mucho mejor. Al enterarse de que su viejo amigo Sonny Boy había sido asesinado, abandonó la música, a la que sólo regresaría puntualmente dos décadas más tarde, en los años del *blues revival*.

El blues de la Bahía de la Perla

La mañana del domingo 7 de diciembre de 1941 los Estados Unidos tuvieron un amargo despertar al conocer la noticia del brutal ataque por sorpresa de la aviación japonesa contra la flota norteamericana estacionada en Pearl Harbor, en el archipiélago de Honolulu. Murieron 2.402 miembros del ejército y la armada y cerca de setenta civiles, los cuatro mayores acorazados de la flota norteamericana fueron hundidos y otros tres quedaron irremisiblemente dañados, además de decenas de buques y centenares de aviones destrozados. Pero la peor herida la sufrió el orgullo del país, golpeado cuando menos se lo esperaba. El bombardeo de Pearl Harbor acabó con dos años de compleja neutralidad y lanzó al país a una vorágine bélica, la de la Segunda Guerra Mundial, que pocos deseaban, empezando por el propio presidente del país, pero la rabia por la traición del ataque anuló todo asomo de duda, tal y como resumió a la perfección Doctor Clayton, en su «Pearl Harbor blues»: «El siete de diciembre de mil novecientos cuarenta y uno / los japoneses sobrevolaron Pearl Harbor, soltando toneladas de bombas. / Algunos dicen que los japoneses son luchadores duros / pero cualquier tonto debería saber que / ni siquiera una serpiente de cascabel te matará en la espalda, / te advertirá antes de lanzar su ataque. / Encendí la radio y escuché a Mr. Roosevelt. / Deseábamos quedarnos fuera de Europa y Asia / pero ahora tenemos cuentas que ajustar».

Aquel día comenzó la Guerra del Pacífico, uno de los episodios bélicos más brutales que ha vivido la humanidad. Durante cuatro años y ocho meses, hasta la firma de la rendición del Japón en agosto de 1945, cerca de medio millón de norteamericanos perdieron la vida y el país sufrió una catarsis que lo transformaría en todos los terrenos. Casi un millón de soldados negros prestaron servicio en el ejército a lo largo de la guerra. Al igual que había sucedido durante la anterior conflagración mundial, para muchos de ellos fue su primer contacto con el mundo de los blancos casi en condiciones de igualdad, tal y como exponen Eli Ginzberg y Alfred S. Eichner en su obra *El Negro y la democracia norteamericana*: «Lo más importante es que una sociedad militarmente organizada, si bien básicamente segregada, los puso en contacto con los blancos. Como la mayoría de los negros habían nacido y se habían criado en el sur, jamás habían habitado en comunidades donde no prevaleciera la segregación legal. [...] Además, las fuerzas armadas constituyeron un crisol donde se realizó el contacto y la amalgama de negros procedentes de diferentes partes del país, cuyas experiencias eran distintas».

Uno de aquellos afroamericanos era un muchacho llamado Elmore Brooks, que había nacido en 1918 en un pequeño pueblo de Misisipi llamado Richland y que en el verano de 1944 se vio envuelto en la pesadilla del desembarco de la isla de Guam, donde se dejaron la piel 3.000 soldados norteamericanos y más de 7.000 resultaron heridos de gravedad. Elmore era timonel de la armada y tuvo la suerte de sobrevivir a aquel episodio y a otros cuantos más que vivió durante la guerra en el

Pacífico. Pudo volver a casa para reanudar su carrera musical, que había quedado en suspenso por culpa de la guerra justo cuando los Lomax le andaban buscando para grabarle como antiguo pupilo del mismísimo Robert Johnson, que le conocía con el nombre que habitualmente usaba en lugar del de la partida de nacimiento: Elmore Leonard, también conocido entre sus compañeros como «el rey de la guitarra *slide*». Y sus compañeros, algunos un poco mayores que él, no eran unos aficionados cualquiera, se llamaban Rice Miller, o sea, Sonny Boy Williamson II, Robert Lockwood Junior y Howlin' Wolf. Pero a la vuelta de la guerra las cosas habían empezado a cambiar mucho en los ambientes del blues. La mayoría de sus conocidos andaban por Chicago, donde el blues se estaba revolucionando con un sonido urbano y amplificado, alejado del *slide* acústico que él manejaba. Además, tampoco sobraba el trabajo, ya que los soldados blancos reclamaban los primeros puestos en las colas de empleo, como siempre había sucedido, así que tras ser desmovilizado se fue a la ciudad de Cantón para trabajar con su hermano Robert, que tenía un taller eléctrico. Allí se puso a experimentar y siguiendo la corriente de moda, nunca mejor dicho, electrificó el sonido de su guitarra de una forma artesanal pero con muy buenos resultados. Decidido a probar fortuna de nuevo con la música se fue a la cercana localidad de Jackson en 1951 para acompañar a Sonny Boy Williamson en algunas grabaciones y en 1952 graba su primer disco, «Dust my Broown», con el sello Trumpet Records, que se convierte en un éxito que le pone en contacto con Ike Turner que trabajaba como cazatalentos para los hermanos Bihari, los dueños de Modern Records con quienes obtiene otro éxito con «I Believe». Durante toda la década de los cincuenta siguió grabando temas como «The Sky Is Crying» o «Stranger Blues», que estaban en la onda de lo que hacían los grandes de Chicago como Muddy Waters o Howlin' Wolf, pero a los que les daba un tono especial con el sonido de su guitarra acústica amplificada que, a decir de los expertos de la época, sonaba como una versión mejorada de las guitarras eléctricas modernas. Murió en Chicago de un ataque al corazón justo cuando preparaba su primera gira por Europa con el American Folk Blues Festival.

Otro que se vio envuelto en la vorágine de la guerra fue Doctor Ross, que precisamente debe su nombre artístico a su paso por el ejército. Charles Isaiah Ross se crió en una familia de diez hermanos en una granja de Tunica, Misisipi, donde había nacido en 1925. A los seis años tocaba la armónica y la guitarra con solvencia y a los once tocaba en las calles de la ciudad y en las fiestas de la zona con otro joven músico, George P. Jackson. A los quince formaba parte de la Barber Parker Silver Kings Band y pronto se convirtió en el hombre orquesta más célebre del Delta interpretando ritmos bailables cantando y tocando al mismo tiempo la batería, la guitarra y la armónica. En medio de esta meteórica carrera musical, en 1943 es reclutado y enviado a la Guerra del Pacífico, donde actuó en numerosas ocasiones para entretener a la tropa. Su apodo le fue asignado por su costumbre de llevar sus armónicas en una bolsa de sanitario. Licenciado en 1947, regresa a su casa y comienza a moverse entre Clarksdale y Memphis actuando en emisoras de radio hasta que se instala en Helena y monta su propia banda, Jump and Jive Band, con la que toca en los locales de la zona del Delta; en esa misma época acompaña a Rice Miller en el famoso programa «King Biscuit Time». En 1950 vuelve al ejército y un año después se traslada a Memphis para trabajar en la emisora *WDIA*, donde por aquellos días triunfaba un joven llamado B. B. King.

En 1952 graba para el sello Chess dos temas, «Country Clown» y «Doctor Ross Boogie», y 1953 y 1954 para Sun Records canciones como «Come Back Baby», «Chicago Breakdown» y «The Boogie Disease», algunos con un ritmo tan trepidante que muchos han querido ver como un precedente del rockabillly. En 1958 montó su propia discográfica, DIR (las iniciales de su nombre artístico), en Flint, Michigan, a donde se había trasladado cuatro años antes para trabajar en la General Motors, empresa en la que fue conserje hasta que se jubiló. En 1965 grabó su primer álbum, *Call the Doctor*, y viajó a Europa con el American Blues Festival, aprovechando su estancia en Londres para grabar un nuevo LP, *Flying Eagle*, grabado en la habitación de su hotel y que fue el primer lanzamiento del sello de Mike Vernon, Blue Horizon. En 1981 recibió un premio Grammy, volvió a la radio para seguir emitiendo sus blues sanadores, que no pudieron evitar que muriera en la primavera de 1993 a los sesenta y siete años de edad.

Champion Jack Dupree

Pero sin duda alguna, el que peor lo pasó fue William Thomas Dupree, más conocido como Champion Jack Dupree, su nombre artístico en la música y en el boxeo, actividad a la que se dedicó durante su juventud, llegando a disputar 107 peleas y ganando dos veces los Golden Gloves, los guantes de oro con los que se premia a los campeones amateur. En la guerra Dupree estuvo en la armada como cocinero –su otra profesión durante toda la vida–, pero tuvo la mala fortuna de caer en manos de los japoneses y pasó dos años en un campo de prisioneros. Había nacido en Nueva Orleans en 1908 o 1909 y pasó la infancia en el mismo orfanato en el que décadas antes había estado Louis Armstrong. Allí aprendió a tocar el piano y se convirtió en unos de sus mejores intérpretes, trabajando en Chicago a finales de los años treinta con artistas como Big Bill Broonzy o Tampa Red. Tras ser licenciado del ejército volvió a su trabajo como pianista. A mediados de los cincuenta se convirtió en un músico notorio y comenzó a grabar discos, entre los que destaca «Walkin' the Blues», grabado en 1955 a dúo con Teddy McRae. El disco se convirtió en un éxito y le permitió comenzar a realizar giras por Europa donde se instaló definitivamente en los años sesenta. Murió en 1992 en Alemania, cuando disfrutaba de una última etapa de su vida como pintor de cuadros.

California, la tierra prometida

Con la llegada de la guerra California se convirtió en la nueva meta de miles de trabajadores negros, procedentes de las zonas rurales del Sur, pero sobre todo de Texas, que encontraron trabajo en los astilleros de la costa del Pacífico, hambrientos de mano de obra que reconstruyese urgentemente la flota que había sido destrozada por los japoneses en el ataque a Pearl Harbor. Entre ellos había un buen número de músicos que llegaron con un estilo musical de country blues, muchos menos cargado de dramatismo que el blues del Delta, que poco a poco se fue transformando gracias a las influencias del jazz y el jump blues, para acabar convertido en el estilo conocido como West Coast blues, caracterizado por unas guitarras brillantes con solos floreados y una notoria presencia del piano; un blues urbano diferenciado del de Chicago, en el que sobresaldrán nombres como

T-Bone Walker

Charles Brown, Lowell Fulson, Lafayette Thomas, Little Willie Littlefield, Floyd Dixon, Johnny Otis, T-Bone Walker o James Reed.

Uno de los más representativos de esta influencia tejana es Aaron Thibeaux Walker, más conocido como T-Bone Walker, nacido en 1910 en Linden, Texas, aunque, tras la separación de sus padres, se fue a vivir a Dallas con su madre y su abuelo materno. Su madre se volvió a casar y él pasó a formar parte de la Dallas String Band, la banda de su padrastro Marco Washington, quien le enseñó a tocar el piano, el banjo, la mandolina y el violín. Fue lazarillo de Blind Lemon Jefferson y trabajó en un *medicine show*. A los diecinueve años ganó un concurso de músicos aficionados en Dallas y trabajó en la banda de Cab Calloway tocando el banjo. A esa edad también grabó sus dos primeras canciones para Columbia, con el nombre de Oak Cliff T-Bone. Con la Depresión pasó una época desaparecido, hasta que en 1936 alguien le encargó conducir un coche de Texas a California, y aterrizó en Los Ángeles justo a tiempo para instalarse y participar en los cambios que trajo la Segunda Guerra Mundial. Comenzó trabajando en la banda del saxofonista Big Jim Wynn Walker, donde se hizo popular con su espectacular forma de tocar la guitarra eléctrica, un llamativo instrumento por aquellos días, colocándosela por detrás de la cabeza y contorsionando. Esa popularidad le lleva a la orquesta de Les Hite, y se convierte en una estrella. En 1947 grabó «Stormy Monday Blues», el tema por el que pasaría a la historia del blues, mil veces versionado.

Con su moderna y vibrante Gibson Es 250, T-Bone transforma el blues en California creando un nuevo estilo, aunque en los sesenta su popularidad descendió y acabó transitando al nuevo sonido funky. En 1970 remontó, logrando un Grammy con su disco *Good Felling*, pero su adicción al alcohol le pasó factura y acabó muriendo en 1975 en la más absoluta miseria.

Otro que llegó a California durante los primeros años cuarenta fue Big Joe Turner, que a esas alturas ya había triunfado en Nueva York con su inseparable amigo Pete Johnson, con quien había dado sus primeros pasos artísticos en Kansas City, Misuri, donde los había descubierto en 1936 el famoso cazatalentos John Hammond y los había llevado a Nueva York. Allí grabaron su primer éxito, «Roll' em Pete». Convertido en un músico famoso, Turner se subiría sin problemas a la moda del rhythm & blues cuando en 1949 se marcha a Nueva Orleans para montar una nueva banda en la que participa Fats Domino. En 1954 se convierte en pionero del rock & roll con el tema «Shake Rattle and Roll», que será versionado por Elvis y Bill Haley y que le convierte en una estrella del público juvenil. A pesar de participar en una gira europea del American Folk Blues Festival, su carrera empezó a declinar en los sesenta y acabaría muriendo de regreso en California a los setenta y cuatro años. Cuatro meses después le seguiría su inseparable amigo Pete Johnson.

Big Joe Turner

Como hemos comentado, la mayoría de los afroamericanos que recalaron en California en los tiempos inmediatamente anteriores y posteriores a la entrada de los Estados Unidos en la Segunda Guerra Mundial eran de Texas, pero también había una importante representación del profundo sur, como Luisiana, de donde llegó Percy Mayfield en 1942, con sólo veintidós años. A pesar de su físico seductor y su voz aterciopelada, Mayfield no logró grabar hasta 1948, cuando editó «Two Years of Torture», con el sello Hollywood, una discográfica independiente. La canción se convertiría en un estándar del *jump blues* que cantarían artistas de la talla de Ray Charles. Dos años después su canción «Please Send Me Someone to Love» se colocó en el primer puesto de las listas de rhythm & blues, algo que repetirá en siete ocasiones entre 1950 y 1952. Sus canciones, escritas con una mezcla de sentimentalismo e ironía, cautivaban a un público mayoritariamente femenino, tanto negro como blanco y gracias a su imagen de galán de cine se convirtió en el ídolo de las adolescentes afroamericanas, pero en pleno éxito, en 1952 sufre un grave accidente de automóvil que le deja desfigurado, además de perder parte del atractivo de su voz. Su sello, Specialty Records, dejó de apoyar su carrera pero se reconvirtió en uno de los mejores compositores del blues y el rhythm & blues de la Costa Oeste. Escribió «Hit the Road Jack», que fue uno de los mayores éxitos de Ray Charles, además de títulos inolvidables como «The Lonely One», cantado entre otros por Duane Eddy, o «Cry Baby». Murió en Los Ángeles a los sesenta y cuatro años.

Tiempos de transición

En los años de la Segunda Guerra Mundial, el blues se encuentra en una etapa de transición que propicia la coexistencia de Elmore Leonard y sus experimentos para electrificar la guitarra con personajes tan anticuados y atados a la tradición del blues primitivo como Flora Molton. Hacia 1943 se la podía ver regularmente en las calles de Washington D. C., concretamente en las esquinas de 7th Street NW y F Street NW, enfrente de la National Portrait Gallery, o de 11th Street NW y F Street NW, en las proximidades del Warner Theatre, tocando la guitarra y cantando, acompañándose de una pandereta en el pie, un repertorio de góspel blues que había aprendido en la iglesia de su pueblo natal del condado de Louisa, en Virginia, donde había nacido en 1908 con severos problemas de visión. Su padre era predicador y su madre organista en la iglesia, y Molton intentó seguir sus pasos y labrarse un futuro dentro de la religión, sin demasiado éxito, por lo que en 1937 se marchó a Washington D. C., y comenzó a buscarse la vida en sus calles cantando y tocando la guitarra y la pandereta. En su infancia había escuchado a *bluesmen* callejeros como Blind Lemon Jefferson que influyeron en la parte más laica de su música y de quienes aprendió el manejo del *slide*, una técnica que dominaba a la perfección. Su primera actuación fuera de la calle se celebró en una cafetería, cuando Flora tenía ya cincuenta y cinco años. A finales de los ochenta, la Comisión de Artes y Humanidades de Washington D. C. le otorgó cuatro premios y le financió la grabación de un disco, *Want to Be Ready to Hear God When He Calls*. Finalmente, pudo realizar una gira por Europa en 1987. Murió en 1990 dejando como principal herencia musical una canción contra la guerra, concretamente contra la Guerra de Vietnam: «Sun Gonna Shine in Vietnam One Day», escrita a finales de los setenta con una letra que revela el sentimiento religioso y el talento intelectual de esta anacrónica artista callejera: «El sol brillará en Vietnam algún día, / la lucha habrá terminado y se perderá, / el poderoso político dice que está ofreciendo paz. / Sabes que al diablo le gusta esa condición y el señor no está contento [...]. / El hombre rico obtiene ganancias de la sangre derramada por los pobres, / si el hombre rico viviera de la palabra de Dios / Dios terminaría esta sangrienta guerra. / El sol brillará en Vietnam un día».

El tema de Flora Molton podía haber sido suscrito perfectamente por Sonny Terry y Brownie McGhee que, aunque gozaron de muchísima más popularidad y actuaron en los mejores teatros e incluso ante públicos de ilustrados universitarios, también forman parte de esa generación de músicos que mantuvieron viva la llama de las esencias del folk blues en los tiempos de la transición del género a su modernización eléctrica. Ambos músicos sufrían una discapacidad, procedían del blues rural y callejero y comenzaron a actuar juntos en 1941, cuando la discográfica *Okeh* decidió unirlos para una grabación. Se instalaron en el Greenwich Village de Nueva York para actuar en los locales de la zona bohemia, donde alcanzaron gran popularidad y se ganaron el respeto de los grandes del folk izquierdista y contestatario como Woody Guthrie o Pete Seeger. Terry se había ido quedando progresivamente ciego en su juventud y había comenzado en el circuito del espectáculo ambulante haciendo malabares, bailando y tocando la armónica. Después se unió a uno de los pioneros del Piedmont blues, Blind Boy Fuller, con quien fue a Nueva York. Allí acabó participando en el famoso concierto Spirituals to Swing, celebrado en 1938 en el Carnegie Hall. McGhee sufría una discapacidad producida en la infancia por la polio, comenzó tocando el banjo, trabajó con los Rabbit Foot Minstrels y acabó siendo apadrinado también por Blind Boy Fuller. Este cantante ciego unió los destinos de los dos músicos, que tocaron juntos durante más de treinta años, actuando en teatros de Broadway y participando en programas de televisión y en festivales de música folk. En 1962 participaron en la primera gira europea del American Folk Blues Festival. Entre el final de esa década y principios de los setenta, su relación personal se deterioró hasta ser prácticamente inexistente; cada uno tomó un camino distinto. Su época dorada permitió a un público formado por jóvenes blancos norteamericanos conocer de primera mano el blues tradicional en los tiempo del vendaval de sonido del Chicago blues.

El jefe llega a Chicago

En 1943 los soldados norteamericanos combaten en las islas del Pacífico y en el desierto del norte de África y la música que suena en las emisoras militares es el swing, el jazz de las big bands de Glenn Miller, Benny Goodman y Tommy Dorsey o las melodiosas canciones de Bing Crosby. En las trincheras, soldados blancos y negros comparten el peligro, el miedo, los piojos, las victorias y las derrotas, pero en la retaguardia, en casa, las cosas son muy distintas. Entre el 1 y el 2 de agosto de ese año, estallan unos graves disturbios raciales en Harlem, donde por esa época viven alrededor de 300.000 afroamericanos en condiciones de hacinamiento y pobreza, agravadas por las barreras de desigualdad en el acceso al empleo. El resultado es de seis personas muertas y 185 heridas, además de más de 1.400 negocios saqueados y destrozos por valor de cinco millones de dólares. La chispa fue un rumor sobre un caso de brutalidad policial contra un tal Robert Bandy, un veterano negro de la Segunda Guerra Mundial, pero las causas de fondo fueron las penosas condiciones de vida en el barrio, los abusivos precios de los alquileres y el descontento y la decepción de los veteranos afroamericanos que tras dejarse la piel en la guerra siguen siendo víctimas del racismo y la segregación.

Por esos turbulentos días llega a Chicago, un guitarrista de veintiocho años llamado Muddy Waters. Como miles de jóvenes que cada día llegan desde los pueblos y granjas del Sur a la Chicago Union Station –si son los suficientemente afortunados para poder comprar un billete de tren– o por la US Route 61, la carretera conocida también como Great River Road –los que han hecho el camino subidos a los coches y camionetas que han tenido a bien llevarlos– viene con los bolsillos vacíos y la cabeza llena de sueños. Waters lo hace además dos años después de que entre el 24 y el 31 de agosto de 1941, el musicólogo Alan Lomax lo grabase por primera vez para la Biblioteca del Congreso en el mítico pueblo de Clarksdale, donde había vivido desde que siendo un niño muy pequeño su madre murió y él fue acogido por su abuela. Había nacido como McKinley Morganfield en el pueblo de Rolling Fork, en 1915 según contaba él siempre, o en 1913 según los papeles de filiación como músico al seguro social y su primer certificado de matrimonio. Su infancia fue igual a la de sus vecinos de la modesta cabaña de la Plantación Stovall, en la que vivía, a las afueras de Clarksdale. Combinó la escuela con el trabajo recogiendo algodón y se ganó el apodo de «Muddy» («fangoso» o «pantanoso») por su afición a jugar en el barro. Su vocación despertó al escuchar a los músicos de la zona, como Son House o Charlie Patton, y después de cantar una temporada en el coro de la iglesia y de unos primeros escarceos con la armónica, a los diecisiete años se compró una guitarra de segunda mano. En 1932 se casa con Mabel Berry y en la fiesta de la boda actuó un amigo suyo, Robert Lee McCollum, que sería más conocido en el mundo del blues como Robert Lee McCoy o Robert Nighthawk, y que aquel día le puso tanto entusiasmo a su actuación que, en su frenesí, los invitados hicieron que se viniera abajo parte del entarimado en el que bailaban. Tres años después, Mabel le abandonó y él se casó de nuevo con Leola Spain, que fue la mujer que le acompañó a Chicago, le dio su primer hijo y fue una amiga y compañera para toda la vida, a pesar de que él tuvo otros matrimonios.

Durante los años treinta se dedica a tocar por los pueblos de los alrededores de la Plantación Stovall, donde en 1941 aparece Alan Lomax, que trabaja para la Biblioteca del Congreso y busca a olvidados e ignorados talentos de blues. En realidad andaba buscando a Robert Johnson, pero grabó a Muddy con su equipo portátil y a cambio le dio veinte dólares y una copia en disco que Waters escuchó en la jukebox más cercana; así comenzó a soñar en serio con la fama. Lomax regresó un año después para volver a grabarlo y desapareció de nuevo, dejando a Waters con la inquietud que un año después le hizo abandonar el pueblo y marcharse a Chicago, la meca de todos los *bluesmen* del campo que aspiraban a ser algo más que unos pobres músicos de *juke joint*. Pero la vida en el South Side, el gueto negro de la ciudad del viento, no es nada fácil y durante los primeros tiempos Muddy vivió en una habitación de un pariente y trabajó conduciendo un camión durante el día y buscándose la vida en los clubs por las noches. También tocó en bares y *house rent parties*, las fiestas caseras en las que se cobraba una entrada para ayudar a pagar el alquiler. Big Bill Broonzy, que era por entonces una de las figuras más conocidas del blues en la ciudad, se convirtió en su primer mentor, y Muddy comenzó a tocar como telonero en los clubs donde actuaba Big Bill. Poco a poco se fue haciendo un hueco, actuando con músicos como Sonny

Muddy Waters

Boy Williamson I, que había llegado a Chicago en 1934 y ya era una figura, o Jimmy Rogers, otro recién llegado como él y que se convirtió en su amigo y compañero de actuaciones en los ruidosos garitos en los que si querías hacerte oír necesitabas una guitarra eléctrica. Waters se compró una en 1944 y montó su primer combo eléctrico, con un repertorio cada vez más alejado de la melancolía del blues rural, que le hizo muy popular. En 1946 realizó unas primeras grabaciones para Columbia Records con Mayo Williams, quien le colocó un anticuado acompañamiento de piano, saxo y clarinete, que fueron lanzados como James *Sweet Lucy* Carter & His Orchestra, sin mención del nombre de Muddy. La cosa no funcionó, pero ese mismo año los hermanos Leonard y Phil Chess acababan de comprar Aristocrat Records, sello que convertirían en la famosa compañía Chess Records, responsable en buena medida del estallido del Chicago blues. Tras algunas grabaciones de escasa fortuna acompañando al pianista Sunnyland Slim, Muddy graba en 1948 «I Can't Be Satisfied» y «I Feel like Going Home» y su carrera inicia un camino imparable hacia el éxito, sobre todo cuando pocos meses después Aristocrat se convierte en Chess, sello cuyo primer sencillo es un tema de Waters. A partir de ese momento comenzó a producir canciones de éxito que se convertirían en estándares históricos como «Rollin' Stone», «Walkin' Blues» y «Rollin' and Tumblin» en 1950, «I'm Your Hoochie Coochie Man», «I'm Ready» y «Just Make Love to Me (I Just Want to Make Love to You)» en 1954, «Manish Boy (Mannish Boy)» en 1955, o «Got My Mojo Working» en 1956. Sus discos vendieron miles de copias e influyeron decisivamente en las nuevas generaciones del blues y el rock. Por su banda pasaron los primeras espadas del blues de Chicago, desde Willie Dixon, autor de la mayoría de sus grandes éxitos, a Little Walter, pasando por Jimmy Rogers, Otis Spann, Junior Wells, Little Walter, Walter Horton, James Cotton, Buddy Guy, Fred Below, Leroy Foster o Elgin Evans, entre otros muchos. Su primera visita a Inglaterra en 1958 sirvió para acelerar el nacimiento del blues rock inglés, del que hablaremos más adelante, y en 1963 participó en la gira del American Folk Blues Festival.

Su carrera sufriría inevitables altibajos, sobre todo a principios de los sesenta, con sus escarceos con el rock & roll, con álbumes polémicos como *Electric Mud*, su acercamiento a la psicodelia de 1968 o discos venerados como *Fathers and Sons*, antes de su reencuentro de 1969 con lo mejor del blues de Chicago, incluidos los herederos blancos norteamericanos como Michael Bloomfield y Paul Butterfield. En 1972 ganó su primer Grammy, tras el que vendrían otros cinco, más cinco Blues Music Awards. El 30 de abril de 1983, Muddy falleció en su domicilio de Chicago, entre el respeto y la admiración del mundo del blues y el rock que tanto le debían a aquel hombre cuyo carisma personal y talento artístico otorgaron el título de «El padre del blues de Chicago», o como le gustaba decir a B. B. King, «El jefe de Chicago».

El ritmo de la calle

En 1945 un *bluesman* de treinta años llamado David *Honeyboy* Edwards, antiguo compañero de correrías del mítico Robert Johnson –era otro de los que contaba que había estado presente la noche en que lo envenenaron– llega por primera vez a Chicago. «Honeyboy» había nacido en Shaw, una pequeña aldea del Delta del Misisipi, y se había ido de casa a los quince años para acompañar al guitarrista Big Joe Williams y había recorrido todos los caminos del Sur como músico ambulante, compartiendo juergas y actuaciones como pioneros como Charley Patton, Tommy Johnson o Johnny Shines, así que la agitación y pujanza de la Ciudad del Viento después de la guerra le produjo un impacto que retrata fielmente cómo era la meca de los negros del Sur, tal y como recoge Barry Pearson en el libro *Solamente blues*: «En aquel tiempo todas las fábricas estaban abiertas. Había mucha gente. La gente iba del sur a todas partes para conseguir un trabajo [...]. Como la gente no tenía donde quedarse, lo que hacían era alquilar una habitación. A veces dormían en la misma cama dos o tres tipos. Yo me iba a trabajar, y entonces la propietaria cambiaba las sábanas para que durmiese otro turno. [...] El viernes, el sábado y el domingo, todo el mundo que vivía en las afueras de la ciudad venía al centro, a Maxwell Street. Había tanta gente que no se podía andar por las calles. Tenías que andar de lado».

David *Honeyboy* Edwards

Maxwell Street fue el hogar de una legión de músicos llegados de los campos del sur que nunca lograron salir del anonimato o lograron una notoriedad relativa como fue el caso de Big John Wrencher, nacido en Sunflower, Misisipi, en 1923, que llegó a Chicago a mediados los cuarenta y se convirtió en uno de los armonicistas y cantantes más apreciados de los muchos que poblaban aquella calle, que era a la vez un mercado en el que se podía conseguir casi cualquier cosa, legal o ilegal. A principios de los cincuenta, Wrencher se marchó a Detroit y luego regresó al Sur, a la zona de Clarksdale. En 1958 perdió el brazo izquierdo en un accidente de tráfico cerca de Memphis, pero eso no le impidió continuar con su carrera como músico. A principios de los sesenta estaba de vuelta en Chicago y en Maxwell Street, grabó con Robert Nighthawk, formando parte de la Chicago String Band. En 1969 grabó para Barrelhouse Records el disco *Maxwell Street Alley Blues*, con el guitarrista Little Buddy Thomas y el batería Playboy Vinson. A principios de los setenta participó en las giras europeas de American Blues Legends y la banda del Chicago Blues Festival y en 1977 durante una visita a su familia, falleció de un ataque al corazón en la emblemática barbería de Wade Walton en Clarksdale.

En los años cuarenta, en el gueto negro ya había veteranos de la música callejera como Blind Arvella Gray o James Brewer, pero uno de los músicos que más tiempo pasó en las aceras de Maxwell Street fue el guitarrista Jimmy Davis, también conocido como Jewtown Jimmy, compañero de John Lee Hooker, que se pasó cuarenta años tocando en la zona, donde al final se compró un restaurante, aunque siguió tocando en el exterior para atraer a los clientes. Su herencia más famosa son dos temas, «Cold Hands» y «4th and Broad», grabados en 1952 con Sun Records. Fue en Maxwell Street donde por primera vez músicos como Davis se dieron cuenta de que para hacerse escuchar entre el bullicio callejero no llegaban las guitarras acústicas que se usaban en las calles de los pueblos del sur. Allí hacía falta como mínimo una Resonator, o mejor, un guitarra enchufada a un amplificador de válvulas de los que comenzaron a popularizarse a mediados de los cuarenta, una época de profundos cambios sociales y económicos. En 1948 se eliminan por ley los contratos laborales con cláusulas que supongan discriminación racial y ese mismo año, Jerry Wexler, un joven productor que trabajaba para la discográfica RCA-Victor acuña el termino rhythm & blues para designar a los discos de música negra, sustituyendo al denigrante termino de *race records* usado hasta el momento. Un año después, en 1949, el propio Wexler usa por primera vez el término en el número de junio de la revista *Billboard* para denominar los mejores discos elegidos por el público afroamericano. Curiosamente, el nuevo nombre de la música negra es una iniciativa de los blancos para promover la venta de discos entre lo que entonces se conocía como «la comunidad de color», pero es también un síntoma de que las cosas están cambiando en las relaciones interraciales.

La conmoción en el mundo musical se completa ese año de 1948 con la aparición del LP, el disco de larga duración de 33 RPM (revoluciones por minuto), desarrollado y comercializado por Columbia Records, que cambiará la forma de producir y consumir música en las próximas cinco décadas. Aquel año, el primer LP más vendido fue *Rapsodia in blue* de George Gershwin. El cuadro quedaría completado al año siguiente con el lanzamiento por parte de RCA Victor de un disco de vinilo de 7 pulgadas de diámetro y 45 RPM, a partir de entonces ese será el formato single y entre los primeros lanzados el mercado figura precisamente «Rollin' Stone», el primer sencillo de Muddy Waters y la discográfica Chess Records.

Los reyes del South Side

En 1951 un hecho aparentemente banal se convierte en un paso trascendental para el desarrollo del blues en la segunda mitad del siglo XX: Willie Dixon, un contrabajista de treinta y seis años, se convierte en empleado a jornada completa de la compañía Chess Records de Chicago. Su trabajo como compositor musical y productor discográfico sería fundamental para convertir la discográfica que los hermanos Chess habían creado en 1950 en el laboratorio donde se fabricó el mejor blues de Chicago. Por las talentosas manos de Dixon pasaron Muddy Waters, Howlin' Wolf, Otis Rush, Bo Diddley, Joe Louis Walker, Little Walter, Sonny Boy Williamson, Koko Taylor, Eddie Boyd, Lowell Fulson, Memphis Slim, Jimmy Rogers o Chuck Berry, entre otros muchos, y a él se deben buena parte de los grandes clásicos del género, como «Hoochie Coochie Man», «Back Door Man», «I'm Ready», «Big Boss Man», «Little Red Rooster» o «My Babe», por citar sólo media docena de las más conocidas. Por los derechos de autor de muchos de esos temas tuvo que pelear durante años igual que había peleado antes en los *rings* de boxeo o en los patios de las prisiones. El litigio más conocido es el de Led Zeppelin, que al final tuvieron que reconocer que habían basado algunos de sus temas en los del maestro del blues, como el caso de su «Whole Lotta Love», en realidad una versión del «You Need Love» de Dixon. En realidad, la vida de William James Dixon había sido una continua lucha desde que nació en 1915 en Vicksburg, Misisipi, donde comenzó cantando en un quinteto de góspel. El exceso de celo de un *sheriff* local que buscaba fuerza de trabajo para una granja penitenciaria le obligó a pasar por la cárcel. Allí tuvo que defenderse de los abusos de los reclusos y el racismo de los carceleros. En 1936 llegó a Chicago para hacerse boxeador, oficio que abandonó tras ganar el campeonato de pesos pesados en categoría juvenil para empezar a tocar un contrabajo improvisado con un bidón y un cable en el grupo Five Breezes, del pianista Leonard Caston, un compañero del gimnasio. Tuvo que abandonar esos escarceos con la música, por su siguiente visita a prisión, esta vez por negarse a incorporarse a filas cuando le llamaron para ir a combatir a la Segunda Guerra Mundial, alegando que no combatiría por la libertad en las filas del ejército de un país que mantenía a parte de su población bajo la bota del racismo. Una vez libre de nuevo se volvió a unir a Leonard Caston para montar la banda Big Three Trio, que en realidad no era un

Howlin' Wolf con su bajista Andrew McMahon (1964)

trío sino un cuarteto en el que además estaban el guitarrista Ollie Crawford y el batería Hillard Brown con los que en 1947 grabaría para un sello subsidiario de la discográfica Columbia, sus primeros temas, «Signifying Monkey» y «If the Sea Was Whiskey», el primer peldaño de la carrera de uno de los grandes del blues que dominaría la escena del South Side de Chicago a partir de mediados de los años cincuenta.

Hablando de grandes, en 1953 llega a Chicago uno de los *bluesmen* más enormes, en todos los sentidos, y fanfarrones que se han conocido, y eso que el género abunda en ellos. Se hace llamar Howlin' Wolf y durante toda su vida alardeó de que cuando llegó a la ciudad del viento no lo hizo con una mano delante y otra detrás, como solían hacerlo sus vecinos del viejo Sur, sino conduciendo su propio coche y con cuatro mil dólares en el bolsillo. Lo cierto es que Wolf ya era un músico con cierta reputación. A finales de los cuarenta había sido *disc jockey* y músico en directo de la emisora KWEM, de West Memphis, Arkansas, había tenido una banda con músicos como Junior Parker, James Cotton, Willie Johnson o Matt *Guitar* Murphy y en 1951 había grabado sus primeros discos, entre ellos «Riding In the Moonlight» y «The Wolf Is at Your Door», con Sam Phillips, en Memphis, primero para el sello de los hermanos Bihari y luego para Sun Records. En Chicago, además de conocer a Lillie Handley, una mujer con formación universitaria y gran conocedora del mundo del blues, que se convirtió en su esposa y fue la única capaz de domesticarlo, también comenzó a trabajar para Chess Records, para quienes ya había grabado algunos discos en Memphis, convirtiéndose en la némesis de Muddy Waters, con quien siempre mantuvo una rivalidad tan feroz como obligaba su nombre y que contribuyó a dinamizar la escena del blues. El primer tema que graba para Chess en Chicago es «No Place To Go», en marzo de 1954, en el que ya deja sentir su potente zarpa blusera. Le acompañan Otis Spann, Lee Cooper, Hubert Sumlin, Willie Dixon, Fred Below y Earl Phillips, la banda de lujo de Chess que, con algunas variaciones, le respaldará en todos los discos que grabará en sus primeros años en la compañía, donde en 1962 grabó su mejor obra, *Rockin' Chair*, un álbum que contenía temas tan míticos como «Wang Dang Doodle», «Spoonful» o «The Red Rooster». Wolf, con sus casi dos metros de altura y sus más de 120 kilos de peso, que se contorsiona en el escenario mientras aúlla sus canciones, se convierte en una absoluta estrella para las nuevas generaciones de público, incluidos los jóvenes británicos como Mick Jagger, Eric Clapton, Bill Wyman, Charlie Watts o Ringo Starr, entre otros. Chester Arthur Burnett, el verdadero nombre de aquel gigante que cuando era un niño conoció a pioneros como Charlie Patton, Robert Johnson, Johnny Shines, y Willie Brown, murió en 1976 sin haber podido reconciliarse con su madre que le había echado de casa por díscolo y que siempre creyó que el alma de su hijo estaba condenada por dedicarse a cantar la música del diablo.

En algunas de las primeras grabaciones de Wolf para Sun Records, allá por 1952, había participado un joven armonicista llamado James Cotton, que había grabado por su cuenta un sencillo de blues eléctrico «Cotton Crop Blues» y que se convertiría en el último representante de las grandes leyendas de los años dorados del blues. Cotton llegó a Chicago en 1955, después de haber conocido a Muddy Waters el año anterior, cuando tocaba en un local llamado de Memphis llamado Dinette Lounge. El armonicista de Waters, Junior Wells, había hecho una de sus habituales espantadas, dejándolos colgados y Cotton fue el sustituto de emergencia. En 1955 empezó a trabajar en Chicago para Waters, y lo siguió haciendo durante diez años en los que participó en numerosos discos del rey de Chicago, que apreciaba mucho su estilo, aunque los hermanos Leonard y Phil Chess preferían a Little Walter. Su primera grabación acreditada con Waters no llegó hasta 1957. En 1965 formó, con sólo treinta años, su propia banda, el Jimmy Cotton Blues Quartet, con su compañero Otis Spann en el piano. Un año después dejó a Waters y se enroló en una gira con la rockera Janis Joplin y en 1967 graba su primer álbum propio, *The James Cotton Blues Band*, producido por el guitarrista blanco de blues Mike Bloomfield. Durante los sesenta se convirtió en una figura popular entre el nuevo público blanco del blues, y él, que había sido apadrinado en sus comienzos por Sonny Boy Williamson II y que había recibido el respaldo de Howlin' Wolf en sus días de Memphis, apoyó la carrera de otros músicos como Paul Butterfield, uno de los primeros blancos que se integraron en el blues de Chicago. James Cotton, el niño huérfano que recorrió los garitos de Arkansas, Misisipi y Misuri tocando con los grandes *bluesmen* falleció en Texas en 2017 convertido a su vez en una leyenda y dejando una herencia de más de treinta álbumes del mejor blues.

Las chicas también triunfan en Chicago

El 1 de diciembre de 1955, Rosa Parks se negó a ceder su asiento en un autobús público a un pasajero blanco tal y como mandaban las leyes segregacionistas y puso en marcha el boicot a los autobuses de Montgomery, Alabama, que supuso uno de los mayores desafíos del Movimiento por los Derechos Civiles. Dos años después, Daisy Bates lideró a los primeros nueve estudiantes afroamericanos inscritos en la escuela secundaria de Little Rock, que se negaba a admitir negros. Y en 1958, Mary W. Jackson se convirtió en la primera ingeniera negra de la NASA y formó junto a Katherine Johnson y Dorothy Vaughan la cabeza visible de un equipo de matemáticas afroamericanas, conocidas como las «computadoras humanas», que con sus cálculos ayudaron a poner en órbita al astronauta John Glenn desde el laboratorio aeronáutico de Langley, en Virginia. A finales de los años cincuenta las afroamericanas estaban dando un paso al frente para reivindicar su protagonismo como negras y como mujeres. Y ese movimiento también tuvo su reflejo en el blues.

En 1958 Jessie Lee Frealls, una muchacha nacida veintisiete años atrás en Bunkie, Luisiana, llega a Chicago tras un eterno viaje en una furgoneta de reparto para hacerse un hueco en el mundo de la música como Bonnie Lee, más conocida como «The Sweetheart of the Blues». Comenzó trabajando como bailarina y cantante y en 1960 consiguió un contrato para grabar su primer *single*, «Sad and Evil Woman», con Ebony Records, la discográfica de Mayo Williams, a quien no le convence el nombre de la muchacha y se lo cambia por Bonnie *Bombshell* Lane. El disco fue un fracaso y Bonnie regresa a su trabajo en los clubs nocturnos, donde desaparece hasta que en 1967 colabora en un disco del pianista Sunnyland Slim, a quien acompañó como cantante habitual durante los siguientes años. Llegó a ser una figura de los clubs más notorios del North Side como el B.L.U.E.S. y el Blue Chicago. En 1995 graba su primer álbum, *Sweetheart of the Blues*, y en 1998 lanza el segundo, *I'm Good*. En 1982 hizo una gira por Europa con Zora Young y en 1992 participó en el disco *44 Blues*, de Magic Slim. Pero durante los años finales de su vida tuvo muchos problemas de salud que le impidieron desarrollar a fondo su carrera musical. Falleció en 2006, más olvidada de lo que merecía.

Aunque las crónicas no lo acreditan, es indudable que Bonnie se cruzó más de una noche en los clubs de la ciudad del viento con una muchacha llamada Cora Walton, que llegó a Chicago en 1952, con veinticinco años, acompañando a su marido, Robert *Pops* Taylor, un camionero que se puso a trabajar en el matadero mientras ella fregaba escaleras. Eso durante el día, porque por las noches ambos se ponían sus mejores galas para recorrer los clubs nocturnos en busca de una oportunidad para Koko, que así se hacía llamar la señora Taylor. Gracias a su simpatía personal y su don de gentes, «Pops» consigue que de cuando en cuando Koko suba a cantar con jóvenes promesas como Buddy Guy o Junior Wells. Pero la verdadera oportunidad le llega en 1962, durante una actuación esporádica junto a Howlin' Wolf, cuando el mejor compositor del blues de Chicago, Willie Dixon, se quedó tan impresionado con su voz que la fichó para Chess Records, donde trabajaba como productor y le compuso tres canciones. Su primer single, «Wang Dang Doodle», una canción de Dixon que ya había cantado Howlin' Wolf, vendió un millón de copias y Koko pudo olvidarse para siempre de sus trabajos como empleada doméstica. Pronto tuvo su propia banda, The Blues Machine, y con «Pops» como mánager, se dispuso a comerse el mundo.

Aquella niña criada en una mísera granja de las afueras de Memphis junto a sus seis hermanos, que la apodaron Koko por su desmedida afición al chocolate, cuyo padre abominaba del blues y le había prohibido que cantase tal música pecaminosa, se convirtió poco a poco en una estrella. En 1975 Chess desapareció y Koko fichó por Alligator, donde grabó nueve álbumes, entre ellos «I Got it Takes», su primera nominación a los premios Grammy, tras la que vendrían siete más. En 1988, durante una gira con su banda sufrieron un accidente del que Koko salió sin heridas de consideración, pero «Pops» tuvo un infarto y falleció. Cora superó su depresión a base de trabajo, dando más de cien conciertos al año. Consiguió 24 premios Handy y recorrió todo el mundo convertida en la Reina del Blues de Chicago. El 3 de junio de 2009, falleció mientras preparaba una gira por España y otros países europeos.

Cierra este particular trío de luchadoras la más salvaje de toda ellas, la provocadora e insumisa Jamesetta Hawkins, famosa hasta en el último rincón del planeta como Etta James. Su obra trascendió el blues para convertirse en una pionera del soul y ryhthm & blues y su vida fue una apasionante, y a veces inquietante novela. Todo es literario desde el principio. Nació en 1938, en Los Ángeles, hija de una muchacha, Dorothy Hawkins, que tenía sólo catorce años. Nunca supo quién fue realmente su padre aunque siempre especuló con que era un blanco y no uno cualquiera, sino el famoso Minnesota Fats, un profesional del billar popularizado por la película *The Hustler* (*El buscavidas*). Comenzó a referirse a su madre como «La dama misteriosa» y a considerar como sus padres a un matrimonio que se encargó en buena medida de ella durante su infancia, a los que llamaba Sarge y Mama Lu. A los cinco años cayó en manos de James Earle Hines, un sádico director musical de un coro religioso que le enseñó a cantar a base de golpes, consiguiendo que desarrollase una voz inusitadamente potente y una personalidad irremediablemente torturada. Sarge también le daba palizas, de lo que se libró cuando murió Mama Lu y su madre biológica se la llevó a San Francisco donde canalizó su pasión por la música en un grupo de *doo wop* femenino, The Creolettes. A los catorce años conoció a Johnny Otis, quien le moldeó hasta el nombre, convirtiendo a Jamesetta en Etta James y su primer *single*, «Dance With Me, Henry», una versión edulcorada del título original, «Roll with Me, Henry» («Revuélcate conmigo, Henry»), para evitar problemas con la censura. El *single* se convirtió en un número uno y

Etta James

las Creolettes, reconvertidas por Otis en Peaches, hicieron su primera gira teloneando al salvaje Little Richard.

Sus éxitos se sucedieron durante la segunda mitad de los años cincuenta y por fin en 1960 llegó a Chicago para trabajar en Chess Records. Leonard Chess reconoció en ella una fuerza especial para la música y diseñó su carrera para convertirla en una estrella de los nuevos géneros de la música negra: el soul y el rhythm & blues. Su primer lanzamiento con Chess, «At Last!», single extraído del álbum homónimo, se convierte en un éxito y en la enseña vital de Etta James. A partir de ahí y durante medio siglo, su carrera estará plagada de éxitos musicales, dramas personales y excesos de todo tipo que la convierten en una de las estrellas más grandes y complicadas de la música negra, que ya de por sí tiene un buen número de grandes y complicadas estrellas. «I Just Want to Make Love to You», «Do not Cry Baby», «Tell Mama» o el clásico del blues «I'd Rather Go Blind», son patrimonio de varias generaciones. Siguió trabajando hasta el último día y en 2009, tres años antes de morir, aún le quedaba la energía suficiente para cantarle las cuarenta al propio presidente Barack Obama, que había tenido la osadía de no invitarla a su toma de posesión y encima bailar con su esposa Michelle su tema «At last!», pero cantado por Beyoncé.

Tiempos nuevos, tiempos salvajes

Los años cincuenta trajeron a los Estados Unidos una época de recuperación económica, unida a una oleada de conservadurismo político y confrontación racial. La Guerra Fría, la confrontación silenciosa con la Unión Soviética, produce un grado de paranoia interna que convierte en sospechosos todo signo de protesta o disidencia. En paralelo surge en todo su esplendor la sociedad de consumo, con sus ventas a plazos, sus anuncios publicitarios, sus grandes coches, sus cambiantes modas y los primeros atisbos de una industria del ocio dirigida expresamente a la juventud. Es lo que se conoce genéricamente como el triunfo del *American Way of Life*, aunque ello signifique obviar que una buena parte de la población no tenía acceso a esos privilegios sociales y económicos, por motivos sociales o raciales. En la primera mitad de la década la mayoría de la población de raza negra era muy joven y en las ciudades más de la mitad de los afroamericanos tenían menos de veinticinco años. Los campos del viejo sur quedaban muy lejos, una buena parte de la población afroamericana vivía en los grandes núcleos urbanos, sobre todo a partir de la oleada de inmigración del campo a la ciudad que se produjo después de la Segunda Guerra Mundial. El blues ya no era una música que atrajera a las nuevas generaciones, que la consideraban algo propio de sus abuelos o de los paletos del campo. Para los jóvenes norteamericanos, tanto negros como blancos, los nuevos tiempos traían nuevas necesidades y necesitaban una forma de expresión más acorde con los turbulentos y salvajes tiempos que se avecinaban. En la música, esa nueva forma de expresión se llamará rock & roll, y a pesar de ser un heredero directo del blues, será quién lo arrinconará en las décadas siguientes.

La gestación del rock & roll

El 19 de julio de 1954 sale al mercado el primer sencillo de un muchacho blanco llamado Elvis Presley, que pasará a la historia como el rey de un nuevo género, el rock & roll, ese del que Muddy Waters dijo que era hijo del blues. Muddy estaba cargado de razón, porque ese primer single de Elvis se titulaba «That's All Right», y era una versión de un blues llamado «That's All Right, Mama» y que había grabado ocho años antes, en 1946, un *bluesman* grandote, serio y con un pequeño bigotillo, que se llamaba Arthur Crudup, pero que para la historia del blues es «Big Boy» Crudup. Había nacido en 1905 en Forest, en el corazón del Delta, y creció un tanto ajeno al frenesí musical que corroía a otros chavales de su edad como Bukka White o John Lee Hooker. Como la mayoría de los jóvenes de su generación, a principios de los años veinte decidió irse a buscar trabajo a las fábricas de Misuri e Illinois. Pero, cansado de la gran ciudad, seis años después regresó a Misisipi y se instaló cerca de Clarksdale, donde esa vez sí que le entró un tardío gusanillo musical y con más de treinta años aprendió a tocar la guitarra escuchando discos de Big Bill Broonzy y Lonnie Johnson. En 1939, tras una crisis matrimonial, se marchó a Chicago, donde acabó viviendo en la calle hasta que un buen día de 1941 el productor Lester Melrose lo encontró tocando en una esquina y lo invitó a tocar en una fiesta en la casa de Tampa Red. Allí estaban Big Bill Broonzy, Lonnie Johnson y Lil Green. Aquel fue el principio de su carrera discográfica con el sello Bluebird, donde grabó temas de muy buena acogida como «Mean old Frisco», «Rock Me Mama» y «Whose Been Foolin' You». Pero el verdadero éxito llegó con «That's all Right, Mama», que vendió cientos de miles de discos de los que Crudrup apenas cobró unos pocos miles de dólares lo que le llevó a profundos desacuerdos con la compañía discográfica que acabaron en ruptura. En 1951 grabó sus últimos temas en Chicago y tras un par de intentos más en Atlanta, abandonó el mundo de la música para trabajar de lo que se cruzase, incluida la venta de alcohol ilegal. A finales de los cincuenta aceptó hacer unos cuantos conciertos con el título de «El padre del rock & roll» aprovechando el rebufo de la fama de aquel chico blanco que había acabado haciendo dinero con el tema que él había creado, aquel tal Elvis, que según cuenta la leyenda un día se había presentado en su casa para darle las gracias.

Esta historia de sabor agridulce con rock y el blues como protagonistas se repitió con Big Mama Thornton, una gran *bluewoman* en todos los sentidos, que en 1952 grabó, «Hound Dog», un tema original de Jerry Leiber y Mike Stoller, la pareja más activa de compositores y productores musicales que por entonces estaban empezando en el negocio, reescrito por Johnny Otis, uno de los compositores más talentosos del blues. Todo ese talento, unido a la impresionante voz de Big Mama, convirtió el tema en un bombazo que se colocaría enseguida en el número uno en las listas de rhythm & blues. Pero para Willie Mae Thornton, el verdadero nombre de Big Mama, sería un éxito aciago, ya que la canción que a ella le había hecho ganar poco más de 500 dólares se convertiría tres años después en un fenómeno de masas en la voz de Elvis Presley, con unos fabulosos beneficios en derechos de autor que irán a parar directamente a los bolsillos de Leiber y Stoller. Durante toda su vida, Big Mama se quejó amargamente de aquel revés de la fortuna, tras el que en 1957 se quedó en la calle, sin contrato de grabación, convirtiéndose poco a poco en una alcohólica. Su carrera remontó en 1965, cuando participó en la gira europea de American Folk Blues Festival junto a Walter Horton, Eddie Boyd, Roosevelt Sykes, J. B. Lenoir, Jimmie Lee Robinson, Buddy Guy, «Doctor» Ross, Edward Riley, Fred McDowell, Fred Bellow, John Lee Hooker y «Shakey» Horton. Pero para aquella gran *blueswoman* que se había escapado de casa a los catorce años y se enroló en el espectáculo Hot Harlem Revue, de Sammy Green, el éxito siempre fue esquivo –muy acertadamente, la escritora Noemí Sabugal titula *Una chica sin suerte*, su novela sobre la participación de Big Mama en aquella gira europea– y a pesar de una buena racha en la última mitad de los sesenta, los años de alcohol y excesos varios comenzaron a pasar factura y a finales de los setenta su impresionante presencia en los escenarios dio pasó a una mujer envejecida y tambaleante pero capaz todavía de conmover al público con su impresionante voz. Murió en Los Ángeles el 25 de julio de 1984.

Big Mama Thornton

Cerramos este capítulo dedicado al cordón umbilical que une el blues con el primer rock & roll, con la que quizá sea la figura más relevante en la transición entre ambos géneros. Ellas Otha Bathes, más conocido como Bo Diddley, que entre principios de los años cuarenta y mediados de los cincuenta será el rey de la calle más importante del blues de Chicago, Maxwell Street, donde formará dúos y bandas de ocasión con músicos de la talla del percusionista Jerome Green, los guitarristas Earl Hooker y Jody Williams, el bajista Roosevelt Jackson, y el armonicista Billy Boy Arnold, que juntos, revueltos y a veces por separado, formaban la banda callejera The Langley Avenue Jive Cats. Doddley había llegado al South Side de Chicago en 1934, procedente de McComb, Misisipi, con sólo seis años, y allí se había renombrado Ellas McDaniel, el apellido del primo de su madre con el que vivía, Gussie McDaniel. Ellas empezó estudiando trombón y violín en la iglesia de su barrio, hasta que se sintió atraído por la música de John Lee Hooker. En 1954 Diddley, Arnold, Clifton James y Roosevelt Jackson grabaron una maqueta con dos temas, «Bo Diddley» y «I'm a Man» que enviaron a las discográficas de Chicago y que acabó en manos de Leonard Chess, quien los llevó a un estudio de grabación, eliminó las partes más obscenas, añadió el acompañamiento de Otis

Spann al piano, Lester Davenport a la armónica, Frank Kirkland en la batería y Jerome Green tocando las maracas, y en marzo de 1955 lanzó el disco, que se convirtió en un éxito inmediato. Su peculiar estilo monocorde, con el *beat* sincopado, se convirtió en una inspiración para los futuros rockeros, que también imitaron su comportamiento descarado, como el que exhibió durante su primera entrevista en el popular programa de televisión «The Ted Sullivan Show», sacando de sus casillas a su presentador. Elvis imitó su extraña postura con las rodillas hacia dentro y Jimi Hendrix su afición a tocar la guitarra por encima de su cabeza, algo que ya hacía en los años veinte el *bluesman* Tommy Johnson. Sus extravagantes vestimentas y sus caprichos también se adelantaron a las excentricidades de las estrellas del rock que le rindieron pleitesía, como en el caso de bandas británicas como los Rolling Stones o los Yardbirds. Su carrera pasó por altibajos y se permitió cosas tan pintorescas como convertirse en ayudante de *sheriff* en Nuevo México. Murió en junio de 2008 y su funeral fue un espectáculo en el que el público asistente coreó el tema «Bo Diddley» como homenaje al que muchos consideran el padre negro del rock, aunque ese es un lugar que se tiene reservado Chuck Berry.

Hacia el final de una era

El 20 de diciembre de 1956, después de 381 días, terminaba oficialmente el boicot a los autobuses de Montgomery, Alabama. La Corte Suprema había decretado que la segregación racial en los transportes públicos era ilegal y las autoridades de la ciudad aprobaron una ordenanza que autorizaba a los pasajeros negros a sentarse prácticamente en el lugar del autobús que quisieran. La victoria de los luchadores por los derechos civiles era completa y confirmaba que algo estaba cambiando profundamente en la sociedad norteamericana. Todo había comenzado el 1 de diciembre de 1955, cuando Rosa Parks, una costurera y activa militante de la lucha contra la segregación, viajaba sentada en la fila más adelantada reservada a los negros en la parte trasera del vehículo. Un pasajero blanco subió al autobús y al no tener sitio en el que sentarse, el conductor ordenó a todos los que se encontraban en la fila de Parks que se movieran hacia la parte de atrás. Rosa se negó, fue detenida y procesada, lo que desencadenó un boicot en el que durante más de un año los afroamericanos de la ciudad de Montgomery no usaron los autobuses. Eran nuevos tiempos y nuevos comportamientos en unos ciudadanos negros que empezaban a alzar la voz exigiendo respeto. Eran un nuevo tipo de ciudadanos afroamericanos, criados en las grandes ciudades, muy alejados de los temerosos negros del campo de las primeras décadas del siglo. La mayoría también estaban muy alejados del blues, sobre todo en su vertiente más sureña y rural, que comenzaba a estar en horas bajas en cuanto a popularidad, aunque todavía era capaz de proporcionar historias que conectaban con la verdadera alma del pueblo afroamericano.

Mientras en Alabama los afroamericanos celebran su victoria sobre las leyes de la segregación y encaran el futuro con un optimismo mayor, en California un hombre de cuarenta y cinco años al que todo el mundo conocía como «The Blues Trouvadour» empaquetaba sus pertenencias para regresar a su hogar en Shreveport, a orillas del Río Rojo, en Luisiana, de donde Jesse Thomas, su verdadero nombre, había partido siendo un adolescente al que todos conocían como Babyface, para emprender un largo viaje en busca de un sueño: convertirse en *bluesman* como su admirado Lonnie Johnson, o como su propio hermano, «Ramblin» Tomas, un guitarrista que se había instalado en Dallas, a donde llegó el joven Jesse en 1927. Recorrió todos los locales de la ciudad tocando la guitarra, tratando de hacerse notar, cosa que consiguió en 1929, cuando por fin grabó su primer tema, «Blue Goose Blues», con Victor Records. El estilo de Jesse era muy osado y rompedor, quizá demasiado para aquel momento, así que el disco no fue el trampolín esperado y el muchacho se marchó en 1937 a California. Allí tampoco le sonrió la fortuna, pero al menos logró convertirse en una influencia decisiva para todos los músicos que llegarían en los días de la Segunda Guerra Mundial para crear el West Coast blues. De regreso a Luisiana, Thomas se fue acercando cada vez más a la iglesia aunque sin abandonar los garitos. Los jóvenes rastreadores blancos del *blues revival* de los sesenta trataron de localizarlo sin éxito y se extendió la leyenda de que había abandonado el país y vivía en Alaska. Lo cierto es que a finales de los setenta seguía trabajando con uno de los grupos que había creado en sus días de California y en los noventa aún hizo alguna aparición en festivales de California. Murió a los ochenta y cuatro años en Shreveport, olvidado prácticamente por todos.

Mientras Jesse Thomas abandonaba California y sus sueños de convertirse en una estrella, otros jóvenes emprendían el camino de tratar de convertirse en célebres *bluesmen*, como Luther Allison, un guitarrista de dieciocho años que en 1957 decide abandonar los estudios y montar con tres amigos una banda de blues que bautizan The Rolling Stones, un nombre que a Luther, en un alarde de visión de futuro, no le parece comercial y lo cambia por el de The Four Jivers.

Luther Allison

Allison, que había llegado a Chicago con su familia seis años atrás procedente de Arkansas, donde fabricaba guitarras con alambres y cajas de madera, se convierte poco a poco en una figura conocida en los locales del West Side. Allí entabla amistad con jóvenes músicos que empiezan a despuntar, como Magic Sam, Otis Rush o Freddie King, quien le incluye en su banda. Tras una década fogueándose en los clubs, en 1968 lanza su primer álbum, *Love Me Mama*, y un año después participa con gran éxito en el Festival de Blues de Ann Arbor. En 1972 ficha por Motown Records y graba tres discos para la filial Gordy con un resultado modesto en Estados Unidos. No obstante, esos discos le dan la oportunidad de viajar a Europa, donde el blues goza de un público adicto. Su éxito le anima a dar el salto definitivo y a finales de los setenta se instala en París, donde residiría durante más de veinte años, promocionado por un joven llamado Thomas Ruf, que acabará teniendo una de las discográficas de blues más importantes de Europa. En 1994 regresa a hacer una gira por Estados Unidos y consigue cuatro premios Grammy. Falleció tres años después en Wisconsin.

El West Side, el gueto negro de Chicago del que había salido Luther Allison, era un hervidero de jóvenes inquietos en aquellos años finales de la década de los cincuenta en lo que todo parece haber entrado en una permanente metamorfosis. Mientras Ruth Carol Taylor se convierte en la primera afroamericana contratada como azafata por una aerolínea, Mohawk Airlines, y el país ve por primera vez en una televisión en color la toma de posesión de su presidente, Dwight D. Eisenhower, en el mundo de la música se produce un inusitado relevo: Elvis Presley marca el paso en Alemania convertido en el soldado número 53310761 del ejército estadounidense, mientras Chuck Berry se convierte en el rey negro del rock bailando el paso del pato bajo la mirada sonriente de Ray Charles, que escandaliza al purista público del Newport Jazz Festival con un actuación plagada de rock & roll. Todo eso sucede en 1958, justo cuando en el West Side se celebra un concurso para jóvenes talentos de la música en el que tres jóvenes guitarristas de blues compiten por conseguir una oportunidad para alcanzar la fama de la que gozan sus idolatrados Muddy Waters o Howlin' Wolf. Son Magic Sam, Otis Rush y Buddy Guy, un chaval recién llegado de Luisiana, que es el que se lleva el primer premio y sus sueños empiezan a cumplirse. Graba un par de sencillos acompañado por su rival Otis Rush y por uno de sus ídolos, Ike Turner, de quien tenía un *slide* del que no se separaba ni para dormir, y además lo hacen en el sello Cobra, la discográfica de otro gran maestro, Willie Dixon. Los discos tienen una acogida discreta pero le permiten trabajar como músico de sesión en Chess Records acompañando a sus ídolos Muddy Waters, Koko Taylor, Sonny Boy Williamson, Little Walter o Koko Taylor. Pero su estilo no acaba de gustar a los hermanos Chess, que lo consideran demasiado «ruidoso». En paralelo graba con el sello Delmark varios álbumes con Junior Wells, como *Hoodoo Man Blues*, en 1965 y *It's My Life, Baby!*, en 1966, que le convierten en una celebridad, sobre todo entre músicos británicos como Eric

Buddy Guy

Clapton o Bill Wyman. A pesar de ello, tardó casi una década en grabar un disco propio en Chess, *Left my Blues in San Francisco*, en 1967. Un año después se marcha de Chess y graba con Vanguard Records, *A Man and the Blues*, el primer disco de una serie que incluye varios discos como *Hold That Plane!*, en 1972, The Blues Giant, en *1979* y *Breaking Out*, en 1980, que influirán notablemente en la nueva generación de *bluesmen* pero que no evitaron que a finales de los años sesenta su carrera entre en declive. A finales de los ochenta regresó como una gran estrella de la mano de su admirador Eric Clapton, que le incluyó en el concierto de estrellas de la guitarra, 24 Nights, celebrado en 1989 en el Royal Albert Hall de Londres. A pesar de su avanzada edad, ochenta y dos años, sigue en activo y en 2012 todavía pudo asistir a la recepción del primer presidente de raza negra, Barack Obama, ante quien interpretó el famoso «Sweet Home Chicago». Seis Grammys y 23 premios Handy avalan su trayectoria.

A sus rivales en aquel concurso de 1957 no les fue peor. Magic Sam, tuvo una carrera desdichadamente corta, ya que murió en 1969, con sólo treinta y dos años de edad, pero tuvo tiempo de convertirse en una de las más rutilantes estrellas del West Side blues moderno con canciones míticas como «All Your Love» y «Feelin' Good (We're Gonna Boogie)». Por su parte, Otis Rush, tras unos trabajosos y discretos inicios a principios de los sesenta, se convirtió en una figura habitual en los conciertos Europeos del American Folk blues festival del final de la década y principios de los setenta. Su estilo supuso una influencia decisiva en la llegada de una generación de músicos blancos de blues como Mike Bloomfield, Eric Clapton y Peter Green. Cuando falleció en 2003 había grabado una docena de álbumes de estudio entre los que destacan *Mourning in the Morning*, en 1969, *Right Place, Wrong Time*, en 1971, *Tops*, en 1988 y *Any Place I'm Goin'*, con el que en 1999 ganó su primer Grammy al

Mejor Álbum de Blues Tradicional. Dos años después de aquel evento que marcó el inicio de sus carreras, en julio de 1959, se celebra la primera edición del Newport Folk Festival, heredero del festival de jazz que se celebraba desde hacía cinco años en dicha localidad de Rhode Island. El cartel incluye a artistas blancos de folk, como Pete Seeger, Earl Scruggs, Bob Gibson o Joan Baez, y a *bluesmen* negros como Bo Diddley, Reverend Gary Davis, Sonny Terry y Brownie McGhee. Aunque no era la primera vez que músicos blancos y negros tocaban juntos, el nivel del festival, la equiparación de géneros y la composición del público, mayoritariamente blanco y universitario, anuncia nuevos tiempos para el blues.

La aparición del revival

Para los afroamericanos, la década de los sesenta significa la consolidación de la lucha por los derechos civiles y la apertura definitiva de una nueva mentalidad, el nacimiento de un nuevo ciudadano negro, más reivindicativo, más consciente de su peso e importancia en la sociedad norteamericana, dispuesto a cerrar cuentas con su pasado de sumisión y a cortar el cordón umbilical que le une al viejo mundo rural y a la manida pero muchas veces real figura del Tío Tom, el negro bueno, obediente, simpático y siempre dispuesto a doblar el espinazo en favor del jefe blanco murmurando «Aye, aye, sir». En los guetos de las ciudades impera una mentalidad urbana que está muy lejos ya de la de los abuelos y tatarabuelos que abandonaron las plantaciones y trajeron con ellos una música que comienza también a formar parte también de un pasado que hay que superar: el blues. Pero a principios de los años sesenta se produce un nuevo fenómeno decisivo en la historia del blues: su descubrimiento por jóvenes blancos, tanto músicos como aficionados y estudiosos de la cultura y el folclore que descubren que en las raíces norteamericanas el peso de la obra creada por los afroamericanos, el pueblo del blues, es mucho más importante de lo que se había considerado hasta el momento.

En 1960 en el Festival de Jazz de Newport se producen violentos enfrentamientos entre grupos de aficionados y fuerzas de la Guardia Nacional y las autoridades amenazaron con prohibirlo, lo que llevó al poeta afroamericano Langston Hughes –la gran figura literaria del renacimiento de Harlem– a escribir un texto, *Goodbye Newport Blues*, que entregó a Muddy Waters para que lo interpretara durante su actuación y que acabó cantando el pianista de su banda Otis Spann, un músico que había nacido en los primeros días de la Gran Depresión, que había llegado a Chicago en 1946 desde Jackson o Belzoni, según las fuentes, en Misisipi, y que sabía bien de que iba la represión y el racismo. Tras diez años tocando como acompañante de Morris Pejoe, en locales como el Tic Toc Lounge, consigue entrar en la banda de Muddy Waters para convertirse en el mejor pianista del Chicago blues. Spann era un *bluesman* casi genético. Su padre podría ser un pianista llamado Friday Ford y su

Lightnin' Hopkins

madre, Josephine Erby, era una guitarrista que había trabajado con Memphis Minnie y Bessie Smith. Para acabar de redondearlo, el segundo marido de su madre, el que le dio el apellido, era Frank Houston Spann, predicador y músico.

Son precisamente esos viejos nombres y esos viejos tiempos los que por esas fechas comienzan a acaparar el interés de los jóvenes blancos que acuden a festivales como el de Newport buscando en el folk y el blues un anclaje cultural con sus raíces. Jóvenes como el productor Sam Chamers, que por esos días acaba de convencer a un viejo guitarrista que tocaba en los garitos perdidos de West Dallas Street, en Houston, para que regrese a los grandes escenarios e incluso viaje a Europa para acabar tocando ante la mismísima reina de Inglaterra. El músico en cuestión se llamaba Lightnin' Hopkins, nombre artístico de Samuel Hopkins, y había empezado a tocar la guitarra a principios de los años veinte en su pueblo natal de Centerville, Texas, después de ver actuar en una fiesta campestre a Blind Lemon Jefferson. Desde aquel día Hopkins se dedicó a acosar a su primero Alger *Texas* Alexander, otro músico ambulante ciego, para que le enseñase a tocar y lo llevase con él como lazarillo. Al final los dos pasaron una década recorriendo los pueblos del sur hasta que ambos, en distintos momentos y por distintos motivos, fueron a parar a la cárcel. Al final Hopkins fue descubierto en 1946 por un cazatalentos que se lo llevó a Los Ángeles para que tocase con el pianista Thunder Smith, formando el dúo Ligtnin' & Thunder («El relámpago y el trueno») de donde Hopkins sacó su nombre artístico. Tras una etapa de éxitos moderados, a principios de los cincuenta regresó a Houston y desapareció, hasta que Chambers lo rescató para convertirlo en una estrella de aquel recién inaugurado movimiento llamado *blues revival*.

En 1962 se produce también el primer desembarco a gran escala del blues en suelo europeo, el primer American Folk Blues Festival, organizado por los promotores Horst Lippmann y Fritz Rau, que contactaron con Willie Dixon para que formase al equipo, en el que finalmente estaban John Lee Hooker, Sonny Terry, Brownie McGhee, T-Bone Walker, Helen Humes, Memphis Slim, Shakey Jake y Jump Jackson. Al final se celebrarían 14 ediciones que permitirían al público europeo entrar en contacto con los representantes genuinos del blues norteamericano, para acabar creando sus propias versiones del género, entre las que destacó de forma especial la creada en el Reino Unido con el nombre de *british blues*, que más adelante revisaremos con detalle. Ese mismo año James Meredith se convierte en el primer estudiante negro de la Universidad de Misisipi, lo que además de una enconada polémica política y periodística, provocó violentos enfrentamientos callejeros que se saldaron con dos muertos y más de 300 heridos. Mientras el público blanco europeo comenzaba a darle carta de respetabilidad a la principal música de raíz afroamericana, tratando a sus intérpretes con un respeto y una admiración de los que pocas veces había sido objeto en su propia casa, sus creadores y protagonistas estaban inmersos en la lucha cotidiana por la supervivencia y la dignidad.

Redescubriendo las raíces

La situación en la que vivían la mayoría de los músicos de blues que se habían retirado, forzosa o voluntariamente, entre los primeros tiempos de la Gran Depresión y principios de los años cincuenta, olvidados por todos y atravesando en muchos casos situaciones de pobreza, cuando no de miseria absoluta y marginación, convirtieron su búsqueda por parte de los aficionados, musicólogos, productores e investigadores de principios de los años sesenta en una ardua tarea plagada de anécdotas y situaciones inverosímiles.

Una de las anécdotas más sonadas fue la protagonizada por Mississippi John Hurt, cuya búsqueda comenzó cuando dos versiones suyas de los temas «Frankie» y «Spike Driver Blues», salieron a la luz al ser incluidas en la recopilación *The Anthology of American Folk Music*, publicada en 1952. La localización inicial no fue posible y Hurt, se convirtió en una leyenda para los buscadores de *bluesmen* perdidos, como Tom Hoskins, un investigador trotamundos especializado a quien el musicólogo Dick Spottswood le encargó la búsqueda de Hurt cuando, en 1963, descubrió una copia del tema «Avalon Blues». Por entonces, Avalon es un pueblo perdido en los bosques del noroeste de Misisipi, a donde Hoskins envía una carta en cuyo sobre sólo figura el nombre del pueblo y el del anciano *bluesman*, a quien forzosamente le tuvo que sorprender que un desconocido que se apellidaba igual que su primera mujer, le preguntase si era el autor de una canción que había grabado muchos años antes. Hurt entrega su respuesta al cartero y se olvida del asunto, hasta que un día aparece un joven blanco, le pregunta su nombre y le dice «Te hemos estado buscando durante años». Aquello alertó el viejo John, quien pensó que aquel individuo era un policía que quería meter las narices en el negocio de contrabando de alcohol que tenía montado con su hermano. La respuesta del *bluesman* ha pasado con letras mayúsculas al anecdotario del blues: «Usted se equivoca de hombre. Yo no he hecho nada malo». Lo suyo le debió costar a Tom Hoskins convencer a Hurt de que le acompañase para actuar en el Newport Folk Festival, pero al final lo logró y durante los tres años siguientes Mississippi John Hurt, que cincuenta años antes había empezado a tocar en los bailes de los pueblos cercanos con su socio, William Narmour, grabó discos para el sello Vanguard y la Biblioteca del Congreso, actuó en festivales y programas de televisión, triunfando ante un público mayoritariamente blanco como una leyenda del blues genuino.

Mississippi John Hurt

Un caso arquetípico de localización detectivesca fue el de Skip James, que estuvo completamente desaparecido durante tres décadas y que tras múltiples y tercas pesquisas por parte de tres fanáticos del blues: John Fahey, cantautor de Washington D. C., Bill Barth, guitarrista neoyorquino, y Henry Vestine, guitarrista de Canned Head, acabó siendo localizado en 1964 en un hospital en Tunica, Misisipi, en el que estaba ingresado tras someterse a una operación contra el cáncer. Según cuenta Stephen Calt en su libro *I´ve Rather Be the Devil*, la biografía del *bluesman*, este no los recibió precisamente con los brazos abiertos y la frase que dedicó a sus esfuerzos fue de todo menos amable: «Debéis ser bastante estúpidos, os ha llevado mucho tiempo llegar hasta aquí». Tampoco resulta demasiado sorprendente esa reacción en un tipo que en sus días de *bluesman* itinerante alardeaba de llevar siempre encima una navaja y una pistola y de usarlas con habilidad con la misma destreza que usaba su guitarra o más. Este músico que en su día fue tan famoso como el mítico Robert Johnson, era un individuo bastante dado a meterse en líos y pasó casi toda su vida entre matones, jugadores de ventaja y prostitutas. De hecho vivió una temporada con una de ellas, Mary Mitchell, que también tenía fama de ser hábil en el manejo del cuchillo, entre otras cosas. James era un músico inquieto y no paraba demasiado en ninguna parte –parece ser que de ahí le venía su apodo, «skip» («saltarín»)– pero recalaba habitualmente en la zona de Jackson donde formó parte de la pandilla de Tommy Johnson y los hermanos McCoy. Grabó su primer disco, *Hard Time Killin Floor*, en la primavera de 1931 pero sólo se vendieron unos centenares de copias. Eran los días de la Gran Depresión y el negocio de la música hacia aguas, así que James, amargado por el fracaso comenzó a alejarse del blues y a acercarse a la música religiosa para acabar convirtiéndose en ministro baptista. Al final, aquellos tres tercos y sagaces investigadores del blues lograron convencerlo de que actuase en el Festival de Newport de 1964, aunque con poco entusiasmo por parte del viejo *bluesman* que no aguantó mucho tiempo en el circuito del blues revival, aunque al menos los derechos de la versión que grabó el grupo británico Cream de su tema «I'm so Glad» le permitieron pagarse una operación que le prolongaría tres años más la vida.

Skip James fue redescubierto casi al mismo tiempo que el más famoso e importante de los pioneros, Son House, que tras una búsqueda iniciada por Nick Perls, Dick Waterman y Phil Spiro en la región del Delta del Misisipi, fue localizado también en 1964 en Rochester, Nueva York, localidad en la que vivía desde 1943. House estaba retirado de la escena musical y trabajaba para la New York Central Railroad, siendo completamente ajeno al entusiasmo internacional que reinaba por la reedición de sus primeras grabaciones. Al igual que Hurt y James, actuó en el Newport Folk Festival en 1964, pero también en el New York Folk Festival de 1965, en la gira europea del verano de 1970 junto a Skip James y Bukka White y en el Festival de Jazz de Montreux de ese mismo año.

Entre la pléyade de *bluesmen* redescubiertos a principios de los años sesenta figuran músicos como Elijah Douglas Quattlebaum, más conocido como Doug Quattlebaum, que fue localizado en 1961 por el historiador de blues Pete Welding en las calles de Filadelfia, donde tocaba su guitarra eléctrica con un amplificador conectado a la furgoneta en la que vendía helados. Furry Lewis, que trabajó como barrendero de la ciudad de Memphis desde 1922 hasta su retiro en 1966, fue localizado en julio de 1968 por Bob West que le grabó en el mísero apartamento en que vivía, en una sesión conjunta con Bukka White. La lista de músicos recuperados para el blues en esos años es prácticamente inagotable e incluye a figuras como

Lightnin' Hopkins, localizado en 1959 por el investigador Mack McCormick que lo llevó al Carnegie Hall el 14 de octubre de 1960 para tocar junto a grandes del folk del momento como Joan Baez y Pete Seeger, o «Misisipi» Joe Callicott que desapareció de la escena musical a principios de los cuarenta y fue redescubierto en 1967 por el folclorista George Mitchell gracias al que regresó a los escenarios en el Memphis Country Blues Festival de 1968.

Jessie Mae Hemphill

En otros casos no se trató de un redescubrimiento, sino de un verdadero descubrimiento, como el de Jessie Mae Hemphill, nacida en 1923 cerca de Como, en Misisipi, que grabó su primer tema en 1967, en unos registros de campo realizados por los musicólogos George Mitchell y David Evans, pero que no se llegaron a editar. Hemphill tocaba la guitarra a la edad de siete años y la batería en la banda de su abuelo, Sid Hemphill. No pasó de tocar en algunos bares de Memphis en los años cincuenta. En 1978, David Evans regresó a Memphis para dar clase en la universidad y fundar la High Water Recording Company dedicada a promover el interés por la música regional del sur. Buscó a Jessie Mae y realizó unas nuevas grabaciones en 1979 que le permitieron a la *blueswoman* iniciar una carrera artística en 1981 con su primer álbum, *She-Wolf*. A partir de ahí formó parte de un par de bandas, grabó con discográficas francesas y realizó giras por Estados Unidos y Europa. En 1987 y 1988 recibió el WC Handy Award de la mejor artista tradicional de blues femenino. En 1993 tuvo un derrame cerebral y se retiró del blues. Murió el 22 de julio de 2006.

Los blancos cruzan la calle

En 1962 un guitarrista de treinta años nacido en Leona, Texas, pariente lejano del mítico Lightnin' Hopkins, saca al mercado una canción, «Frosty», que vende millones de copias y le coloca en el camino al estrellato que le llevará a concertar con el movimiento contracultural de finales de los sesenta. El guitarrista se llama Albert Collins, que también será conocido como «The Ice Man» y en la grabación de aquel tema estuvieron presentes dos jóvenes músicos blancos llamados Janis Joplin y Johnny Winter. El estilo de Collins será fundamental en la transformación del blues a final del siglo XX y su trayectoria personal le llevará a ser uno de los primeros *bluesmen* en relacionarse de tú a tú con una nueva generación de artistas blancos como los ya citados Winter y Joplin, o los miembros del grupo de blues rock Canned Heat, que en 1968 viajaron a Houston para conocerle y convencerle de que se fuese con ellos a California y se sumase a la ola del *blues revival.* Allí logró el reconocimiento del público blanco y las estrellas de rock. En California, Collins vivió una época de esplendor, aunque a veces se vio obligado a contratarse como guitarrista mercenario. Jimi Hendrix, dijo de él que era uno de los mejores guitarristas que había conocido. En 1983 ganó el premio W.C. Handy al mejor álbum de blues del año por su disco *Don´t Lose Your Cool*, y a partir de mitad de los ochenta y principios de los noventa se convirtió en una estrella mundial. Falleció en 1993 en Las Vegas, dejando una profunda influencia en una generación de blancos que aspiraban a convertirse en músicos de blues.

Uno de esos jóvenes blancos, un armonicista que se hacía llamar Memphis Charlie, emprendió en 1962 rumbo a Chicago desde Memphis, al estilo de los *bluesmen* de los tiempos históricos a los que tanto admiraba. Su verdadero nombre era Charlie Musselwhite, había nacido en Kosciusko, un pequeño pueblo de Misisipi, y siendo un adolescente se había marchado a Memphis, que por entonces estaba en plena fiebre de los inicios del rock & roll de Elvis y Jerry Lee Lewis. Pero a Charlie le tiraba más la raíz blusera, así que, cansado de buscarse la vida trabajando en lo que iba cayendo, decide marcharse a la ciudad del viento en busca de mejores oportunidades laborales, tal y como contó en un entrevista inédita, realizada por el periodista cultural David Moreu en 2017: «Como todo el mundo, yo también quería marcharme del Sur. Quería un trabajo y había escuchado que había más oportunidades en el Norte, en Chicago. Varios amigos habían ido allí y cuando regresaban de visita un año más tarde, tenían un enorme Buick de color rojo. Entonces me decía: Yo también quiero uno de esos Buicks!». Pero las cosas no fueron fáciles, igual que les sucedió a los *bluesmen* originales con los que afirma haberse encontrado casi por casualidad: «Pensé que lo lograría si iba a Chicago. Pero cuando llegué allí no encontré los mismos trabajos que ellos (mis amigos). Me contrataron como conductor en una empresa de exterminación de plagas y recorríamos toda la ciudad [...]. Veía esos pósters en las ventanas de los clubes que anunciaban a Muddy Waters, Howlin' Wolf o Elmore James. No podía creer que esa gente estuviera en Chicago. Me habían dicho que todas las personas que se dedicaban al entretenimiento vivían en Nueva York o en Hollywood [...]. Sabía que Chess Records y Vee-Jay eran de Chicago, pero simplemente creía que grababan los discos en la ciudad. No imaginaba que los artistas vivieran allí. Y cuando descubrí que esa escena de blues estaba allí, me sentí como un niño en una tienda de caramelos. No podía creerlo. Entonces empecé a ir a los clubes a verlos en directo».

Charlie Musselwhite y Mike Bloomfield

Musselwhite se zambulló en ese ambiente musical y conoció a *bluesmen* como Big Joe Williams y John Lee Hooker. Montó una banda de blues y en 1966 publicó con Vanguard Records su primer disco, *Stand Back! Here Comes Charley Musselwhite's Southside Band*, un título que era casi una declaración de principios con el que obtuvo un éxito que le animó a ir a San Francisco para conocer el movimiento hippie y contracultural que se estaba gestando. En California tuvo una acogida tan buena que llamó a su amigo John Lee Hooker para que se fuera para allá. Ambos se convirtieron en dos figuras de la escena blusera de aquellos años de confluencia entre blancos y negros y con el tiempo Musselwhite se convertiría en un verdadero *bluesman* por derecho propio, ganando catorce Blues Music Awards e ingresando en el Salón de la Fama del Blues en el año 2010. Hasta el momento ha grabado 40 discos, el último en 2018 con Ben Harper, *No Mercy In This Land*, y sigue tocando por todo el mundo convertido en uno de los grandes representantes del blues genuino.

En la época en la que Charlie Musselwhite llegó a Chicago ya había en la ciudad algunos jóvenes blancos infiltrándose en el blues negro, como Mike Bloomfield, que en 1959 ya actuó con Luther *Guitar Junior* Johnson en un club llamado The Place. Bloomfield había nacido en la propia ciudad de Chicago en 1943 en el seno de una familia adinerada de origen judío y en su adolescencia cayó atrapado por el rock & roll. Como muchos chicos de su época montó una banda de rock, Hurricanes, inspirada en un grupo de Ohio, Johnny and the Hurricanes. En 1957 asistió a un concierto del cantante de blues Josh White y ahí comenzó su afición. Empezó a visitar clubs del sur de Chicago y a comprar discos de Sleepy John Estes, Yank Rachell o Little Brother Montgomery, que imitaba con su guitarra. Tras actuar con Guitar Junior, logró codearse con estrellas de la talla de Muddy Waters o Howlin' Wolf.

En 1963 Paul Butterfield, otro muchacho blanco, también de Chicago y aficionado al blues que tocaba ocasionalmente la armónica con músicos como Little Walter y Otis Rush, formó la Paul Butterfield Blues Band. Hasta entonces había estado actuando en pubs de la zona universitaria con su compañero de correrías el cantante y guitarrista Nick Gravenites, pero cuando conoció a otro joven guitarrista blanco, Elvin Bishop, decidió montar una banda de blues añadiendo al bajista Jerome Arnold y al batería Sam Lay, dos músicos afroamericanos que tocaban en la banda de Howlin' Wolf. Durante una temporada actuaron en el club Big John's, donde coincidieron con Bloomfield, que acabó incorporándose a la banda, justo a tiempo para grabar *The Paul Butterfield Blues Band*, su primer disco, editado en 1965, tras varios intentos frustrados. El disco salió al mercado después de su participación en el Festival Folk de Newport, en julio de 1965, donde a pesar de una desdeñosa presentación del folclorista Alan Lomax, lograron un considerable éxito que marcó el inicio de su carrera. Uno de los que les dio un empujón fue Bob Dylan, que tocó con ellos algunos temas y se convirtió en la estrella del festival gracias a su clamorosa y polémica osadía de electrizar el folk.

Tras incorporar al teclista Mark Naftalin y sustituir a Sam Lay por Billy Davenport en la batería, la banda grabó en 1966 su segundo álbum, *East-West*, en el que se empiezan a adentrar en el blues rock y el jazz fusión. Los solos de guitarra de Bloomfield y Bishop convierten el disco en un predecesor del *acid rock*. En 1966 Paul Butterfield viaja a Inglaterra y graba varias canciones con John Mayall & the Bluesbreakers, consolidando las bases del blues rock. Antes de grabar el tercer disco, *The Resurrection of Pigboy Crabshaw*, en 1967, comienzan los cambios en la formación, que serán una constante de la banda hasta su desaparición. El disco es un éxito, los conciertos internacionales se suceden uno tras otro pero la banda sigue alejándose de sus raíces en el blues tradicional, como queda patente en el álbum, *In My Own Dream*, lanzado en 1968. En 1969 actúan en el Festival de Woodstock y en 1971 la banda desaparece cuando ya de la formación original sólo quedaba el propio Butterfield. Mike Bloomfield cayó en el olvido a causa de la heroína y murió en 1981. Butterfield lo siguió en 1987, también a causa de la heroína, tras una carrera en solitario en la que actuó con la plana mayor del blues.

Caminando hacia un nuevo mundo

El trabajo y la libertad, dos cosas que siempre les habían sido escamoteadas a los afroamericanos, fueron la razón y el lema de la marcha que el 28 de agosto de 1963 reunió en el National Mall de Washington D. C. a más que 250.000 personas, un 80 por ciento afroamericanos, para escuchar los discursos de los líderes de los derechos civiles y las distintas confesiones religiosas –todos hombres excepto la bailarina, cantante y actriz Josephine Baker– entre los que destacaba Martin Luther King, que aquel día pronunció su histórico discurso «I Have A Dream» («Tengo un sueño»). También hubo música, de cantantes blancos y negros: Peter, Paul & Mery, Joan Baez, Bob Dylan, Mahalia Jackson, Marian Anderson, y famosos, también de todas las tonalidades raciales: Harry Belafonte, Sidney Poitier, Sammy Davis Jr., Ruby Dee, Charlton Heston, Paul Newman, Joanne Woodward

Martin Luther King

y Marlon Brando, entre otros. Toda esta diversidad de altos vuelos dio alas al sueño de Luther King del fin de la sociedad desigual y racialmente segregada. Pero ese sueño se tambaleó abatido, primero por las balas que mataron cuatro meses después a John Fitzegrald Kennedy, y más tarde por las que acabaron con la vida del propio Luther King en 1968.

En el mundo del blues también hay muchos sueños que se tambalean y muchas carreras que se derrumban abatidas por el empuje de nuevos géneros musicales que conectan mejor con la nueva sociedad afroamericana que recoge el grito de «Soy negro y estoy orgulloso de serlo» que lanzan jóvenes rebeldes como James Brown, que aquel año de 1963 lanzaba *Live at the Apollo*, el primero de sus grandes discos. Mientras Rufus Thomas, Ray Charles, Bettye LaVette o Jackie Wilson se convierten en los reyes de las emisoras de radio y copan las listas de éxitos con su rhythm & blues y su soul, los *bluesmen* históricos como Willie Dixon, Memphis Slim, Sonny Boy Williamson II o Muddy Waters reciben los aplausos de los jóvenes blancos europeos que descubren el blues en las giras del American Folk Blues Festival.

El cambio en el mundo del espectáculo es tan vertiginoso como despiadado y hay quien no logra superarlo. El 14 de diciembre de 1963, Dick *Night Train* Lane, una estrella del fútbol americano y séptimo marido de Dinah Washington, la encuentra muerta al regresar a casa. La chica que a los diecisiete años había comenzado a cantar en el Garrick's Bar, uno de los locales más elegantes de Chicago y que a principios de los años cincuenta era considerada la Reina del Blues de la ciudad, se había quitado la vida con una mezcla letal de alcohol, somníferos y píldoras adelgazantes, cuando tenía sólo treinta y nueve años. Muchos de los que la conocían nunca quisieron aceptar esa versión y aseguraron que había sido un accidente. Ciertamente era difícil de creer que una persona tan vital, con una personalidad arrolladora, que había coleccionado discos de éxito y maridos con la misma facilidad, fuese capaz de poner fin a su vida de aquella manera. Pero lo cierto es que en los últimos años habían empezado a lloverle las críticas de ciertos sectores del blues y del jazz que consideraban su música demasiado frívola y además había comenzado a desarrollar una obsesión con su imagen a causa de sus problemas de sobrepeso. A los quince años había ganado un concurso de espirituales celebrado en el Regal Theatre, de Chicago, a los diecisiete se convirtió en cantante de blues y jazz y se codeó con los más grandes, como Lionel Hampton, Louis Armstrong o Benny Goodman, a los veintidós obtuvo su primer gran éxito con «Ain't Misbehavin», una versión de un tema de Fats Waller y a los treinta y cinco obtuvo un Grammy con la canción «What a Difference a Day Makes», una versión del tema «Cuando vuelva a tu lado», de la mexicana María Grever. Su vida había sido una vertiginosa carrera hacia el éxito y se apagó a la misma velocidad cuando ese éxito comenzó a volverse esquivo.

Pinetop Perkins

Otro que abandonó la música, si bien temporalmente, a principios de los años sesenta fue el pianista Pinetop Perkins, pero en este caso el retiro fue la propia ciudad de Chicago a donde llegó desde la zona de Memphis. Allí, en 1953, había grabado para Sun Records, con su amigo Earl Hooker, una versión de «Boogie Woogie Pinetop» del mítico pianista de blues Clarence *Pinetop* Smith, muerto de un disparo durante una reyerta veinticuatro años antes. El éxito del tema consolidó «Pinetop» como su nombre artístico durante el resto de su vida pero no fue suficiente para superar el desencanto momentáneo tras años de una carrera que había comenzado en los años treinta tocando en las fiestas campestres y en los garitos cercanos a Belzoni, su pueblo natal en el Delta del Misisipi. En los años cuarenta continuó en el *King Biscuit Time*, el programa de radio que la emisora *KFFA* emitía desde Helena, donde conoció a Rice Miller, Robert J. Lockwood y Robert Nightawk, y de momento trabajaba en la zona de Memphis tocando con sus socios Ike Turner y Earl Hooker. Afortunadamente, en 1968 su viejo amigo Hooker le convenció de regresar a los escenarios y a partir de 1969 se convirtió en el pianista de Muddy Waters, sustituyendo al fallecido Otis Spann. Estuvo once años con el rey de Chicago, hasta que se decidió a montar su propio grupo, la Legendary Blues Band con la que emprendió una carrera hacia el éxito que a partir de 1988, con la grabación de su primer disco en solitario, *After Hours*, le convertiría en el principal representante del piano blues y boogie y en uno de los últimos gigantes del Chicago blues.

Los ingleses devuelven la visita

Casi un siglo después del final de la Guerra Civil que traería tanto el fin de esclavitud como la puesta en marcha de las leyes Jim Crow y el inicio de la segregación racial, en 1964 La Civil Rights Act (La Ley de Derechos Civiles) pone definitivamente fin a «la aplicación desigual de los requisitos de registro de votantes y la segregación racial en las escuelas, bancos de sangre, en el lugar de trabajo e instalaciones que sirvan al público en general», lo que supone la invalidación de las leyes de Jim Crow en el sur de Estados Unidos. En el ámbito musical el año comienza también con una noticia revolucionaria, aunque obviamente de mucho menos calado social: el 7 de febrero de 1964 comienza la primera visita de The Beatles a Estados Unidos. El famosísimo cuarteto de Liverpool que está convulsionando el ambiente musical en todo el planeta, llega precedido por el enorme éxito de su sencillo «I Want To Hold Your Hand», lanzado en los Estados Unidos a finales de 1963. Los Beatles que en su primera aparición pública en el programa de Ed Sullivan confirman todas las expectativas con un récord de telespectadores jamás alcanzado hasta entonces, son la punta de lanza, o la cabeza de playa, por usar un término bélico más adecuado, de la invasión británica, un fenómeno que cambiará radicalmente la historia del rock y de la música popular en todo el mundo. Una de las primeras anécdotas de esta visita está relacionada con el blues y pone de manifiesto que, en aquel momento histórico, en los Estados Unidos, los *bluesmen*, incluso los más famosos, eran en líneas generales, unos perfectos desconocidos para el gran público. En su primer encuentro con los medios de comunicación los periodistas preguntaron a los Beatles qué era lo primero que querían conocer del país a lo que los de Liverpool contestaron sin dudar que a Muddy Waters y Bo Diddley. Uno de los reporteros tradujo en palabras el estupor de sus compañeros y confundido por la traducción literal del nombre de Muddy Waters (aguas cenagosas), les preguntó dónde estaba aquel lugar, ante lo que un enfadado Paul McCartney respondió: «¿Es que ustedes no conocen a sus propios famosos?».

A rebufo de los Beatles y su éxito en los próximos meses y años aterrizarían en el país y en el mercado discográfico norteamericano toda una pléyade de grupos británicos como The Animals, The Dave Clark Five, The Who o The Rolling Stones, que llegarían menos de cuatro meses después, el 1 de junio de 1964. La primera visita de los Stones a Estados Unidos fue un tanto caótica, entrevistados en televisión por un Dean Martin vacilón y un tanto despectivo, ante el que interpretaron una versión de «I Just Want to Make Love to You», un blues de Willie Dixon grabado diez años antes por Muddy Waters, a quien las nuevas estrellas del rock & roll conocieron días después en Chicago, en una escena mil veces narrada. Tras actuar en California y Texas, con un modesto poder de convocatoria, los Stones llegan a los míticos estudios de Chess Records en el 2120 de South Michigan Avenue, donde los esperaba una legendaria sorpresa: su adorado Muddy Waters está subido a una escalera pintando el techo del local, una actividad que realizaba para redondear sus más bien magros ingresos de aquellos días. Así lo recuerda un impactado Keith Richards en el libro de Stephen Davis, *Rolling Stones. Los viejos dioses nunca mueren*: «Te quedas pasmado: ahí estaba el rey del blues pintando la pared. Cuando empezamos, los Rolling Stones, nuestro gran objetivo era presentar a Muddy a los demás. Le pusimos nombre al conjunto a partir de su canción. Y ahora estaba a punto de encontrarme con El Hombre. Es mi puto Dios, ¿vale?, ¡y está pintando el techo!». En Chess los Stones se cruzaron también con otros grandes mitos de la compañía como Willie Dixon, Chuck Berry o Buddy Guy, grabaron un EP que formaría parte de su siguiente álbum e incluso llegaron a grabar una versión de «2120 South Michigan Avenue» con Muddy Waters a la guitarra, aunque esta parte se eliminó en la edición final por motivos legales de los contratos. Tampoco pasaron a la posteridad las grabaciones que hicieron durante aquellos días con versiones de «Tell Me Baby» de Big Bill Broonzy y «High Heel Sneackers» de Willie Dixon, que fueron desestimadas junto a temas de Chuck Berry como «Reelin' and Rockin».

Pero los británicos no eran los únicos rockeros que se acercaban con devoción al viejo papá blues. El 25 de junio de 1964 la cantante de rock Janis Joplin, que todavía era una desconocida que trataba de encontrar su hueco en el mundo de la música, y el futuro guitarrista de Jefferson Airplane, Jorma Kaukonen, grabaron en San Francisco una serie de estándares de blues como «Hesitation Blues», una canción de origen popular reescrita por W. C. Handy, «Nobody Knows You When You're Down and Out», compuesto por Jimmy Cox y popularizado por Bessie Smith, «Trouble in Mind», un tema escrito por el pianista Richard M. Jones que cantó en los años veinte Bertha *Chippie* Hill, «Kansas City Blues», compuesto en 1927 por Jim Jackson, «Daddy, Daddy, Daddy», una canción tradicional, «Long Black Train Blues», de Lonnie Johnson y «Typewriter Talk», un tema propio en el que suena como instrumento de percusión una máquina de escribir manejada por la hermana de Kaukonen. Este material sería editado en un disco llamado *The Typewriter Tape*, después de la muerte de Joplin. No sería esta la única aproximación al blues de la estrella tejana del rock, que además de incluir el género en su repertorio, siempre mostró una gran devoción por las *blueswomen* clásicas y en especial por Bessie Smith, a quien llegó a comentar a sus amigos que creía que reencarnaba de alguna forma y cuya lápida pagó, junto a Juanita Green, hija de una doméstica

Janis Joplin

de la Smith, para que fuera colocada en la tumba de la Emperatriz del Blues el 8 de agosto de 1970 con la inscripción «The Greatest Blues Singer in the World Will Never Stop Singing» («La cantante de blues más grande del mundo nunca dejará de cantar»).

La otra cantante de la época que siguió la senda abierta por las *blueswomen* clásicas fue Bonnie Raitt, que en 1967 ingresa en el Radcliffe College con el propósito de estudiar las culturas africanas y conoce al promotor de blues Dick Waterman, con quien dos años después se traslada a Filadelfia. Allí su vida dará un giro radical y acabará siendo una de las primeras figuras femeninas blancas del blues. A finales de los sesenta tocó con figuras como Howlin' Wolf, Sippie Wallace o Mississippi Fred McDowell. En 1971 sacó un álbum de título homónimo en el que destacó no sólo por su voz, sino por su técnica con el slide, convirtiéndose en una de las pocas virtuosas de esta técnicas. En 1972 lanza su segundo disco, *Give It Up*, con muy buenas críticas pero discretos resultados comerciales, algo que se repitió en los siguientes álbumes hasta que en 1977 publica *Sweet Forgiveness*, que contiene una exitosa versión del «Runaway», de Del Shannon. Desde entonces ha grabado una docena de discos y se ha convertido en una figura fundamental del blues, el country y el rock de finales del siglo XX. Ha recibido 10 premios Grammy y figura entre las cien mejores cantantes y las cien mejores guitarristas de todos los tiempos.

Los tiempos están cambiando

En 1964 el productor Joe Boyd, que por entonces tenía veintidós años, visita Chicago en busca de la escena del blues y lo que se encuentra es un ambiente decadente de final de etapa histórica, tal y como describe gráficamente en su obra *Blancas bicicletas*: «En el South Side, visité los decaídos clubs de blues, cuyos clientes eran en su mayoría viejos y pobres. La zona estaba a mitad de camino entre su edad de oro, cuando competía con Harlem como capital de la América negra, y las funestas últimas décadas del siglo XX, que causarían su descenso en espiral hacia la violencia y la miseria». Pero a pesar de la evidente caída de popularidad del género entre el público afroamericano, todavía hay jóvenes negros que tratan de seguir los pasos de los viejos mitos y convertirse en *bluesmen*. Este es el caso de Magic Slim, que en 1966 graba su primer disco sencillo, «Scufflin'» que le da una discreta popularidad en los pequeños y anticuados clubs en los que por esos días sobreviven los músicos de blues. A pesar de ello lograría sobrevivir artísticamente para grabar su primer álbum en 1977, *Born Under a Bad Sign*, con el sello francés MCM. Fue gracias a la popularidad creciente del blues en Europa como Magic Slim y otros músicos de su generación, como Taj Mahal, Johnny Copeland o Bobby Rush, pudieron sobrevivir durante los años setenta y la primera mitad de los ochenta y desarrollar una fructífera carrera como músicos de blues. Nacido en 1937 en Torrance, Misisipi, es un músico que enlaza histórica y ambientalmente con los *bluesmen* históricos. Era un niño de campo, hijo de una familia de aparceros, como demuestra el hecho de que el dedo meñique le faltaba se lo arrancó una desmotadora de algodón, lo que le obligó a abandonar las lecciones de piano y pasarse primero al bajo y luego a la guitarra. Siguió la ruta hacia Chicago igual que habían hecho años antes Muddy Waters o Sonny Boy Willliamson, pero llegó en 1965 y por entonces muchas cosas habían comenzado a cambiar en el ámbito de la comunidad afroamericana, en la que la lucha por los derechos civiles no sólo estaba alcanzando sus máximas cotas sino que se extendía también a la protesta contra la Guerra de Vietnam.

Vietnam, el final de la inocencia

En 1966, pocos meses después de que Malcolm X fuera asesinado a tiros en Harlem, el activista pro derechos civiles Stokely Carmichael usa por primera vez en público la expresión *Black Power*, la misma idea conductora que lleva a Huey P. Newton y Bobby Seale, dos activistas negros de Oakland, a fundar el Partido de las Panteras Negras para la Autodefensa en octubre de 1966. A principios de ese mismo año el presidente de Estados Unidos, Lyndon Johnson, había anunciado que Estados Unidos debía permanecer en Vietnam del Sur hasta que terminara la agresión comunista. Por entonces había en Vietnam del Sur cerca de 190.000 soldados norteamericanos, de los que casi una cuarta parte fueron afroamericanos y latinos, fruto de la política de desegregación del ejército con el lema: «Sólo reconocemos un color, el verde oliva». A medida que avanzaba el conflicto y aumentaba el número de bajas se incorporaron a filas más soldados y poco antes de que acabara el conflicto uno de cada cuatro estadounidenses muertos en combate era negro.

Uno de esos soldados fue uno de los hijos de Etta Baker una semidesconocida guitarrista y cantante nacida en 1913 en Caldwell County, Carolina del Norte, que vivió noventa y tres años e interpretó Piedmont blues durante noventa, ya que ella misma contaba que había comenzado con tres años de edad, cuando apenas podía sostener la guitarra. Sin embargo, su primera grabación se produjo en 1956. En 1982 recibió el premio Brown-Hudson Folklore Award de la North Carolina Folklore Society, el primero de decenas de galardones que recibiría hasta su muerte en 2006, pero ninguno logró curar la desolación que le produjo en 1967 la muerte de su hijo en la Guerra de Vietnam, para la que reclamaba jóvenes soldados el presidente Johnson. El encargado de darle la réplica musical fue el más comprometido de los *bluesmen* del momento, J. B. Lenoir, en su tema «Vietnam Blues», cuya letra mezclaba la protesta contra la guerra con la queja por la eterna segregación racial: «Oh Dios, si puedes escuchar mi oración ahora, / por favor, ayuda a mis hermanos en Vietnam, / los pobres muchachos están peleando, matando y escondiéndose en agujeros, / tal vez matando a su propio hermano. / Presidente, siempre clamas por la paz, pero debes limpiar tu casa antes de irte, / ¿cómo puedes decirle al mundo cómo necesitamos paz / mientras maltratas y matas a los pobres como yo». Lenoir, que morirá al año siguiente a causa de las lesiones producidas en un accidente de automóvil, era un *bluesman* tan elegante como concienciado y contestatario y ya había mostrado su postura contra la guerra en 1950 con su tema «Korea Blues». Nacido en Monticello, Misisipi, seis meses antes del estallido de la Gran Depresión, era uno de los supervivientes de los días dorados del blues de Chicago a mediados de los cincuenta, cuando ya había dado muestras de su inconformismo al grabar «Eisenhower Blues», un tema de 1954 en el que le cantaba las cuarenta al presidente de los Estados Unidos por la situación de marginación en que vivían los ciudadanos negros. Al famoso «Ike» Eisen-

J.B. Lenoir

hower le sentó bastante mal, y la discográfica Parrot tuvo que convencer al cantante de volver a grabar un nuevo estribillo con el título de «Tax Paying Blues». Su repertorio incluía también otros temas contra la segregación, como «Shot on James Meredith», dedicado al primer afroamericano aceptado en la Universidad de Misisipi, o «Alabama Blues», dedicada a las protestas en el transporte público de Alabama.

Pero Lenoir es una excepción y en general el blues está ya muy alejado de las inquietudes de la comunidad negra, que se ve mejor reflejada en las canciones de las estrellas del soul, el estilo en el que ese año, 1967, Aretha Franklin levanta la voz para reivindicar los derechos de la mujeres afroamericanas dándole la vuelta a «Respect», un tema compuesto originalmente por Otis Reding, quien hablaba de un hombre que, cansado del trabajo, al regresar a casa exigía a su mujer ser tratado con el debido respeto –en su acepción de sexo y amor–, y que en la versión de la futura reina del soul se convertiría en un alegato feminista en el que, a la exigencia de respeto racial tras siglos de racismo y segregación, se unía al exigencia de las mujeres afroamericanas de ser tratadas en nivel de igual que sus padres, maridos y compañeros, o tal y como lo define Xavier Valiño en el libro *Political World, Rebeldía desde las guitarras*, editado por 66 RPM: «En las manos de Aretha, la canción se convertía en una declaración feminista desbordante, impulsada por su poderosa voz. "Respect" capturaba las demandas más básicas de las personas marginadas por décadas de segregación y, también, de las mujeres resignadas durante siglos al trabajo en el hogar. No en vano en 1969 fue definida como el "nuevo himno nacional negro"».

En una nueva vuelta de tuerca para el blues tradicional, en 1968 Albert King proclama el *Blues Power*, con su disco *Live wire. Blues Power*, grabado en directo en el Filmore East de San Francisco. King era un superviviente que había comenzado conduciendo un tractor en una plantación de Misisipi, luego emigró a Chicago, fue obrero en una fundición y comenzó su carrera musical en los años cincuenta en los clubs del South Side. Acabó convertido en un modelo a seguir para nuevos músicos de blues como Jimi Hendrix, Eric Clapton, Gary Moore o Mike Bloomfield, quien precisamente en diciembre de 1968, celebra un concierto en el Fillmore East de Nueva York e invita a subir al escenario a un joven albino para que interprete «It's My Own Fault», de B. B. King. El joven en cuestión se llamaba Johnny Winter, un nombre que se les quedó grabado a los ojeadores de Columbia Records que se hallaban en el concierto y se encargaron de dirigir su futura carrera como una de las grandes figuras de la guitarra del blues rock. De alguna manera, los blancos garantizaban la supervivencia del género.

Años setenta. Los herederos directos

En 1970, un año declarado por la ONU como Año Internacional de la Lucha contra el Racismo y la Discriminación Racial, se produce un momento histórico marcado por la tendencia a la baja del blues histórico y por el relevo generacional. En 1972, sale al mercado *The Father, The Son, The Blues*, un disco del niño prodigio de ocho años Lucky Peterson, grabado con su padre, James Peterson, dueño de un club nocturno en Buffalo en el que recalaba habitualmente Willie Dixon, que produjo el primer single de Lucky, «1-2-3-4», cuando tenía sólo cinco años. En la adolescencia tocaba los teclados para artistas como guitarra y teclados de respaldo para Etta James, Bobby *Blue* Bland o Little Milton. A los veinte años grabó *Ridin'*, el álbum que le hizo pasar de promesa a artista consolidado, y desde entonces ha grabado 30 LP que le convierten en uno de los puntales del blues a caballo entre los siglos XX y XXI.

En los primeros años de la década, mientras desaparecen para siempre figuras como Magic Sam, Otis Spann, Earl Hooker o Lucille Hegamin, la antorcha del blues es recogida por una nueva generación de músicos como John Primer, que aprendió a tocar la guitarra *slide* con el *sideman* de Muddy Waters, Sammy Lawhorn, que comenzó a tocar en público en 1974 en el Theresa's, un club en Chicago donde permaneció hasta el final de la década. En 1979 se unió al Chicago

George Beasley, Sammy Lawhorn, Jimmie Lee Robinson, Willie Black, Little Willie Anderson en el B.L.U.E.S. de Chicago (1979)

Blues All-Stars de Willie Dixon, y más tarde a la banda de Muddy Waters hasta que este murió. En 1983 comenzó su carrera en solitario y grabó su primer álbum, *Poor Man Blues*, en 1991 con Magic Slim Billy Branch. Desde entonces ha lanzado más de 15 discos, y durante dos años consecutivos, en 2013 y 2014, fue nominado al Blues Music Award en la categoría de intérprete masculino de blues tradicional, un galardón que obtuvo definitivamente en el 2016.

Otro joven heredero de los grandes *bluesmen* de Chicago es Bob Margolin que comenzó a tocar la guitarra en 1964, y grabó por primera vez en 1967 en el disco *Peak Impressions*, de la banda bostoniana de rock psicodélico The Freeborne. Entre 1973 a 1980 tocó en la banda de Muddy Waters, junto a quien participó en el histórico concierto *The Last Waltz*. Ha colaborado en discos de otros grandes del Chicago blues como Pinetop Perkins, Jerry Portnoy o John Brim. Como solista, ha grabado una docena de álbumes entre los que destacan *The Old School*, en 1989, *Chicago Blues*, en 1991, *My Blues & My Guitar*, en 1995, *In North Carolina*, en 2007 y *My Road*, en 2016. También desarrolla una faceta divulgadora como colaborador de la revista *Blues Revue* y tiene dos nominaciones en 2013 a los Blues Music Award, como intérprete de blues tradicional, y en la categoría de álbum acústico, por su disco conjunto con Ann Rabson, *Not Alone*. Otro joven blanco que, como Margolin, tocó con los grandes maestros, es el cantante y armonicista James Harman que grabó su primer single en 1964 en Atlanta, Georgia, antes de trasladarse a Chicago y Nueva York a finales de los sesenta y acabó instalándose en California a principios de los setenta. Allí tocó con la Icehouse Blues Band respaldado a *bluesmen* como Big Joe Turner, John Lee Hooker, Freddie King, Muddy Waters,

Albert King, B. B. King o T-Bone Walker, entre otros muchos. En 1977 formó su banda en la que participaron Phil Alvin y Bill Bateman, antes de marcharse en 1978 para formar The Blasters. Por su formación también pasaron Gene Taylor, que también se unió a los Blasters, Kid Ramos y Hollywood Fats. En 1983 grabó *Thank You Baby*, el primer disco de doce, hasta el momento, que le acreditan como uno de los más sólidos puntales del blues norteamericano actual.

En esta recapitulación de músicos blancos que se relevaron para llevar la antorcha del blues a través de los años setenta, los más bajos en la historia del género, no podían faltar Charles Baty, un estudiante de matemáticas de la Universidad de Berkeley, ni Rick Estrin, un chaval que se enamoró del blues siendo un niño, cuando su hermana le regaló el disco *The Genios Swings The Blues*, de Ray Charles. Ambos formaron en 1976 la banda Little Charlie & the Nightcats, cuyo primer álbum, *All the Way Crazy*, se publicó en 1987. Durante los años ochenta participaron en los festivales internacionales de blues más importantes y en 1993 obtuvieron un Handy Blues Award a la mejor canción con «My Next Ex-Wife», incluida en el álbum *Night Vision*, producido por Joe Louis Walker. En 2008 Charles Baty anunció su retirada y la banda pasó a llamarse Rick Estrin & the Nightcats.

Pero además de los herederos musicales, también hubo herederos biológicos manteniendo viva la llama del blues. En 1977, el mismo año en el que se estrena la serie de televisión *Roots* (Raíces) y el mundo entero conoce por primera vez la historia de las esclavitud en los Estados Unidos, en el festival de Jazz de Berlín, un chaval de diecinueve años llamado Lurrie Bell, hijo del histórico Carey Bell, uno de los grandes de la armónica de todos los tiempos, actúa junto a Freddy Dixon, hijo del legendario Willie Dixon, y Billy Branch, bajo el significativo nombre de The New Generation of Chicago Blues Band, cosechando un enorme éxito que les permitirá en los próximos años pasearse por los escenarios de todo el mundo representando al renacido blues de Chicago, ya bajo el nombre de The Sons of Blues. De los tres integrantes mencionados de The Sons of Blues, el único que no era hijo de un *bluesman* famoso era Billy Branch, nacido en Chicago en 1952 pero criado en Los Ángeles, donde comenzó a tocar la armónica de forma prácticamente autodidacta a los cinco años. En 1969 regresa a Chicago para estudiar en la universidad y asiste al primer Chicago Blues Festival, producido por Willie Dixon, y Branch se engancha al blues de tal forma que seis años después realiza su primera gira con la banda del propio Dixon, los Chicago Blues All-Stars, donde desarrolla un aprendizaje que le permitirá convertirse en una de las últimas leyendas de la armónica blues de finales del siglo XX y principios del XXI.

A punto de terminar la década ignominiosa del blues, el 19 de agosto de 1979, un joven guitarrista de veinticuatro años llamado Stevie Ray Vaughan se presenta en el San Francisco Blues Festival. Con su banda, Double-Trouble, con Tommy Shannon al bajo y Chris Layton en la batería, a los que se uniría en 1985 el teclista Reese Wynans. Causan una gran impresión a los críticos, pero su verdadera oportunidad no llegará hasta 1983, cuando su mánager le entrega a Mick Jagger una grabación de la banda actuando, gracias a lo cual actuarán en una fiesta de los Rolling Stones. El siguiente paso fue su presentación en el Festival Internacional de Jazz de Montreux, donde el estilo rockero de Vaughan causa estupor entre los aficionados puristas y su actuación acaba entre abucheos. Curiosamente, esa actuación se plasmó en un álbum en vivo, *Live At Montreux*, que hoy día está considerado una joya del blues rock y que además incluye un tema, «Texas Flood», por el que obtuvieron un Grammy. Finalmente su carrera pasa a ser dirigida por John Hammond que les consigue un contrato con Epic Records para grabar su primer álbum, *Texas Flood*, al que en 1983 la revista *Guitar Player* elige como mejor álbum de guitarra y nombra al propio Vaughan como mejor nuevo talento y mejor guitarrista de *electric blues*. En 1984, Vaughan ganó dos National Blues Award al mejor *showman* y al mejor instrumentista, convirtiéndose en el primer blanco en obtener ambos galardones. A pesar de las constantes críticas recibidas desde los sectores más puristas del género, durante las décadas siguientes Vaughan inspirará a las nuevas generaciones de guitarristas y dominará una época marcada por el blues rock. En agosto de 1990 falleció en un accidente de helicóptero.

Stevie Ray Vaughan

Sobreviviendo a los ochenta

Agazapados en discretos y nostálgicos clubs de los Estados Unidos y festivales montados por incombustibles aficionados europeos, en la primera mitad de los años ochenta los músicos de blues no pasan precisamente por uno de sus mejores momentos en los Estados Unidos, sobreviviendo como pueden a la oleada de consecutivas modas y géneros musicales, casi todos herederos indirectos suyos, como el pop, la música disco, el hip hop, la new wave, el techno pop, el heavy metal o la música electrónica. Músicos de renombre –como Albert Collins, Lowell Fulson, Bobby Rush, Albert King, Buddy Guy, Floyd Dixon, Magic Slim, Pinetop Perkins o Charles Brown– siguen gozando de fama gracias a sus continuas giras por

Europa, donde por esos años comienzan a surgir bandas autóctonas que serán la base de la explosión que tendrá el género en el viejo continente entre finales de los noventa y la primera década del siglo XXI. Stevie Ray Vaughan y su blues tejano con reminiscencias de rock fue uno de los pocos que consiguió un verdadero éxito comercial en los ochenta, mientras que entre el público afroamericano lo único que llegó a despertar un verdadero interés fue el soul blues que tuvo en Bobby Bland, Solomon Burke y Ray Charles a sus máximos representantes. En 1980 Robert Cray, que por entonces era un joven de veintisiete años que había comenzado tocando psicodelia soul pero que admiraba a Albert Collins, saca su primer disco, *Who's Been Talking*, y tres años después se consolida como una firme promesa del blues con su álbum *Bad Influence*, con el que logra dos premios W. C. Handy y se convierte en uno de los pocos *bluesmen* que se asoma a las pantallas del nuevo medio de difusión musical, la MTV que había nacido en 1983, sólo dos años antes de la salida del disco, y llega a ser el referente universal de los nuevos tiempos, dando por bueno el profético título de uno de sus primeros y efímeros grupos de éxito, The Buggles y «Video Killed the Radio Star» («El vídeo mató a la estrella de la radio»), que anunciaba una nueva era en el negocio musical.

A poco de comenzar la década, el 30 de abril de 1983, muere Muddy Waters, cuya última aparición en vivo fue durante un concierto de Eric Clapton en el otoño de 1982 y cuyo último disco, King Bee, lanzado en 1981, no sólo había tenido un discreto resultado, sino que había suscitado descontento en miembros de la banda como Johnny Winter, Pinetop Perkins, Jerry Portnoy, Calvin Jones y Bob Margolin, que además tuvieron disputas salariales con el mánager de la banda, por lo que hubo que completar el disco con temas del álbum *Hard Again*, grabado en 1977. Pero a pesar de que no sean los mejores tiempos para el género, sigue habiendo miembros de una nueva generación dispuestos al relevo, como Walter *Wolfman* Washington, nacido en Nueva Orleans en 1943, que grabó su primer álbum, *Rainin' in My Life*, en 1981 tras dos décadas como músico de carretera acompañando a artistas como Lee Dorsey, Johnny Adams e Irma Thomas, y que tras una serie de altibajos y desapariciones temporales, relanzará su carrera en los albores del siglo XXI. Otro miembro de esa nueva generación es Kenny Neal, hijo también de un *bluesman*, Raful Neal, de Baton Rouge, Luisiana, que en 1987 graba en la discográfica independiente King Snake Records su primer disco, *Bio of the Bayou*, que captaría la atención del mundillo del blues y se convertiría en un éxito regrabado y retitulado por Alligator Records como *Big News from Baton Rouge*. Tres años después estaba actuando en Broadway y empezaba a escalar hacia el estrellato del blues. Kenny forma parte de una de las más importantes sagas del blues moderno, los Neal de Baton Rouge, que demuestran la vigencia del blues en el ADN afroamericano: Fredrick ha sido el teclista habitual de su hermano Kenny desde que era un adolescente, Larry toca la batería y la armónica, Graylon también toca la batería, aunque en un estilo más cercano al rock, Lil Ray (llamado también Raful Neal III) está considerado como uno de los mejores guitarristas del blues de finales del siglo XX, Noel fue durante años el bajista de James Cotton y Jackie es una magnífica cantante que acompañaba habitualmente a la banda familiar, al igual que sus otros tres hermanos, Ronnie, Charlene y Darnell, y sus sobrinos Tyree, Joshua y Trellis, consolidadas promesas de la escena de Luisiana. También Mitch Woods, uno de los nombres más importantes del boogie woogie moderno, graba su primer disco, *Steady Date with Mitch Woods & His Rocket 88s*, en 1984 y un año después participa en el Festival de Blues de San Francisco. En 1988 Tracy Chapman comienza su carrera grabando su primer disco homónimo.

A finales de la década le llega por fin el merecido éxito a una de las grandes estrellas del blues blanco norteamericano, Bonnie Raitt, que en 1989 consigue colocar en el número uno de las listas su décimo álbum, *Nick of Time*, que además consigue cuatro Grammys, uno de ellos por un dueto con John Lee Hoocker en el tema «In the Mood». Raitt llegó al blues gracias a su curiosidad por la cultura afroamericana y su amistad con el productor de blues Dick Waterman, gracias al que en sus primeros tiempos como artista de blues y folk pudo tocar con históricos como Howlin' Wolf, Sippie Wallace o Mississippi Fred McDowell. Ha grabado una veintena de discos, ha colaborado con los más grandes, desde B.B. King hasta Fats Domino, pero una parte importante de su labor ha sido la de mantener y preservar la memoria del blues y la música negra, gracias a sus frecuentes donaciones para mantener lugares históricos del género.

Bonnie Raitt

Cumpliendo un ciclo vital, los años ochenta también fueron el final para un buen número de *bluesmen* históricos, la mayoría de ellos nacidos en las dos primeras décadas del siglo, y el obituario incluye nombres como Son House, Tampa Red, Sippie Wallace, Furry Lewis, Big Walter Horton, Lightnin' Hopkins, Alberta Hunter, Big Joe Turner, Percy Mayfield, Michael Bloomfield, Paul Butterfield o el citado Muddy Waters, con lo que ello supone de señal de cambio de ciclo histórico.

El último rey

Pero la estrella indiscutible de los años ochenta y el hombre que mantuvo el género vivo gracias a su infatigable ritmo de trabajo durante las tres últimas décadas del siglo XX, que en ocasiones ha llegado a superar los 300 conciertos al año, es el legendario B.B. King, que en 1988, a los sesenta y tres años, consigue subirse de nuevo al carro de la fama y los superventas gracias a colarse en el álbum *Rattle and Hum*, de la banda irlandesa U2, con la que interpreta el tema «When Love Comes to Town», con el que buena parte de una nueva generación descubre esa vieja música llamada blues. El último rey indiscutible del blues, Riley Ben King, nació en 1925 en la plantación de Itta Bena, en Indianola, Misisipi. Su vida comenzó de una forma aciaga. Apenas conoció a su padre, su madre murió cuando tenía sólo nueve años y su abuela se hizo cargo de su educación, que consistía básicamente en cantar en la iglesia, acudir lo justo a la escuela y echar una mano en el duro trabajo de los campos de algodón. En cuanto pudo se marchó a Memphis, a buscar a su primo Bukka White, quien le ayudo a convertirse en un consumado guitarrista. En 1948 cruzó el río Misisipi y se trasladó a West Memphis, en Arkansas, donde Sonny Boy Williamson II, quien le ayuda a conseguir un trabajo en la emisoras WDIA como cantante y *disck jokey*. El joven Riley Ben, comienza a hacerse conocido como «Blues Boy». El siguiente peldaño lo daría con la ayuda de T-Bone Walker, quien le descubre la guitarra eléctrica, la herramienta de trabajo con la que se haría mundialmente famoso.

Riley se convirtió en B. B. King y en 1947, a los veintidós años, grabó sus primeros temas con Sam Phillips, el futuro fundador de la mítica discográfica Sun Records, que por entonces trabajaba para el sello Modern. Dos años después, en el invierno de 1949, sube el primer peldaño de su leyenda. Durante una actuación en un garito de Twist, Arkansas, dos individuos que se peleaban derriban un barril con el fuego que calentaba la barraca y la incendian. Cuando logró salir, B. B. King se dio cuenta de que su guitarra, una Gibson acústica, se había quedado dentro y volvió a entrar en el edificio en llamas a rescatarla. Cuando supo que la pelea había sido por una mujer, le puso su nombre a la guitarra y así nació la famosa *Lucille*, el nombre de todas las guitarras de su vida.

B. B. King

En 1952 King se traslada a Los Ángeles, la sede de Modern Records, donde graba «3 O'Clock Blues», su primer éxito de ventas que se coloca en el número uno del *Billboard*. Monta su primera banda, al estilo de las grandes orquestas de swing. Y comienza a realizar giras por todos los Estados Unidos. Entre 1953 y 1955 ocupa en varias ocasiones los puestos más altos de las listas de ventas. En 1956 establecería su récord de actuaciones en un año, con 342 conciertos, y en 1957 graba su primer álbum, *Singin' the Blues*, que contiene un tema, «Bad Luck», que vuelve a ser un éxito rotundo. En 1962, King firmó con ABC-Paramount Records, consolidando una carrera que le lleva durante la década de los sesenta a situarse como el artista de blues más conocido en las últimas décadas del siglo XX. Hasta su fallecimiento el 14 de mayo de 2015 editará más de medio centenar de discos, recibirá 15 premios Grammy, el Premio de Música Polar de la Real Academia Sueca de Música (el equivalente al Nobel de la Música), la Medalla Presidencial de la Libertad de los Estados Unidos y un sinfín más de galardones. En sus últimos años de vida se convirtió en la última gran leyenda viva del blues, trabajando hasta el último día y colaborando activamente en proyectos solidarios en favor de la educación musical de la infancia.

El triunfo de los viejos mitos

En 1991, una joven cantante de treinta años llamada Candye Kane, se autoedita el disco *Burlesque Swing*, que marcaba la conversión al blues de una artista punk de agitada y turbulenta vida. Nacida y criada como Candace Hogan en Highland Park, un suburbio de Los Ángeles, Kane había formado parte esencial del movimiento punk californiano en los primeros años ochenta, con un peculiar y personal estilo country punk, y en 1985 es fichada por la discográfica CBS para ser lanzada como nueva estrella del country, pero la operación no prospera cuando la multinacional descubre que aparte de un pasado punk, Kane tenía un pasado porno. A partir de ese momento entra en una etapa de renovación personal, se casa y comienza a interesarse por las raíces del feminismo estadounidense, lo que en una vuelta de tuerca del destino la lleva a encontrarse con las grandes damas del blues, de Ma Rainey a Ruth Brown, pasando por Bessie Smith. Big Mama Thornton, Etta James y Big Maybelle. Con estas luchadoras contra el machismo y el racismo como norte ideológico y musical, se pasa al blues y comienza una nueva etapa en la que grabará 25 discos entre los que destacan *Home Cookin*, en 1994, *KnockOut*, en 1995, *Diva La Grande*, en 1997, *Any Woman's Blues*, en el 2000 y *Guitar'd & Feathered*, en 2007. Durante los últimos años de su vida se convirtió en una firme defensora del feminismo, los derechos humanos y la libertad sexual. Falleció en 2016 a causa de un cáncer que le habían diagnosticado ocho años antes. Su vida fue llevada al teatro en 2009 en una obra con el elocuente título de *The Toughest Girl Alive*. Entre los numerosos premios que recibió está el Blues Award de 2011 como la mejor cantante contemporánea de blues, lo que la situó en el olimpo de las grandes damas del género, junto a las *blueswomen* que habían cambiado su vida. La experiencia de Kane ilustra muy bien el movimiento de recuperación a finales del siglo XX de la cultura del blues, con sus míticos protagonistas reivindicados por las nuevas generaciones como parte esencial de la cultura norteamericana y mundial.

Una vieja estrella en la acera de la fama

11 de septiembre de 1997 John Lee Hooker asiste a la colocación de su estrella en el Paseo de la Fama, en un reconocimiento cargado de simbolismo. El *bluesman* que había comenzado su carrera en las aceras de Maxwell Street, en Chicago, era inmortalizado al lado de las grandes estrellas en la acera de Hollywood Boulevard. Lejos quedaban los días en los que los pioneros del blues como Son House, Tampa Red o Blind Willie Johnson se buscaban la vida tocando en las polvorientas calles de los pueblos del Sur o en las esquinas de las aceras de las ciudades. El blues se había convertido en uno de los grandes valores de la cultura norteamericana, aunque el pueblo que lo creó, los descendientes de los esclavos, seguían siendo ciudadanos de segunda en buena parte del país. Hooker era un músico admirado por los rockeros, que conectaba directamente con las entrañas del blues. Nació en una granja cerca de Clarksdale, en 1917, según afirmó su familia tras su fallecimiento, aunque también se manejan otras fechas. Su padre era un predicador y en su casa sólo estaba permitida la música religiosa, pero cuando tenía once años sus padres se divorciaron y él se fue a vivir con su madre, que se casó con Willian Moore, un músico de blues que le enseñó a tocar la guitarra y gracias a él conoció a pioneros como Charlie Patton o Blind Lemon Jefferson, que visitaban su casa con cierta regularidad. A los quince años se va de casa y se marcha a Memphis a seguir aprendiendo de músicos como Robert Lockwood. Y de allí a Cincinnati, donde sobrevivió tocando en la calle, su territorio natural, mientras trabajaba como limpiabotas y vigilante nocturno. La siguiente parada fue Detroit, donde además de trabajar en la industria del automóvil se hizo un hueco en los garitos de Hastings Street, el corazón del barrio negro. En 1948 graba su primer tema «Boogie Chillen», que se convierte en un éxito al que siguen otros como «I'm in the Mood», «Hobo Blues» o «Dimples». También publicó discos con nombres como Johnny Williams, John Lee Booker, Texas Slim, Delta John o John Lee, para zafarse de las ataduras de los leoninos contratos de las discográficas con las que siempre tuvo problemas por los ingresos de los derechos de autor. En 1955 firma un contrato con el sello Vee-Jay y se marcha a Chicago para grabar su mítico «Boom boom», que le hará mundialmente conocido, sobre todo después de que en 1962 viaje a Europa para participar en el American Folk Blues Festival y los nuevos grupos británicos de blues y rock, como The Yardbirds, Rolling Stones o Animals se enamoren de su contundente estilo cantando y tocando la guitarra. Su forma de tocar en directo queda patente en la película *The Blues Brothers*, rodada cuando tenía ya setenta y tres años en una actuación en la calle que fue grabada en directo. Durante la última etapa de su vida siguió colaborando con artistas de tan variados estilos como Bonnie Raitt, Van Morrison o Los Lobos. En 2001, cuando preparaba una gira por Europa, cayó enfermo y murió pocos meses después en San Francisco convertido en un patriarca del rock y una celebridad mundial cuya fama llegó al extremo de que en un país como Tanzania imprimieron un sello con su imagen.

John Lee Hooker

Los noventa y la tercera juventud

A principios de los noventa en la banda de Hooker tocaba la guitarra y hacía funciones de productor un excelente intérprete de Delta blues, nacido en 1950 y llamado Roy Rogers, que se convertiría en uno de los mejores intérpretes de la guitarra *slide* en los años del cambio de siglo. Rogers, que en 2009 sería nominado como Best Blues Guitar Instrumentalist por la Blues Foundation, representa perfectamente la línea de continuidad del blues. El final del siglo XX y los principios del XXI han visto surgir tanto músicos de blues que siguen la estela más clásica del género, como Nick Moss, un virtuoso músico blanco fiel al blues eléctrico de Chicago y que domina la guitarra, la armónica y el bajo, como artistas que siendo fieles a la tradición se adentran en estilos paralelos, como Corey Harris, un intérprete y antropólogo estudioso del género, nacido en 1969 y que comenzó a tocar la guitarra a los doce años escuchando los discos de Lightnin' Hopkins que tenía su madre. Harris lo mismo practica un depurado blues del Delta que toca funk o R&B de Nueva Orleans, pero también sin ningún temor a aventurarse en el reggae más genuino o en los ritmos africanos. Su interés por la historia de sus antepasados le llevó viajar a Camerún para estudiar la lingüística y la música africanas. En 1995 grabó su primer álbum, *Between Midnight and Day*, un homenaje al más puro Delta blues. En sus siguientes discos ha realizado un recorrido exhaustivo por la música afroamericana, del funk al jazz. Discos como *Vu-Du Menz*, editado en 2002 en un estilo de blues absolutamente primitivo lo convirtieron a los ojos de la crítica en el heredero directo de Taj Mahal.

En esa especie de tercera juventud del blues también se mueve Keb' Mo', capaz de abanderar la recuperación del blues tradicional y al mismo tiempo fusionarlo con el rock. En 1994, en su segundo álbum de título homónimo, homenajeó a Robert Johnson con sendas versiones de «Come on in My Kitchen» y «Kind

Hearted Woman Blues» un homenaje en el que insistió con su participación en el documental *The Blues* de Martin Scorsese, en el año 2003.

En 1994 también se produce la irrupción de una cantante y guitarrista de Boston, de ascendencia italiana, que ese año forma su primer grupo de blues, Susan Tedeschi Band, junto a Tom Hambridge y Adrienne Hayes, que al año siguiente publicó un primer disco, *Better Days*, con una modesta repercusión. Comenzó a recibir el reconocimiento de la prensa especializada a partir de su siguiente álbum, *Just Won't Burn*, publicado en 1998. El disco se convertiría en disco de oro en el año 2000 confirmando a Susan Tedeschi como uno de los principales valores del fortalecimiento de la escena blusera en los años noventa, algo en lo que también participó Ben Harper, un músico californiano nacido en 1969, que según propia confesión creció escuchando toda la gama de la música americana, del blues al hip hop, pasando por el folk, el soul, el R&B, el reggae, el jazz y el country. Con esos mimbres no es de extrañar que desde su primer disco, *Welcome to the Cruel World*, editado en 1994, su música haya ido transitando del folk blues al rock con sonidos étnicos, lo que le ha llevado a colaborar con artistas tan distintos como la cantante inglesa de electrofolk Beth Orton o el histórico grupo de góspel Blinds Boys of Alabama.

El renacimiento del blues acústico a mediados de los años noventa se debe a músicos como Otis Taylor, un *bluesman* de Denver que se mantiene fiel a la pureza de las raíces del género, con letras muy raciales y una interpretación sobria y que ha logrado trece nominaciones a los Blues Music Awards, o Eric Bibb, hijo de Leon Bibb, un conocido cantante folk de los sesenta, que se convirtió en un especialista del blues de preguerra y acabó desarrollando su carrera en Suecia, o Guy Davis, intérprete de banjo y actor neoyorquino que publica discos como *Call Down the Thunder*, un tributo a los maestros del blues rural que aprendió directamente de su abuela. También participaron en este renacer blusero Alvin *Youngblood* Hart, uno de los mejores intérpretes de country blues de finales del siglo XX según la opinión del propio Taj Mahal, y Thornetta Davis que graba su primer disco, *Sunday Morning Music*, en 1996, y que tras varios años actuando con las figuras más importantes del blues y el rock, en 2017 vio reconocida su carrera con un Blues Award al Mejor Álbum de un Artista Emergente.

El relevo generacional

En ocasiones, lo que se produjo fue un relevo generacional puro y duro, como en el caso de Shemekia Copeland, hija del cantante y guitarrista Johnny Copeland, nacida en 1979, que empezó a actuar siendo una adolescente que acompañaba a su padre y que grabó su álbum de debut, *Turn the Heat Up!*, en 1998. Dos años después lanzó su segundo disco, *Wicked*, en el que realiza un dúo con la veterana

Shemekia Copeland

blueswoman Ruth Brown, con el que logró tres Blues Music Awards y que la pondría en el camino de consagrarse como una de las cantantes de blues del siguiente siglo, después de que el 12 de junio de 2011 en el Chicago Blues Festival, recibiera la corona de Koko Taylor como la nueva «Reina de los Blues» de manos de Cookie Taylor, la hija de histórica *blueswoman*. Walter King, saxofonista e hijo de B. B. King, lideró la banda de su padre durante los últimos veinticinco años de su carrera, en la que comenzó trabajando de chico para todo y ha acabado liderando su propio proyecto y defendiendo en todo el mundo el legado de su progenitor.

Otro heredero directo del blues por vía genética es Big Bill Morganfield, el hijo de Muddy Waters, con el que tuvo muy poco contacto y que no se dedicó a la música sino a la docencia hasta después de morir su padre en 1983, cuando comenzó a tocar la guitarra. En 1996 se presentó con su banda, The Stone Cold Blues Band, un grupo de músicos profesionales de Atlanta, en el Blue Angel Cafe de Chattanooga, Tennessee, con la intención de relanzar su carrera musical, que había dejado interrumpida a finales de los ochenta para regresar a su trabajo de profesor. En 1999 lanzó su primer disco, *Rising Son*, para el que reclutó a músicos de tanto peso como Paul Oscher, Willie *Big Eyes* Smith y Pinetop Perkins, lo que le valió que en el año 2000 le concediesen el premio W. C. Handy, en la categoría de nuevos intérpretes de blues. Desde entonces se ha dedicado a acudir a festivales de todo el mundo, en los que es más reclamado por su apellido que por su calidad musical.

En octubre de 1999 fallecía Frank Frost, que había nacido en 1936 en el condado de Jackson, Arkansas, y que a los dieciocho años se convirtió en acompañante habitual de los míticos *bluesmen* Sam Carr y Robert Nighthawk y que tuvo como maestro de armónica al mismísimo Sonny Boy Williamson II. A principios de los sesenta tuvo su momento de gloria grabando algunos temas como «Hey Boss Man» y «My Back Scratcher», con Sam Phillips, en la histórica discográfica Sun Records, en la que comenzó Elvis Presley. Después desapareció hasta que a finales de los años setenta lo redescubrieron, entonces participó en la grabación de algunos discos y un documental, *Deep Blues: A Musical Pilgrimage to the Crossroads*, dirigido en 1992 por Robert Mugge con guion de Robert Palmer, en el que parecen músicos históricos como R. L. Burnside, Jessie Mae Hemphill, Big Jack Johnson o Junior Kimbrough, entre otros. Su muerte, a finales del siglo XX, marcaba el final de una era para el blues y abría las puertas a una nueva etapa en el siguiente milenio.

Transitando por el siglo XXI

El 11 de septiembre de 2001, cuatro atentados terroristas suicidas simultáneos provocaron la muerte de 3.016 personas en Nueva York, Washington y Pensilvania, sumiendo en el horror a todo el planeta, que no volvería a ser el mismo desde entonces. Ese mismo día, una joven llamada Bette Stuy decide abandonar Nueva York y trasladarse a Los Ángeles para emprender una nueva vida como cantante de blues. Allí conoció a Ray Charles, que le ofreció grabar a dúo un tema, sueño que no pudo cumplir al fallecer antes el mítico rey del soul. Pero Bette no se rindió y se mantuvo en la carretera, actuando con distintas bandas de ocasión, como Soul Patrol, una banda femenina, hasta que regresó a Nueva York en el año 2006 y grabó un disco, *From Hell of My Inner Child*, al que seguiría el EP *Introducting Bette Stuy: This Is Neo-Blues*, que le abre las puertas del Salón de la Fama del Blues de Nueva York, como una renovadora visión del género. Una década después, en 2017, regresaría renovada como Bette Smith, con su álbum *Jetlagger*, en el que recuperaría las raíces soul y blues con las que había crecido en su barrio natal de Bed-Stuy, en Brooklyn, donde se crió entre la miseria y la violencia y de donde huiría después de que su hermano moribundo le hiciese prometer en el lecho de muerte que perseguiría su sueño de ser cantante por encima de todo lo demás. Quizá su música esté a mitad de camino entre la dudosa etiqueta del neo blues renovado, el soul y el rock, pero su espíritu encarna perfectamente el de la vieja música del diablo.

Sin embargo, al contrario de lo que sucedió con el neo soul o el nuevo R&B, que en el nuevo milenio se han apoderado de la parte más comercial de la memoria del género para hacerle revivir una segunda vida, la etiqueta del neo blues no ha prosperado y sin embargo sí ha ido aumentando el número de artistas que viajan a los primeros tiempos del género para bucear en sus raíces y reivindicarlas, como es el caso de Slam Allen, nacido en 1966, que tocó la batería de la banda de soul familiar The Allen Brothers y más tarde, aprendió la guitarra con su padre, Harrison Allen y su tío, Cecil Allen, el cantante, guitarrista principal de la banda del legendario James Cotton en sus últimos tiempos. Otro recuperador y mantenedor del blues de raíces es Terry *Harmonica* Bean, nacido en 1961 en Pontotoc, Misisipi, hijo de Edie Bean, un granjero que tocaba la guitarra en un modesto grupo de blues y que siempre animó la carrera de su hijo, quien grabó su primer disco, *Here I Am Baby*, en el año 2001, y que desde entonces pasea por todo el mundo su blues de raíces. Otros siguen la estela del Chicago blues, como Larry Taylor, hijo precisamente del cantante y guitarrista Eddie Taylor, uno de los protagonistas de la época dorada de la ciudad del viento. Larry pertenece a una generación de *bluesmen* nacidos a mediados del siglo XX y que sirve de correa trasmisora del blues de Chicago hacia la nueva centuria junto a músicos como Little Wolf, Johnny Laws o Johnny B. Moore. También hay herederos musicales del blues eléctrico de Ray Vaughan, como Joe Bonamassa, nacido en 1977 y que con sólo doce años teloneó a B. B. King, que grabó su primer disco con diecisiete y que entre 2002 y 2018 ha grabado veinte álbumes que le colocan entre los mejores guitarristas actuales de un moderno blues rock.

En los últimos años del siglo XX y principios del XXI era inevitable la fusión de viejo blues con su descendiente más reciente, su tataranieto, el rap. En este apartado destaca Gary Clark Jr., nacido en Austin en 1984 y conocido por su fusión de blues, rock y soul con elementos de hip hop. A pesar de que los aficionados más puristas pueden considerarlo anatema, el trabajo de Clark ha recibido las bendiciones de grandes popes de la música de origen afroamericano, compartiendo escenario con muchas leyendas del rock and roll, como B. B. King, Buddy Guy, Eric Clapton o los propios Rolling Stones. No fue el único en abrir ese campo de fusión por el que transitaron otros músicos como Basehead, Stanley Clarke & Q-Tip, ZZ Ward, Ori e incluso los franceses Scarecrow, por citar sólo a algunos de los que han emprendido esta novedosa senda que une al hip hop con su ilustre antepasado.

Una historia centenaria

El 24 de junio de 2003, coincidiendo con la celebración del centenario del nacimiento oficial del blues en el apeadero de Tutwiler, tal y como había decretado W. C. Handy, el presidente de Estados Unidos, George W. Bush, hace pública la Proclamación 7687 - Black Music Month, 2003 que supone un reconocimiento explícito a la importancia capital del blues y la música negra en la historia del país: «A lo largo de la historia, la música afroamericana ha demostrado el clima social de cada época. Desde los días de la esclavitud y la discriminación, durante el progreso del movimiento por los derechos civiles y hasta el día de hoy, la música negra ha contado la historia de la experiencia afroamericana. Además de dar voz a las luchas, la fe y las alegrías de los negros, la música afroamericana también ha ayudado a unir a las personas. Antes de que nuestra nación avanzara hacia la justicia igualitaria, la música como el jazz y el blues proporcionaba un ámbito en el que las personas de todas las razas podían ser juzgadas por su talento y no por el color de su piel». Tras realizar un repaso a lo largo de la historia de la música negra, desde los work songs al rap, pasando por el góspel, el blues, el rhythm & blues, el rock & roll y el soul, mencionando a figuras clave como W. C. Handy, Bessie Smith, Count Basie o Fletcher Henderson, el presidente Bush celebra «a los muchos artistas afroamericanos creativos e inspiradores, cuyos esfuerzos han mejorado nuestra nación, reconocemos su legado perdurable y miramos hacia un futuro de logros musicales continuados», para acabar declarando: «Yo, George W. Bush, Presidente de los Estados Unidos de América, en virtud de la autoridad que me otorgaron la Constitución y las leyes de los Estados Unidos, proclamo junio de 2003 como el Mes de la Música Negra. Animo a los estadounidenses de todos los orígenes a que aprendan más sobre la herencia de los músicos negros y a celebrar el notable papel que han desempeñado en nuestra historia y cultura».

Era la declaración más solemne que se había realizado nunca sobre el blues y el reconocimiento más elevado de la música afroamericana como motor, estímulo y base de la cultura de los Estados Unidos. Pero no sería el único homenaje que por esos días recibiría el blues, porque ese año de 2003 también fue la fecha aprovechada por el director y productor de cine Martin Scorsese, para lanzar la serie documental *The Blues*, que consta de siete episodios dirigidos por otros tantos prestigiosos cineastas y que supone el mejor acercamiento fílmico realizado hasta el momento en torno al género. A los libros y documentales que en la primera década del siglo XXI homenajean el género y lo acercan a las nuevas generaciones, se suman también los grandes conciertos que reúnen a los supervivientes de los días dorados del blues, como el Crossroads Guitar Festival de 2010, organizado por la estrella del british blues y devoto número uno del blues clásico, Eric Clapton, que reunió para la ocasión a viejas y nuevas glorias como B. B King, Buddy Guy, Steve Winwood, John Mayer, Sheryl Crow, Jeff Beck y ZZ Top.

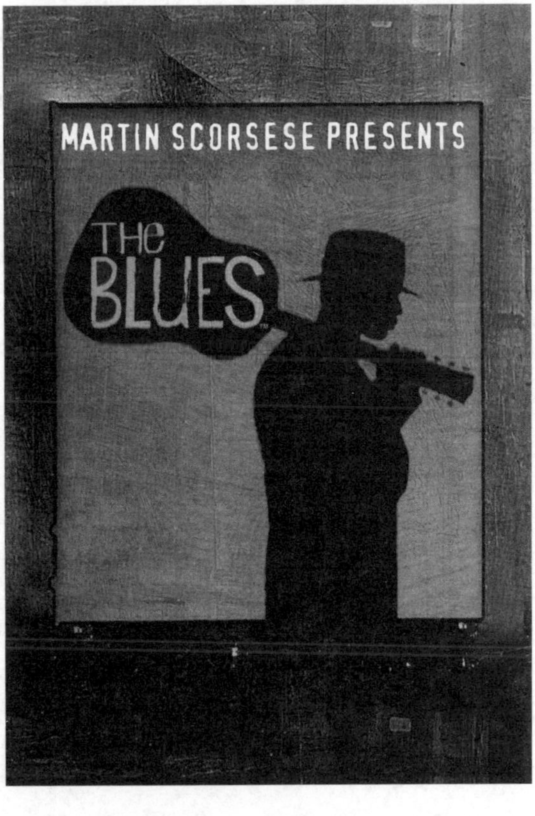

El blues regresó a la Casa Blanca el 21 de febrero de 2012, cuando se celebró un acto de homenaje al género titulado *In Performance at the White House: Red,*

White and Blues, en el que participaron B. B. King, Buddy Guy, Mick Jagger, Jeff Beck, Gary Clark Jr., Shemekia Copeland, Warren Haynes, Keb Mo, Susan Tedeschi, Troy *Trombone Shorty* Andrews y Derek Trucks, con Booker T. Jones como director musical. El acto, en el que el presidente de los Estados Unidos, Barack Obama, interpretó el gran clásico del género «Sweet Home Chicago», supuso el reconocimiento de la maternidad del blues en la música moderna, desde el soul hasta el rock 'n' roll. Pero ese homenaje no era un panegírico a un excelso cadáver como podría haber parecido, ya que el género no sólo seguía vivo, sino que tenía energía renovada, como demuestra el hecho de que a finales de ese año, en diciembre de 2012, la revista *Living Blues* sacó al mercado un número titulado *The Next Generation of the Acoustic Blues*, para cuya portada eligieron a Jerron *Blind Boy* Paxton, que por aquel entonces apenas tenía veintitrés años y ya se presentaba como uno de los mantenedores de la antorcha que ilumina las esencias del género. Paxton un músico estadounidense de Los Ángeles, se crió cantado las viejas canciones *cajún* y blues que cantaba su abuela que, como miles de jóvenes afroamericanos, había emigrado de Luisiana a California en los años de la Segunda Guerra Mundial. «Blind Boy» comenzó a desarrollar su pasión musical en paralelo a su paulatino proceso de ceguera. A los dieciséis años había perdido la vista casi por completo pero había aprendido a tocar el violín, el ukelele, el banjo, el piano, la armónica, el acordeón y la guitarra. Este niño prodigio se fue a estudiar en 2007 a la universidad de Nueva York y comenzó a desarrollar una carrera musical que le ha llevado a actuar en los principales festivales de los Estados Unidos y a ser considerado el representante más genuino del country blues, garantizando la pervivencia del género, una pervivencia que pocos meses después de la portada del *Living Blues*, se materializaba en la aparición el disco *Get Up!*, en el que Ben Harper está acompañado por el célebre armonicista Charlie Musselwhite, en enero de 2013 y que evidenciaba el hermanamiento de dos generaciones de *bluesmen*.

Los nuevos clásicos

Pero en la segunda década del siglo XXI el blues norteamericano no sólo está en manos de un puñado de viejas glorias y un montón de jóvenes promesas, sino que sigue rescatando a personajes olvidados como R. L. Boyce, uno de los maestros del hill country blues que en su día actuó junto al mítico Mississippi Fred McDowell y que en 2017 ha grabado su segundo álbum, *Roll and Tumble*, después de décadas perdido en los recónditos garitos del sur de los Estados Unidos.

Otro recuperado es Henry Gray, un pianista de Luisiana que tuvo su momento de gloria entre mediados de los cuarenta y finales de los sesenta tocando con los más grandes del blues de Chicago y que sigue en activo, actuando con su banda, Henry Gray and the Cats, y en junio de 2017 grabó un disco titulado *92*, su edad

Eddie C. Campbell

de entonces, en el que le acompañó su bisnieto DeAndre Tate. También ha tenido una última etapa de reconocimiento público Eddie C. Campbell, músico de sesión para Howlin' Wolf y Little Walter, que en 1984 se trasladó a Europa, donde gozó de bastante éxito durante diez años antes de regresar de nuevo a Chicago. Desdichadamente, en febrero de 2013 sufrió un ataque al corazón durante una gira por Alemania que le paralizó la parte derecha de su cuerpo.

Otro que ha adquirido una importante proyección internacional, sobre todo en Europa, en los últimos años ha sido Watermelon Slim, guitarrista y armonicista con más de medio siglo de experiencia en el mundo del blues, durante los que ha actuado con John Lee Hooker, Robert Cray o Champion Jack Dupree. Grabó su primer disco, *Merry Airbrakes*, en 1973, tras regresar de la Guerra de Vietnam, un tema que ha reflejado profusamente en sus canciones. Su forma de tocar el *dobro* y el manejo del *slide* retraen directamente a los tiempos gloriosos del blues del Delta. Durante muchos años su carrera estuvo plagada de altibajos, pero siempre ha mantenido una actitud militante a favor de los derechos humanos, los movimientos sociales populares y causas como la preservación del medio ambiente, lo que le llevó a participar en 2009 en un documental sobre el desastre ambiental de Tar Creek, en Oklahoma. También se mantiene en buena forma Bob Margolin, guitarrista que formó parte de la banda de Muddy Waters en los ochenta y que realiza también numerosas visitas al viejo continente. Esta lista de lo que podríamos calificar como nuevos clásicos incluye también a Smilin' Bobby Smith, Ben

Wiley Payton, Zora Young, Richard *RIP Lee* Pryor, Jimmy Burns, Little Joe Ayers, Pat Thomas y un largo etcétera, que siguen conservando las raíces del blues de Misisipi, que participaron en los años cincuenta en la construcción del Chicago blues, aprendiendo directamente de los grandes maestros como Junior Wells, Willie Dixon, Bobby Rush, Buddy Guy, Albert King y B. B. King y que siguen en activo en sus país y realizan giras por Europa.

Casi como en una repetición de los sucedido a finales de los sesenta, también han surgido aficionados y músicos blancos que no sólo investigan en los orígenes del género, sino que le aportan una forma de interpretarlo que lo renueva desde el más escrupuloso respeto a la tradición. Es el caso de Greg Izor, nacido en 1980 en Connecticut y criado en Vermont, que antes de cumplir los veinte años se dirigió al sur, a Nueva Orleans, para buscar a los maestros del blues. Entabló amistad con Johnny Sansone, que se convirtió en su mentor y tras el huracán *Katrina* se mudó a Austin, donde en el año 2010 grabó su primer disco, *I was wrong*, al que seguirían *Close to Home*, en 2013, y *Homemade Wine*, en 2017. A este perfil responde también Nathan James, nacido en 1978, creció en Fallbrook, California. Desde niño cultivó un gran afición por el blues clásico y a los diecinueve años se unió a la banda de James Harman, con la que realizó giras por todos los Estados Unidos. Así adquirió una temprana experiencia que le ha convertido en uno de los músicos más sólidos del blues de origen rural. En 2003 grabó su primer disco, *This Road is Mine*, y en 2007 ganó el International Blues Challenge, de Memphis, al que se presentó con el armonicista californiano e instalado en Carolina del Norte, Ben Hernández. Ha grabado ocho discos y es el creador de un ingenioso y peculiar instrumento en el que mezcla la guitarra eléctrica con la tabla de lavar y que él mismo ha bautizado como «Washtar Gitboard». Además de ser un referente en la escena californiana, al igual que Greg Izor, realiza conciertos regularmente en Europa, una escena cada vez más apetecida por los músicos norteamericanos.

Aunque desde finales de los años setenta hubo *bluesmen* como Champion Jack Dupree o Luther Allison que decidieron instalarse en Europa en vista del respeto y admiración que despertaban, esta tendencia se volvió a agudizar a partir de los años ochenta y noventa, cuando el blues en los Estados Unidos comenzó a perder popularidad mientras en Europa se iba consolidando como una música cada vez más conocida y los artistas llegados desde Norteamérica eran mucho más respetados que en su tierra de origen. Un claro exponente de este fenómeno es Michael Roach, guitarrista del estilo Piedmont instalado desde hace más de dos décadas en el Reino Unido, donde además de actuar imparte clases de música y cultura afroamericana y es fundador de la European Blues Association. También el armonicista de Boston Keith Dunn, aunque en fecha más reciente, decidió instalarse en el viejo continente, reside en los Países Bajos y participa habitualmente en los festivales más destacados de la práctica totalidad de los países de la Unión Europea. Con más de treinta años de carrera a sus espaldas, ha trabajado con leyendas

Shanna Waterstown

como Big Joe Turner, Hubert Sumlin, Roy Eldridge, Big Walter Horton o Lurrie Bell. Grabó su primer álbum en solitario, *Alone with the Blues*, en Holanda en 1998 y ha desarrollado también una importante faceta como productor discográfico y otra como pedagogo, realizando *masterclass* de armónica en países de los cinco continentes. Otra estrella emergente del blues que se ha instalado recientemente en Europa es Shanna Waterstown, nacida en Florida, que se ha convertido en la estrella de la escena parisina. Compuso sus primeras canciones con sólo doce años y en 2008 produjo su primer disco, *Inside My Blues*, acogido con elogios y buenas ventas que le permitieron lanzar el segundo en 2011, *A Real Woman*, en el que además de blues interpreta góspel y jazz.

Recuperando la tradición

A medida que nos hemos ido adentrando en el nuevo siglo ha ido creciendo el conocimiento de la cultura que sustenta el blues así como el número de intérpretes jóvenes, y no tan jóvenes, que han emprendido un camino de retorno a las raíces. Uno de los más destacados es Alvin *Youngblood* Hart, nacido en 1963 –cincuenta y cinco años–, en California pero criado en Carroll County, Misisipi, donde su familia lo introdujo en el country blues de raíces. Es un consumado guitarrista y otro de esos jóvenes *bluesmen* bendecidos por Taj Mahal. En 2003 fue elegido por Wim Wenders para participar en *The Soul of a Man*, uno de los documentales de la serie de películas de Martin Scorsese *The Blues*. Un poco más al norte, en Canadá, encontramos a Diana Braithwaite, cantante, compositora y guionista cuya vinculación con las raíces del blues va más allá de su propia militancia y talento artístico –gracias al cual trabajó con John Lee Hooker y Albert Collins, lo que la ha convertido junto a Chris Whiteley, en uno de los pilares de la escena del blues canadiense acual–, pues además tiene un nexo de unión genético, ya que sus antepasados fueron esclavos fugados a través del Underground Railroad y formaron la primera comunidad afroamericana en Ontario.

En esta última generación de *bluesmen* y *blueswomen* que garantizan la supervivencia del género hay que anotar nombres como Andrea Dawson, de Pensilvania, que debutó en 2010 con el álbum *Left with the Uptown Blues*, en el que demuestra un dominio del género que la ha llevado a ser elegida por Lucky Peterson para acompañarle en alguna de sus giras. Entre estos novísimos también destaca de forma especial el guitarrista Marquise Knox, nacido en 1991 en San Luis, uno de esos jóvenes militantes que declara que el blues es su herencia y su forma de vida, y que ha sido apadrinado por Sam Lay, el que fuera batería de Willie Dixon, Howlin' Wolf, Eddie Taylor y John Lee Hooker, entre otros. Siguiendo con este cordón umbilical con los orígenes, en mayo de 2014, Cedric O. Burnside, obtuvo su cuarto Blues Music Award en reconocimiento de su maestría como instrumentista. Burnside, hijo del baterista de blues Calvin Jackson y nieto del mítico R. L. Burnside, nació en 1978 en Memphis, y es cantante y compositor, además de dominar a la perfección la batería y la guitarra, instrumentos con los que ha acompañado a grandes del género como su propio abuelo o Jessie Mae Hemphill, Kenny Brown, Richard Johnston, T-Model Ford, Paul *Wine* Jones o Jon Spencer Blues Explosion.

Afortunadamente, podríamos añadir muchos más nombres a esta lista, como Mighty Mo Rodgers, The Mannish Boys o Kenny Wayne Shepherd, pero sería tan prolijo como innecesario, porque a muchos de esos jóvenes militantes del blues clásico les queda todavía un largo futuro para ser conocidos y aclamados y este es un libro de historia y no un artículo de actualidad. Desdichadamente ese aspecto es el que nos lleva a detenernos un momento en la larga lista de *bluesmen* históricos desaparecidos durante los últimos meses, que hace temer a muchos que el final del género es inexorable y está cada vez más cerca. Sólo durante los meses del cierre de esta obra fallecieron al menos cuatro figuras históricas: Matt *Guitar* Murphy, conocido como el guitarrista de los Blues Brothers, falleció en junio de 2018 a los ochenta y ocho años, el 5 de septiembre fallecía Hosea Hargrove, una de las figuras más representativas del blues de Austin, 21 días después moría Otis Rush y poco antes de escribir las últimas líneas de este libro llegaba la noticia del fallecimiento de Lazy Lester, un armonicista que reunía las principales características y rasgos de los más genuinos *bluesmen*, a cuya presencia nos habíamos acostumbrado últimamente en España. Todos ellos habían nacido entre 1929 y

Jontavious Willis

1935, eran la segunda generación del blues, la que se crió escuchando a los grandes pioneros, y con ellos desaparece la última memoria viva de aquellos tiempos en que germinó el blues. No son pocos los que ven en ello el final del género, o al menos su transformación en una especie de música clásica, de culto para minorías, desarraigada del alma afroamericana que lo engendró, lo alimentó y lo hizo crecer. Pero 115 años después de que W. C. Handy afirmase haber descubierto el blues en la voz y la guitarra de «un negro flaco y ágil» en el apeadero de Tutwiler, hay una nueva generación de jóvenes afroamericanos dispuesta a mantener viva la llama de aquel quejido que llega desde el fondo de la plantación. Uno de ellos es Jontavious Willis. «Cohn» Willis, un joven de veintidós años, de Georgia, que creció cantando música góspel en la iglesia baptista Mount Pilgrim con su abuelo, a los catorce años encontró en la red un vídeo de Muddy Waters interpretando «Hoochie Coochie Man» y se subió al tren del blues. Taj Mahal le señaló como uno de los herederos del verdadero espíritu del género después de invitarle a tocar con él en el año 2015. No sólo domina todos los palos: Delta, Piedmont, Texas o góspel, sino que además toca la guitarra, la armónica, el banjo y el *cigar box* y aún le queda tiempo para estudiar sociología en la Universidad de Columbus. Es un devoto del blues de raíces que conoce muy bien su historia y sus conexiones con el resto de la música negra, tal y como afirma en una entrevista concedida en exclusiva para la elaboración de este libro: «Siempre he estado rodeado por esta cultura, pero no me di cuenta de lo que significaba hasta que tuve catorce años. Había empezado con el góspel a los tres años y entonces encontré muchos paralelismos entre ambos. Y también encuentro muchas similitudes entre el blues y el hip hop. Ambos hablan sobre problemas y temas de actualidad. Algunas de las primeras rimas de versos libres estaban en el blues, por esto se parecen tanto». Willis sí cree en el futuro del blues, incluso en un posible renacer del blues: «Creo que la escena del blues está mejorando. Hay muchos jóvenes que se toman en serio su cultura y están listos para mostrarle al mundo lo que tienen que ofrecer» y, más allá de polémicas, cree que el blues es una música de proyección universal, pero netamente afroamericana: «Creo que es exclusivamente nuestra tradición, pero la disfruta todo el mundo. Esta música fue producida por mis antepasados en base a los sonidos de la opresión en los campos y de las iglesias negras. Muchos de esos sonidos pueden escucharse todavía hoy si te crías en ese entorno».

2. El blues británico

En los Estados Unidos, desde mediados de los años cincuenta del siglo XX, el blues estaba empezando a ser fagocitado por su propios herederos musicales y sus intérpretes pasaban por horas bajas. Una nueva generación de afroamericanos, sobre todo los de los núcleos urbanos, enfrascados en la lucha por los derechos civiles, querían tratar de alejarse de la imagen de negro ignorante, y a veces sumiso, procedente del campo y abrazaban los nuevos ritmos del rhythm & blues, el soul e incluso ese hijo bastardo blanco llamado rock & roll. Fue justo entonces cuando al otro lado del Atlántico unos jóvenes que habían conocido la música negra, que había llegado en los equipajes de los soldados norteamericanos durante la Segunda Guerra Mundial, comenzaron a interesarse por lo que hacían aquellos negros que, probablemente sin quererlo, habían alumbrado una nueva cultura musical.

Fueron aquellos jóvenes ingleses los que, a modo de arqueólogos musicales, excavaron en la superficie del rock & roll para sacar el blues que yacía debajo y descubrieron, a ellos mismos y a buena parte del planeta, incluida una parte importante de los Estados Unidos, de entonces y de los años venideros, que debajo de Elvis estaba Big Boy Cudrup, debajo de los Stones, Muddy Waters y debajo de Led Zeppelin, Willie Dixon, por citar sólo a los más evidentes.

La polémica sobre si lo que se conoce como british blues es realmente blues o no, no ha hecho más que crecer desde los años sesenta y se ha agigantado y universalizado con la llegada de internet y las redes sociales, auténticas telarañas del debate. Pero, en líneas generales, a día de hoy hasta los aficionados más fundamentalistas reconocen la indudable aportación de los músicos británicos de los sesenta a la difusión internacional del blues. Los responsables de ese redescubrimiento de la música afroamericana por excelencia fueron chavales criados entre las ruinas de los bombardeos de la Segunda Guerra Mundial y alimentados física y culturalmente por el Plan Marshall, que junto al chicle, las medias de nailon, la leche en polvo y el acero yanqui llevó a las islas británicas la música norteamericana. Esta caló profundamente entre la juventud que experimentó la primera ruptura generacional, la cual se zambulló en el rock & roll. Pero en los primeros sesenta el rock había perdido enormes dosis de su rebeldía inicial y muchos jóvenes ingleses volcaron su curiosidad en investigar sus orígenes llegando a los *bluesmen* de Chicago y de allí a los míticos pioneros del Misisipi.

Hoy, la mayoría de los aficionados de casi cualquier país del mundo nacidos en la segunda mitad del siglo XX, excepción hecha de los Estados Unidos, reconocen que fue a través de nombres como Mayall, Clapton, Yardbirds, Stones, Animals, Moore o Morrison como llegaron a conocer los de Waters, Dixon, Wolf, Williamson, Johnson o Hooker. En el plano más teórico, el blues comenzó a darse a conocer en Gran Bretaña de la mano de estudiosos del jazz y la música negra como Sinclair Traill, Ernest Borneman y, sobre todo, Paul Oliver, uno de los grandes divulgadores de blues en todo el mundo, al que dedicamos un apartado en la sección de los divulgadores. Los jóvenes británicos recogieron el legado de los *bluesmen* afroamericanos y lo transformaron en una nueva música que se iría ramificando en el blues rock, el british blues, el rock de la *british invasion* o la psicodelia y el glam engendrados por el swinging sixties, todo con un sello muy británico pero con unas raíces muy norteamericanas.

Los padres fundadores: del skiffle al blues

Uno de aquellos jóvenes ingleses enamorados de la música que llegaba desde el otro lado del Atlántico era Cyril Davies, nacido en 1932 en un pueblo de las afueras de Londres en el seno de una familia obrera. A los dieciocho años se mudó a South Harrow, un suburbio de la ciudad, donde comenzó a trabajar en un taller mecánico mientras se aficionaba a la música de *bluesmen* como Leadbelly, interiorizando la lucha marginal de los negros estadounidenses con su sentido de clase obrera. Davies puede ser considerado sin dejar demasiado resquicio a la duda como el padre de la armónica de blues en Inglaterra. Comenzó tocando el banjo e interpretando sobre todo skiffle –una música del folclore afroamericano realizada con instrumentos rudimentarios que se hizo muy popular en Gran Bretaña a principios de los años cincuenta–, pero después de escuchar a Little Walter decidió pasarse a la armónica y sumergirse de lleno en el blues del estilo Chicago propiamente dicho. A los dieciocho años comenzó su carrera profesional con los Southern Stompers, una afamada banda de jazz dirigida por Steve Lane. Pero todo cambió en 1955, cuando conoció a un joven inmigrado de origen francés afincado en Inglaterra desde los once años, llamado Alexis Andrew Nicholas Koerner, y que pasaría a la historia de la música como Alexis Korner. Ambos montaron un dúo de blues que se movía por los clubs de jazz londinenses, llegando a acompañar a Ottilie Patterson, la cantante de la banda de Chris Barber, que interpretaba un variado repertorio de música estadounidense, del jazz tradicional al swing, pasando por el skiffle, el ragtime, el blues y el folk. En esta banda Korner y Davies hicieron sus

Cyril Davies (derecha) y Ramblin' Jack Elliott en The Roundhouse, Londres (1958)

primeros pinitos en el blues electrificado, lo que al parecer levantó ampollas entre los sectores más puristas del blues, poco dados siempre a innovaciones aunque, como en este caso, procediesen de los maestros genuinos del blues de Chicago que hacía ya años que utilizaban la amplificación en sus conciertos.

En 1957 graban su primer disco, *Blues from the Roundhouse*, bajo el nombre de Alexis Korner's Breakdown Group (Featuring Cyril Davies), se convierten en socios y dan un paso definitivo en su carrera y deciden fundar el England's Firstest and Bestest Skiffle Club, renombrado luego como London Blues and Barrelhouse Club, que será un lugar emblemático en la germinación del british blues. Por su escenario pasarían los más grandes *bluesmen* norteamericanos del aquel momento, como Muddy Waters, Willie Dixon, Howlin' Wolf, Sonny Terry y Brownie McGhee, Big Bill Broonzy, Memphis Slim o Jack Dupree, entre otros muchos. Pero además sirvió como banco de pruebas y rampa de lanzamiento para muchos músicos de la escena local, como el pianista Keith Scott, el guitarrista Geoff Bradford, el pianista de boogie woogie Dave Stevens, el cantante Long John Baldry, la intérprete de banjo Lisa Turner o Mike Collins, un músico de skiffle que tocaba el *washboard* y tomaría parte en uno u otro momento en los proyectos musicales de Korner y Davies. Otros músicos asiduos al club fueron Davy Graham, uno de los pioneros británicos del *fingerstyle* y maestro de músicos como Paul Simon y Jimmy Page, los hermanos Alex y Rory McEwen, dos elegantes y excelentes músicos de folk, jazz y blues y Ralph McTell, un multiintrumentista seguidor de leyendas del blues como Blind Blake, Robert Johnson y Blind Willie McTell, de quien tomó su nombre artístico. Ralph McTell fue el autor de la famosa canción «Streets of London», de la que se han hecho más de 200 versiones. Todos ellos fueron miembros fundamentales de la escena musical londinense de finales de los cincuenta y principios de los sesenta y contribuyeron a consolidar la escena blusera que daría sus frutos en la siguiente generación.

En 1961 el club cerró y Korner y Davies formaron Blues Incorporated, la banda pionera del blues en las islas británicas, en la que inicialmente se integrarían el cantante Long John Baldry, que acompañaría a figuras como Elton John, el bajista Jack Bruce, futuro miembro de Cream, el saxofonista Dick Heckstall-Smith, acompañante de John Mayall durante una larga época, y Charlie Watts, futuro batería de los Rolling Stones. El 17 de marzo de 1962 Alexis Korner y Cyril Davies se trasladaron a un nuevo local, el Ealing Blues Club, en el barrio de Ealing Broadway, testigo del florecimiento del british blues y del nacimiento de las bandas que revolucionarían el rock & roll. Allí actuaron más de una veintena de veces unos primerizos Rolling Stones, y por su escenario también pasaron unos jóvenes Eric Clapton, Rod Stewart, Pete Townshend, los Mann-Hugg Blues Brothers, futuros Manfred Mann, e incluso David Bowie afirma haber visitado el lugar por entonces, lo que convierte a la lista de artistas primerizos que pasaron por el Ealing en el árbol genealógico de la música británica de los años sesenta y setenta. Sucede lo mismo con la lista de músicos de Blues Incorporated, la banda de Davis y Korner, por la que pasaron, además de los citados con anterioridad, Brian Jones, Charlie Watts, Keith Richards, Eric Burdon, Ginger Baker, Robert Plant o Lee Jackson. Probablemente el mejor reconocimiento a la labor desarrollada por los fundadores del Ealing Club son las palabras que les dedica Keith Richards en su autobiografía, *Life*, publicada en el año 2010 con la colaboración del periodista James Fox, en la que el guitarrista de los Stones afirma: «Cyril Davies y Alexis Korner tenían un trato con un club y actuaban una vez por semana en el Ealing Jazz Club, donde se reunían los apasionados por el rhythm and blues. Sin ellos, probablemente no habría habido nada».

El 22 de octubre de ese mismo año de 1962 en el que comienza la actividad del Ealing Club, la primera edición del American Folk Blues Festival llega al Free Trade Hall de Manchester, su primer concierto en Gran Bretaña con artistas como Sonny Terry & Brownie McGhee, Memphis Slim, T-Bone Walker, Willie Dixon, Jump Jackson, Helen Humes, John Lee Hooker y Shakey Jake. Las crónicas cuentan que entre el público asistente hay un puñado de jóvenes músicos llamados Mick Jagger, Keith Richards, Brian Jones y Jimmy Page. La penetración del genuino blues estadounidense comienza a extenderse entre los jóvenes rockeros ingleses, que sólo dos años antes habían asistido consternados a la muerte de Eddie Cochran en un accidente de carretera en Somerset, al sudeste del país. Ya están preparados para tomar el relevo de los pioneros locales como Cyril Davies, que en 1963 abandona a su socio Alexis Korner y funda R & B All-Stars con Bernie Watson a la guitarra, Nicky Hopkins al piano, Ricky Brown al bajo y Carlo Little a la batería. Sus compañeros procedían de la banda de rock & roll Screaming Lord Sutch and the Savages, fundada por Little y David Sutch, que continuaría durante tres décadas con el grupo, por el que pasarían músicos tan relevantes como Jimmy Page, Ritchie Blackmore o Jeff Beck. Tras grabar un primer single, «Country Line Special», Watson y Brown abandonan el grupo, son sustituidos por Jeff Bradford y Cliff Barton, y por Long

Blues Incorporated

John Baldry, otro miembro Blues Incorporated. Su segundo single, «Preachin' the Blues», logra unos resultados esperanzadores, pero a finales de 1963 Davies cae abatido por un cáncer y fallece a principios del año siguiente. Long John Baldry, Hopkins, Bradford, Barton y Little Together intentaron continuar reconvertidos en los Hoochie Coochie Men, pero faltaba la garra de Davies y además como preconizaba justo por esos días de 1964 un joven norteamericano llamado Bob Dylan en su tema «The Times They Are a-Changin'», los tiempos estaban cambiando a ritmo vertiginoso, incluso para el incipiente blues británico que estaba a punto de ver nacer las nuevas estrellas de la guitarra electrificada que iban a sustituir a aquellos pioneros amamantados en el sonido acústico del country blues, el folk y el skiffle, simbolizados por Korner y Davies, pero que incluyen a una pléyade de artistas, que inevitablemente han ido cayendo en el olvido.

Alexis Korner, que siguió pilotando la Blues Incorporated hasta 1966, cuando decide dar por finalizado el proyecto al ver como todos sus músicos le iban abandonando para formar bandas como Rolling Stones, Cream o Animals y convertirse en rutilantes estrellas del blues y el rock. En 1967 crea Free at Last, grupo por el que pasaría Robert Plant, fundador de Led Zeppelin. Pero la estrella de Korner comenzaba a declinar y se fue distanciando del blues para aproximarse al jazz e incluso al funk y al reggae. A finales de los sesenta comenzó una carrera en el mundo de la televisión, que le convirtió en entrevistador y músico del famoso programa de la BBC, *Top off The Pops*. Siguió actuando como solista, acompañado en ocasiones por viejos amigos como Peter Frampton o Steve Marriott, y falleció en Londres en 1984, a los cincuenta y seis años de edad, dejando una herencia de más de treinta álbumes de estudio y convertido en el hombre que sentó las bases del blues británico.

Pioneros de leyenda

No se puede cerrar el apartado de pioneros sin citar a tres artistas que merecen un puesto de honor en la historia del blues en Inglaterra. La primera es la cantante y guitarrista Jo Ann Kelly, a quien la práctica totalidad de los expertos y estudiosos del blues coinciden en señalar como la verdadera cara del blues hecho en Gran Bretaña. Nacida en 1944 en el sur de Londres y criada en los días de la posguerra, compartió una temprana afición por la música con su hermano Dave y frecuentó los clubs de jazz y blues, donde su talento la catapultó como una de las mejores intérpretes del género en su concepción más genuina En 1968 participó en *Me and the Devil*, el tercer disco de Tony McPhee, el fundador de The Groundhogs, la banda que a mediados de los sesenta acompañó a Champion Jack Dupree y John Lee Hooker en sus conciertos en Inglaterra. Con McPhee también intervino en el disco *I Asked For Water, She Gave Me... Gasoline*, de 1969, el mismo año en que participa en el disco homónimo de la John Dummer Blues Band, que contó también con su voz y su guitarra para el álbum de 1973 *Oobleedoobleejubilee*. Sus últimas colaboraciones fueron con la Terry Smith Blues Band, en los años ochenta. Falleció en 1990, a los cuarenta y seis años, a causa de un tumor cerebral. Su prestigio entre los músicos norteamericanos de blues, especialmente entre los blancos, fue tal que Canned Heat y Johnny Winter trataron de ficharla en más de una ocasión, pero ella prefirió permanecer en su país, incluso cuando leyendas como Muddy Waters o Willie Dixon la señalaron como una genuina intérprete de blues.

El segundo pionero de leyenda al que nos referimos es Graham Bond, probablemente una de las figuras históricas menos valoradas del blues británico. Nacido en 1937, fue acogido en un célebre orfanato conocido como Barnardo's y educado en la Royal Liberty School, una prestigiosa institución en la que le enseñaron música. Comenzó tocando en grupos de jazz a principios de los sesenta y pronto cayó en la órbita de Alexis Korner, que le sumó a su banda, la Blues Incorporated, donde Graham conoció al guitarrista John McLaughlin, al contrabajista Jack Bruce y al batería Ginger Baker, tres músicos que formarían parte de los inicios del british blues, con los que fundaría su propio grupo, Graham Bond Quartet, que pronto se convirtieron en The Graham Bond Organization. Graham fue uno de los primeros músicos en combinar el órgano Hammond con el amplificador Leslie, un invento al que la psicodelia británica le sacaría un enorme partido. En 1965 grabaron dos discos, *The Sound of '65* y *There's a Bond Between Us*, el primer disco en la historia en usar un mellotron, un antecesor de los sintetizadores. Pero los problemas con las drogas y las disensiones internas acabaron con el grupo, que se disolvió en 1967 y Bruce y Baker se fueron con Clapton para montar Cream. Desde ese momento, Bond empezó a entrar en habituales periodos depresivos y a sufrir otros problemas mentales que se fueron agudizando paulatinamente. Montó un grupo detrás de otro: Graham Bond Initiation, Holy Magick y Magus, pero su situación física, mental y económica se desmoronaba progresivamente. En 1972 grabó el último de sus 12 discos, *Two Heads Are Better Than One*, con Pete Brown, y el 8 de mayo de 1974 moría arrollado por un tren en la estación de metro de Finsbury Park, en un acto que todos consideraron un suicidio.

Jo Ann Kelly

El otro histórico legendario que queda por mencionar es Duster Bennett, uno de los pocos *one-man band* (hombre orquesta) del blues británico. Nacido como Anthony Bennett en 1946 en Welshpool, un pueblo de Gales, se incorporó a la escena musical londinense a principios de los sesenta, cobrando un importante protagonismo con su interpretación al mismo tiempo de la guitarra, la armónica y la batería, en el más puro estilo del famoso Joe Hill Louis, uno de los pocos *one-man band* que grabó en los años cincuenta. En sus comienzos también solía tocar la armónica acompañando a Peter Green y Anthony *Top* Topham, futuros guitarristas de Fleetwood Mac y Yardbirds, respectivamente. También trabajó como músico de sesión y se unión fugazmente a John Mayall y sus Bluesbreakers para realizar una gira por los Estados Unidos en 1970. Practicaba un country blues con influencias góspel que lo dejaron un poco fuera de juego a medida que se imponía el sonido blues rock. Grabó su primer disco, *Smiling Like I'm Happy*, en 1968, y el último, *Fingertips*, en 1975. Murió un año después en un accidente de automóvil cuando regresaba de actuar con Memphis Slim.

La generación de las estrellas

En 1962, mientras en Londres la escena del blues bulle en torno al Ealing Club, en Newcastle una ciudad industrial del nordeste del país, un joven cantante llamado Eric Burdon aterriza en la banda Alan Price Rhythm and Blues Combo, fundada en 1961 por el teclista Alan Price, y la convierte en The Animals, con Burdon a la voz, el propio Price a los teclados, Hilton Valentine a la guitarra, Chas Chandler al bajo eléctrico y John Steel en la batería. Con un repertorio de rhythm & blues y blues clásico, que incluye versiones de John Lee Hooker, Jimmy Reed o Chuck Berry. El éxito en su ciudad natal y el apoyo de Giorgio Gomelsky, el mánager de los Yardbirds, espolea su ambición y a principios de 1964 se establecen en Londres donde, bajo la dirección del productor Mickie Most, consiguen un contrato con Columbia para grabar un *single*, «Baby Let Me Take You Home», que en el mes de marzo se coloca en el puesto 21 de las listas, augurando un éxito que llegará de forma clamorosa con «The House of the Rising Sun». El tema llega de inmediato al número uno de las listas de ventas inglesas y norteamericanas, pasando a la historia como el primer éxito mundial de un nuevo género: el folk rock. Además de catapultar al estrellato a Eric Burdon y sus chicos, la canción, de origen tradicional y grabada por primera vez en 1934, proporcionó material para una polémica que se ha mantenido durante décadas. Para unos The Animals se la copiaron a Bob Dylan, que la había grabado dos años antes en su primer disco y para otros se inspiraron en la versión de Nina Simone. No obstante, la interpretación más extendida con el tiempo es que el tema llegó a manos de los ingleses gracias al *bluesman* Josh White. En cualquier caso, «La casa del sol naciente» convirtió a The Animals en la punta de lanza de la invasión de las bandas roqueras británicas a los Estados Unidos, país que visitaron en 1964, el mismo año que los Beatles y los Stones. El éxito trajo tensiones internas y Alan Price abandonó la banda, los demás emprendieron un camino de éxito que los llevó actuar en el British Jazz & Blues Festival de Richmond de 1965, convertidos en The Animals Big Band, incorporando una espectacular sección de vientos. En 1966 se convierten en Eric Burdon & the Animals y su primer lanzamiento es el single «See See Rider», un blues grabado por primera vez por Gertrude *Ma* Rainey en 1924. A finales de ese año Eric Burdon emprende una carrera en solitario. A partir de ese momento el grupo aparece y desaparece, con continuos cambios en la formación, hasta el que se puede considerar su último disco, *Ark*, lanzado en 1983. Aunque sigue existiendo una banda llamada The Animals y Eric Burdon sigue grabando y pisando los escenarios con un ímpetu envidiable, hace mucho tempo que son una leyenda de aquellos viejos tiempos que alumbraron el rock británico.

Precisamente en aquellos viejos días, allá por 1963, el cantante Keith Relf, los guitarristas Chris Dreja y «Top» Topham, el bajista Paul Samwell-Smith y el batería Jim McCarty, después de varios proyectos fracasados, fundan The Yardbirds, una banda de rhythm & blues que empezó acompañando al armonicista Cyril Davies y que se llamaron consecutivamente Metropolitan Blues Quartet y Blue-Sounds, hasta adoptar su nombre definitivo mezclando un homenaje al músico de jazz Charlie *Yardbird* Parker con una expresión del argot de los vagabundos en busca de un tren al que subirse. En octubre de ese año los Yardbirds encontraron ese tren al ponerse bajo la batuta del productor Giorgio Gomelsky y reclutar a un compañero de clase de Keith, para sustituir a «Top» Topham, Eric Clapton, un excepcional guitarrista, el primero del trío de ases de la guitarra que pasarían por la banda y que completarían Jimmy Page y Jeff Beck. Su repertorio era completamente ortodoxo, interpretando temas de Muddy Waters, Sonny Boy Williamson

The Yardbirds

I y II, Howlin' Wolf, John Lee Hooker, Elmore James, Eddie Boyd, Billy Boy Arnold, Bo Diddley o Chuck Berry. En las navidades de 1964 lanzaron su primer álbum, *Five Live Yardbirds*, grabado en el Club Marquee de Londres. Sonny Boy Williamson II los contrató como banda de acompañamiento de su gira por Europa, después de grabar un disco en directo en el Crawdaddy Club, de Surrey, que será comercializado en 1966 con el título de *Sonny Boy Williamson and The Yardbirds*.

Tras grabar dos discos en 1965, *For Your Love* y *Having a Rave Up*, Eric Clapton abandonó el grupo para montar Cream, siendo reemplazado por un desconocido Jeff Beck, que llegaría a tiempo de grabar dos álbumes, *Having a Rave Up*, en 1965, y *Yardbirds*, en 1966, antes de que el grupo se disuelva, cosa que sucede en 1968, después de que se haya incorporado a la misma como bajista Jimmy Page. El último álbum de estudio, *Little Games*, sale al mercado en 1967, ya sin Jeff Beck a la guitarra. Page trata de mantener la banda rebautizándola como The New Yardbirds, pero el proyecto estaba definitivamente agotado, a pesar de los sucesivos intentos de recuperación, el último en 1992, cuando Chris Dreja y Jim McCarty reclutan al bajista John Idan y al guitarrista Gypie Mayo, para lanzar en el año 2003 *Birdland*, el canto del cisne de este mítico grupo.

Por su parte, Jeff Beck, tras su salida de los Yardbirds comienza una nueva etapa que le llevará a convertirse en una leyenda de la guitarra. Había abandonado los

Yardbirds con la burda excusa de dejar la música –algo difícil de creer en alguien que siempre confesó su admiración por B. B. King, Buddy Holly y Gene Vincent, y que siendo un adolescente intentó construirse su propia guitarra con un palo de madera y cajas de puros, al estilo de los viejos *bluesmen* del Misisipi–, aunque otras versiones más realistas mantienen que fue despedido durante una gira por los Estados Unidos a causa de su conflictivo comportamiento y su afán de protagonismo. Tras un fracaso con un *single* en solitario, «Love is Blue», que confesó aborrecer, monta su propia banda, The Jeff Beck Group, con Rod Stewart a la voz, Ron Wood al bajo y Aynsley Dunbar en la batería – sustituido casi de inmediato por Mickey Waller – con los que graba su primer disco, *Truth*, en 1968, y un año después el segundo, *Beck-Ola*, ambos con resultados comerciales más bien discretos. En 1970 la banda se disuelve y tras varios intentos frustrados de formar nuevos grupos y largas temporadas de silencio, en 1975 Beck regresa con *Blow by Blow*, un álbum orientado al jazz fusión, al que siguen diversos discos con una orientación un tanto errática, oscilando del pop al heavy, pasando por el rock instrumental. Aunque algunos de estos discos le han proporcionado éxitos comerciales y galardones, durante años se mantuvo bastante alejado del blues hasta que a finales del siglo XX comenzó a recuperar un estilo más blues-jazz e incluso a recuperado su viejo estilo de blues genuino como en el homenaje e B. B. King de 2003, o sus giras de los últimos años, donde ha vuelto a realizar conciertos intimistas plagados de buen blues y virtuosismo guitarrero.

El padrino y los reyes del british blues

Pero tenemos que regresar de nuevo a 1963, porque mientras Keith Relf y los suyos ponían en marcha a los Yardbirds, un curtido músico de treinta años llamado John Mayall llegaba a Londres para montar, con el apoyo del gurú Alexis Korner, una banda con el contundente nombre de The Bluesbreakers, que en su primera etapa duró siete años decisivos para la historia del blues británico, y que tras su resurrección a partir de 1982, llegó a contabilizar más de un centenar de formaciones distintas, siempre con John Mayall al frente. La lista de los músicos que pasaron por su banda incluye a la élite de los músicos británicos de blues y rock, con Eric Clapton, Peter Green, Mick Fleetwood, John McVie, Jack Bruce, Andy Fraser, Mick Taylor, Hughie Flint, Aynsley Dunbar, o los norteamericanos Walter Trout, Larry Taylor, Buddy Whittington, Don *Sugarcane* Harris o Coco Montoya, por citar sólo a algunos de los más conocidos. Además de ser un descubridor de talentos y uno de los principales intérpretes blancos del blues, una música que cientos de miles de aficionados de todo el mundo conocieron gracias a él, sus más de cincuenta álbumes, los centenares de premios y reconocimientos a su labor y sus más de cinco décadas subido a los escenarios, aunque en 2008 anunció el fin de los

The Bluesbreakers con Eric Clapton

Bluesbreakers, le hacen sobradamente acreedor del título de «Padre blanco del blues» con el que el mundo de la música le ha bautizado.

Mayall, nacido en 1933 en Macclesfield, una pequeña ciudad de provincias, era hijo de un guitarrista aficionado al jazz y se crió en una casa en la que el blues de Leadbelly, el boogie de Pinetop Smith y el jazz de Eddie Lang eran la banda sonora habitual. Estuvo en la guerra de Corea y a su vuelta comenzó estudios de arte y diseño, como muchos de los jóvenes de su generación con inquietudes artísticas –incluidos, por ejemplo Eric Clapton o los componentes de Pink Floyd–, pero combinándolos con su afición a la guitarra que practicaba tocando con grupos locales, como Powerhouse Four, su primera banda, montada a mediados de los años cincuenta, hasta que a los treinta años decidió dedicarse en serio a la música. En 1962 entra a formar parte de Blues Syndicate, un grupo creado por John Rowlands y Jack Massarik, que tocaban la trompeta y el saxo respectivamente, y que se habían lanzado a la aventura de crear una banda de blues-jazz después de ver actuar a Alexis Korner y Cyril Davies en un pub de Manchester. El resto de los Blues Sindicate eran el guitarrista Ray Cummings y el batería Hughie Flint, a los que Mayall suma la armónica y el teclado.

Fue precisamente Alexis Korner quien, prendado del potencial artístico del muchacho, animó a Mayall a lanzarse de verdad a la aventura de convertirse en músico y marcharse a Londres. Es entonces cuando monta The Bluesbreakers con Bernie Watson a la guitarra, John McVie al bajo y Peter Ward en la batería, con los que empieza a actuar con cierta regularidad en el Club Marquee, por entonces el epicentro de la creatividad musical londinense. Pronto Ward sería sustituido por Martin Hart, en el primero de los continuos cambios que caracterizarán a la formación, y en mayo de 1964 sale al mercado su primer *single*, «Crawling Up a Hill», un contundente rhythm & blues en el que la armónica de Mayall cobra un gran protagonismo. Hart y Watson abandonan la banda y son sustituidos por Hughie Flint y Roger Dean, que llegan justo a tiempo para grabar *John Mayall plays John Mayall*, el primer álbum de la banda, grabado en directo en el club Klooks Kleek en diciembre del 64. Poco después se produce un nuevo cambio en la banda, que será decisivo en su desarrollo musical: Roger Dean es sustituido por un guitarrista con mucho mayor dominio técnico y mucha mejor formación musical, Eric Clapton, que será la primera de las muchas mega estrellas del blues y el rock que producirá la banda, y que contribuirán a que John Mayall sea conocido como «el padrino del blues británico» por sus propios coetáneos.

En julio de 1966 se publica *Bluesbreakers with Eric Clapton*, el primer álbum de estudio de la banda, en el que el protagonismo pasa del teclado y la armónica de Mayall a la guitarra de Clapton. Sin embargo el guitarrista no saborea las mieles de este éxito ya que abandona el grupo pocos días antes de que el disco salga al mercado. Su sitio será ocupado por Peter Green, un músico que todavía no ha cumplido los veinte años pero derrocha genialidad y la demuestra en la grabación del siguiente disco, *A Hard Road*, lanzado a principios del 67 y que concluye una de las primeras maravillas que produciría Green a lo largo de su carrera, el tema instrumental «The Supernatural». Pero siguiendo una especie de guión no escrito, Peter abandona los Bluesbreakers a los pocos meses, acompañado por el batería Mick Fleetwood para montar otra banda mítica, Fleetwood Mac, en la que se integran Jeremy Spencer, a la guitarra y Bob Brunning, un bajista temporal, ya que la idea era que este instrumento lo tocase John McVie, otro miembro de los Bluesbreakers al que Mayall retuvo un tiempo más del previsto. En 1968 lanzaron su primer álbum de título homónimo que se colocó en el número 4 de las listas, un éxito que repitieron a los pocos meses con su segundo disco, *Mr. Wonderful*. Tras la incorporación de un tercer guitarrista, Danny Kirwan, lograron un número uno con el sencillo «Albatross» y en plena ola de éxitos se fueron a grabar a los Estados Unidos, a los míticos estudios de Chess Records, incubadora del más selecto blues y rhythm & blues de Chicago. Tras una sucesión de *singles* exitosos, como «Man of the World», Peter Green, que empezaba a tener complicaciones con el abuso de drogas, deja la banda en 1970. La cosa se sigue complicando con la entrada en la banda de Christine Perfect, pronto Christine McVie, y la salida de Jeremy Spencer, que un buen día desaparece del hotel durante una gira por California para ingresar en una secta espiritual. A partir de ahí los Fleetwood Mac emprenderían el camino del éxito millonario en los años setenta, cada día un poco más alejados del blues y más próximos al pop rock y la psicodelia blanda o soft rock.

Pero tenemos que retornar una vez más a ese año fundacional de 1963, que además de alumbrar el nacimiento de The Yardbirds y The Bluesbreakers es también

Fleetwood Mac

testigo de cómo el guitarrista Steve Winwood, su hermano Muff, al bajo, y el cantante y guitarrista Spencer Davis, junto al batería Peter York, montan The Spencer Davis Group, una banda de rock y rhythm & blues de Birmingham. El grupo incorpora el sonido soul y logra un éxito prometedor con sus primeros *singles*, que llevan estándares de rhythm & blues y soul en las caras A y temas propios en las B. En 1965 graban su primer álbum con el palmario título de *Their First LP*, al que seguirá al año siguiente, *The Second Album*, un título escasamente imaginativo que contiene un sencillo, «Keep on Running», que los catapultará a la fama, igual que sucedería en 1966 con «Somebody Help Me» y «Gimme Some Lovin'», que se convierten en himnos de la juventud británica de mediados de los años sesenta, sobre todo entre un colectivo de incipiente aparición: los mods. Pero fiel al ritual de los grupos y artistas de la época, Steve Winwood deja el grupo en 1967 para montar Traffic, una leyenda del rock progresivo y la psicodelia. A finales de los sesenta el grupo dejaría de existir a pesar de los reiterados intentos de Spencer Davis por mantenerlo vivo, que llegan a la actualidad.

La crème de la crème

En el verano de 1966 un Eric Clapton convertido prácticamente en el mejor guitarrista de la escena británica pero movido por la ambición y cansado de las limitaciones a las que se veía obligado en los Bluesbreakers de John Mayall, entró en contacto con Ginger Baker, por aquellos días también agotado de su experiencia en la Graham Bond Organization, quien le ofrece montar un nuevo grupo con Jack Bruce, antiguo miembro de la Blues Incorporated y los Bluesbreakers, al bajo. Nace así la banda más contundente de blues rock del momento con el inmodesto nombre de The Cream, en referencia a la categoría de «crème de la crème» de sus integrantes en la escena musical londinense. Pronto pasan a llamarse simplemente Cream y debutan a bombo y platillo en el Sixth Annual Windsor Jazz & Blues Festival el 3 de julio de 1966. En octubre sale al mercado el *single* «Wrapping Paper» y además Jimi Hendrix aprovecha una visita a Londres para tocar con ellos, confesándose admirador de la banda. En diciembre sale a la venta su primer álbum, *Fresh Cream*, un rotundo éxito en Gran Bretaña y Estados Unidos, que incluye blues clásicos como «Rollin' and Tumblin» o «Spoonful», y canciones compuestas por Baker, Bruce y la esposa de este, Janet Godfrey.

En marzo de 1967 viajan por primera vez a Estados Unidos con un notable éxito y aprovechan para grabar en Nueva York su segundo álbum, *Disraeli Gears*, básicamente de temas propios y con Clapton de voz principal, cosa que creó recelos en el seno de la banda. En el verano del 68, en pleno auge de la psicodelia, sale al mercado, *Wheels of Fire*, que se convierte en su único disco número uno en el Billboard 200. Pero como ya es casi habitual en los grupos de la época, el éxito trae aparejada la crisis y la banda se disuelve. Tras un último álbum juntos, con el definitorio título de *Goodbye*, que logra un éxito arrasador, Clapton monta Blind Faith, un supergrupo con Steve Winwood, Ric Grech y Ginger Baker, que grabó un solo disco de título homónimo y que fue número uno del Billboard. A partir de ahí el guitarrista conocido como «Slowhand» («Mano lenta»), emprende una nueva etapa que le acerca paulatinamente al blues de raíces, actuando primero con la banda norteamericana Delaney & Bonnie and Friends, y grabando luego, en 1970, su primer disco en solitario, *Eric Clapton*, tras lo que monta una nueva banda, Derek and the Dominos, otro supergrupo de blues de corta vida, esta vez con Bobby Whitlock, Carl Radle y Jim Gordon, que ya estaban en la anterior formación y con los que lanzó un solo álbum, *Layla and Other Assorted Love Songs*, en el que colaboró Duane Allman y que contiene su superéxito «Layla».

En los setenta Clapton atraviesa una etapa trágica en lo personal, con su adicción a la heroína y el alcohol, y errática en lo musical, con constantes cambios de rumbo, de la que comienza a salir a principios de los ochenta gracias a sus colaboraciones con músicos como Jeff Beck, Ry Cooder, Albert Lee o Phil Collins. La tragedia vuelve a rondarle en los primeros años noventa, con la muerte de su hijo

Eric Clapton, Cream
Londres 1967

Connor y el fallecimiento de su compañero y amigo Stevie Ray Vaughan durante una gira. Pero en septiembre de 1994 la fortuna vuelve a llamar a su puerta con la edición de *From The Cradle*, considerado su primer álbum estrictamente de blues, con un selección de temas clásicos con el que ganó el Grammy al Mejor Álbum de Blues Tradicional de 1995 y que se convirtió en el disco de blues más vendido de la historia. Durante los años siguientes se dedica a editar discos recopilatorios, con más o menos éxito y a participar en todo cuanto concierto de homenaje se le pone a tiro, para acabar la década con la grabación de «Riding with the King», con su admirado maestro B. B. King, con el que logra un nuevo Grammy. Además, por entonces conoció a Melia McEnery, su actual compañera que le ha proporcionado estabilidad y tres hijos. Encara el siglo XXI en lo más alto de su carrera, actuando regularmente con las vacas sagradas del blues y el rock y grabando discos como *Me And Mr. Johnson*, un homenaje a Robert Johnson, registrado en 2004 con los 29 temas que grabó en vida el mítico *bluesman*, al que vuelve a homenajear ese mismo año con *Sessions For Robert J*, un disco y un documental a la vez.

Joe Cocker

El mismo año en que Clapton montó Cream, el cantante Joe Cocker y el teclista Chris Stainton formaron The Grease Band, integrada además por los guitarristas Henry McCullough y Neil Hubbard, el bajista Alan Spenner y el batería Bruce Rowland. En realidad eran un grupo al servicio de Cocker, un cantante con una personalidad aplastante y una voz áspera y profunda que lograba encandilar al público con una enorme facilidad. Nacido en 1944, comenzó a cantar en grupos juveniles arrastrado por su pasión por el blues, el rock y el soul. Admiraba tanto a Elvis Presley, como a Ray Charles, Chuck Berry o Lonnie Donegan, el rey del skiffle en Inglaterra, pero a medida que fue adquiriendo una mayor cultura musical comenzó a interesarse por los discos de *bluesmen* como Muddy Waters, Howlin' Wolf o Lightnin' Hopkins. Su primera oportunidad le llegó en 1963, cuando pudo telonear con su grupo Vance Arnold & The Avengers a unos primerizos Rolling Stones. Se debut discográfico fue un single con una versión de Los Beatles, «I'll Cry Instead», que cantó acompañado a la guitarra por Big Jim Sullivan y Jimmy Page, futuro miembro fundador de Led Zeppelin. Joe Cocker se convirtió en una de las voces más significativas del rock, el soul y el blues cantado por blancos, participó en cuanto concierto solidario se cruzó en su camino, grabó una treintena de discos de estudio y recibió tres premios Grammy, dos Oscar y un Globo de Oro, entre otros muchos premios. Murió en 2014.

Uno de los últimos grandes del rock blues de los sesenta es el guitarrista Alvin Lee, nacido en 1944 y que comenzó a tocar en 1962 en una banda llamada The Jaybirds, con la que logró cierta notoriedad. Tras pasar una temporada en Alemania, el grupo se renombró como Ten Years After y se convirtió en banda residente del Club Marquee. En 1967 grabaron su primer disco de título homónimo, con un éxito que les permitió dar el salto a los Estados Unidos, donde en 1969 participaron en el festival de Woodstock, aupando a la banda al Olimpo del rock psicodélico y situando a Alvin entre los mejores guitarristas de finales de los sesenta y principios de los setenta. Murió en 2013 en Marbella, España, donde residió los últimos años de su vida, dejando una herencia de más de 20 discos, entre los que figuran algunos de los últimos grandes ejemplos del blues británico.

La lista de bandas de los sesenta que comenzaron sus carreras influidos por el blues, pero que se alejaron del estilo más pronto que tarde es tan extensa que daría para un libro propio y de hecho existe más de uno, pero es importante reseñar a formaciones como Manfred Mann's Earth Band, el grupo fundado por el carismático Paul Bond, The Pretty Things, creada por Dick Taylor, Savoy Brown, liderada por Kim Simmonds, Climax Blues Band, el proyecto de Colin Cooper, Jethro Tull, liderada por Ian Anderson, Blodwyn Pig, montada por Mick Abrahams, y obviamente Led Zeppelin, cuyos componentes, Jimmy Page, John Paul Jones, Robert Plant y John Bonham, crecieron en los grupos madre del british blues y acabaron alumbrando un género del rock & roll, el heavy metal, partiendo del blues de Chicago, aunque a veces les costase dar el brazo a torcer en temas como «Whole Lotta Love», que estaba algo más que inspirado en Willie Dixon y su «You Need Love» y tuviesen que ser los jueces los que los obligasen a reconocerlo, igual que sucedió con «Bring It on Home». Decir que Beatles y Rolling Stones encabezan las listas de devotos del blues que lo tradujeron de inmediato al rock, es de una obviedad tal que se escapa al espíritu de este apartado.

Maestros y alumnos: admiración y respeto

Conocida es la fascinación de los protagonistas de la *british invasion* por las leyendas del blues, perfectamente evidenciada en las declaraciones de Beatles y Rolling Stones en sus respectivas primeras visitas a los Estados Unidos, ya reseñadas en este libro. Desde la enigmática frase de John Lennon: «El blues es una silla, no un diseño para una silla o una silla mejor... es la primera silla. Se trata de una silla para sentarse, no para mirar. Te sientas en esa música», a la sencillamente admirativa de Eric Clapton: «Me interesaban los rockeros blancos hasta que descubrí a Freddie King», pasando por la contundencia demoledora del lenguaraz Keith Richards: «Muddy Waters siguió tocando poderosamente hasta el día que murió. John Lee Hooker aún rockea como un hijo de puta, y es más heavy metal que cualquiera de estos chicos nuevos», los músicos británicos han declarado siempre abiertamente su deuda con la música afroamericana y su respeto por sus intérpretes, a pesar de los ríos de tinta que críticos, periodistas y aficionados han hecho correr respeto a las incompatibilidad, o no, de ser blanco y *bluesman*.

En cualquier caso, históricamente las relaciones entre los alumnos británicos y los maestros afroamericanos han sido mayoritariamente de rendida admiración, e incluso adulación, por parte de los primeros y cierto agradecimiento por parte de los segundos, que mayoritariamente reconocían la labor de divulgación del blues que aquellos jóvenes melenudos blancos habían realizado, con el consiguiente aumento de conciertos e ingresos económicos para aquellos curtidos negros de Misisipi o Chicago. Un buen ejemplo de ello es la grabación del tema «Little Red Rooster» –incluida en el álbum *The London Howlin' Wolf Sessions*– el siete de mayo de 1970. Detrás del lanzamiento del disco estaban los Rolling Stones y en él participaban la flor y nata del rock británico, de Steve Winwood a Ringo Starr. Ese día el equipo estaba formado por Hubert Sumlin y Eric Clapton en las guitarras, Lafayette Leake al piano, Bill Wyman al bajo y Charlie Watts en la batería. Al frente de la producción estaba Norman Dayron que ya había dirigido un proyecto similar, el álbum *Fathers and Sons*, del histórico Muddy Waters con la banda del músico blanco Paul Butterfield. Sin embargo, el lobo aullador era un tipo un poco más complicado que Muddy y además, según cuentan James Segrest y Mark Hoffman en su libro *Moanin' at Midnight: The Life and Times of Howlin' Wolf*, aquellos días andaba con la salud muy tocada y después de tres días de grabaciones su carácter estaba un poco más agriado que de costumbre, cosa que no contribuía precisamente a sosegar el ambiente. Cuando llegó el momento de grabar la versión de «Little Red Rooster» para romper la tensión, Eric Clapton tomó su guitarra y se la ofreció a Wolf pidiéndole si les podía enseñar a tocar correctamente la canción, un gesto de humildad al que Howlin' respondió con una agresividad que hizo temer a todos que allí se había acabado la sesión. Pero Clapton insistió para aclararle que no era que no la supieran, sino que querían conocer de mano del maestro la verdadera forma de interpretarla, el auténtico *feeling*, cosa que el *bluesman* de Chicago hizo con gesto condescendiente tocando su guitarra usando un cuello de botella. Al final Wolf acabó entusiasmado con el disco, con Clapton y con el resto de aquellos chavales blancos que tanto le admiraban.

Pero quizá quien tuvo una relación más estrecha y duradera con esta generación que reinterpretó el blues y le dio una dimensión global que no había tenido hasta entonces fue B. B. King, que compartió escenario o estudio discográfico con John Mayall, Joe Cocker, Steve Winwood, Jeff Beck, Peter Green, The Rolling Stones, Spencer Davis y, sobre todo, con su rendido admirador Eric Clapton. Y es precisamente B. B. quien aporta una visión completamente libre de polémica y transcendentalismo en una entrevista publicada por David Moreu en enero de 2013 en el número 4 de la revista *Dapper*, en la que el genio de Itta Bena afirma: «Esa ola de músicos británicos abrió muchas puertas a gente como yo y les estoy agradecido. La mayoría afirman que robaron pinceladas de nuestro blues, pero ya me gustaría que hubieran robado más cosas de mi música, puesto que ellos sonaron mucho en la radio y tuvieron un gran éxito. Los veía como artistas de blues importados porque tocaban de manera distinta, aunque a veces les seguí la corriente y otras

B. B. King y Eric Clapton

muchas no les hice caso porque me gusta el estilo que tenemos en Misisipi. Eran buenos, fueron pioneros y abrieron los ojos de la gente a las posibilidades que tenía la música».

El gran factótum

Antes de cerrar este capítulo dedicado al blues británico es imprescindible detenernos en una figura absolutamente fundamental más allá de los relumbrones de las bambalinas y el escenario: Mike Vernon. Productor y músico, nacido en noviembre de 1944 en Harrow, condado de Middlesex, y desde hace años afincado en España, es una figura fundamental del british blues y de su auge y difusión inicial. Comenzó a trabajar a los dieciocho años en el sello Decca. Fundador del sello Blue Horizon, él produjo buena parte de los discos más importantes del blues británico como los de Peter Green, Duster Bennett, Climax Blues Band, Chicken Shack, Savoy Brown Blues Band o Danny Kirwane, entre otros, aunque su ma-

Mike Vernon a la izquierda

yor aportación a la historia del british blues fue su etapa como productor de las grabaciones de John Mayall y sus Bluesbreakers con Eric Clapton. También fue responsable de algunas de las mejores obras de leyendas norteamericanas como Otis Spann, Bukka White, Furry Lewis, Eddie Boyd o Champion Jack Dupree. Pero además por sus manos pasaron la mayoría de las estrellas del rock –incluido el blues rock– en de los años sesenta y setenta en Inglaterra, de David Bowie a Rocky Sharpe and the Replays, pasando por Ten Years After, Dr. Feelgood, Focus o Fleetwood Mac. A pesar de su idea inicial de retirarse a vivir en España a inicios del siglo XXI, Vernon sigue en la brecha, no sólo colaborando con la discográfica Cambayá Records y produciendo a bandas como los andaluces Q & The Moonstones, sino también vinculado a la escena británica, para la que en 2010 produjo el disco de Oli Brown, el virtuoso guitarrista de la discográfica alemana Ruf Records. Desde que en 1965 produjo el álbum *Five Long Years*, de Eddie Boyd, ha producido alrededor de 160 discos. En la actualidad sigue actuando con su banda Mike Vernon & The Mighty Combo, integrada además por Kid Carlos, Ian Jennings, Matt Little, Paul Tasker y Mike Hellier.

Vernon es responsable del lanzamiento de la carrera de muchos de los protagonistas del british blues, que quizá no alcanzaron el relumbrón de las grandes estrellas pero que son parte fundamental de este movimiento, como el guitarrista Tony McPhee, fundador de The Groundhogs, grupo que comenzó como banda de apoyo de John Lee Hooker y Champion Jack Dupree en sus giras por Inglaterra. Fue el propio Vernon quien le sugirió su nombre de guerra, «TS» McPhee, cuando le produjo en su sello Blue Horizon el single «Get Your Head Happy», grabado a dúo con Champion Jack Dupree y editado en 1967. McPhee y The Groundhogs grabaron su primer álbum de estudio, *Scratching the Surface*, en 1968 y se convirtieron, con sucesivos cambios en su formación –más de treinta músicos distintos pasaron por la banda– en una de las últimas bandas supervivientes del blues británico, con 14 discos de estudio y otros 15 entre directos y recopilatorios. La banda sigue en activo, pero McPhee se retiró oficialmente en 2015, aunque desde 2009 se encontraba muy enfermo y prácticamente inhabilitado para actuar regularmente.

Otro miembro de la última hornada de blues británico y producto de la factoría Vernon es Stan Webb y sus Chicken Shack, la banda que fundó con el bajista Andy Silvester en 1965 y para la que reclutaron al batería Dave Bidwell y a la cantante y teclista Christine Perfect, que acabaría incorporándose a Fleetwood Mac, compañeros de discográfica de los Chicken Shack. Grabaron su primer disco, *40 Blue Fingers, Freshly Packed and Ready to Serve*, en 1968 y tuvieron una época de apogeo a finales de los sesenta y principios de los setenta. Todos acabaron abandonando el grupo, menos Webb, que con más de setenta años sigue reclutando una generación de músicos tras otra y practicando un blues honesto con abundantes versiones de los grandes clásicos.

El ocaso de la marca british blues

Curiosamente el ocaso del llamado blues británico a partir de mediados de los setenta, con sus protagonistas convertidos en mega estrellas del *rock business* o desaparecidos en combate, coincide con una lenta pero paulatina recuperación de las viejas estrellas del blues negroamericano y la aparición de una nueva generación de músicos de blues, tanto blancos como negros, en ambos lados del Atlántico. Mientras a finales de los setenta y principios de los ochenta movimientos como la música disco y electrónica, el punk o el hip hop imponen nuevas corrientes musicales mayoritarias, surge, sobre todo en Europa y Latinoamérica, una creciente corriente de aficionados al blues de raíces y comienzan a programarse conciertos y giras de *bluesmen* históricos, al tiempo que surgen bandas que interpretan un repertorio que va desde el blues de Chicago a los originarios blues del Delta. Es como si una vez conocida y escuchada la versión blanca, se produjese un retorno al origen, e Inglaterra no es ajena a ese movimiento. Un producto de esa época que es indispensable señalar, aunque su relación con el blues no sea tan estricta como la de algunos coetáneos, son los Dr. Feelgood, una banda de electrizante rhythm & blues surgida en 1971 y que contribuyeron a poner en marcha un género heredero del blues y estrictamente británico, el pub rock. Los artífices fueron el cantante Lee Brilleaux y el guitarrista Wilko Johnson, el bajista B. Sparks, alias «Sparko» y el batería John Martin, más conocido como «The Big Figure». Su fama en los locales nocturnos fue fulgurante, al menos hasta la marcha de Wilko Johnson, en 1977. Se convirtieron en un emblema de los rockeros más duros y gamberros y de alguna forma anticiparon el punk, en una generación un tanto aburrida del imperio de la psicodelia. Siguen en activo pero desde 1979, cuando consiguieron su último éxito con el *single* «Milk and Alcohol», nada ha sido lo mismo.

Otro de estos miembros de la nueva generación es Paul Lamb, nacido en 1955, que comenzó a tocar la armónica siendo prácticamente un niño, imitando a su ídolo Sonny Terry. Comenzó a actuar profesionalmente a principios de los años setenta, llegando a compartir escenario con figuras como Junior Wells o Brownie McGhee. En los ochenta montó con su amigo el guitarrista Johnny Whitehill su propia banda, Blues Burglars, que sería el embrión de Paul Lamb & the King Snakes, su grupo definitivo con el que grabaron un primer disco de título homónimo en 1990. Desde entonces han grabado 19 discos, el último *Live At The Royal Albert Hall*, en 2017, y se han consolidado como una de las bandas más importantes del panorama inglés, con varios galardones de la British Blues Connection, que también ha elegido en varias ocasiones a Paul Lamb como el mejor armonicista del Reino Unido. Un perfil similar es el de Ray Gelato, nacido en 1961, que se aficionó al swing, el rock & roll y el jump blues gracias a la colección de discos de su padre, un soldado norteamericano destinado en una base militar. Comenzó a tocar el saxo a los diecinueve años y en 1982 montó su primera banda, Chevalier Brothers, con el guitarrista francés, Patrice Serapiglia. Ganaron un concurso de talentos y participaron en algunos festivales internacionales como el de Montreux, pero en 1988 se separaron y Ray formó Ray Gelato and the Giants of Jive. Grabó su primer disco, *Giants of Jive*, en 1989, y tras el segundo, *Gelato Express*, en 1993, el grupo también se disuelve, y Ray forma The Ray Gelato Giants, con el que ha cosechado un éxito mundial que le ha valido el sobrenombre de «El padrino del swing».

En 1979 el armonicista, cantante y presentador de televisión Paul Jones, Tom McGuinness, antiguo guitarrista de la Manfred Mann's Earth Band, el intérprete de slide guitar Dave Kelly, el bajista Gary Fletcher y el batería Hughie Flint, formaron The Blues Band y en 1980 grabaron su primer álbum, *The Official Blues Band Bootleg Album*, con versiones de clásicos del blues y canciones propias. A pesar de la corta tirada, 3.000 ejemplares, y gracias al apoyo de los compañeros de Paul Jones en los medios de comunicación, el disco funcionó lo suficiente para conseguirles un contrato con Arista Records para reeditarlo y lograr consolidarse como una banda de referencia en el blues realizado en Inglaterra y acabar grabando 20 discos más, el último, *The Rooster Crowed*, en 2018. A principios de los ochenta también nació Blues «N» Trouble, la banda escocesa creada por el armonicista y cantante Tim Elliot y el guitarrista John Bruce, que durante años sirvieron como banda de apoyo en las giras europeas de *bluesmen* como B. B. King, Pinetop Perkins o Junior Wells. Publicaron su primer álbum, *First Trouble*, en 1982, y su colaboración con el armonicista Lazy Lester les permitió ganar un Premio Handy. Han grabado 11 discos, el último, *Lost Deposit*, en 2005.

En 1988 Otis Grand publica su primer álbum en Inglaterra, *Always Hot*, producido por Joe Louis Walker, en el que está acompañado por The Dancekings,

Otis Grand

la banda con la que se convierte en una figura popular durante finales de los ochenta y principios de los noventa. A partir de ese momento, este músico nacido en el Líbano y formado musicalmente en los Estados Unidos con gente como Magic Sam, T-Bone Walker o el mismísmo B. B. King se vincula definitivamente a la historia del blues británico, del que es uno de sus principales exponentes en el final del siglo XX, con nueve discos en su haber, en los que contado con colaboraciones de *bluesmen* como Luther Allison, Guitar Shorty o Joe Houston. La revista *Blues Connection* le nombró el mejor guitarrista de blues del Reino Unido durante siete años consecutivos, de 1990 a 1996. Uno de los miembros de su banda, Earl Green, es otro exponente del blues hecho en las islas británicas tras el boom del british blues. De origen jamaicano, llegó a Inglaterra a finales de los setenta y se convirtió en cantante, con un estilo deudor del blues de Chicago. En 1994 abandonó The Dancekings para formar la Earl Green Band. Ha logrado el premio al mejor cantante de blues de Gran Bretaña en los años 2000 y 2002.

A esta lista de músicos nacidos fuera de Inglaterra pero con gran peso específico en el blues hecho en el Reino Unido es indispensable añadir a Johnny Mars, nacido en Carolina del Sur en 1942 y músico precoz que en 1960 fundó su primera banda, que tocaría con figuras como Earl Hooker, B. B. King y Jesse Fuller y que, tras un periodo con Rick Estrin, recalaría en Gran Bretaña en 1972. En Inglaterra conocería a los músicos ingleses Bob Brunning, de Fleetwood Mac, y Bob Hall, que mantenían la banda paralela Brunning Sunflower Blues Band, donde le propusieron integrarse y cuyo promotor, Jim Simpson, le propuso grabar su primer disco en solitario, *Blues from Mars*, en 1972, que tenía un contundente sonido del Chicago blues y que tuvo un considerable éxito. Tras su segundo disco, *Oakland Boogie*, de 1976, tuvo problemas de salud y regresó temporalmente a los Estados Unidos. En 1978 regresa y se instala en Sommerset, donde da clases de música y sigue grabando discos como *Life on Mars*, de 1984, aclamado por la crítica como uno de los mejores trabajos de la época. Sigue actuando por todo el mundo, convertido, pese a su origen, en uno de los mejores representantes del blues de las islas británicas. Por el momento su último disco es *On My Mind*, editado en 2003.

Cerramos este capítulo con un artista que transita a caballo entre los dos siglos, Mick Clarke, que comenzó tocando en 1968 en el dúo Killing Floor, que grabó su primer disco en 1969 y que ha grabado el último, *Rockin' Out*, un álbum repleto de contundente blues rock, en septiembre de 2018, Mick ha llegado a tocar con leyendas como Howlin' Wolf o Freddie King, ha actuado prácticamente en todos los países del mundo y ha grabado 25 discos que le sitúan como uno de los últimos virtuosos de aquellos últimos años sesenta en los que el blues rock británico vivió sus momentos de gloria.

Blues británico en el siglo XXI

El nuevo siglo comienza en el panorama blusero con *Aynsley Lister*, el álbum lanzado en 1999 por el guitarrista del mismo nombre, nacido en 1976, con dos discos anteriores y una de las figuras más prometedoras del blues hecho en Inglaterra. Desde entonces ha grabado diez discos más, el último en 2016, *Eyes Wide Open*, y ha compartido escenario con Buddy Guy, Robert Cray o John Mayall. Es una figura habitual en los más importantes festivales del mundo, ha recibido dos British Blues Awards y es uno de los integrantes principales del Blues Caravan, la gira anual de Ruf Records, con los tres mejores artistas de la discográfica. A la misma generación pertenece Matt Schofield, nacido en 1977, devoto confeso del estilo Chicago, de Muddy Waters a B.B. King, pasando por Albert Collins, Freddie King y Albert King, grabó su primer álbum, *The Trio Live*, en 2004 y desde entonces ha editado seis más.

En 2005 sale al mercado *Meat & Potatoes*, el primer disco oficial de un guitarrista británico de treinta y cuatro años y carácter un tanto bronco, llamado Ian Siegal. Nacido en 1971 en Portsmouth, llegó al blues después de escuchar los discos de su padre, un aficionado al rock de Buddy Holly. Como primeros referentes cita a Chuck Berry y Little Richard. Comenzó estudiando arte a finales los ochenta, pero pronto se marchó a Alemania para llevar una vida bohemia y sobrevivir tocando la guitarra. En Alemania precisamente hay un disco registrado en 2004, *Standing in the Morning*, que ni siquiera figura en la web de Siegal. Con una docena de discos a sus espaldas es uno de los intérpretes más genuinos de blues en toda Europa, con un poderoso estilo de tocar la guitarra que lo ha hecho acreedor de numerosos galardones de los British Blues Awards, como el de mejor intérprete solista, mejor vocalista, mejor álbum y mejor canción. Fue uno de los primeros músicos en ser incluido en el British Blues Awards Hall of Fame y está considerado el más digno heredero de músicos de blues británicos como Joe Cocker o Eric Clapton.

Entre los músicos que ha dado el siglo XXI destacan también el guitarrista Matt Schofield que en 2010 recibió los premios a mejor guitarrista y Mejor Álbum de Blues Británico por su disco *Heads, Tails & Aces*, y Oli Brown considerado por muchos el niño prodigio del blues británico, aunque ya tiene veintinueve años y cuatro discos a sus espaldas – el primero, *Open Road*, recibido con unas críticas

Aynsley Lister

apabullantemente buenas – todos editados por la discográfica Ruf Records, la misma discográfica que se ha encargado de la mayoría de los discos de la guitarrista Joanne Shaw Taylor, nacida en 1986 y con seis álbumes en su haber desde que a los dieciséis años la descubriera Dave Stewart de Eurythmics. Otra joven estrella de la guitarra es Ben Poole, que con veintiocho años y cuatro discos es uno de los músicos ingleses de blues de más proyección internacional, junto a Laurence Jones otro virtuoso de la guitarra de la factoría Ruf Records, de veintiséis años de edad, que ya ha ganado cuatro British Blues Awards. Incorporaciones destacadas todavía más recientes son Babajack, la banda que representó a Gran Bretaña en el European Blues Challenge de 2013, Dave Migden & The Twisted Roots, que lo hicieron en la siguiente edición, o la contundente banda de estilo eléctrico tradicional Kaz Hawkins Band, ganadores del concurso europeo del año 2017.

La contribución del Ulster británico

Aunque esté vinculado de forma implícita y casi inevitable a la escena británica, el blues en Irlanda, un lugar en el que la música impregna el ADN de sus gentes, tiene su propia historia, o más bien, su propia gran historia, plagada de nombres fundamentales en la evolución y la difusión del blues interpretado por blancos. Es además, como todo en la dulce tierra de Eire, una historia partida en dos. En el norte, la historia del blues comienza en Belfast, la capital donde en 1932 nació Ottilie

Patterson. La menor de cuatro hermanos, era hija de padre irlandés y madre letona, ambos procedentes de familias con larga tradición musical, la pequeña comenzó a tocar el piano clásico a los once años. A los diecisiete un compañero del Belfast College of Technology donde estudiaba, le descubrió el blues de Bessie Smith, el jazz de Jelly Roll Morton y el boogie de Meade Lux Lewis. Ottilie se enamoró de la música afroamericana y comenzó a formar parte de bandas de jazz de aficionados hasta que en 1952 formó su propia banda, Muskrat Ramblers, con dos compañeros, Al Watt y Derek Martin. Dos años después, durante una visita a Londres, conoció a la cantante inglesa de jazz Beryl Bryden, quien la introdujo en la banda de jazz de Chris Barber –con quien se casó en 1958– de la que se convirtió en cantante a partir de 1955. Desde ese año y hasta 1984, fecha de la última grabación con Chris Barber, el álbum *Madame Blues & Doctor Jazz*, Ottilie grabó decenas de blues como «St. Louis Blues» y «Weeping Willow Blues», registrados en 1955, «Jailhouse Blues» y «Beale Street Blues», en 1957, «Blueberry Hill», en 1961, o «Baby Please Don't Go» y «I Feel So Good», grabados con Sonny Boy Williamson II en 1964. Desde mediados de los años ochenta comenzó a sufrir problemas de garganta y tuvo que limitar sus actuaciones. Falleció en el 2011, a la edad de setenta y nueve años, convertida en la pionera del blues en Irlanda del Norte.

Siguiendo un orden cronológico, el relevo en el protagonismo del blues hecho en el Ulster corresponde a una de las figuras más importantes de la música popular del siglo XX, el señor George Ivan Morrison, mundialmente conocido como Van Morrison y apodado «El León de Belfast», uno de los mejores cantantes blancos de música negra, ya sea jazz, blues o rhythm & blues, y por supuesto cualquier otro estilo que se le ponga por delante, incluida obviamente la música tradicional irlandesa. Nació en 1945 en el seno de una familia obrera de Belfast. Su padre trabajaba en los astilleros y gracias a sus contactos con marineros norteamericanos logró acumular una impresionante colección de discos, gracias a la cual Ivan creció escuchando lo más granado de la música norteamericana, de Leadbelly a Solomon Burke, pasando por Muddy Waters, Ray Charles, Mahalia Jackson, Hank Williams o Woody Guthrie. A los once años su padre le regaló la primera guitarra y con catorce ya tocaba con su grupo, The Sputniks, en cines y locales de su barrio. También aprendió a tocar el saxofón, instrumento con el que formó pare del grupo The Monarchs, con el que llegó a actuar en bases del ejército norteamericano en Inglaterra y Alemania. En este país grabaron un *single*, «Boozoo Hully Gully», que se convirtió en la primera grabación de Morrison. Tuvo que compaginar su afición a la música con trabajos de mozo de almacén o limpiacristales, pero al final su vocación musical se impuso y su vida dio un giro vertiginoso en la primavera de 1964, cuando contestó a un anuncio que pedía músicos para tocar en el club del Maritime Hotel, un lugar muy frecuentado por marineros estadounidenses. Como en aquel momento no tenía banda, Morrison se presentó a cantar y tocar la armónica acompañado de un club local, The Gamblers, integrado por Ronnie

Van Morrison

Millings, Billy Harrison y Alan Henderson. Para la ocasión se pusieron el nombre de una película de terror, *Them*, pero la cosa funcionó tan bien que acabaron convirtiéndose en una de las bandas señeras del primer british blues.

Es entonces cuando, con sólo dieciocho años, Morrison compuso y grabó «Gloria», un tema que se ha convertido en un estándar del rock y que ha sido versionado entre otros por The Doors, Patti Smith, Jimi Hendrix, The Rolling Stones, Grateful Dead, AC/DC, Tom Petty o R. E. M., por citar sólo a algunos de los más universalmente conocidos. Los integrantes de Them siguieron con Morrison hasta 1966 y solos hasta 1972, aunque ya completamente desfigurados y a la deriva. Morrison siguió su camino y en 1967 grabó *Blowin' Your Mind!*, su primer disco en solitario, del que el cantante siempre renegó al considerar que era un mero recopilatorio grabado por el productor Bert Berns sin su consentimiento. Pero una de las canciones del álbum, «Brown Eyed Girl», fue lanzada como single en el verano del 67 y se situó entre las diez primeras del Billboard. El León de Belfast quedó en el punto de partida hacia el estrellato en el que sigue, en lo más alto, después de más de cinco décadas y cuarenta discos en los que ha interpretado prácticamente todos los géneros de la música estadounidense.

El tercero en la lista del santoral del blues norirlandés es Gary Moore, nacido también en Belfast en 1952, y que es en buena medida, le pese a quien le pese, uno de esos blancos culpables de que hoy el blues sea una música con adeptos en todo el planeta y todas las generaciones. A los dieciséis años, en Dublín, entró a formar parte de su primer proyecto profesional, Skid Row, una banda de blues rock psicodélico fundada un año antes por el bajista Brendan Shiels, el guitarrista Bernard *Bernie* Cheevers y el batería Noel Brigdeman, y donde también militaban Phil Lynott, futuro líder de Thin Lizzy, con quien tocaría una temporada a medidos de los setenta, Paul Chapman, fundador de Lone Star. En 1969 publicaron un single, «New Places, Old Faces», y un año después actuaron como teloneros de Peter Green, gracias a quien firmaron un contrato con CBS para publicar su primer disco, *Skid*, en 1970. En 1974, Moore se trasladó a Inglaterra, donde realizó varias colaboraciones con la banda Thin Lizzy mientras comenzaba una carrera como solista que le llevó a convertirse en uno de los mejores guitarristas del rock de los años ochenta. En los noventa regresó al blues rock con *Still Got the Blues*, su noveno álbum de estudio, al que seguiría en 1992 *After Hours*, con una colaboración de B. B. King. A partir de ahí llegaron *Blues Alive*, en 1993, *Blues for Greeny*, un tributo a Peter Green en 1995 y, tras un paréntesis de regreso al hard rock, en 2001 grabó *Back to the Blues*, en 2004 *Power of the Blues*, en 2006 *Old New Ballads Blues*, en 2007 *Close As You Get* y en 2008 *Bad for You Baby*, los tres últimos auténticos homenajes al blues clásico con temas de Muddy Waters, Sonny Boy Williamson II, Son House o Chuck Berry, entre otros. Falleció en 2011, mientras dormía en un hotel de Estepona, España, donde pasaba sus vacaciones.

Blues made in Irlanda

En la República de Irlanda la figura más destacada del blues es el guitarrista Rory Gallagher, que nació en 1948, en Ballyshannon, uno de los condados del Ulster que no pertenece al Reino Unido. En cualquier caso, como suele ser habitual en ambos lados de la frontera, su familia tenía una gran afición a la música –su padre tocaba el acordeón y su madre cantaba en un coro– y él ganó un concurso de talentos a los doce años, lo que le permitió comprarse su primera guitarra. Comenzó a tocar profesionalmente a los quince, en un grupo denominado Fontana, cuyo repertorio eran básicamente estándares de blues y rock & roll y con el que tocó por toda Irlanda e Inglaterra. Un año después, junto al bajista y el batería, montó una nueva banda, The Impact, que se disolvió tras un viaje a Alemania Occidental. Meses después, en 1966, se asocia con Norman Damery y Eric Kitteringham y funda The Taste, un grupo de blues rock que un año más tarde se convierte en Taste con dos nuevos compañeros, Richard *Charlie* McCracken, al bajo y John Wilson en la batería. En 1969 graban su primer disco, de título homónimo, y se marchan a Londres, la cuna del blues rock, para acabar compartiendo escenario con los mismísimos Cream de Eric Clapton en el Royal Albert Hall. Pero el proyecto no prospera y tras lanzar en 1970 un nuevo disco, *On the Boards*, y realizar una gira por los Estados Unidos, el grupo se disolvió y Gallagher emprende una carrera en solitario con un disco que lleva su nombre y que le sitúa por delante del propio Clapton en el ranking de guitarristas internacionales. Pero a medida que crece su fama se aleja cada vez más del blues, adentrándose en el hard rock, el folk e incluso el jazz. En los ochenta sufrió una serie de altibajos y tras estar más de un lustro ausente de los estudios, en 1987 lanzó *Defender*, un retorno a las raíces del blues de Chicago. En 1990 publica *Fresh Evidence*, un disco de blues rock llamado a ser su último legado, ya que su salud entró en una espiral degenerativa con una fuerte medicación que unida a sus excesos con el alcohol acabó con su vida en 1995, cuando contaba sólo cuarenta y siete años.

Rory Gallagher

Otro histórico es el guitarrista Ron Kavana hijo de padre irlandés y madre estadounidense con raíces cajunes, que comenzó a tocar en el Londres de finales de los setenta, en plena explosión del punk y que ha acompañado a *bluesmen* históricos como Memphis Slim, Champion Jack Dupree o Gatemouth Brown. Su álbum *Galway to Graceland* ha sido muy elogiado como una pieza excepcional de fusión de las raíces del folclore irlandés con las músicas genuinamente norteamericanas como el blues, el country, el rock, o los ritmos cajún. Pero la gran incorporación al panorama del blues en Irlanda en el siglo XX ha sido sin duda Imelda May. Nacida en The Liberties, el corazón popular y proletario de Dublín, en 1974, en el seno de una familia numerosa, desde que era una niña se convirtió en una fanática del rock & roll de pioneros como Eddie Cochran o Gene Vincent, lo que la llevó a asomarse a los ancestros del blues y cuentan que a la edad asombrosamente temprana de diez años ya escuchaba a artistas como Billie Holiday y Elmore James. Empezó a tocar siendo una adolescente en el circuito de clubes de Dublín, y después de trasladarse en 1998 al Reino Unido comenzó a cantar con Blue Harlem y Mike Sanchez. En 2003 formó su propia banda y publicó su primer álbum, *No Turning Back*, tras el que ha editado otros cuatro, el último en 2017, *Live, Life, Flesh and Blood*.

La última hornada de músicos irlandeses del nuevo siglo está perfectamente encarnada por Andrew Hozier-Byrne, más conocido como Hozier, nacido en 1990 hijo de un batería en una banda de blues de Dublín y de una pintora que se encargó de diseñar las carátulas de sus discos, dos EP, *Take Me to Church*, en 2013, y

From Eden, en 2014, y de su primer álbum, *Hozier*, lanzado también en 2014 con un éxito arrollador alcanzando el segundo puesto del *Billboard* 2000. Se educó musicalmente con la discoteca de su padre, pródiga en discos de blues y jazz, y es fan confeso de la película *The Blues Brothers*. Montó su primera banda, Blue Zoots, a los quince años, con un repertorio basado en canciones de artistas como Screamin' Jay Hawkins, Howlin' Wolf, y Tom Waits. Otra de las ultimas promesas del blues hecho en Irlanda es The Deans, la banda de los hermanos Gavin y Gary Dean, guitarra y armónica y bajo, respectivamente, con Gary Keon como batería. Comenzaron a tocar en 2006 y hasta el momento han lanzado un álbum, *The Album*, un EP y un single, que los han hecho merecedores de los mejores augurios.

3. Blues del continente europeo

En Europa los *bluesmen* y las *blueswomen* encontraron no sólo un lugar libre de la segregación racial que los asfixiaba en su país de origen, sino un respeto y un reconocimiento hacia su arte que en los Estados Unidos nunca habían tenido. Desde sus primeras giras descubrieron a un público entregado –entre el que había muchos futuros mitos del rock– que los admiraba y los trataba como a verdaderas estrellas de la música, mientras en Norteamérica a duras penas lograban sobrevivir en unos cuantos clubs del gueto negro de ciudades como Chicago y Detroit. Algunos, como Champion Jack Dupree o Luther Allison, se sintieron tan a gusto en esta nueva situación que decidieron instalarse definitivamente en el viejo continente. Algo en lo que fue pionera la bailarina, cantante y actriz Josephine Baker, quizá la primera artista afroamericana que vio en Europa una salida para la opresión racista de su país de origen.

El blues llegó al viejo continente en dos oleadas distintas y siempre traído por el viento de la guerra. La primera ocasión fue la Primera Guerra Mundial que trajo a los campos de combate de Francia a los primeros soldados afroamericanos y la banda del 369 Regimiento de Infantería, que además de números de jazz, interpretaba los blues de W. C. Handy. La segunda oportunidad fue la Segunda Guerra Mundial, cuando los soldados norteamericanos desembarcaron en Sicilia y Normandía con un equipaje en el que además de la música de las big bands de swing, traían los blues de Big Bill Broonzy o Leadbelly. Fue precisamente Leadbelly quien en 1949 realizó una gira por Francia, convirtiéndose oficialmente en el primer artista del género en pisar Europa, donde desdichadamente celebró sus últimos conciertos, ya que cayó enfermo y tuvo que interrumpir la gira prevista para regresar a Estados Unidos, donde fallecería poco después. De ese modo el honor de la primera gira realmente europea de blues recayó en 1950 en Josh White, quien visitó varios países en plena posguerra, lo que le sirvió para que a su vuelta a casa el FBI le detuviese, le acusase de haber contactado con los comunistas y le devolviese a Europa, donde permaneció deportado durante una década, que aprovechó para divulgar la situación de opresión racial que sufrían los afroame-

Big Bill Broonzy y Pim van Isveldt

ricanos en los Estados Unidos. Pero el verdadero embajador del blues en el viejo continente fue Big Bill Broonzy, que vino por primera vez en 1951 a realizar una serie de conciertos cuyo éxito le animó a repetir visita en 1952 y 1953, acompañado por el pianista Blind John Davis. Actuaron en Francia, España, Bélgica, Reino Unido y Países Bajos, donde pasó un tiempo, manteniendo una relación amorosa de la que tuvo un hijo.

En 1958 Muddy Waters visitó Europa, convirtiéndose en el primer embajador del blues de Chicago, que acabaría realizando un gran desembarco en 1962 con la primera gira del American Folk Blues Festival, que regresaría en 14 ocasiones, la última en 1970. Durante los años sesenta y setenta, las visitas de los *bluesmen* norteamericanos fueron cada vez más frecuentes y Europa se convirtió en un mercado cada vez más apetecible a medida que en los Estados Unidos el blues iba perdiendo fuelle ante músicas como el soul o el rock, especialmente Inglaterra, donde se acabó generando un nuevo estilo del blues, el blues británico que pariría el blues rock, hijo natural del blues norteamericano. Esta presencia habitual de *bluesmen* en Inglaterra acabó generando la primera entidad europea del género, la European Blues Association (EBA), creada en el Reino Unido en 1997 por Michael Roach, un músico de Washington D. C. instalado en Inglaterra, y el escritor e historiador del blues. Paul Oliver. El mayor movimiento asociativo se produce en 2010, durante el Festival de Blues de Hondarribia, cuando se celebra la reunión que dará lugar a la creación de la European Blues Union (EBU), que agrupa a una treintena de países y cuya actividad más visible es la celebración del European Blues Challenge, el concurso europeo de blues que se celebró por primera vez en

Berlín en el año 2011 y que cada año tiene como escenario una ciudad europea distinta. La finalidad fundamental de la EBU es la promoción de la cultura del blues y por eso ha instaurado los Blues Behind The Scenes Awards, que premian a quienes más allá de los escenarios trabajan en la divulgación del género.

El blues es incuestionablemente una música negra y estadounidense, pero, en gran medida, su dimensión internacional es europea. Desde la segunda mitad del siglo XX se produjo un proceso paralelo en el que la música creada por negros de los Estados Unidos a principios de siglo fue perdiendo fuerza y popularidad en su país de origen e incluso en el seno de la propia comunidad afroamericana, decantada progresivamente hacia géneros como el rhythm & blues, el soul, el funk o la música disco, mientras que iba ganando cada vez más adeptos entre el joven público europeo, que acogía con entusiasmo a las grandes figuras del viejo blues.

Francia, los pioneros

El blues llegó a Francia arrastrado por el viento de la guerra, en los equipajes de los soldados norteamericanos. Como hemos visto, la primera oleada llegó en 1917 para combatir en la Primera Guerra Mundial, en la que musicalmente tuvo un protagonismo especial la banda de música del 369 Regimiento de Infantería de los Estados Unidos, una unidad de combatientes afroamericanos popularmente conocidos como los «Harlem Hellfighters», aunque también fueron apodados como los «Black Rattlers» por sus enemigos alemanes, o los «Men of Bronze», nombre que les dieron los ciudadanos franceses que no dejaron de admirar su valor en combate al tiempo que se dejaron cautivar por los novedosos ritmos que interpretaban sus músicos, fundamentalmente marchas militares teñidas de jazz, ragtime y blues, fundamentalmente los clásicos de W. C. Handy «St. Louis Blues», «Memphis Blues» y «Hesitating Blues». La segunda oleada también tuvo como mensajeros a los soldados norteamericanos, esta vez tras el desembarco de Normandía, el 6 de junio de 1944, en el curso de la Segunda Guerra Mundial, aunque esta vez el verdadero protagonismo musical fue para las *big bands* de jazz y swing de músicos como Glenn Miller, Duke Ellington o Benny Goodman, que pusieron banda sonora a la victoria aliada sobre los nazis que, entre un sinfín de barbaridades, habían intentado por todos los medios eliminar todo rastro de música negra, que ellos consideraban «música degenerada».

El primer francés –aunque nacido en la Guayana– en grabar un disco que llevaba la palabra *blues* en su portada fue Henri Salvador, que en 1956 editó *Salvador plays the blues*, que en realidad era un disco de jazz, un género que de alguna forma servirá como introductor de su hermano de sangre. Durante la posguerra, el blues se fue colando entre los gustos de los franceses, sobre todo gracias a la influencia y la labor de las asociaciones de aficionados al jazz, especialmente del Hot Club de

France, cuyo presidente a partir de 1950, Jacques Morgantini, se convertiría junto a su esposa Marcelle –a los que dedicamos un espacio propio en el capítulo sobre los divulgadores del género–, en el gran introductor de los *bluesmen* clásicos, tras acoger en su casa durante su primera visita a Europa a Big Bill Broonzy, tras el que traerían a figuras como Memphis Slim, T-Bone Walker, John Lee Hooker o Koko Taylor, entre otras muchas.

En los años posteriores a la Segunda Guerra Mundial, comenzaron a surgir los primeros aficionados y estudiosos y también los primeros intérpretes franceses de blues. Uno de los más veteranos es Benoît Blue Boy, nacido en París en 1946 como Benoît Billot, que se enamoró del blues siendo un estudiante de Bellas Artes. Aprendió a tocar la armónica y en 1970 se fue a Los Ángeles, donde conoció a estrellas como Albert King o James Taylor. En 1972, se trasladó a Luisiana, donde conoció a Zachary Richard, un intérprete y estudioso de la música y la cultura cajún, que le aficiona a este género del que Benoît se convertiría a su vez en un consumado maestro. En 1979 publica su primer disco que es además el primer álbum de blues en francés, *Benoît Blue Boy*, editado por Vogue y que contiene «Made in Benoît», un tema satírico con letra del demoledor escritor y músico de jazz Boris Vian. Sólo un año más tarde lanza su segundo disco *Original*, el que seguirá el *single* «Le blues du vendeur de blues», en 1981, y los álbumes *Plaisir simple*, en 1982, *Tortillage*, el nombre de su próxima banda Les Tortilleurs, en 1986, *BBB and The Tortillers*, en 1988. A medida que avanza su carrera va ganándose el favor de un público cada vez más amplio que aprecia su sonido con ecos de los pantanos de Luisiana que cobra una fuerza especial en discos como *Parlez-vous Français?*, en 1990, *Plus tard dans la soirée*, en 1992, *Couvert de bleus*, en 1994 y *Lent ou rapide*, de 1997 y quizá el mejor de todos ellos. En 2001 lanza *En Amérique*, un álbum en el que hace un recorrido por los diversos subgéneros del blues, al que siguen *Maux d'absence*, en 2004, *Mic mac*, en 2006 y en el que se adentra en el sonido tex mex, *Funky Aloo*, grabado en 2010 con Freddie Roulette et les Tortilleurs, *Papa, fais pas ça*, en 2013 con Franck Goldwasser en una línea de genuino blues de Chicago y finalmente *À boire et à manger à Saint-Germain-des-Prés*, con Nico Duportal editado en 2017 con un aire marcadamente swing.

Benoît también ha colaborado en el lanzamiento de diversos músicos de rock y blues, entre ellos el cantante y guitarrista Patric Verbeke, que comenzó en 1967 con L'Indescriptible Chaos Rampant, la primera de una serie de bandas de estrafalario nombre que creará durante los años setenta, como Alan Jack Civilization, Tribu o Magnum. Durante esos años acompañará a artistas que visitan Francia, como Memphis Slim, Freddie King o Sonny Fisher y formará parte de la banda del ídolo nacional del rock, Johnny Hallyday. En 1981 saca su primer disco, *Blues in my Soul*, en 1982 *Tais-Toi et Rame*, tras el que vendrán *Bec Vert*, en 1984 y *School Boy Blues*, en 1990, año en el que participa en el Beale Street Blues Festival de Memphis. Entre 1992 y 2001 edita más diez discos entre los que sobresalen *Blues and Ladies*, *French Blues*, *Monsieur Blues* y *Willie et Louise-conte Bluesical*, dirigido al público infantil en una mezcla de narración y música. También es notable su actividad divulgativa del blues mediante programas de radio, como coautor de una biografía de Eric Clapton o la creación la escuela blues Luther Allison Blues School, lo que le ha hecho acreedor del sobrenombre de Mister Blues. Su hijo, Steve Verbeke, ha seguido sus pasos aunque ha elegido la armónica, con la que en 2011 acompañó a su padre en la grabación de su disco *La P'tite Ceinture*

A la misma generación pertenece Bill Deraime, cuyo verdadero nombre es Alain Deraime, nacido en Senlis también al principio de la posguerra, en 1947, y que dio sus primeros pasos en la música a mediados de los setenta, aunque no grabó su primer álbum, *Plus la peine de frimer*, hasta 1980. Pero fue al año siguiente cuando alcanzó el éxito con el tema «Babylone tu déconnes», un cruce entre blues, reggae y canción francesa, incluido en el disco *Qu'est-ce que tu vas faire?*, le llevó a una época de galas y apariciones televisivas, tras la que llegó una etapa un tanto errática musicalmente, editando discos sin adscripción a un género concreto, pero siempre de gran calidad. En 1991 lanza el álbum *La Louisiane*, y en 1994 uno de sus mejores discos, *Tout recommençait*, que incluye desde blues impecables como «L'oiseau de nuit», «Bouger» o «Demain», hasta rhythm & blues como «Encore», temas melódicos como el que da título al álbum, reggaes o composiciones étnicas. Ha editado 18 álbumes de estudio, tres grabados en directo y un recopilatorio.

Otro producto típico de la herencia norteamericana tras la Segunda Guerra Mundial es Cisco Herzhaft, nacido en 1947 en Bouscat, un suburbio de Burdeos, en el seno de una familia de inmigrantes de Europa central que sufrió numerosos avatares durante el periodo bélico huyendo siempre de la violencia. Creció escuchando a cantantes folk y country como Woody Guthrie, Pete Seeger, Hank Williams, Doc Watson o Cisco Houston, de quien adoptó su nombre artístico, y a leyendas del blues como Big Bill Broonzy. Lightnin' Hopkins, Son House, T-Bone Walker o J. B. Lenoir. Abandona los estudios y antes de llegar a la mayoría de edad se compra una guitarra y se lanza a vivir una vida de músico errante, viajando por toda Francia y emulando a sus ídolos del blues, aunque interpretando un estilo muy folk junto a otros jóvenes como la futura leyenda de la música celta Alan Stivell. Se convierte en un maestro del *slide* y mientras asiste a todos los conciertos del American Folk Blues Festival, incrementa su cultura del blues, algo en lo que le acompaña su hermano Gerard, quien se convertirá en uno de los grandes expertos del género con obras como su *Gran Enciclopedia del Blues*. Debutó discográficamente en 1968 en el álbum *Sweet & Hot*, del grupo de música dixieland Les Haricots Rouges, en el que interpreta «Bettina», uno de los primeros blues en francés. A finales de los sesenta tiene la oportunidad de compartir escenario con John Lee Hooker quien le apadrina y le señala como una futura figura del género. Sin embargo pasará más de una década hasta que alumbre sus siguientes discos, dentro de una línea folk, con su esposa, Marie Courcelle, con quien edita *Naguère la Brie*, en 1981, y *Que faire si amour me laisse?*, en 1983. Durante los años ochenta sigue dedicado al folk y por fin en 1991 graba el disco *Herzhaft Blues*, en el que participa su hermano Gerard. En 1993 consolida su retorno blusero con el disco *Never been plugged*, al que incorpora a otro de sus hermanos, David, a la armónica. En 1995 realiza su primera gira por Estados Unidos y Canadá y un año después lanza el álbum *Two brothers and a pick*, al que sigue en el año 2000 *Herzhaft Special*, que cierra la serie denominada *Herzhaft Blues*. A partir de ahí sigue editando discos en solitario, como *Ghost Cities, en* 2002, *BBC & Mister P*, en 2003, *Cisco's Cooking, en* 2007 *The Cisco's System*, en 2010 y *Good Hand*, en 2014.

Blues francés de los sesenta al siglo XXI

En la lista de músicos que en los sesenta se adentraron en el blues merece un lugar reseñable Jean-Jacques Milteau, uno de esos virtuosos de la armónica que ha llevado a este instrumento a cotas espectaculares y que comenzó a tocar bajo el influjo de maestros como Sonny Boy Williamson II o Sonny Terry. En 1989, grabó su primer álbum como solista, *Blues Harp*, aunque se fue apartando progresivamente del blues tradicional a medida que iba actuando por todo el mundo junto al guitarrista Manu Galvin. Tiene en su haber más de 15 discos entre los que figuran títulos como *Routes*, una auténtica joya de la armónica, editado en 1995, *Blues live*, de 1998, *Bastille blues*, de 1999, *Memphis*, grabado en 2011 con Mo Rogers, Little Milton y Mighty Sam McClain o *Soul Conversation*, de 2008, con Michael Robinson y Ron Smyth. Todos ellos son auténticas muestras de su virtuosismo con la armónica al servicio de los más variados géneros de la música negra.

También dio sus primeros pasos en los sesenta Chris Lancry, nacido en 1951, que comenzó a tocar la guitarra y la armónica siendo casi un niño influido por los discos de Bob Dylan y bandas como The Beatles y The Rolling Stones, a través de los que llegó al blues. A los veinte años abandonó su Marsella natal para irse a París donde fue descubierto cuando tocaba en la calle por Philippe Rault y Philippe Paringaux, dos periodistas de la revista *Rock & Folk* y productores de discos, bajo cuyos auspicios en 1971 grabó *Blues from over the Border*, su primer álbum de blues tradicional. Ese año se traslada a Nueva York para conocer a sus ídolos, músicos como Big Joe Williams o John Hammond Junior, que actúan en los clubes del Greenwich Village. En 1998 fue elegido como el mejor guitarrista de blues acústico en la primera edición de los premios France Blues. En su historial destacan discos como *Solo Blues*, grabado en 1997, *Dernier été*, en 1998, *Road Stories*, en 1999, *Freeway to The Blues*, en el 2000 y *Autour du blues*, en 2002.

Jean-Jacques Milteau

Paul Personne, nacido en 1949 como René-Paul Roux, hereda al gusto por la armónica de su padre, un músico aficionado que le compra su primer instrumento, un acordeón, que Paul abandona por la guitarra en cuanto escucha por la radio los primeros compases del rock & roll. En 1975 monta Bracos Band, su primera banda de blues rock, con la que graba un *single* tras el que el grupo se disuelve. Monta un nuevo grupo, Backstage, con el que firma su primer contrato con el sello Vogue para grabar su primer álbum, *Backstage*, cantado en inglés, tras lo que el grupo desaparece y Paul emprende una carrera en solitario que le llevará a grabar en 1982 el disco *Paul Personne*, que le da cierta popularidad y la oportunidad de grabar un nuevo álbum en 1983, *Exclusif*. Su trayectoria se acelera en 1987 tras su participación en el Festival de Verano de Quebec y la grabación del disco de nombre premonitorio, *La Chance* (*La suerte*), en 1989, que le consolidan como una figura del blues francés. Ha grabado un total de 26 discos y ha compartido escenario con las figuras más importantes del blues y el rock.

En los sesenta Mike Lecuyer estudia en el Lycée Lavoisier de París y hace sus primeros pinitos musicales pasando por grupos como Special Session y Mick Mike Blues Band, ambos de blues rock, y Delta dedicado al country blues. En los años setenta se aleja del escenario y emprende una carrera de crítico musical en revistas como *Maxipop*, *Watts Magazine* o *Rock 'n' roll Music*. En 1977 edita su primer *single* como Mike et sa Clique, con dos temas de blues en francés: «Des vacances» y «Frankenstein Boogie». En 1978 lanza su primer álbum, ya con su propio nombre, titulado *À 7 plombes du mat' blues*. En 1979 edita su segundo disco, *Partie Libre*, y abandona la dedicación activa a la música a la que regresa en 2011 con un nuevo disco, *De Montparnasse en Montreal*, tras el que grabará otros tres. Tras una carrera dedicada a proyectos de promoción del blues como crítico y organizador de asociaciones y festivales, en 2012, recibió el premio The Keeping the Blues Alive Award de la Blues Foundation of Memphis. También comenzaron su andadura en los años sesenta el músico de bluegrass y country blues Jean-Marie Redon, que

Nico Wayne Toussaint

empezó a despegar en serio con su grupo Groupe Bluegrass Connection en 1972, el mismo año en el que editó su primer álbum, *Travert & Cie*, Michael Jones, que desde entonces ha editado 17 álbumes.

Desde comienzos de los años noventa el blues hecho en Francia, al igual que en el resto de Europa, ha tenido un espectacular desarrollo exponencial que ha proporcionado nombres como Nico Wayne Toussaint, un armonicista que publicó su primer disco en 1997, *Cést si Bon*. Ha editado 16 discos en total, el último un homenaje a James Cotton grabado en 2017. También en los años noventa comenzó su trayectoria la banda Awek, que grabaron su primer álbum, *Back to the Same Place*, en 1997, y que tras 10 discos y 24 años de experiencia a sus espaldas se han convertido en uno de los grupos más sólidos del blues francés. Otros artistas destacados del panorama francés es Sebastopol, el más espectacular *one man band* europeo, Gas Blues Band, la banda del guitarrista Gaspard *GAS* Ossikian, Roland Tchakounte, guitarrista de Delta blues originario de Camerún, la cantante Gaëlle Buswel o Kathy Boyé & The DTG Gang, los últimos representantes del blues francés en el European Blues Change, un concurso en el que también han participado bandas como Pillac, Shake Your Hips o Shaggy Dogs.

La importancia y solidez del blues francés se refleja en las decenas de asociaciones que en todo el país difunden este género, como la Toulouse Blues Society, Blues Association de Genève, la BBB Association, L'Association Blues sur Seine,

Eden District Blues o France Blues, la plataforma de coordinación del blues en el país galo, donde se celebran más de 40 festivales de gran nivel internacional, entre los que sobresalen los de Cahors, Blues sur Seine, Toulouse, Passions de Cognac, Bain de Blues, Avignon o Sierre Blues. Pero si en algo destaca Francia es en el número y nivel de sus publicaciones. La pionera de las revistas dedicadas al blues y la música afroamericana fue *Soul Bag Magazine*, fundada en 1968 por Jacques Périn. Además de llevar medio siglo publicándose sin interrupción, ha editado numerosos libros sobre música afroamericana, ha organizado conciertos y en el año 2012 vio reconocida su labor con el premio Keeping the Blues Alive Award. Durante más de 25 años fue la única fuente de información de los aficionados franceses, si exceptuamos la revista *Rock & Folk*, fundada en 1966 por Philippe Koechlin y que tocaba casi todos los géneros, del rock al jazz pasando por el blues, el pop y la canción francesa. En 1996 aparece *BLUES Magazine*, una iniciativa de Patrick Astorg, fundador de la asociación Blues Etc. De hecho, la revista nació como *BLUES Etc Magazine* y en el quinto número adoptó su denominación actual. Un año después, en 1997, nació *Blues & Co-Autrement Blues*, un fanzine editado por la asociación del mismo nombre y creado por Eric Dumeige y Arol Rouchon, que 21 años después se ha convertido en una revista profesional. A pesar de la crisis de la prensa y la revolución digital, el siglo XXI ha visto nacer nuevas revistas como *BCR la Revue* (cuyas iniciales corresponden a Blues, Country, Rock & roll), nacida en 2005, o excelentes revistas en línea como *ABS Magazine* o *Feeling Blues-Carrefour des Amoureux du Blues dans le Sud*, entre otras. Destaca también la labor del Collectif des Radios Blues (Colectivo de las Radios del Blues) que agrupa a programas dedicados al género en todo el país, además de Bélgica, Quebec y varios países africanos. Entre los divulgadores franceses premiados con un Keeping the Blues Alive Award figuran Jean Guillermo, Didier Tricard, Mike Lecuyer y Gérard Herzhaft. La historia del blues en Francia se encuentra exhaustiva y detalladamente recogida en la obra *Hexagone Blues*, del periodista David Baerst, publicada en 2015 por la editorial Camion Blanc.

Italia, blues de buena pasta

Aunque los ecos del blues llegan muy pronto a Italia e incluso en 1919 el músico Dino Rulli compone «Scettico Blues», primera canción italiana del género que alcanzó gran popularidad en los años veinte, en realidad su desarrollo no llegaría hasta después de la Segunda Guerra Mundial, igual que en el resto de Europa. Siguiendo la estela ideológica marcada por los nazis, el fascismo italiano prohibió el jazz y la música de origen norteamericano, aunque más relajadamente que sus aliados alemanes, lo que permitió que algunos clásicos del blues primitivo se grabasen en versión italiana y así pasaron a la posteridad curiosidades como «Tristezze di San Luigi», o sea, el «Saint Louis Blues» de W. C. Handy pero tuneado por Natalino Otto y el Trio Lescano. Los primeros que llevaron los discos de blues de forma más o menos generalizada a la convulsa Italia amenazada por la miseria y el enfrentamiento civil que se describe magistralmente en *Roma, città aperta*, la película dirigida por Roberto Rossellini en 1945, fueron los soldados norteamericanos que desembarcaron en Sicilia y en Salerno. Pero habría que esperar a finales de los años sesenta para que surgiesen los primeros intérpretes autóctonos de blues, en los que influyó decisivamente la presencia en el país de músicos como el estadounidense Andy J. Forest, que vivió en Italia durante casi quince años desde finales de los setenta, o el británico Dave Baker, que en 1978 montó una banda de referencia, la Baker Street Band, con Claudio Bazzari, Chuck Fryers y Tino Cappelletti. Pero quizá el más importante de estos misioneros del blues fuese el texano Vearl Cooper Jr., más conocido como Cooper Terry, que se estableció en Milán en 1972. Músico de sesión con John Lee Hooker y Sonny Terry, en Italia formó pareja musical y sentimental con la cantante Aida Nola, que tras su matrimonio se convirtió en Aida Cooper, nombre con el que sigue actuando. Ambos grabaron un primer disco juntos en 1983, *Feelin' Good*. Cooper Terry, junto a dos artistas autóctonos, el armonicista Fabio Treves y el bajista Lillo Rogati, fue el catalizador que sentó las bases del blues moderno en Italia, donde todo el movimiento en torno a este género se gestó entre finales de los sesenta y principios de los setenta.

Angelo *Leadbelly* Rossi

Angelo *Leadbelly* Rossi, veterano devoto del Delta Blues, está considerado como uno de los pioneros y principales representantes del género en Italia, donde su presencia tocando la guitarra, la armónica y el kazoo es un clásico en todos los festivales desde los años sesenta. En 1985 realizó su primera grabación, *Devil or Angel*, que le proporcionó gran popularidad entre los aficionados al género y le permitió participar en la giras del *bluesman* norteamericano Larry Johnson, con quien viajó también a los Estados Unidos. En 2001 grabó su segundo disco, *Jump Up Songs*, al que siguió en 2006 *I Don't Want to Take Nothing with Me When I'm Gone*. En 2012 puso en marcha el proyecto Nerves & Muscles junto a Max Prandi y Tiziano *Rooster* Galli, con quienes grabó el álbum *New Mind Revolution*. El honor de ser el dúo fundacional del blues acústico en Italia recae en Cocco e Bisson. Raffaele Bisson, a la guitarra, y Andreino Cocco, a la armónica, comenzaron actuando a finales de los años setenta y en los ochenta se convirtieron en figuras habituales en todos los festivales del país. Compartieron escenario con figuras como Louisiana Red, Eddie Campdell, Valeria Wellington o Corey Harris. Bisson murió en 2011 y Cocco sigue actuando, convertido en una leyenda del blues italiano.

Fabio Treves

Otro fundador histórico es Fabio Treves, armonicista y cantante milanés nacido en 1949, conocido como «Puma di Lambrate», que comenzó a tocar en 1965 inspirado por armonicistas como Sonny Terry, Little Walter o Sonny Boy Williamson II. Tras un primer grupo juvenil, el Friday Blues Group, en 1974 monta su primera propia banda, la Treves Blues Band y graba su primer álbum de título homónimo. En los setenta comenzó su relación con el *bluesman* norteamericano afincado en Italia, Cooper Terry. En 1979 editó *The Country in the City* y en 1980 grabó un álbum en vivo con Mike Bloomfield. Tiene 21 discos, ha escrito dos libros sobre blues, ha dirigido revistas musicales e incluso un espectáculo musical titulado *Blues in Teatro*. A su misma generación pertenece Edoardo Bennato, que grabó su primer disco, *Non farti cadere le braccia*, en 1973, aunque había publicado un *single* cuatro años antes. Cultiva, sobre todo en sus inicios, una curiosa mezcla de blues, rock y ópera. Ha editado 35 discos, con un amplio abanico de géneros que van desde el cantautor al cantante pop, aunque en realidad el éxito le llegó con «Un'estate italiana», una canción melódica grabada con la rockera Gianna Nannini y que fue el tema oficial del mundial de fútbol de 1990. A la generación de los setenta pertenece Roberto Ciotti. Nacido en 1953, comenzó tocando en una banda de jazz a los diecisiete años y después se convirtió en guitarrista de blues. Debutó en 1978 con el álbum *Supergasoline Blues*. Al año siguiente editó *Bluesman*, en 1982 *Rockin' Blues*, en 1989 *No More Blue*, y *Road'n'Rail* en 1992, el año de su gran éxito con la banda sonora de la película *Marrakech Express*, dirigida por Gabriele Salvatores. Todavía publicaría seis discos más, el último *Equilibrio precario*, editado en 2013, al año de su muerte. Además de su música, dejó como herencia artística una autobiografía, *Unplugged*, en la que profundiza en la dificultad de mantener la coherencia de intentar ser músico de blues y tratar de sobrevivir en un negocio en el que impera el mero espectáculo y la búsqueda del dinero fácil.

En la década de los setenta también comenzó a hacerse popular el que sin duda es, para los profanos, el nombre más conocido del blues italiano: Zucchero. Eterno objetivo de polémica por parte de los puristas italianos, este virtuoso cantante que domina la guitarra, el saxo y el piano, se enamoró muy joven del blues rural y del rhythm & blues y montó sus primeras bandas allá por 1968. Sin embargo, desde su primer dúo de éxito, Sugar y Daniel, siempre ha derivado hacia eso que se ha dado en denominar música melódica italiana, un género en el que es autor de numerosas canciones de éxito, entre las que sobresale «Non voglio mica la luna» («Yo no te pido la luna»), presentada por Marina Fiordaliso en el festival de San Remo de 1984. En 2001 logró una enorme popularidad internacional gracias a *Shake*, el álbum en el que más se acerca al blues rock en toda su carrera y en el que contó con la colaboración del mismísimo John Lee Hooker en el tema «I Lay Down» («Ali D'Oro»). A la misma época pertenece el batería Vince Vallicelli, que grabó su primer disco, *UNO*, en Londres en 1972, con sus compañeros Elio D'Anna, Corrado y Danilo Rustici y que a lo largo de su carrera ha explorado todos los géneros, del jazz al rock, pasando por el blues y el zydeco. Músicos de la generación setentera que transitan entre el blues y el jazz son Lello Panico, que en los noventa fundó la banda de blues rock Blue Messengers con la cantante norteamericana Shawn Logan; Guido Toffoletti, que descubrió el blues en Londres con el pionero de british blues, Alexis Korner, y a su vuelta en 1976 fundó Blues Society, una de las bandas históricas del blues italiano; el armonicista Giancarlo Crea, que a finales de los setenta viajó a pulir su estilo en Estados Unidos y que en 1985 reunió a algunos de los mejores músicos italianos de blues para montar Model T Boogie, quizá el grupo de mayor proyección internacional que grabó su primer disco, *Really the Blues*, en 1987. Los años ochenta son también la época de desarrollo de la banda Via del Blues, que grabaron su primer álbum, *Too Late*, en 1983.

Entre finales de los años ochenta y durante todos los noventa, el blues italiano vivió un periodo de expansión con un importante número de nuevos intérpretes entre los que figuran Rudy Rotta, que a pesar de ser un histórico no publicó su primer disco, *Reason to Live*, hasta 1990, o la banda napolitana Blue Stuff, el grupo Joe Caruso Blues Band, los intérpretes Tolo Marton, Pino Liberti, Alex Britti, Pippo Guarnera, Fabrizio Poggi con Chicken Mambo, Mimmo Mollica, Max Lazzarin, Carmine Migliore, Pino Daniele u Oracle King, entre otros muchos. Entre las *blueswomen* italianas destaca de forma especial Veronica Sbergia, cantante con un amplio registro de música tradicional norteamericana e intérprete de *washboard*, ukelele y kazoo, que fue la ganadora de la tercera edición del European Blues Challenge, celebrada en 2013. Comenzó a finales de los noventa en un grupo de música tradicional y a principios del siglo se integró en la banda de soul funk The Persuaders. En 2007 publicó su primer disco en solitario, *Ain't Nothing in Ramblin*, y en 2009 comienza a grabar ya con su nueva banda, The Red Wine Serenaders, integrada originalmente por Max De Bernardi, Alessandra Cecala, Mauro Ferrarese y Marcus Tondo, con quienes editó dos discos más, antes de establecer pareja artística con Max De Bernardi. Otras voces femeninas son Linda Valori, que comenzó su carrera profesional a mediados de los noventa pero alcanzó su popularidad en 2004 al ganar el Festival de San Remo con «Aria, sole, terra e mare», una canción propia de corte neo soul, y Nina Zilli, aunque su estilo se orienta más al rhythm & blues, soul y reggae.

Rudy Rotta

En el aspecto divulgativo destacan las revistas *Mucchio Selvaggio*, nacida en 1977, o *Buscadero*, creada en 1980, ambas dedicadas a un amplio espectro de géneros con especial atención a la música afroamericana. En 1984 aparece el trimestral *Il Blues*, la única revista dedicada en exclusiva al género y que se sigue editando en la actualidad. *Il Popolo del Blues* es un programa de radio creado en 1995 por el crítico musical Ernesto De Pale emitido por la emisora *Controradio*, en Florencia. En la actualidad hay una treintena de festivales en activo entre los que destacan el Pistoia Blues Festival, un histórico cuya primera edición se celebró en 1980, el Liri Blues, el Blues Made in Italy de Cerea, el Torrita Blues, el Delta Blues de Rovigo, el Etna Blues de Sicilia, el Castel San Pietro in Blues o el Blues in Idro, de Milán.

Blue note en los Países Bajos

Bélgica y Holanda son dos de las principales plazas donde se instalaron los primeros *bluesmen*, tanto por su infraestructura de clubs como por la liberalidad de sus costumbres. En la actualidad, la celebración anual de 23 Festivales en Holanda y 25 en Bélgica convierten la zona en la de mayor oferta de blues porcentualmente. El primer testimonio de la visita de un *bluesman* a Bélgica es la película *Low Light and Blue Smoke: Big Bill Blues*, un corto rodado por Big Bill Broonzy en 1965 en un club de Bruselas, del que damos detallada cuenta en el capítulo dedicado a la filmografía. Este corto tuvo repercusión más allá del ámbito de los propios Países Bajos, ya que fue emitido por la BBC, convirtiéndose en una de las primeras referencias del blues para los jóvenes británicos. Pero Big Bill Broonzy tiene una conexión con esta región europea que va mucho más allá de lo musical; durante sus primeras visitas a Holanda se enamoró de una muchacha llamada Pim van Isveldt y ambos tuvieron un hijo llamado Michael que actualmente reside en Ámsterdam.

En Holanda en los años sesenta, por reflejo del ambiente británico que facilitó el nacimiento del blues rock, comienzan a salir grupos como Q 65, The Subterraneans, Blues and Sons, Indiscrimination y The Bintangs, todos surgidos en La Haya. En 1964 el vocalista Harry Muskee y el guitarrista Eelco Gelling, montan Cuby & the Blizzards, banda fundacional del blues holandés. En 1967 Oscar Benton monta el grupo de blues Han van Dam, curiosamente en la localidad de Haarlem, junto a Hans van Dam, Tanny Lant y Hank Hawkins. En 1968 lanzan su primer LP, *Feel good good*, y a partir de ese momento, a través de varias escisiones, el grupo se convierte en un vivero de bandas de blues, como Bintangs, Blue Eyed Baby y Barrelhouse, en 1974. Estos últimos lanzaron su primer disco, *Who's Missing?*, en 1976 y llegaron al cénit de su éxito en 1979 grabando un disco con Albert Collins. En los años ochenta se disolvieron y la mayor parte de los integrantes del grupo volvieron con Oscar Benton y crearon la Oscar Benton Bluesband, que lograría su mayor éxito en 1981 con el tema «Bensonhurst blues», y duraría hasta 1993. Reconstruido a finales de los noventa, Barrelhouse sigue en activo y en 2012 fueron incluidos en el Dutch Blues Hall of Fame como premio a toda su carrera. En los sesenta también surgen grupos como Electric Blues y Livin' Blues Xperience. En los años setenta comenzó la carrera de Fred van Willigen, fundador del trío de blues power Sweet Mary Jane y en esa década también surgen músicos como Hans Theessink y grupos como Long Way Blues, Greyhound y B. J. Hegen Blues Band.

En los ochenta se produce una importante proliferación de bandas como The Juke Joints, Sugar Mama, Nightcall y Tim Welvaars. En los años noventa sigue el crecimiento exponencial con nombres como Little Louis, Bluesox, Bluesbreakers, Mississippi Mud Pie o Blazing Hank and the Blues Bullets. Entre los músicos de las nuevas generaciones del siglo XXI destacan el guitarrista de blues rock Ralph de Jongh, Big Bo, un especialista en ragtime y blues del Delta, St. Louis Slim, la banda de estilo Chicago, The Veldman Brothers, uno de los grupos más populares del país y especializado en rhythm & blues y west coast blues, The Ragtime Rumours, un grupo de blues de raíces o Ramblin' Dog, banda de blues rural. En la última década se ha disparado la aparición de bandas de blues con una lista de varias decenas de grupos en los que podríamos nombrar a The Rude Move, trío de blues rock nacido en 2008 pero formado por músicos veteranos de los años ochenta, The Sidekicks, Dynamite Blues Band, Route 61, Mojo Hand o Blue Rebel, entre otros. La actividad del blues holandés pivota en buena medida alrededor de la Dutch Blues Foundation, que además de reunir la información sobre músicos, festivales y entidades, organiza el Dutch Blues Challenge, el concurso más importante del país.

The Veldman Brothers

En Bélgica una figura fundamental es Yannick Bruynoghe, un aficionado que se hizo amigo de Big Bill Bronzy y escribió una biografía del artista junto a su esposa Margo. Ambos viajaron regularmente a Nueva York y Chicago durante los años sesenta y establecieron contactos estables con músicos de blues que comenzaron a visitar Bélgica. Otro pionero fue Georges Adins, encargado de la organización del American Folk Blues Festival a su paso por el país. Entre los músicos destaca Ferré Grignard, cantante de skiffle de Amberes que en 1965 logró un éxito internacional con temas como «Ring Ring, I'm Got To Sing» y «My Crucified Jesus». También los sesenta surgen grupos como Octopus, Lager Blues Machine y Jenghiz Khan, mientras los músicos norteamericanos como Luther Allison o Memphis Slim comienzan a ser una presencia habitual en el festival de Gouvy, pionero en programar blues en Bélgica. El especialista musical de Lieja, Robert Sacré, remite al paso del American Folk Blues Festival y a las visitas de B. B. King y Ray Charles en los setenta como el inicio real de la escena belga, que en Lieja tuvo su principal referencia durante años en el Festival International de Guitare de Soumagne. Sacré coloca a Gilles Droixhe, nacido en 1941, también conocido como Elmore D, como uno de los patriarcas del blues belga. Se trata de un curioso personaje que cuando no toca la armónica y la guitarra se convierte en un renombrado lingüista y académico. Otros pioneros son Jean-Pierre Froidebise, Marc Lelangue y Fred and the Healers. En el blues belga de los años sesenta también figuran músicos como Karel Bogard o bandas de blues rock con deriva psicodélica como Tomahawk Blues Band. En los setenta destacan Blues from over the Border, From Dusk Till Dawn, Still Hooked on Blues y Step. En los años noventa surgen bandas como Little Hook y El Fish, o músicos como Renaud Patigny, el máximo exponente belga del piano boogie, o el armonicista Howllin' Will.

A partir del año 2000 proliferan bandas como Howlin' Bill, Lightnin' Guy & The Mighty Gators, Hideaway, Fred and the Healers, Doghouse Sam & his Magnatones, Guy Verlinde, Tiny Legs Tim, The Blues Bones, Les Boogie Beasts o Ed And The Gators. Entre las nuevas incorporaciones destacan también la cantante Linda Lou y su banda Shade of Blues y el guitarrista Sebastien Hogge, entre otros.

La ruta del blues germano

Las bases militares norteamericanas fueron la principal puerta de entrada del blues en Alemania, o más concretamente en la República Federal Alemana, la parte occidental del país que quedó en el sector de los aliados tras la partición del país, ya que en la República Democrática Alemana, en la órbita soviética, este género quedó bajo la sospechosa mirada de las autoridades comunistas, recelosas de todo lo que proviniese del enemigo norteamericano, aunque en este caso se tratase de una música creada por lo que ellos consideraban oficialmente como «una minoría racial explotada por el capitalismo». Los clubs de Berlín, Múnich y Bonn se convierten en los puntos de difusión del blues y del rock & roll a principios de los años sesenta, sobre todo a partir de 1962, cuando las giras del American Folk Blues Festival, que de hecho fue una idea original del periodista y productor alemán Joachim-Ernst Berendt, llevada a cabo por los promotores Horst Lippmann y Fritz Rau, también germanos, y que comienzan a visitar regularmente ciudades como Fráncfort, Hamburgo, Múnich, Düsseldorf, Berlín o Iserlohn. A finales de los sesenta comenzaron a surgir bandas como The Third Ear, fundada en 1967 por el armonicista Udo Wolff y el guitarrista Tom Schrader, pioneros del blues germano. En 1968 surge Das Dritte Ohr una *bluesband* alemana con canciones de creación propia en alemán. En los años setenta florecen bandas a imitación del british blues, como Blues Company, fundada en 1976 por Todor *Toscho* Todorovic y Christian Rannenberg, que grabaron su primer disco, *Live*, en 1980 y que son la banda más longeva del panorama alemán. La Frankfurter City Blues Band, banda de blues rock fundada en 1977, grabó su primer disco, *... Is in Town*, en 1979, tras lo que organizaron giras por Alemania con músicos como Alexis Korner, Louisiana Red y Champion Jack Dupree. A partir de su segundo disco, *One, Two, Go, Go*, derivaron hacia el rock psicodélico. También destacan intérpretes como Martin Philippi, con un par de discos: *Martin Philippi Blues Band*, en 1977 y *Blues zum Gruß*, en 1980, o Gerhard Engbarth, guitarrista, pianista y armonicista en activo desde 1977. Otro nombre fundamental de esa década es Richard Bargel, que comenzó su carrera como músico profesional de blues en 1970, viajando habitualmente a Inglaterra para actuar con pioneros del blues británico como Wizz Jones y Jo Ann Kelly y en 1976 realizó una gira con su *Rolling Blues Review* con invitados como Champion Jack Dupree y Eddie Boyd. A finales de los años setenta, se fundó en Frankfurt la asociación de amigos del blues, German Blues Circle, que publicó la revista *Blues Forum*. En los años ochenta surgen grupos como Lösekes Blues Gang, con un primer disco, *Red Hot Mama*, en 1981, o Al Jones Bluesband, el proyecto del guitarrista Al Jones desarrollado a partir de 1980 y que sigue en activo.

Pero en el desarrollo del blues en Alemania, la presencia estable y habitual de pianistas como Champion Jack Dupree o Sunnyland Slim, hizo que el boogie woogie ocupase un lugar fundamental, sobre todo a partir de 1964, cuando el pianista Leo von Knobelsdorff y el guitarrista Ali Claudi, fundan la Boogie Woogie Company. Otros pioneros del género son Christian Christl y Edwin Kimmler. Pero el nombre que sobresale en el panorama internacional es Axel Zwingenberger.

Es uno de los mejores pianistas y compositores actuales de blues y boogie-woogie en todo el mundo. Nació en Hamburgo, en 1955, el año en el que la Alemania occidental fue declarada como un país completamente soberano, aunque las fuerzas aliadas de ocupación permanecieron en el país durante décadas. Comenzó estudiando piano clásico hasta que en 1973 decidió pasarse al boogie-woogie tras escuchar a Albert Ammons, Pete Johnson y Meade *Lux* Lewis, y lo hizo acompañado por otros tres amigos pianistas: Hans-Georg Möller, Vince Weber y Martin Pyrker, con los que en 1974 actuó en el Primer Festival Internacional de Blues & Boogie Woogie de Colonia. A partir de 1975, empezó a grabar discos como *Boogie Woogie Breakdown*, *Power House Boogie* o *Boogie Woogie Live*, y se convirtió en una figura mundial del boogie. La siguiente generación del piano blues y boogie alemán está encarnada por Frank Muschalle y Christian Rannenberg. Muschalle, nacido en 1969, también comenzó en la música clásica y a los diecinueve años se convirtió en un devoto de Cow Cow Davenport, Pete Johnson, Little Brother Montgomery y compañía. En 1995, publica *Great Boogie Woogie*

Axel Zwingenberger

New, su disco de debut, tras el que desarrollará una exitosa carrera de conciertos internacionales y giras por Europa y Estados Unidos, que le llevará a grabar siete discos hasta el momento y compartir escenarios con artistas como Hubert Sumlin, Lousiana Red o Carey Bell. Otros pianistas destacados del panorama alemán son Christian Bleiming y Ulli Kron. Rannenberg fundó la banda Blues Company en 1976 junto con Todor *Toscho* Todorovic. En 1982 se mudó a Chicago, donde trabajó con John Littlejohn y Jimmy Rogers, Charlie Musselwhite, Angela Brown y Big Jay McNeely, entre otros. En 2013 recibió el Premio Pinetop Boogie Woogie que le acreditaba como mejor pianista de blues. Una banda muy importante en el panorama alemán es Mojo Blues Band, fundada en 1977 en Austria por el pianista Joachim Palden tras un concurso de boogie woogie cuyo primer premio fue un contrato discográfico. La banda integró al guitarrista y cantante Erik Trauner, el bajista Matthias Mitsch y el batería Bobby Sperling. En 1989 visitaron Chicago y regresaron con abundante material grabado con músicos de Chicago, con el que editaron el disco *The Wild Taste of Chicago*. En el 2001 la banda tocó su último concierto. Otros grupos destacados en Austria son Ulrich Ellison & Tribe y Hermann Posch Duo.

Por lo que respecta a las actuales bandas de blues alemanas, más allá del boogie, destaca B. B. & The Blues Shacks, fundada en 1989 por Michael Arlt, voz y armónica, su hermano Andreas Arlt a la guitarra, Andreas Bock en la batería y Martin Schlockwerder al bajo. Grabaron su primer disco, *Feelin' Fine Today*, en 1994 y tras otros 20 álbumes registrados y más de 3.000 conciertos en prácticamente todos los países del mundo, en el 2017 grabaron *Reservation Blues*, su último disco por el momento. En los años noventa destacan grupos como Richie Arndt & The Bluenatics, fundada en 1994 por el fan del blues rock Richie Arndt, Uwe *Huey* Belz, BRC Blues Band and Juke & The Blue Joint, The Bluescasters. En el panorama actual, con una creciente floración de grupos, al igual que en el resto de Europa, destaca la cantante Jessy Martens, una de las mejores voces alemanas actuales, y bandas como The Dynamite Daze, Richie Arndt & The Bluenatics, Tommy Schneller Band, Mike Seeber Trio, Well Bad, Chris Kramer & Beatbox 'n' Blues o Greyhound's Washboard Band, entre otros muchos.

Pero en las últimas tres décadas el nombre que ha protagonizado en buena medida la actualidad del blues alemán ha sido el de Thomas Ruf, mánager de Luther Allison, que en 1994 decidió montar Ruf Records con el objetivo primordial de impulsar en Europa la carrera de su representado.

Ruf ha sido también uno de los principales impulsores de la European Blues Union. Thomas Ruf es uno de esos enamorados del blues desde la adolescencia. Dio sus primeros pasos en la industria de la música como promotor finales de 1980. Desde 2005 organiza las giras Blues Caravan, integradas cada año por un grupo distinto de artistas, seleccionados entre los músicos de su discográfica. En 2007, Ruf Records recibió el premio Keeping the Blues Alive.

B. B. & The Blues Shacks

El blues en los países nórdicos

Dentro de la dinamización sufrida por el blues en Europa desde la década de los noventa, con una eclosión espectacular de grupos y artistas a partir de la primera década del siglo XXI, destacan especialmente los países nórdicos, y en especial Suecia y Noruega, donde abundan tantos los festivales como los discográficas y donde han surgido en los últimos años músicos de gran prestigio en el viejo continente. Noruega tiene un activo panorama blusero con cerca de 200 bandas en activo, un número considerable si se tiene en cuenta que el país tiene poco más de cinco millones de habitantes. Buena parte de esa efervescencia se debe a su tejido asociativo musical en el que destaca la Norwegian Blues Union, que desde 1998 organiza un concurso anual de bandas, la Union Blues Cup, que tiene como objetivo reclutar nuevos talentos para la escena del blues noruego. Los ganadores locales participan directamente en la final del Notodden Blues Festival, uno de los festivales más importantes del panorama europeo en el siglo XXI, creado en 1988 y que se celebra a principios de agosto. En el aspecto divulgativo hay que reseñar la importancia de la revista *The Blues News*, con cinco números al año y 7.000 suscriptores que en 2013 recibió el prestigioso premio Keeping the Blues Alive de la American Blues Foundation. En cuanto a los músicos, hay que reseñar a J.

T. Lauritsen y sus Buckshot Hunters. Cantante, acordeonista y teclista, comenzó su carrera en 1991 en la banda Black'n Blues y en 1995 fundó Buckshot Hunters con los guitarristas Arnfinn Tørrisen y Nils Halleland, el bajista Kyrre Sætran y el batería Per Eriksen. La banda grabó un primer disco de título homónimo en 1995 y ha ido incorporando nuevos músicos a lo largo de su trayectoria, en la que ha editado ocho discos, el último, *Blue Eyed Soul Volume*, en 2018.

Knut Reiersrud

Otro artista noruego fundamental en el panorama blusero es el guitarrista Knut Reiersrud, nacido en 1961, que incorpora en sus trabajos elementos de la música tradicional de Noruega y toca además la armónica, la mandolina, el *langeleik* –un instrumento de cuerda del folclore nórdico en el que se inspira para hacer un extraño híbrido con su guitarra Stratocaster, que él ha bautizado como Hallingcaster– y el laúd, y colabora habitualmente con el teclista Iver Kleive. En 1982 grabó su primer álbum, *Rooster Blue*, y desde entonces ha editado otros doce. A finales de los noventa destaca el guitarrista Bjørn Berge, que en 1998 fue nombrado mejor artista noruego del año y grabó su primer disco, *Bag of Nails*, en el año 2000, logrando con el siguiente, *Stringmachine*, el Premio Spellemann. Entre la última hornada de músicos hay que destacar a «Kid» Andersen, guitarrista precoz que en 2001, a los veintiún años, se fue a California para tocar en la banda de Terry Hanck y realizar colaboraciones con artistas como Charlie Musselwhite, Rick Estrin y Elvin Bishop. Ha sido nominado en tres ocasiones para el Blues Music Award en la categoría de mejor guitarrista. En 2003 editó su primer álbum, *Rock Awhile*. Otro joven guitarrista es Marcus Løvdal que junto al teclista Audun Barsten Johnsen, el batería Jonatan Eikum, el bajista Lasse Kulsrud Nordby y Bjørn Ulvik Blix con la guitarra formaron la Union Blues Band, que ganó en festival de Notoden de 2012 y desde entonces han consolidado su carrera actuando en distintos escenarios europeos. Entre las voces femeninas sobresale Mira Craig, cantante de origen afroamericano, nacida en Oslo en 1982, Noora Noor, cantante de origen somalí, o Rita Engedalen, guitarrista acústica nacida en 1971 que ha actuado en festivales como Sunflower Blues Festival de Clarksdale Misisipi. En el piano blues y boogie es imprescindible reseñar la presencia de Tor Einar Bekken. En los últimos años el panorama del blues noruego se ha fortalecido con presencia de nuevas bandas como Joakim Tinderholt and His Band, Hungry John, The Urban Blues Band, Spoonful of Blues,

Frank Bjørdal & His Bluesrevue, Yngve & His Boogie Legs, JB & The Delta Jukes, Bjørn Berge o Bokkereidars Blues Band.

El otro país nórdico que destaca especialmente por su escena blusera es Suecia, donde en los años sesenta nace la revista *Fejjerson*, que hoy por hoy es la revista de blues que más años lleva publicándose ininterrumpidamente y que supone un hito en la divulgación del blues en el país, junto a la creación de la discográfica Sonet Records, fundada en 1956 por Sven Lindholm y Gunnar Bergström, y que permitió la difusión temprana en el país de artistas como Albert Collins, John Lee Hooker, Fats Domino, Earl King, Champion Jack Dupree, Professor Longhair y KoKo Taylor. En cuanto a los festivales, destaca el Blues & Roots, en la localidad de Mönsterås, cuya primera edición se celebró en 1994 y otros más recientes como el Tidaholm Blues Festival, creado en 2016. También resalta la existencia de numerosas asociaciones de blues, como la Uddevalla Blues Association, Göteborg Blues Association, Stockholm Blues Association, Norrtälje Bluess Society y Swedish Blues Association. Se podría decir que la llegada del género se produce en los años cincuenta, cuando dos músicos, Povel Ramel y Owe Thörnqvist lanzaron un tema de blues dentro de un disco que contenía temas de calypso, swing y otras músicas americanas. Pero será en los años sesenta cuando surjan los primeros intérpretes del género como tal, entre ellos Peps Persson, que empezó imitando a Muddy Waters y Elmore James y que entre 1968 y 1974 grabó cuatro discos relacionados con el blues: *Blues Connection*, *Sweet Mary Jane*, *The Week Peps Came to Chicago* y *Blues på svenska*, para luego dedicarse en exclusiva al reggae. Otro pionero es Erik *Slim* Notini, pianista y cantante de blues y góspel nacido en 1946, que en 1962 fundó su primera banda, Slim's Blues Gang, y en 1967 viajó a Chicago para empaparse del ambiente del blues y a su vuelta, en 1971, lanzó su primer disco, *The Blues Ain't Strang*, con Sonet Records. Luego se asoció con Peps Persson y en 1975 lanzaron *Blues På Svenska*, como Peps & Slim. Tras pasar por varias formaciones, a finales de los setenta se centró más en el góspel y montó el grupo Slim's Gospel Train. Otros músicos que impulsaron el blues en los sesenta y setenta fueron los guitarristas Bill Öhrström, Guy Öhrström, Rolf Wikström, Sven Zetterberg y Totta Näslund, todos ellos seguidores del estilo blues rock de inspiración británica, que grabaron la mayoría de sus discos en los años setenta y ochenta. Mención aparte merece Eric Bibb, guitarrista de folk originario de Nueva York, que curiosamente se interesó por el blues durante un viaje a París a finales de los sesenta. A principios de los setenta se trasladó a Suecia, donde se convirtió en uno de los puntales del blues y grabó su primer disco, *Ain't It Grand*, en 1972.

Pero el verdadero divulgador del blues en Suecia, o al menos el de mayor impronta en las nuevas generaciones, es el cantante, guitarrista y compositor Carl-Magnus Engström, nacido en 1959, que en sus letras alterna el inglés y el sueco y que en 1974 montó una de las bandas de referencia en el país, Mönsterås Blues Band MBB 1974. Ha actuado con *bluesmen* históricos como Lazy Lester, Johnny

Big Moose Walker, Eddie Boyd, Houston Stackhouse, Phil Guy, Mojo Buford o Earl Thomas. En 1994 fundó uno de los festivales más importantes del país, el Mönsterås Blues Festival. En cuanto al panorama actual, el blues vive en Suecia un momento de bonanza con una importante proliferación de bandas de varias generaciones, como Headline Blues Band, la última banda del veterano pianista y compositor Johan Öhman, Slidin' Slim, la banda del guitarrista Anders Landelius, que comenzó a tocar blues a mediados de los noventa, Badge, banda formada en 2002 que transita del blues rural al rock & roll, Blues Pills, una moderna banda de power blues, Ida Bang & The Blue Tears, grupo creado en 2013 que practica el blues de raíces, Emil & The Ecstatics, un grupo de rhythm & blues y soul blues nacido a finales de los noventa, Louisiana Avenue, una sólida banda de sonido New Orleans, Bluesters, banda veterana ganadora del festival de Mönsterås 2018, además de una larga lista de grupos como Blue DeVilles, Ida Ludvigsen Band, The Original Northern Pike Fryers, Julia & The Basement Tapes, Shady Frank, Lisa Lystam Family Band o The Hightones.

El blues balcánico

En los países de la órbita balcánica europea destaca especialmente la guitarrista Ana Popovic, nacida en Belgrado en 1976, que comenzó su carrera en 1995, formando la banda Hush con Rade Popovic, a la guitarra y voz, Milan Sari al bajo y Bojan Ivkovi a la batería, que tras lograr afianzarse como una de las bandas más populares de Serbia, lanzaron su primer álbum, *Hometown*, en 1998, tras lo que la banda se disolvió y Ana se marchó a Holanda, donde montó su propia banda homónima y comenzó a tocar junto a artistas de la talla de Eric Burdon, Taj Mahal o Buddy Miles, hasta que en el año 2000, viaja a Memphis para grabar su primer disco, *Hush*, editado por el sello Ruf, en 2001. Da comienzo entonces su ascensión al estrellato, participando en la gira de Bernard Allison y dos años después con Solomon Burke, tras su segundo álbum, *Comfort to the Soul*, en el que se adentra también en el jazz, el rock y el soul. Ese año de 2003 se convierte en la primera europea en recibir un Premio Handy a la mejor debutante y en 2014 obtiene el Blues Music Award a la mejor artista femenina contemporánea de blues, colocando un broche de oro a una carrera en la que hasta el momento ha grabado doce discos y se ha convertido en una de las figuras más importantes de la guitarra del blues en todo el mundo.

En Serbia se considera como un pionero del género al músico romaní Šaban Bajramovi, aunque su repertorio estuviese más centrado en una fusión del jazz y la música tradicional. Pero la verdadera eclosión del blues en el país se produjo en los años setenta con artistas como el cantante Boris Aranđelović, que se integró en la banda Smak en 1975, junto al teclista Laza Ristovski, que se unieron al guitarrista Radomir Mihailovi *Točak*, el bajista Zoran Milanovic y el batería Slobodan

Kepa Stojanovi, que habían montado la banda tres años antes en un estilo rock, que evolucionarían luego al blues rock y más tarde al jazz rock y a la psicodelia. Tras innumerables cambios en su formación y numerosas rupturas, la banda se mantuvo en activo hasta el año 2002, aunque celebraron una última reunión en el año 2010. Smak, la banda seminal del blues rock en la antigua Yugoslavia, se convirtió en un nido de artistas que transitaron por el blues durante los setenta y ochenta, como el cantante Dejan Najdanovi, el pianista Miodrag Miki Petkovski o el bajista Vlada Samardzic. En los años noventa destacaron el cantante de blues y rock Dušan Prelevi *Prele*, el pianista Milan Petrovic, el guitarrista Mihael *Fafa* Stojanovi y ya más recientemente Mia Lukovi, más conocido como el hombre orquesta, Ice Cream Man. A partir de finales de los noventa se ha registrado una proliferación de bandas como Blue Shark, Roosterblues, Texas Flood, Raw Hide o Bootleg blues. Una de las incorporaciones más recientes ha sido la de Nenad Zlatanovi, un potente guitarrista de blues power que editó su primer disco, *Naked Blues*, en 2013.

En Hungría el papel de pionero corresponde a Béla Radics, que en 1968 fundó la banda Sakk-Matt, y entre los años setenta y ochenta destacaron en el mundo del blues rock nombres como Hobo Blues Band, banda fundada en 1978 por László Földes *Hobo*, o Berki Tamás, con un primer single, «Hé, Mi A Bigyó?», en 1987, o artistas como György Boros, Béla Hagyó, Ádám Töröki, Deák Bill Gyula o György Török. En los años noventa destacan bandas como Bodonyi Attila, Takáts Tamás, Tátrai Tibor. Pero la popularidad del blues fuera de círculos restringidos, es algo bastante reciente, aunque está experimentando un importante auge. En el aspecto divulgativo es reseñable la figura de József Kovács, experto en el género y autor de una excelente y exhaustiva historia del blues, además de tener un programa de radio en línea, *Blues Megálló*, y su propia banda de blues, Blues Night Long.

Béla Radics

En los últimos tiempos han surgido grupos como Ölveti Blues Band, con músicos históricos como T. Rogers, una banda de Budapest que sacó su primer disco en 2006, *Driven by the Blues*, y que tras otros tres álbumes ha logrado consolidarse como uno de los referentes de su país, el trío Éles Gábor, creado en el 2009 con un repertorio que va del blues al sonido progresivo, o Borsodi Blues Collective, el proyecto creado en el año 2000 por el guitarrista Lez Borsodi, que ha pasado por varias etapas, desde trío de blues a banda de rhythm & blues con vientos y que es una de las formaciones más sólidas de su ámbito. Completan el panorama húngaro bandas como György Ferenczi & Rackajam, Gál Csaba *Boogie*, Gira Lores o Mátyás Pribojszki.

También en Bulgaria en las dos últimas décadas han comenzado a proliferar bandas de blues, en su mayoría formaciones de power blues, como Blues Traffic, Bluestream, Jimmy's Band y Miskinite, aunque además hay grupos de blues texano, como Boko Blues Band, o blues rural, como Delta Roosters y The Acoustic Trio-Krasi Tabakov, Tony & Pesheto, o incluso la vertiente psicodélica como Vasko The Patch & Poduene Blues Band. En el modesto panorama rumano destaca el guitarrista de Transilvania A. G. Weinberger con su mezcla de blues, jazz, rock y soul con toques de folclore rumano, y Axis, un trío rumano-serbio de power blues. Aunque no es una cantante de blues puro y en su repertorio abunda el jazz y la music world, también es necesario mencionar a Amira Medunjanin, intérprete bosnia conocida como «la Billie Holliday de los Balcanes» o «la diva del blues balcánico», que comenzó su carrera en 2003 y se ha convertido en una estrella internacional.

Antes de cerrar el capítulo dedicado al blues balcánico es inevitable la referencia al contrabajista serbio Ivan Kovacevic, afincado en Barcelona desde hace cerca de dos décadas y que milita en numerosos proyectos, entre ellos la dirección de la Barcelona Big Blues Band, en el que también participa su compatriota y compañera, la excelente saxofonista *Duska* Miscevic.

Portugal, blues con saudade

Es sobradamente conocido el paralelismo que muchos hacen entre la melancolía del blues y la *saudade* del fado, y sin embargo, las tierras lusitanas no han sido excesivamente pródigas en intérpretes de blues hasta bien entrado el siglo XXI, cuando esa situación ha dado un giro espectacular. En poco más de una década, Portugal ha pasado de tener una par de modestos festivales de blues, a contar con una importante oferta en el género, con una docena de festivales y más de una veintena de bandas que, a través de su participación en el European Blues Challenge, han comenzado a tener eco internacional. Destacan entre los festivales el BB Blues Fest, en Baixa da Banheira, el Faro Blues, el Santa Maria Blues, en las islas Azores, el Festival de Blues da Guarda o el Porto Blues Fest. En el panorama asociativo es reseñable la actividad de la BBBP, Associação BB Blues Portugal, la más antigua del país, aunque recientemente se han incorporado el CPB Clube de Blues de Porto y la Associação de Blues ao Sul, en el Algarve. En la difusión son reseñables

Minnemann Blues Band

los programas de radio Bluesmente Falando, emitido por la Radio Universitaria del Algarve, O Canto do Blues, en Antena 2, y el programa en línea Rádio Clube de Blues.

En el ámbito histórico, una de las primeras bandas portuguesas de blues de la que se tiene noticia es la Minnemann Blues Band, creada en 1973 en Oporto por el pianista Wolfram Minnemann, un alemán afincado en Portugal que a finales de los años sesenta creó en Hamburgo el grupo de Rock The Thrice Mice. En Portugal Minnemann se unió al guitarrista y compositor Rui Veloso, considerado el padre del rock portugués, al bajista Manuzé Carvalho, miembro fundador de otra mítica banda del rock portugués, GNR, y a Tino Seabra a la batería. En 1980 editan su primer disco, *Bluindo*, y tras la salida de Veloso, en 1997 lanzan el segundo, *Bluesíadas*. Con distintas formaciones, la banda ha sobrevivido hasta el siglo XXI, editando su tercer álbum, *Blues 88*, en el año 2010.

En el panorama actual destaca el grupo Budda Power Blues, nacido en 2004 y que fue el primer representante de Portugal en el European Blues Challenge. Practican una línea de blues rock y en 2005 lanzaron un primer disco, *Wanted*, con temas propios y versiones, tras el que editaron otros seis: *Busted*, en 2008, *Kind of Gypsys*, en 2010, *One in a Million*, en 2013, *Budda Power Blues*, en 2015 y *The Blues Experience*, en 2017 y *Back To Roots*, en 2018. Otra banda reseñable es Messias and The Hot Tones, es una banda fundada en el año 2003 por el guitarrista Messias, que también representó a Portugal en el EBC, con un primer disco, *No more than me*, editado en 2013 y un segundo, *Out of trouble*, en 2018. El último representante de Portugal en el European Blues Challenge ha sido el guitarrista Vitor Bacalhau, que lidera un trío de power blues y que tras un primer EP, *Alive Again*, en 2015 publicó su primer álbum, *Brand New Dawn*, y en 2018 el segundo, *Cosmic Attraction*.

El crecimiento de los proyectos musicales centrados en el blues ha sido una constante en las dos últimas décadas con la incorporación de iniciativas como Li'l Twister, el proyecto del guitarrista André Rodrigues desde 1999, Black Dog Blues Band, grupo de Madeira fundado en 2006 por el armonicista Daniel Henriques, The Ramblers, banda nacida en 2007 con un primer LP, *Wet Floor*, lanzado en 2015, Delta Blues Riders, banda especializada en blues del Misisipi, Billy Lobster, un *one man band* de Moldavia instalado desde hace 17 años en Portugal. Completan este panorama una pléyade de grupos como Midnight Club Blues Band, Nuno Andrade Blues Drive, Soul Approach, The Fried Fanekas, Black Dog Blues Band, Johnny Weirdo's Blues Experience y WrayGunn.

4. Al sur del sur. El blues en Latinoamérica

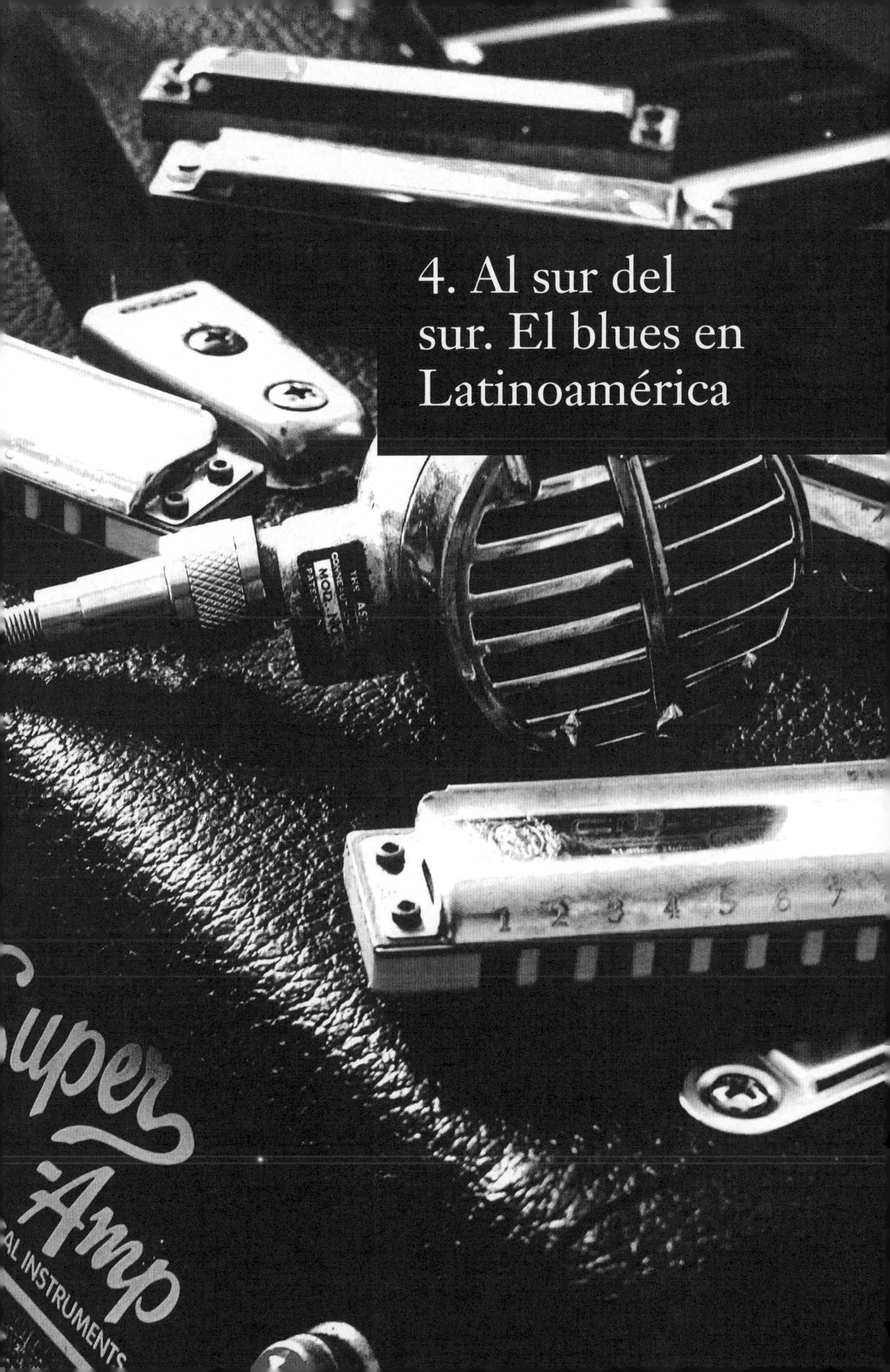

Si damos por buena la frase de Muddy Waters «El blues tuvo un hijo y lo llamaron rock & roll», padre e hijo cruzaron juntos de la mano la frontera sur de los Estados Unidos para extenderse casi al mismo tiempo por el continente americano, desde el Río Bravo a Tierra de Fuego. Aunque a finales del siglo XIX ya se registran visitas de algunos espectáculos de *minstrels* o conciertos de *ragtime* en países como México y Argentina, y a pesar de que desde los años veinte comienzan a circular por los países del sur del continente americano las primeras grabaciones de W. C. Handy y de las cantantes de la época del blues clásico, como Mamie Smith o Bessie Smith, no fue hasta los primeros viajes a partir de 1961 de Bill Haley y sus Cometas –como se hicieron llamar el pionero del rock & roll y su banda en México y los países situados más al sur– cuando el interés por la música de origen afroamericano se extendió por los países latinoamericanos. Pero realmente fue a partir de finales de los sesenta y principios de los setenta cuando, influidas por los grupos de blues rock nacidos en Inglaterra, comenzaron a surgir bandas en todo Latinoamérica que practicaban un blues rock que habitualmente transitaba rápidamente hacia la psicodelia o el hard rock. En cada país el proceso tuvo sus elementos diferenciadores, pero el denominador común venía a ser ese del efecto imitación de los grupos de british blues como John Mayall & The Bluesbreakers y bandas de rock como los Rolling Stones, que le descubrieron a la parte más inquieta y con mayor acceso a la cultura, o sea, un público formado fundamentalmente por estudiantes, la existencia de Muddy Waters, Willie Dixon o Big Mama Thorton, por citar sólo a tres de los versionados por los rockeros. Pero si hubo un país al sur de los Estados Unidos donde el blues y el blues rock adoptaron una personalidad propia, ese fue sin duda Argentina.

Los orígenes en Argentina

Argentina no sólo es el país en que hay más desarrollo, presencia y difusión de blues de toda Sudamérica, sino también quizá el de más temprana presencia de música afronorteamericana, ya que desde mediados del siglo XIX se registra la presencia de espectáculos de *minstrels* y desde principios del XX el jazz comienza a llegar con cierta fluidez a Buenos Aires, arrastrando algunos temas de blues orquestal. En 1922 llegan los primeros discos de un tal William Handy y su orquesta americana, que es ni más ni menos que W. C. Handy y sus famosos temas «Saint Louis Blues» y «Memphis Blues». Dos años después se registra el primer tema en Argentina que incluye la palabra *blues*, «Sabbin Blues», un tema de la King Oliver's Creole Jazz Band, grabado en esta ocasión por la orquesta de Francisco Canaro. A finales de los años veinte y principios de los treinta, figuras argentinas de la música realizan las primeras grabaciones del género, como por ejemplo Oscar Alemán y su «Bye, Bye, Blues». En 1935 la cantante Paloma Efron, conocida como Blackie, graba el estándar «St. James Infirmary Blues» y dos años después se convierte en la primera estrella argentina de proyección internacional en el género, al viajar a Estados Unidos para estudiar música afroamericana en la Universidad de Alabama, donde conoció de primera mano las esencias del blues y llegó a tratar a estrellas como Louis Armstrong, Ella Fitzgerald o W. C. Handy.

También en los años treinta la prensa comienza a recoger artículos sobre música negra que incluyen abundantes referencias al blues que atrae, al igual que el jazz, el interés de una élite intelectual en la que figuran, escritores como Jorge Luis Borges, Victoria Ocampo o Adolfo Bioy Casares. Pero los primeros difusores importantes del género llegarán en los años cuarenta, con dos pioneros: Néstor Ortiz Oderigo, autor del libro *Panorama de la música afroamericana*, editado en 1944, y Guillermo Hoeffner, uno de los primeros especialistas del género que atesoró una impresionante colección de discos de blues que sirvió de fondo documental en el que se iniciaron muchos aficionados de la época. Su legado fue continuado por su hijo Max, que se convertiría en uno de los coleccionistas más importantes del mundo. En 1953 se registra otro hito histórico con el estreno de la película *Días de odio*, en la que la famosa cantante de jazz, Lois Blue, interpreta «Porque eres mi hombre», el primer blues autóctono en una película argentina. A partir del 30 de octubre 1957, fecha del primer concierto de Louis Armstrong en Buenos Aires, las visitas de músicos afroamericanos empiezan a ser habituales, creando el germen de una importante afición, aunque la verdadera eclosión del blues no se producirá hasta principios de los años setenta, tal y como recogen Gabriel Grätzer y Martín Sassone en su obra *Bien al sur. La historia del blues en la Argentina*, el imprescindible libro de referencia para conocer la historia del blues en ese país y del que hemos extraído la mayoría de los datos mencionados y muchos que quedan por mencionar. Se trata de una obra realizada no sólo con la intención de contribuir al conoci-

Paloma Efron

miento del desarrollo del blues en la Argentina, sino también con la intención más reivindicativa de «intentar comprender los motivos que llevaron a que una música surgida en un lugar y en un tiempo tan lejanos, adquiriese en nuestra tierra, bien al sur del Misisipi, una forma propia y una identidad que destaca sobre otras similares en el mundo y que tiene nombre propio: blues argentino», tal y como afirman los autores en la introducción de la obra y que choca frontalmente con una concepción más purista del blues, sobre la que incidiremos más adelante. Debates al margen, es indudable que la aportación argentina a la interpretación del género está al nivel de la mayoría de los países europeos y en el primer lugar de los países de habla hispana, incluyendo a España, al menos hasta finales del siglo XX.

La llegada al rock & roll a finales de los cincuenta y principios de los sesenta también propicia la floración esporádica de temas de blues clásico, como es el caso de Little Red Roster, de Willie Dixon, incluido en el primer disco de la banda de rock Los Gatos Salvajes, un álbum de título homónimo que tiene el doble honor de ser el primero de una banda de rock & roll en español con la primera grabación de blues eléctrico en Argentina. En 1971, Osvaldo Ferrer, un músico de jazz con una gran cultura de blues, incluye en el álbum *Volumen II* de la Antigua Jazz Band, una versión del tema de Blind Lemon Jefferson, «Black Snake Blues», la más que probable primera grabación de blues rural en la argentina, tal y como recogen en su libro, Gabriel Grätzer y Martín Sassone.

El camino desde Avellaneda Blues

Por fin, en 1970 llega la eclosión del blues hecho en Argentina, con un paralelismo similar al blues rock que se estaba gestado desde hacía una década en Inglaterra, la adaptación del género con unas características propias muy influidas a su vez por el blues rock. Ese año el trío Manal, integrado por Claudio Gabis a la guitarra, la armónica y los teclados, Alejandro Medina en el bajo y teclados y Javier Martínez en la batería y la voz, lanzan su primer disco, titulado con el nombre de la banda pero conocido popularmente como *La Bomba*, y se convierten en los pioneros del blues en español especialmente con uno de los temas, «Avellaneda Blues», estrenado un par de años antes, el 12 de noviembre de 1968, fecha de la presentación oficial de la banda en el Teatro Apolo de la Avenida Corrientes y de la inauguración del sello Mandioca, la discográfica que los vio nacer y con la que antes del álbum habían grabado ya un par de *singles* «Qué pena me das» y «No pibe», en los que evolucionaron del rock psicodélico al blues rock. «Avellaneda Blues» sentó las bases del blues en Argentina, aunque estrictamente su estructura no se inscribe en el género de una forma canónica. La práctica totalidad de los músicos de blues y rock del país, desde entonces hasta hoy, reconocen que ese tema fue la espoleta de un movimiento musical propio y genuino, genuinamente porteño, se podría decir. Pero eran, como dirían trece años después el grupo gallego Golpes Bajos, malos tiempos para la lírica. A la represión política del gobierno militar de Juan Carlos Onganía, al que todo aquel movimiento extranjerizante le parecía sospechoso de rebeldía, se suma la voracidad de las multinacionales que detectan un incipiente y suculento negocio. Manal firma con la discográfica RCA y en 1971 sale al mercado el segundo disco, *El León*, que no alcanza los resultados comerciales apetecidos, lo que sumado a las divergencias personales en el seno de la banda provocaron su disolución a finales de ese mismo año. En 1980 volvieron a reunirse para ofrecer media docena de conciertos que tuvieron un éxito apoteósico. En 1981 lanzaron un nuevo álbum, *Reunión*, y realizaron una gira por todo el país, tras la cual Claudio Gabis, regresa a Brasil, donde vivía por entonces, mientras Martínez y Medina tratan de mantener vivo el proyecto, especialmente Javier Martínez, que lo intentó con varias formaciones distintas durante finales de los ochenta. En 2014 se vuelven a reunir por fin de nuevo los tres componentes originales para realizar un concierto privado organizado por el productor Jorge *Corcho* Rodríguez, algo que se repitió en 2016, encuentros que dejaron para la historia el disco *Vivo en Red House*.

En 1972 Claudio Gabis graba su primer disco solista con el respaldo de la banda La Pesada del Rock and Roll, e incorpora a Alejandro Medina, su ex compañero de Manal, en el bajo y la voz. El disco consta de seis temas, todos en español y compuestos por Gabis, que transitan del blues a la psicodelia y son un homenaje al universo fantástico y alucinado del escritor de novelas de terror H. P. Lovecraft. La portada del álbum, que se titula *Claudio Gabis y La Pesada*, refleja perfectamente ese universo imaginario y es un diseño del artista gráfico Juan Gatti, que lo convierte en una joya entre las cubiertas de discos de su época. La Pesada del Rock and Roll era una banda, o más bien un banderín de enganche del blues rock argentino, montada en 1970 por Jorge Álvarez, fundador del sello Mandioca, y el cantante y productor Billy Bond, y por ella pasaron una veintena de músicos, prácticamente todos los que destacaron en el panorama argentino en los años setenta. Entre 1971 y 1974 grabaron la friolera de 14 discos.

Del blues de Pappo a Memphis la Blusera

En ese año fundacional de 1970, mientras el disco de Manal sale al mercado, Norberto Napolitano, más conocido como Pappo, guitarrista y cantante, monta una banda con nombre propio, el suyo, y apellido de blues. Junto a David Lebón en el bajo y Juan Carlos *Black* Amaya a la batería, crea Pappo's Blues, la primera banda argentina que se identifica nominalmente con el género, aunque su música transite sobre todo por el rock & roll. Pero Pappo es un devoto que llegó al blues a través de los Rolling Stones, igual que millones de jóvenes de todo el mundo en aquellos finales de los sesenta. Con los Stones descubre al Willie Dixon de «Little Red Rooster» y al Slim Harpo de «I'm King Bee», pero la revelación absoluta le llega con el guitarrista de John Mayall & The Bluesbreakers, Eric Clapton, igual que a miles de aficionados al blues de su generación, insistimos. Pappo había participado a finales de los sesenta en dos grupos madre del rock argentino, Los Gatos y Abuelos de la Nada, quienes en 1969 habían grabado un tema, «La estación», una balada con aire de blues sobre la que se cimenta la polémica sobre el primer blues argentino, porque, ¿qué sería una historia de blues sin polémica? Es más, para que la cosa no decaiga, el periodista Claudio Kleiman sostiene que el primer blues en español fue «Necesito saber», de los Gatos Salvajes, editado en 1965, tal y como recoge el libro *Bien al sur*.

No hay espacio suficiente en este libro para profundizar en esta polémica ni en ninguna de tantas que alimentan el género, ni es su razón de ser. Lo cierto es que entre un grupo reducido de músicos, se gestó en Argentina el primer blues en español, o mejor, los primeros blues en español. Bajo esa verdad innegable avancemos en la historia del género en el país del Plata, donde a finales de la década de los sesenta y principios de los setenta se vive una época de efervescencia musical sin precedentes. Mientras Pappo viaja a Inglaterra para empaparse de primera

Pappo's Blues

mano de lo que se cocía en el ambiente del british blues, el disco *Pappo's Blues Volumen I* se convierte en un absoluto éxito de ventas, así que a su vuelta decide zambullirse en la grabación del *Volumen II* y se rodea de un nuevo equipo: Carlos Pignatta en el bajo y Luis Gambolini a la batería, aunque el trabajo en este instrumento lo remató Black Amaya. En 1973 edita *Volumen III*, con blues emblemáticos de la época como «Stratocaster Boogie» y «Siempre es lo mismo». En 1974 Pappo viaja de nuevo a Europa y tras una experiencia un tanto desazonadora en la banda de Peter Green regresa a casa para convertirse en el referente del rock argentino –y uno de los primeros heavymetaleros– y abandonar paulatinamente el blues de raíces.

Los setenta son los años de la psicodelia y la mayoría de los bluseros de todo el mundo se echan en sus brazos, aunque a veces retornan a las raíces momentáneamente, como en el caso de la banda antes mencionada, La Pesada del Rock & Roll, que en 1972 graba el álbum *Buenos Aires Blus*, con castellanización del término e inclusión de algunos temas genuinamente bluseros como «Las palabras y los gestos» y «Basta ya». Otros blues al albur son «Blues una vez más», cara B de un sencillo de Carolina Fasulo y Carlos Cutaia en 1974, «Blues del atardecer», grabado por la banda de rock El Reloj en 1975, «La rusa se fue con los basureros», del grupo Avalancha también en el 75, por citar sólo a algunos de los blues puntuales de la década en la que el blues estuvo a punto de ser devorado por su hijos. Por cierto que en el tema de Avalancha tocaba un joven guitarrista, Miguel Vilanova, que había velado sus primeros compases con Pappo y que sería más conocido como Botafogo, otro emblemático guitarrista del blues argentino que a finales de los setenta y principios de los ochenta se instalaría en España para colaborar con bandas como Cucharada y músicos como Joaquín Sabina, Antonio Flores y Whisky David, uno de los ingleses que ayudaron a germinar el blues en el Madrid de los ochenta. A su regreso a Argentina forma la banda Durazno de Gala, con la que graba siete discos, y a mediados de los años noventa inicia una carrera en solitario acompañando con su guitarra a estrellas como B. B. King, James Cotton o Buddy Guy en sus giras por el país. La lista del blues rock argentino se extiende con bandas como Pescado Rabioso, liderada por Luis Alberto Spinetta, con Black Amaya, Osvaldo *Bocón* Frascino, sustituido por David Lebón, y Carlos Cutaia, que nació en 1971 y se disolvió dos años después, dejando una impronta singular gracias a su original estilo.

Es imposible olvidar que la Argentina de los años setenta es también la del terror de la dictadura militar, de los años negros para la cultura y el pensamiento, en la que se produjo una huida masiva del país de gran parte de la juventud, sobre todo de aquellos que por su ideas o sus gustos resultaban sospechosos, como era el caso de la inmensa mayoría de los músicos. Casi todos los que hemos mencionado abandonaron el país durante una larga temporada, pero hubo alguno que se quedó para mantener la llama del rock y el blues prácticamente en la clandestinidad, como es el caso de Pajarito Zaguri, que en 1976 lanzó su primer álbum, *Pájaro y la Murga del Rock & Roll*, un disco de impronta blusera a decir de los autores del libro *Bien al Sur*, en el que participarían el bajista Daniel *Ruso* Beiserman y el guitarrista Eduardo Vallejos, que dos años después crean la banda Memphis la Blusera. Como decíamos a finales de los setenta el blues, y la música popular en general, se refugió en los ambientes *underground*, una situación que se agravó en 1982 con la Guerra de las Malvinas, tal y como cuentan en su libro Grätzer y Sassone: «Las radios sorprendían muy poco, más que nada por la censura que impuso la dictadura. La prohibición abarcó primero a los artistas populares con las famosas "listas negras". Luego, durante la Guerra de las Malvinas, alcanzó a músicos y bandas inglesas como Eric Clapton, Rod Stewart, Pink Floyd y Queen en el afán del gobierno militar por imponer de manera brutal lo nacional por sobre toda expresión cultural británica». Hubo otros supervivientes de ese blues clandestino, como Ricardo Vanella, más conocido como Blusero León, que formó parte de La Blues Banda, un grupo montado por Pajarito Zaguri en 1977. León fue uno de esos personajes atrapados por el genuino malditismo espiritual del blues que desapareció prácticamente sin dejar rastro. Otro personaje que comienza a transitar el blues por esos años es Cristina Aguayo, una cantante de origen costarricense afincada en Argentina, que será conocida como Mamma Blues, que en 1971 había grabado un disco, *Misa de los Jóvenes*, en una línea góspel-soul, y que al principio de la década estuvo vinculada a la música religiosa. En 1979 se convertiría en cantante de la Fénix Jazz Band y que en los noventa se sumergirá en el blues participando en discos como Blues en Vivo, en 1994 y colaborará con músicos como Miguel Botafogo.

En 1978 nace Memphis la Blusera, una banda que logró su mayor popularidad a finales de los años ochenta y a lo largo de los noventa, convirtiéndose en el referente de una nueva época, aunque siempre ha estado perseguida por el infortunio. La banda surgió de una iniciativa del cantante Adrián Otero y el bajista Daniel Beiserman «El Ruso», a quienes se fueron añadiendo sucesivamente músicos como Emilio Villanueva, en el saxo, Eduardo Vallejos en la guitarra, Raúl Lafuente y Eduardo Anneta a la batería, Jorge Napolitano al piano, los guitarristas Rubén Almará, León Alfano y Alberto García, los teclistas Gustavo Villegas y Fabián Prado, y un largo etcétera que incluye a músicos como Andrés Calamaro, Gonzo Palacios y Jorge Ferreras. El debut oficial de la banda se produjo en mayo del 78 en el teatro Unione e Benevolenza ante un público reducido y no fue precisamente un éxito clamoroso. En 1981 fueron teloneros de Pajarito Zaguri en el Estadio Obras, considerado el templo del rock porteño y en 1982 se presentaron en el Festival Buenos Aires Rock, con desigual resultado: le gustaron a los críticos y fueron criticados por el público. En 1983 lanzan su primer álbum, *Alma bajo la lluvia*, que fue un discreto fracaso de ventas, aunque su contenido popular y social caló entre cierto sector del público. Habrá que esperar cinco años para que saquen un nuevo álbum, *Medias Negras*, en 1988, al que seguirá un año después, *Tonto rompecabezas*, dos discos con los que persiguen el éxito introduciendo dosis de soul y funk. En 1990 lanzan *Memphis la Blusera*, con el que comienza su etapa de éxito comercial que se consolida en 1994 con *Nunca tuve tanto blues*, su primer disco de oro. A partir de ahí graban *Cosa de hombres*, en 1995, *Hoy es hoy*, en 1998, *El acústico*, en 1999, *Angelitos culones*, en 2001 y *25.º aniversario*, el recopilatorio con el que ponen broche final a su discografía. En 2008 Adrián Otero anuncia que deja la banda que, tras sucesivos litigios por el nombre, continuará bajo la dirección de Daniel Beiserman y Emilio Villanueva bajo el nombre de Viejos Lobos del Blues. Tras la muerte de Otero y Villanueva en 2012, Beiserman retoma el nombre y el proyecto de la banda que actualmente sigue en activo.

Argentina de los ochenta para acá

Memphis la Blusera cumplió el arduo cometido de transportar la antorcha del blues a lo largo de los ochenta hasta principios de la década de los noventa, cuando el género vivió una época de revitalización en Argentina, con nuevas bandas autóctonas y un aluvión de visitas de los grandes mitos como James Cotton, David *Honeboy* Edwards, Jimmy Rogers, Koko Taylor, Albert King o Magic Slim. También en los noventa comenzaron a surgir clubs como Blues Special Club o el Samovar de Rasputín, a cuyo calor surgieron nuevos intérpretes y aficionados. En esta época se desarrollan grupos como La Mississippi Blues Band, también conocida como La Mississippi, una banda de blues rock fundada en 1989 por Ricardo Fabián Tapia, guitarra, armónica y voz, Claudio Cannavo en el bajo eléctrico, Gastón Picazo a los teclados, Gustavo Ginoi en la guitarra y Juan Carlos Tordó a la batería, que sacaron su primer disco, *Mbugi*, en 1993. El grupo interpreta canciones en castellano, lo que los conecta con el grupo Manal, por el que siempre han mostrado gran admiración. En 1995 editan el álbum *Bagayo* y al año siguiente *Classic*, un homenaje a sus maestros, tantos argentinos como norteamericanos. A partir de *Cara y ceca*, publicado en 1997, comienzan a adentrarse en una línea más jazz con fusión de ritmos latinos. En total han editado 15 discos y han actuado en países de Latinoamérica y también en España.

A la última década del siglo XX también pertenecen grupos como Durazno de Gala, el grupo de Miguel Vilanova, «Botafogo», que aunque nacidos a mediados

La Mississippi Blues Band

de los ochenta, comenzaron a grabar en 1990 con el álbum, *Rhythm & Blues en vivo*, al que siguieron *Sácale el jugo*, en 1992, *Noche de Blues*, en 1993, *Una vieja historia*, en 1994 y el recopilatorio *Piratas 1987-1989*, en 1997; o Los Alfajores de la Pampa Seca, una banda de blues rock formada a fines de 1989, en la Ciudad de Mendoza, que editaron su primer álbum, *La banda del garage*, en 1993, actuaron por todo el país durante los noventa, grabaron cuatro discos en total y todavía están en activo. En 1994 nació Pier, un grupo de blues y rock alternativo integrado por Ramiro Cerezo en voz, Agustín Cerezo en guitarra, Eugenio Cerezo en batería, Juan Cruz Copes en bajo y Larry Normal en teclados. Editaron diez trabajos discográficos y un DVD, hasta la fecha.

Mención especial merecen Las Blacanblus, una banda femenina fundada en 1992 por Cristina Dall al piano y voz, Mona Fraiman y Déborah Dixon en la voz y Viviana Scaliza a la guitarra y voz, acompañadas por Fernando Duro a la guitarra, Marcelo Mira en la batería y Gonzalo Serrano al bajo. Comenzaron en un coro de espirituales y se pasaron al blues convirtiéndose en una formación bastante popular, requerida habitualmente como acompañamiento por bandas como La Mississippi o Los Redondos, una banda de blues rock que en 1993 les dio la primera oportunidad de actuar en un gran escenario, el del estadio de Huracán. En 1994 grabaron su primer disco, *Cuatro mujeres y un maldito piano*, uno de los mejores trabajos de la década, y en 1995 fueron premiadas como el grupo Revelación del Año. En 1997 editaron *Rituales* y en 1998 *Especial en vivo*. En el 2000 Mona Fraiman abandona por motivos de salud, se convierten en un trío que en 2003 presentaron *Suena en mí*, su cuarto y último disco antes de separarse en el 2006. Déborah Dixon, seguirá actuando junto a las grandes estrellas argentinas del blues y el rock, al igual que Cristina Dall, que en 2007 editó *Asunto mío*, su disco debut al frente de su banda Excipientes.

Gabriel Grätzer

Otros grupos de los noventa son Los Delta Blues, que como su nombre indica eran una banda de blues clásico ortodoxo liderada por Gabriel Trombetta, guitarra, su hermano Fernando, batería, y «Chupete» Milone, armónica; también La Petrolera Boogie Band, obviamente una banda de boogie integrada por Marcos Ballanti, guitarra y voz, Claudio Rodríguez, guitarra, Guillermo Ballanti al bajo y Marcelo Aiello en la batería. A finales de la década surgió Mo' Blues, un grupo de blues y rock latino formado en la ciudad de Santa Fe, con Santiago Periotti a la guitarra, Gabriel de Pedro en los teclados, Sebastián Casís al bajo y Rubén Tissembaum en la batería, que han logrado una importante proyección internacional. Pero en la última década del siglo XX uno de los capítulos más importantes del blues argentino fue el que protagonizaron los divulgadores, aunque fuesen al mismo tiempo músicos. El primero que merece nuestra atención es Gabriel Grätzer, uno de los autores del libro de referencia *Bien al sur*, antes mencionado, que a su faceta de divulgador e investigador de la música afroamericana, que incluye también sus libros *Blues por Regiones* y *Buenos Aires, Gourmet Musical*, su revista *Notas Negras* y su trabajo como fundador y director de la Escuela de Blues con sede en Buenos Aires, suma además una importante carrera como músico y docente. Nació en 1972 y comenzó a los veinte años como músico de blues y góspel en el coro de la antes citada Cristina Aguayo, también conocida como Mamma Blues. Convertido en guitarrista y cantante de country blues, durante la década de los noventa Grätzer grabó tres discos: *Big Road - Blues del Campo - Volumen I*, en 1993, *Saturday Night - Blues del Campo - Volumen II*, en 1995 y *I'm Goin Home*, en 1998. Toca como solista y también ha sido guitarrista en bandas como The Country Blues Boys, los Big Tequilas y The Boulevard Gospel Singers. En el 2013 lanzo su cuarto disco, *El blues lleva tiempo* y en 2016 *Por los Caminos del Góspel*, su último trabajo por el momento.

El segundo personaje importante desde el punto de vista de la difusión y la divulgación es Adrián Flores, considerado por muchos como el abanderado del purismo en el blues en el ámbito argentino y sudamericano. Es músico, productor y director del programa de radio Hora Cero Blues Special que se difundió en varias radios de la Capital Federal y actualmente se emite por Radio Raw Blues. Su actividad en las redes sociales es intensa, militante y abocada habitualmente a la polémica, que lejos de rehuir, alimenta con una postura apasionada en defensa del blues como música exclusiva del pueblo afroamericano, sin ningún tipo de medias tintas, lo que le granjea tantas admiraciones como críticas. En la década de los noventa se convirtió en una figura fundamental del ambiente blusero argentino, y sobre todo porteño al abrir en 1995 el mítico reducto blusero de Buenos Aires, El Blues Special Club, donde han tocado figuras internacionales como John Primer, Hubert Sumlin, Billy Branch, Dave Myers, Lurrie Bell, Eddie King, Eddie C. Campbell y un largo etcétera. El Blues Special fue la cuna de muchas aficiones al blues entre las generaciones argentinas de las últimas décadas y de allí han salido unos cuantos músicos que recibieron su bautismo blusero entre su cuatro paredes. Adrián Flores, también ha sido el fundador de los sellos Blues Special Records y Ñandú Crazy Records, que editó a muchos de estos músicos internacionales y también a bandas locales que no tenían cabida en las multinacionales.

En el capítulo divulgativo destaca también la entidad Blues en Movimiento, un colectivo de músicos que a partir de 2006, trabaja por el desarrollo y difusión de la cultura blues en Argentina, editando discos, montando festivales, conciertos y *jams*, y promoviendo actividades pedagógicas y concursos de bandas, además de mantener la revista *Blues en su Tinta* y el boletín digital *Notas Negras*. Mauro Diana es uno de los fundadores de este colectivo. También es muy reseñable la labor del magacín especializado *Con Alma de Blues*, dirigido por Gustavo A. Zungri, que tiene versiones digital y radiofónica y que hoy por hoy es una de las mejores publicaciones sobre blues editadas en castellano.

Uno de los proyectos más importantes del blues del siglo XXI en Argentina es el que encarna Daniel Raffo, que a principios de los ochenta formó parte de una banda, Ley Seca, donde tocaba la batería, instrumento que arrinconó para tocar la guitarra al frente de su propio grupo, King Size Blues, por el que han pasado buena parte de las nuevas generaciones de músicos de blues del país y con el que sigue tocando en la actualidad. Ha puesto su guitarra al servicio de los grandes *bluesmen* que han pasado en las últimas décadas por Argentina, como Eddie King, Eddie C. Campbell o Billy Branch, entre otros, y hasta el momento ha grabado dos discos propios, *King Size & Otros* en 2010 y *RaffoBlues* en 2015, además de colaborar en una veintena de álbumes de otros artistas. Otro nombre destacado es Adrián Jiménez, que comenzó a tocar la armónica en la primer mitad de los noventa y ha grabado discos excelentes como *Armónica Blues* en 2006 y *Rockin' Blues* en 2012. A finales de los noventa surge también la figura de la guitarrista y trompetista

Las Blacanblus

Vanesa Harbek, líder de la Vanesa Harbek Blues Band, con un repertorio que va del blues al soul, pasando por el rock, el jazz y el tango y que desde 2017 reside en Berlín y acompaña al guitarrista español de blues rock Javier Vargas. En el último lustro del siglo XX surgen bandas como Caburoblus, liderada por Juan Caburo con Willy Echarte en la guitarra, Federico Castaño en el bajo y Pupe Barberis en la batería, o Willy y sus Veladores, una banda de blues rock fundada en el año 2009 por Luis Martín Steiner ex integrante de Prisilla, con un primer álbum de estudio, *Delirium Tremens*, grabado en 2011. Incluso el histórico Black Amaya, batería de Pappo's Blues, La Pesada del Rock and Roll o Las Blacanblus, montó una banda de blues rock en el año 2003, Black Amaya Quinteto. Otro histórico, Fernando Goin, músico de folk de finales de los setenta, se ha adentrado en el blues en 2001 con el disco *Mistery Train*. La proliferación de bandas es cada día mayor con nombres como Los Rompeblues, Blues & Trouble, La Buenos Ayres Blues Band, The Cotton Pickers, Tres Tiros Blues Band, 50 Negras o The Vaudeville Girls, garantizando la buena salud del género en el país que lo adoptó como propio en mayor medida que ninguna de su entorno.

A finales de los años noventa y principios de los 2000 se produjo en éxodo de jóvenes músicos de blues con destino a España, como el armonicista Flavio Rigatozzo, más conocido como Tota, y su inseparable amigo el guitarrista, Martín J. Merino, que después de montar Tota Blues en 1994 abandonaron Buenos Aires para instalarse en Barcelona, la misma ciudad en la que se instaló en 2001 el guitarrista Hernan Senra «Chino», que desde entonces reside en la ciudad, en la que ha montado numerosas bandas. Tanto con Tota como con Chino han colaborado otros músicos argentinos que emigraron a España entre finales del siglo XX y principios del XXI, como Rodrigo Villar «Rod» Deville», Martín *Piturro* Queralt y Cristian Poyo Moya. También el guitarrista Demián Domínguez se instaló en la Ciudad Condal hacia el año 2005, tras lo cual se ha embarcado en un periplo por distintos países de Europa. Por su parte los guitarristas Román Mateo, en 2001, y José Luis Pardo, en 2008, escogieron Madrid para instalarse y emprender una etapa profesional en Europa, siempre sin desvincularse de la escena argentina, donde todos los mencionados, de los que nos ocuparemos en el apartado dedicado al blues en España, actúan con regularidad.

Uruguay. El blues de Monte Vidi

Mientras en Buenos Aires el grupo Manal creaba el blues en español, casi en paralelo y al otro lado del Río de la Plata, en Montevideo nacía Opus Alfa, una banda que germina con Daniel Bertolone, Jesús Figueroa y Atilano Losada, a los que se añaden a principios de 1971 Jorge Graf y Jorge *Flaco* Barral, un batería y un bajista que impulsan la evolución de la banda que comenzó haciendo versiones de blues rock británico para pasar muy pronto a interpretar los temas en castellano de «Flaco» Barral. El 4 de agosto de 1971 se presentan por todo lo alto en el Estudio Auditorio del Sodre con un repertorio que oscila entre el blues rock y la música barroca. En un recorrido vertiginoso, ese año graban un *single* con los temas «Canción para Kenny y los niños» y «Casa de huéspedes», actúan en el Festival Buenos Aires Rock II y acaban el año haciendo una nueva presentación en el Teatro Solís de Montevideo. Por aquellos días no abundan proyectos rompedores similares, si acaso el de Montevideo Blues creado en 1971 con un año de duración por Gastón Ciarlo «Dino», que fundía el rock el blues y el candombe, una música uruguaya de origen africano.

En 1972 los Opus Alfa graban su primer álbum, de título homónimo, y comienza una efervescencia creativa con bandas en paralelo. «Flaco» Barral forma por un lado el grupo Bisonte, con Jackie Lussich, Yamandú, Charlie Oviedo y Bertolone, y por otro la banda de blues rock, con deriva hard rock, Días de Blues, con otros dos miembros de Opus Alfa: Daniel Bertolone y Jorge Graf, convirtiéndose en un power trío histórico en la música uruguaya. Tanta actividad pasa factura a la banda madre y Opus Alfa se disuelve con un último concierto en julio de 1972, justo un mes después de la primera presentación pública de Días de Blues. Tras una gira de festivales, que incluye el Buenos Aires Rock III, en noviembre de 1972 graban el primer LP de Días de Blues, que se lanza al año siguiente, mientras continúa la fiebre de germinación de grupos: Flaco, Bertolone y Graf se integran juntos y por separado en diversos proyectos como La Banda o Pappo's Blues, en Argentina. Pero en 1973 se produce un golpe de estado y Flaco abandona el país rumbo a España, donde primero se instalaría en Menorca y Barcelona, para acabar

Jorge "Flaco" Barral

recalando en 1976 en Madrid, donde todavía reside. Antes de abandonar Uruguay aún tuvo tiempo de grabar su primer disco en solitario, con el premonitorio título de *Chau*. En España «Flaco» Barral desarrollará una enorme carrera musical en la que tocará y grabará con los mejores artistas de casi todos los estilos y donde se convertirá en un histórico del blues latinoamericano con más de una veintena de discos propios y decenas de colaboraciones.

Más de cuarenta años después, Días de Blues se ha convertido en una banda de culto para los aficionados uruguayos al blues y al rock y su influencia alcanza a grupos como La Banda de la Luna Azul, una banda *sui generis* que mezcla el blues con el candombe y que sacó al mercado su primer disco, *Mientras todos se esconden*, en 1993 y desde entonces ha editado cuatro más, o El conde de Saint Germain, el proyecto creado en 1991 por el guitarrista de rock blues, Juan Faccini Brufau, que sigue en activo, o la Incandescente Blues Band, grupo creado en Montevideo, en 1987 por Ramón Aloguin y Juan Faccini en las guitarras, Héctor Nebuloni al bajo, Fernando *Bonzo* Gómez en la batería y Eduardo 'Pato' Acevedo a la armónica. En 1989 grabaron su primer álbum, *Tres A M*, y después de varios cambios de formación y tres discos más, *Como cuesta*, *Transgresión* y *El cuarto*, en 1997 grabaron *Blues decente* y se separaron un año después. A finales de los noventa también destacan los nombres de Pablo Traberzo y Daniel Frappola, dos históricos del blues rock uruguayo.

En el panorama actual uruguayo se mueven grupos como Dixit, banda de blues rock liderada por Lulo Higgs, un histórico de los años setenta con Micaela Tanco en la voz, Mosquito López y Aldo Deferrari en la guitarra y Ginger Leus en la batería, El Falso Paul, una banda de blues y rock sureño liderada por el guitarrista Andrés Barbery, con San MB, Ale Arbelbide al bajo y Juani Rohrer en la batería, o Daniel Domínguez y La 33. Otras bandas creadas a partir del año 2000 son Bluesanimals, con Fernando *Abuelo* Garaza en la voz, Vareta en la guitarra, Marcelo *Teto* Foglino al bajo y Rodrigo Trobo en la batería, La Desgastada, integrada por Federico Mercé, Diego Alexandre, Valentín Lacurcia y Mario Gutiérrez, La Black Soul, grupo de rock blues, soul y funk formado por Adrián Santos, Gabriel Buonagura, Daniel *Canario* Monzón y Diego Souza, la cantante de origen brasileño Erika Herrera, o las más recientes Urbana Blues, La Berocay Blues, La Taddey Blues, Tin & The Pan y Qorband Blues.

México, blues al sur del río Grande

Una de las primeras noticias fehacientes del blues en México es la del Primer Festival de Blues en la Sala Nezahualcóyotl de la UNAM (Universidad Nacional Autónoma de México), celebrado entre el 12 y el 15 de octubre de 1978 en Ciudad de México y organizado por el promotor cultural Raúl de la Rosa. El 24 de noviembre de 2007 tuvo lugar en el Complejo Cultural Siglo XXI de Puebla la undécima edición de este festival de trayectoria irregular que a lo largo de su historia llevó a México a grandes mitos del blues como Muddy Waters, Willie Dixon, Jimmy Rogers, «Big» Joe Williams, John Lee Hooker, Koko Taylor, Lightnin' Hopkins, Taj Mahal, Charlie Musselwhite o Lurrie Bell, entre otros. También hubo artistas mexicanos, entre los que destacan Real de Catorce, Betsy Pecanins, Guillermo Briseño, Javier Bátiz, Cecilia Toussaint, Sociedad Acústica o Charro y Moon Howlers, entre un largo etcétera.

Una de las participantes en aquel evento, Betsy Pecanins, nacida en Yuma, Estados Unidos, en 1954, con más de cuarenta años de carrera y 17 discos grabados, está considerada como «La reina del blues mexicano». De madre catalana y padre estadounidense, creció en una familia de artistas y galeristas de arte y fue el arte lo que la llevó a México en 1977. En 1980 grabó su primer disco, *Viendo tus ojos*, tras el que editaría *Vent amb veus*, en 1981, *Canta blues*, en 1985 y un largo etcétera de títulos que no excluyen canciones de jazz e incluso alguna ranchera, entre los que sobresalen obras como *La reina de la noche*, de 1994, o *Blues en el alma*, editado en 2006. En el año 2015 recibió un homenaje de sus compañeros a su trayectoria artística y falleció un año después. En sus últimos años se mostró muy crítica respecto a la situación del blues en México, donde afirmaba que la escena del género no ha evolucionado como hubiese sido de desear y no reflejaba el verdadero potencial del país. En su opinión, y la de algunos otros críticos musicales, el panorama de programas de radio es escaso, destacando *Por los senderos del blues*, de Raúl de la Rosa, en la cadena pública IMER, no existen publicaciones especializadas en papel y en formato digital destaca la revista *Cultura Blues*. La mejor referencia bibliográfica es la obra *El camino triste de una música, el blues en México y otros textos de blues*, de Jorge García. En cuanto al tejido asociativo hay que resaltar la labor de Amblues, la Asociación Mexicana de Blues, que dirige Jorge García, del grupo Follaje. Sin embargo, en los últimos años la situación ha comenzado a cambiar de una forma decidida y cada vez son más las bandas que apuestan por el blues y han comenzado a resurgir los festivales del género.

Si Betsy Pecanins es la reina, el guitarrista Javier Bátiz es el padrino del blues mexicano. Nacido en 1944 en la ciudad fronteriza de Tijuana, donde estuvo expuesto desde la infancia a la influencia del blues y el rock & roll, fundó su primer grupo a los catorce años, Los T.J.'s, en los que por cierto dio sus primeros pasos

Javier Bátiz

un joven bajista llamado Carlos Santana. En 1963 se marchó a Ciudad de México, donde comenzó a cantar en clubs y se convirtió en una figura popular del *underground* de la capital. En 1969 actuó en el primer concierto de rock al aire libre celebrado en la capital, ante miles de personas. A su alrededor se creó un grupo de jóvenes aficionados a los que no sólo enseñó sus primeros rudimentos en la guitarra, sino que les mostró el camino del blues de John Lee Hooker o T-Bone Walker, dos de sus *bluesmen* favoritos. Entre estos jóvenes figuraban, aparte del propio Carlos Santana, Fito de la Parra, futuro miembro de Canned Heat, Álex Lora, futuro líder de la emblemática banda de blues rock El Tri, y Guillermo Briseño, el poeta y guitarrista que formaría parte de Cosa Nostra, la banda de funk más famosa de la historia de México. Bátiz grabó su primer álbum en 1963, *Javier Bátiz and the Famous Finks* y en los siguientes cincuenta y dos años grabó 29 discos más, muchos de ellos en los Estados Unidos, donde actuó regularmente, hasta el último por el momento, *El laberinto del brujo*, en 2015. Sigue en activo, convertido en una leyenda viva del rock y el blues mexicano, tal y como se narra en el documental, *Hecho en México*, realizado por Fito de la Parra en 2008. En la mayor parte de ese recorrido histórico estuvo acompañado por su hermana, la cantante y musa del rock setentero Baby Bátiz.

En los años sesenta y setenta también destaca el pianista Eduardo Toral y la cantante Nina Galindo. Otro histórico es Jaime López, que comenzó a tocar a finales de los setenta y que en 1985 participó en el Festival de la OTI con la canción «Blue Demon Blues», dedicada al mundo de la lucha libre y que quedó en el último puesto como castigo a la insolencia y, para algunos, obscenidad de su letra. En 1995 compuso «Chilanga Banda», su tema más famoso, inspirado en el rap y escrita en el argot de los bajos fondos de Ciudad de México.

En cuanto a las bandas históricas, sobresale netamente el grupo de blues rock Real de Catorce, creado entre 1982 y 1985 por José Cruz Camargo, Dwight Carroll, Severo Viñas Montes, Fernando Abrego y José Iglesias, aunque desde el principio la banda sufrió permanentes cambios en su formación por la que llegaron a pasar más de una veintena de músicos, como Rafael Herrera, Juan Cristóbal Pérez Grobet, Julio Zea, Jorge Velasco, Carlos Torres o María José Camargo, entre otros. Desde el primer momento, el compositor fue José Cruz Camargo, que le dio su impronta personal a la banda, la cual se convirtió desde su origen en una de las más populares del país y permanece en activo. En 1987 lanzaron su primer disco, *Real de Catorce*, tras el que editaron *Tiempos obscuros*, en 1988, *Mis amigos muertos*, en 1989, ambos con una excelente recepción por parte del público, y once más hasta el último, por el momento, *Nación blues*, editado en 2016 de forma independiente, igual que todo los anteriores. A principios de los ochenta también surgió Follaje, una de las bandas más longevas y representativas del blues en México, creada por el guitarrista y bajista Adrián *Oso* Núñez y el armonicista Jorge *Perro* García Ledesma y que cuenta con 18 discos en su haber.

En paralelo a lo que estaba sucediendo en la mayoría de los países bajo la influencia del blues rock británico, en 1968 aparece El Tri, una banda liderada por el guitarrista Alejandro Lora, que nace con el nombre de Three Souls in My Mind, con Miguel *El Zoita* Flores al bajo, Carlos *Charly* Hauptvogel en la batería y José Pampín en la guitarra rítmica, que después de la primera separación de la banda en 1984 se convirtió en El Tri, bajo la dirección de Lora, mientras «Charly» Hauptvogel se quedaba con el nombre original. El Tri lanza ese mismo año un álbum titulado *Simplemente*, que se convierte en el primer disco de oro de la historia mexicana. En una línea cada vez más rockera la banda se consagra en los ochenta, y en los noventa comienza a actuar en los Estados Unidos, triunfando en la comunidad mexicana. Después de más de cuatro décadas ha vendido más de treinta millones de discos y ha tenido cinco nominaciones a los Grammy.

Otra banda de referencia absoluta en los años sesenta es Hangar Ambulante, a quien muchos consideran los verdaderos pioneros del blues mexicano. Originalmente estaba integrado por Sergio Villalobos, guitarra y voz, Olaf de la Barrera, bajo, y Tony Vértiz, batería, a los que pronto se unirá el guitarrista experto en *slide* Sergio Mancera. En 1971 fallece Villalobos en un triste episodio de suicidio provocado por la compra de una guitarra robada y es sustituido por Ernesto de León, un cantante que también dominaba el *slide*. La banda se disolvió un año después y no llegaron a grabar pero dejaron una huella importante en la historia del blues y el rock del país. Otras bandas que incursionaron en el blues rock, aunque la mayoría abrazaron pronto la psicodelia, fueron The Spiders, unos pioneros de 1960 que tocaron blues en su inicios para evolucionar rápidamente al hard rock, Toncho Pilatos, fundada en 1969 por Alfonso Guerrero, su hermano Rigoberto, «Rigo», y Miguel Robledo, Cosa Nostra, creada en el mismo año por Rudy Charles, Gui-

Los Mighty Calacas

llermo Briseño, Malena Soto, Norma Valdez, Miguel Flores y Gilberto Flores, o Locos, la banda de Mario Sanabria, Rafael Acosta, Javier Garza, Alfredo Atayde y «Caballo» Manzur, y Enigma, el grupo de los hermanos Carlos y Pablo González Rodríguez (Pablo Cáncer y Carlos Escorpión) y Héctor Zénil (Héctor Vigo), dos grupos creados en 1970. Aunque muy de refilón se podría incluir en esta lista a La Revolución de Emiliano Zapata, famoso grupo de los setenta y ochenta todavía en activo, más conocido como La Revo, pero su territorio fue siempre el del rock psicodélico, aunque algún blues interpretaron en su origen. Desde finales de los noventa destacaron grupos como La Gran Banda de Blues, Sacbé, La Dalia Negra, Fonzeca Caja de Pandora Project o Gato Gordo.

En la segunda década del siglo XXI emergieron con fuerza los Mighty Calacas, una banda integrada por Emiliano Juárez, Fernando Ruvel y Zoar Miranda, con base en el blues y el funk, que integran además ritmos de cumbia, surf, jazz y hip-hop, y de la que formó parte durante una larga temporada el armonicista español Marcos Coll, con quien grabaron en 2010 el disco *Los Poderosos Calacas*, con la discográfica vasca Gaztelupeko Hotsak. Emiliano Juárez, el guitarrista de los Mighty Calacas, es una de las figuras más sobresalientes y de mayor proyección internacional del actual panorama mexicano. Ha tocado en España y Alemania con su amigo Marcos Coll y en México mantiene vivos dos proyectos en paralelo, Los Mind Lagunas, una banda de soul, blues y funk con Alfonso *Krusty* Robledo, Marcelo Ricardo y David Tanganelli, y la banda más ortodoxa, Blues Dealers, también con Robledo y Nacho Quirarte.

Entre las actuales bandas mexicanas destacan los rupturistas Hola Soy Lola Blues Band, un grupo de blues rock de Tijuana liderado por la carismática Lola, que canta y toca la batería, con Aless Almazán y Armando Bravo en las guitarras, Stephanie Blues al Bajo, Mario Bernal en la segunda batería, Alex Sax al saxo y Mopar Murray en la segunda voz. Un proyecto curioso es Omniblues, una de las bandas mexicanas más populares de los últimos 25 años, que se define a sí misma como un proyecto cultural sin ánimo de lucro y que escarba en las raíces ideológicas del género para acabar combinando el blues con el ska, el reggae, el rock y el jazz. Bandas en activo de la última década son también Señoritas de Aviñón, Claudia Ostos y Dalia Negra, Serpiente Elástica, Bourbon Blues Ensemble, Estación Monrovia, Rumorosa Blues Band, Rhino Blues Band, Juan Carlos Cortés, Sirena Blues Band o La Mula de Sietes.

Chile, el blues austral

El blues en Chile siguió en camino paralelo al de sus vecinos, transitando por la senda marcada por las bandas británicas de blues rock y blues psicodélico, género que tuvo su mejor representante en el país austral en el grupo Aguaturbia. La banda pionera del blues chileno rinde homenaje en su nombre al rey del blues de Chicago, Muddy Waters, en una interpretación literal del nombre artístico con el que pasó a la posteridad McKinley Morganfield. El grupo fue formado por el guitarrista Carlos Corales y su esposa Denise, en la voz, junto al bajista Ricardo Briones y el batería Willy Cavada. En 1970 editan un primer disco de título homónimo, compuesto básicamente por versiones en inglés, aunque algunas llevasen el título en castellano, como en el caso de «Alguien para amar», en realidad «Somebody to Love» de Jefferson Airplane, o «Eres tú», el «Baby It's You» de The Beatles. El hecho de que los componentes de la banda aparecieran desnudos en la portada provocó un enorme escándalo que les proporcionó una enorme publicidad, lo que facilitó que sólo unos meses después saliese *Aguaturbia, Volumen 2*, repitiendo portada escandalosa, en este caso la cantante Denise crucificada. Inicialmente el grupo imitaba a Eric Clapton y Jimi Hendrix, mientras que la cantante Denise se inspiraba en Janis Joplin y Billie Holiday y quisieron ponerse a prueba en el mercado norteamericano. Tras el segundo disco se van a los Estados Unidos, donde se hicieron llamar Sun y cambiaron a los ritmos latinos, sin demasiado éxito. En 1973 regresaron a Chile, donde corrían malos tiempos para el rock & roll. El golpe de estado del general Augusto Pinochet inaugura una larga y sangrienta dictadura en la que no había de-

Aguaturbia

masiado espacio para el blues. Corales y Denise crearon nuevas bandas como Panal, en 1976 y La Mezcla en 1984, pero el éxito de Aguaturbia no regresó. Ricardo Briones murió en 1972. En 1993, se publicó un recopilatorio de la banda, *Psychedelic Drugstore*, y a partir del 2000 los antiguos miembros comenzaron a realizar reuniones esporádicas para sus nostálgicos fans. Willy Cavada murió en 2013 y en 2017 Corales y Denise lanzaron el último álbum del grupo, *Fe, amor y libertad*, con ocho temas inéditos cantados en español.

Habrá que esperar hasta los años noventa para que aparezcan grupos de blues con un cierto nivel de ortodoxia, como La banda del Capitán Corneta, un quinteto de blues rock nacido en 1990 que tuvo un ascenso fulgurante que los convirtió en banda de culto en menos de cinco años y luego empezaron un largo periodo de supervivencia con continuos cambios en su formación, lanzando un último disco en 2012: *Historias de un hijo del blues*. En 1994 se crea la banda tributo Blues Brothers Chile, cosechando un éxito importante. Otra banda conocida de principios de la década es Fruto Prohibido, creados en 1995 por Gastón Astorquiza, en la voz y la guitarra, Ignacio Espinoza, a la guitarra, Sebastián Maillard, el bajo, y Esteban Espinosa en la batería. Bebían su estilo directamente del blues rock británico y grabaron tres discos: *Fruto Prohibido*, en 1998, *En el camino*, en el 2000 y *Sin tocar*, en 2003. En el 95 también apareció La Rue Morgue un grupo de blues rock con deriva *jazzy*, fundado por Pancho Valenzuela, Michel Maluje, Javier Chamas y Javier Pirzen Rodríguez. Su primer disco de título homónimo, lanzado en 1997, se convirtió en un éxito con más de 20.000 copias vendidas, pero el siguiente, *Kaleidoscopio*, editado en 1999, no pasó de las 5.000, lo que produjo la práctica desaparición del grupo hasta su regreso en 2004 con el álbum *Distinto*. En 1998 surgieron también los Bluseros Muertos con Gatillo Gerard, voz, guitarra, Conde C Bass, bajo y Señor Arena, batería. Borbotones Blues Band, es otra banda de finales de los noventa con Carlos Catón, Daniel Villalobos, Pedro Martínez, Mauricio Ortiz, Andrés Tapia y Axel Gatica. Otras bandas de la época son Hooker, que tocan blues rock, y los Swingatos, intérpretes de blues jazz acústico.

Chile cuenta además con un estilo propio: El Blues Criollo, una mezcla de elementos propios de blues, con elementos de la cultura y el folclore del país. El grupo que abandera este movimiento es El Cruce, una banda de blues rock fundada en 1999 por el guitarrista Felipe Toro y el armonicista Claudio Valenzuela, junto a Jorge Véliz en el bajo, Cristian Pérez a la guitarra y Miguel Gómez en los teclados, a los que más tarde se uniría el batería Jorge Quinteros. El nombre es un homenaje a Robert Johnson y la leyenda del Crossroads. En 1999 publicaron su primer disco, *PeaceCo*, con ocho temas de composición propia. La banda ha pasado por muchos avatares y ha tenido variadas formaciones, a pesar de lo cual ha grabado seis discos que la consolidan como un referente del blues chileno. En el año 2017 volvieron a reunirse en su enésima refundación para realizar una serie de giras por el país. En el 2001 nace Perrosky, banda de blues folk y rock formada por

El Cruce

los hermanos Alejandro y Álvaro Gómez. Ese mismo año comienza la andadura de La Rata Bluesera, que partir de 2004 se convierten en la banda de acompañamiento en Chile del argentino Miguel Botafogo y en el 2011 fueron teloneros de Eric Clapton. En 2004 surgen también Filántropos, otra banda de blues rock, en 2007 Vintage Blues. En 2009 surge Jano Letelier & La Río Viejo y en 2011 graba su primer disco el armonicista Gonzalo Araya.

Otras bandas de última hornada son Bryan Blue, blues acústico de raíces, Tomás Gumucio, banda de blues rock, Lobo's Blues, rock con dosis de blues, Jorge Jiménez & La Rompehueso, blues de Chicago, Guatapike, la banda de blues eléctrico de Andrés *Mannish Boy* Quilodrán, el armonicista Leo Enry, Nicolás Wernekinck & The Blues Swingers, Bluescifer y La Chimba Blues. Completan esta lista de grupos surgido en esta última década Beny Blues, Los Queltehues, Los Tíos DP, Escuderos del Blues y La Mapocho Delta Blues. En cuanto a la difusión, uno de los referentes principales es Ricardo García Huidobro y su publicación digital *La Ruta del Blues Chileno, historia y actualidad*.

Perú. Blues andino

Al igual que en la mayoría de los países de Sudamérica, el blues comenzó a ser conocido en Perú a principios de los años sesenta, sobre todo a raíz de la expansión de la televisión, que abrió una ventana por la que entraron las modas y movimientos culturales norteamericanos y europeos. Como solía ser habitual por aquellos años en los países de habla hispana, el genuino blues estadounidense llegó con cuentagotas a un reducido grupo social de peruanos con contactos en el exterior y elevada formación cultural. En los discos de Elvis Presley o en grabaciones de jazz los aficionados ilustrados podían encontrar algunas referencias del blues. Pero fue a finales de los sesenta cuando este grupo de aficionados se fue ampliando paulatinamente con la llegada del blues rock británico, bastante mezclado con la moda del movimiento hippie y la psicodelia, aunque entre 1968 y mitad de los años setenta, este movimiento se vio restringido por la presión de la dictadura del general Velasco Alvarado, hostil a la influencia cultural norteamericana.

El blues se ocultaba en píldoras de algunos temas de los primeros grupos peruanos de rock & roll, como Los Belkings y su disco *Lo mejor de los Belkings*, de 1968, muy cerca del rock clásico, o en el álbum *Instrumental*, grabado también en el 68 por Los Shains en un estilo de surf rock orquestal, o el disco de Los Sideral's, *Ritmos espaciales*, de 1969, puro rhythm & blues con dosis de surf, e incluso en el álbum de Los Yorks, *Ritmo y Sentimiento*, una amalgama de rock, pop y soul. En los setenta el envoltorio del blues fue la psicodelia, con discos como *Virgin*, de Traffic Sound, Telegraph Avenue y su álbum homónimo de 1971 o Nil's Jazz Ensemble y su disco del mismo título editado en una fusión de blues, jazz y psicodelia. Mención especial merece Uchpa, una banda nacida en 1993 en Ayacucho con el proyecto de hacer blues y hard rock en quechua, una de las principales lenguas nativas junto al aymara. Su puesta en escena incorpora instrumentos y vestuario propios de la cultura andina. En 1995 Marcello Motta, Steve Suárez y Renán Díaz forman en Callao la banda de blues rock Amén, con una fuerte deriva hacia el hard rock casi desde su primer disco, *Libre*, editado en 1997. Otros grupos de las últimas décadas que se mueven en torno al género son The Bluesters, un grupo de músicos limeños veteranos reunidos en el año 2011 en torno al blues, su música favorita. La banda está integrada por Wayo Elguera en la voz principal, Abel Salcedo y Lucho *Peluka* Núñez en las guitarras, Jorge Mora en el bajo y Paco Rosas en la batería. En Cuzco radica Phuru y La Banda sin Nombre, una banda cuyo repertorio se escapa a menudo del blues, para transitar por el reggae o el rock, Hard Times Blues, un trío de blues clásico integrado por Alex Emery y Pete Schmidt, en las guitarras, y Javier Kings a la armónica y la percusión. Otro destacado miembro de la escena peruana es Francisco *Dedos Mágicos* Chirinos, que cultiva, habitualmente junto al armonicista Javier Reyes, un genuino blues de raíces en los dos discos editados hasta el momento: *Blues de la taza de lata*, en 2003, y *Dance*, en 2008.

Entrado ya el siglo XXI aparece una banda de puro blues, Ciudad Blues, que nace en el año 2003 como un proyecto para difundir clásicos del blues estilo Chicago, tal y como cuentan en todas sus notas de presentación sus integrantes, el guitarrista Luis Jiménez, el armonicista Javier Reyes, el bajista Mario Castro y el batería Piero Noratto. En el 2008 editaron su primer disco *Ciudad Blues y amigos*, con participación de destacados músicos de la escena peruana como Carlos Espinoza, Abel Salcedo y el inglés Alex Emery. En 2018 sacaron un nuevo disco, *Tanto Tiempo*, con ocho temas propios en español respetando escrupulosamente el más puro blues de raíces. Otros grupos que transitan por el blues peruano son Los Espíritus en Perú, Ji Quinlam y Fabrizio Anavitarte, o Sergio Luna, ex cantante de La

Ciudad Blues

Secreta que se adentra en un blues rock tardío. Una buena parte de estos músicos se mueven en torno a la productora limeña Alma Raíces Profundas, vinculada a la organización de eventos de música afroamericana en la capital peruana. Como el Festival Internacional de Blues o el Festival Nacional de Jazz & Blues en las Plazas del Centro de Lima.

Brasil. Carnaval del blues

En Brasil el pionero por excelencia del blues es Celso Ricardo Furtado de Carvalho, más conocido como «Celso Blues Boy», una leyenda nacional que comenzó a tocar a principios de los setenta con Luiz Melodia, otro pionero del blues, el jazz y el rock brasileño y con Raul Seixas y Sá & Guarabyra, una banda influida por el blues rock británico, tras la que monta, en 1976, Legião Estrangeira y en 1980 el grupo Aero Blues. En 1984, en solitario y con su nombre definitivo de Celso Blues Boy, un homenaje al primer nombre que usó B. B. King en sus comienzos, graba su primer disco, *Som na Guitarra*, con ochos temas de blues cantado por primera vez en portugués, como «Fumando na Escuricon dão», «Tempos Difíceis», «Blues Motel» o «Aumenta que Isso aí é Rock and Roll», su mayor éxito. A lo largo de su carrera actuaría en festivales internacionales como el de Montreux y grabaría 11 discos, entre los que destacan *Marginal Blues* en 1986, *Blues Forever* en 1988, *Quando a Noite Cai* en 1989 o *Indiana Blues*, quizá su último gran disco, grabado en 1996 para celebrar sus 25 años en la música y en el que hizo un dúo junto a B. B. King. Falleció en el año 2012. Otro pionero del blues brasileño es, como decíamos antes, Luiz Carlos dos Santos, conocido artísticamente como Luiz Melodía, cuyos inicios están influidos por el british blues y el rock psicodélico, aunque ya desde su primer LP, *Pérola Negra*, de 1973, su repertorio se mueve por un amplio registro de géneros que va del blues a la samba, pasando por el rock, el jazz, el reggae, el soul, la MPB (música popular brasileña), no en vano es hijo del compositor de samba Oswaldo Melodía y creció en el distrito marginal de São Carlos, conocido como «la cuna de la samba». Es una figura habitual en festivales de todo el mundo, ha grabado una docena de discos y es una estrella muy popular en su país.

A los setenta también pertenece André Christovam, que comenzó a tocar en 1976, se fue a estudiar a Los Ángeles y regresó para grabar su primer disco *Mandinga*, en 1989. En la década de los ochenta comenzó también la andadura de Solon Ferreira Coelho, uno de los mejores guitarristas del blues brasileño, más conocido como Solon Fishbone, que en 1984 hizo sus primeros pinitos musicales con artistas como Eddie C.Campbell, Billy Branch, John Primer y Hubert Sumlin. En 1994 editó su primer disco, *Blues from Southlands*, al que siguieron *Heart & Soul*, en 1996 y *Blues Galore*, en 1999, que fue recibido por la crítica especializada como una de las grandes obras del blues hecho en Brasil.

Big Gilson, nacido en 1959 es otro veterano guitarrista del blues rock brasileño. Comenzó a tocar a los quince años imitando a los músicos blancos como Eric Clapton, Johnny Winter y Roy Buchanan, para ir acercándose poco a poco a los *bluesmen* míticos originales como Robert Johnson, Elmore James o Big Bill Broonzy, pasando inevitablemente por los *bluesmen* de Chicago como Little Walter, Buddy Guy o Albert King. En 1996 grabó su primer disco *Yellow Mojo Blues*, con Alan Ghreen. En total ha grabado 10 álbumes en solitario entre los que sobresale *Live at The Blue Note*, grabado en directo en el año 2000 en el mítico bar neoyorquino que le da título. Es el guitarrista de Big Allanbik, la banda fundada en 1992 junto al cantante Ricardo Werther, el teclista Alan Ghreen, el bajista Ugo Perrotta, y el batería Beto Werther, con los que ha grabado cinco discos.

En este santoral blusero destaca también Nuno Mindelis, popularmente conocido como «La bestia de Brasil», uno de los guitarristas de blues con mayor proyección internacional. Llegó al país en 1976, procedente de Canadá, donde se había exiliado un año antes desde Angola, su país de origen, en el que nació en 1957. Fue precisamente en Canadá donde se familiarizó con el blues, aunque tocaba la guitarra desde la infancia. En 1989 grabó su primer álbum, *Blues e Derivados*, tras el que ha editado otros ocho, todos en inglés excepto *Outros Nunos*, grabado en 2005. Ha actuado con músicos de la talla de Junior Wells, Clarence *Gatemouth* Brown, Ronnie Earl, Larry McCray, Robert Cray o el armonicista francés J.-J. Milteau, y la revista *Guitar Player* lo ha incluido en numerosas ocasiones entre los mejores guitarristas de blues del mundo.

Pero el grupo brasileño que ha llegado a lo más alto en las últimas décadas es Igor Prado Band, que en el 2015 se convirtió en la primera banda sudamericana en llegar al número 1 en la Living Blues Charts y además han hecho historia al convertirse en los únicos artistas no estadounidenses nominados a los Blues Music

Igor Prado Band

Awards. Prado es un guitarrista zurdo que domina a la perfección el blues de los años cincuenta y sesenta, en la línea del west coast blues, el sonido de Chicago y el jump blues, y cuenta con el respaldo de su hermano Yuri en la batería, Rodrigo Mantovani en el bajo y Denílson Martins al saxo. Su álbum *Upside Down*, editado en 2007, es uno de los mejores discos de blues producidos en la historia de Brasil. Otras bandas surgidas en las dos últimas décadas son O Bando do Velho Jack, un grupo de blues rock y música sureña, y Mister Jack, que fusionan blues, jazz y funk. Para cerrar este resumen del blues brasileño hemos reservado a la banda más longeva y activa del país, Blues Etílicos, formados en Río de Janeiro en 1985 por el armonicista Flávio Guimarães, el guitarrista Otávio Rocha, el bajista Cláudio Bedran, el cantante y guitarrista Greg Wilson y el batería Gil Eduardo. Grabaron su primer álbum, *Blues Etílicos*, en 1987, y el último, por el momento, *30 Anos*, grabado en directo en 2015. Por en medio hay una docena de discos y más de 30 años de carrera en la que se han convertido en un referente en su país, donde han sido los inevitables teloneros de casi toda cuanta estrella del blues que por él ha pasado, de B. B. King a Magic Slim, pasando por Buddy Guy, Robert Cray, Sugar Blue o Ike Turner, entre otros.

5. El blues en España

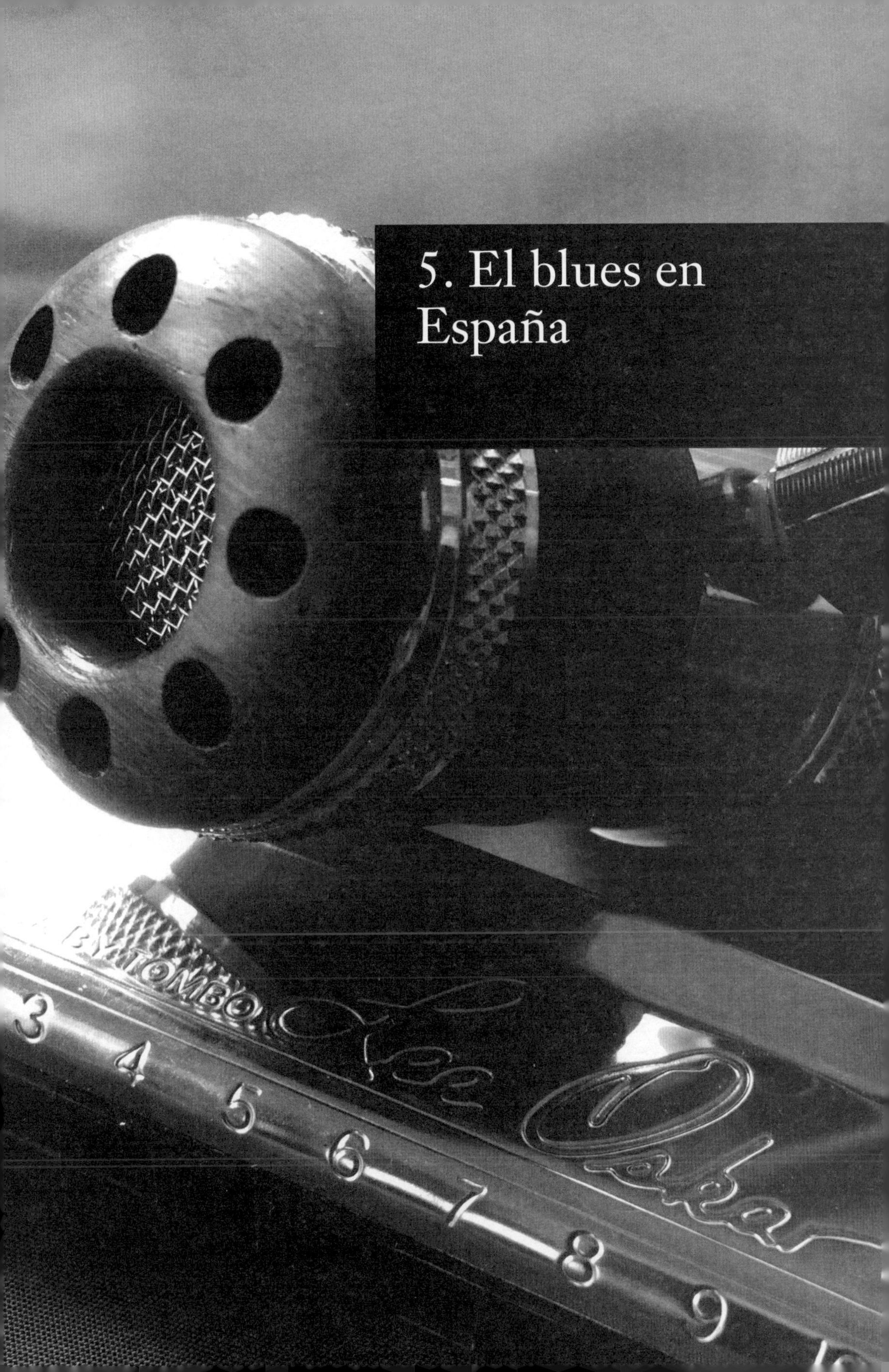

En 1940 la discográfica La Voz de su Amo publica un disco de diez pulgadas con dos temas del pianista Jimmy Yancey, que en una cara lleva el tema «Slow Easy Blues» y en la otra «The Mellow Blues». Se considera que esta es la primera grabación de blues que se publicó en España, un dato que, aparte de ser una anécdota para coleccionistas, tampoco reviste una relevancia excesiva, ya que por esos años el blues es una excepción, cuando no una absoluta rareza, en el país. Tras la Segunda Guerra Mundial España quedó aislada económica y culturalmente, ajena a la influencia de las modas norteamericanas, incluidas las musicales, que llegaron al resto de los países europeos con los soldados yanquis, que no llegarían al nuestro hasta la firma del tratado de 1953, casualmente el año en el que se celebra el primer concierto de un músico de blues en Barcelona. El aislacionismo del régimen dictatorial de Franco, unido a una férrea censura y una paranoica vigilancia moral de las costumbres, hizo que el acceso a la música extranjera se viese muy reducido, restringido en realidad a las clases más pudientes y a inquietos círculos universitarios. Allí sería donde germinarían en los años sesenta las primeras semillas del blues, siempre bajo el amparo de los conciertos de jazz celebrados en colegios mayores y facultades.

El panorama comenzará a cambiar radicalmente tras la muerte del dictador y la llamada transición a la democracia, a finales de los setenta, aunque para el desarrollo del blues los años clave serán los de la mitad de los ochenta, coincidiendo con la ola de renovación cultural, unas veces más profunda que otras, que sacudió a un país hambriento de modernidad. Por entonces surgieron las primeras publicaciones, las primeras bandas autóctonas dedicadas exclusivamente al género y los primeros locales donde poder escucharlo en directo. Esa situación se mantuvo más o menos inalterable durante los años noventa, hasta que con la llegada del nuevo siglo se produjo un rebrote de la afición, materializado en la aparición de nuevos festivales, numerosas asociaciones dedicadas a la promoción del género y un incremento considerable del número de intérpretes y bandas de blues en todo el territorio.

La visita de Big Bill

La fecha del 11 de mayo de 1953 suele ser aceptada históricamente como la del pistoletazo de salida de la historia del blues en España. A las diez y media de la noche de ese lunes tuvo lugar en el Teatro Capsa de Barcelona, situado en el número 134 de la Vía Layetana, el primer concierto de un músico de blues en nuestro país: Big Bill Broonzy. El evento estuvo organizado por el Hot Club de Barcelona, una entidad dedicada a la difusión del jazz, y el Club 49, una asociación cultural dedicada a la promoción del arte de vanguardia. El alma de aquel evento era un joven de origen sefardí, amante de la música afroamericana, que había pasado su infancia y buena parte de su juventud en París, donde había tenido un contacto íntimo con el jazz y de donde tomó rumbo a Barcelona en 1941 huyendo de los nazis. En 1953 Papo tenía treinta y un años, era uno de los miembros más activos del Hot Club y fue el encargado de recibir y acompañar a Big Bill Broonzy durante toda su estancia en la ciudad condal, un episodio que nunca olvidaría y que relató exhaustivamente en un entrevista realizada por Bad Music Blues en 2011 para el documental *Barna Blues: La historia del blues en Barcelona*: «Big Bill era un ser fuera de lo común. Era un hombre con una inteligencia, con un sentido del humor, con una gran emotividad con la que poca gente se puede comparar. Cuando fui a recogerle a la estación de tren, venía del sur de Francia completamente solo. Él no necesitaba de *road manager* ni de nadie para desplazarse. Bajó del tren majestuosamente y enseguida le reconocí. Big Bill tenía el aspecto, yo diría, de un payés (campesino) noble, porque su porte era realmente el de una persona noble en todos los sentidos. Lo llevé al hotel y por la noche lo fui a recoger y fuimos al Capsa. En la caja de la guitarra llevaba un frasquito de coñac del que tomó unos cuantos sorbos antes de empezar el concierto, que se desarrolló de una forma totalmente mágica. Big Bill era un hombre que se explayaba de un modo absolutamente increíble. Cuando se terminó el concierto un amigo inglés, profesor del Instituto Británico, Paul Coug, un gran aficionado al jazz y al blues, nos llevó a su casa, en los altos de la calle Muntaner, y ahí, lo crean o no, Big Bill estuvo cantando y tocando la guitarra durante un par de horas, hasta las cuatro o cinco de la madrugada». Aquella noche Broonzy cantó temas como «John Henry», «Down by the Riverside», «Black, Brown and White», «Just a Dream» o «Guitar Rag», como recordó en aquella entrevista Alfredo Papo, que también realizó algunas reflexiones sobre el tipo de aficionado de aquella época a la música afroamericana: «En aquel entonces, el público que iba a los conciertos de jazz y de blues era en cierto modo un público reducido, porque el jazz no tenía todavía el auge que tuvo más tarde. Pero este público reducido, era un público entusiasta, era un público que manifestaba de un modo muy abierto su pasión por al jazz y el blues».

El Hot Club de Barcelona, creado en 1934 y resucitado tras la Guerra Civil, en 1950, tuvo un papel decisivo en la difusión del blues en nuestro país. No sólo trajo a intérpretes del género de forma puntual y aislada, sino que también estuvo relacionado con las dos visitas del American Blues and Folk Festival a la ciudad, donde en 1957 actuó Josh White, en el Teatro Coliseum de Barcelona, y al año siguiente le tocó el turno a Sister Rosetta Tharpe, que actuó en el Colegio de Abogados de la Ciudad Condal. La primera visita de un *bluesman* a la capital de España fue la de Jimmy Witherspoon el 28 de Abril de 1961, durante el Primer Festival Mundial de Jazz de Madrid, en el que actuó junto a Buck Clayton & the All Stars. Habrá que esperar casi una década para un nuevo concierto en un músico de blues en Madrid. De nuevo en Barcelona, en 1962 abre sus puertas el Jamboree, mítico club de jazz de la Plaza Real en el que se mismo año actúa el pianista Memphis Slim. El 31 de octubre de 1965 la gira del American Blues and Folk Festival pasó por el Palau de la Música de Barcelona, trayendo por primera vez a una selección de lo más granado del blues de aquel momento, con artistas como John Lee Hooker, Buddy Guy, Roosvelt Sykes y «Big Mama» Thornton, Big Walter Horton, J. B. Lenoir, Doctor Ross, Mississippi Fred McDowell, Eddie Boyd, Lonesome Jimmy Lee y Freddie Below. Curiosamente, este cartel no impresionó a la prensa de la época, que lo juzgaba de relleno, o tal y como afirmaba la crónica publicada en el diario *La Vanguardia*: «Unos por jóvenes, aún no conocidos; otros por viejos y ya agostados, varios de los figurantes no ejercían la atracción pública de que habían disfrutado los «Festivales» de los años anteriores». Dos años después Hound Dog Taylor, Little Walter y Koko Taylor visitan la ciudad condal, algo que hará también Muddy Waters al año siguiente, en noviembre de 1968, para actuar en el III Festival Internacional de Jazz de Barcelona. Un mes antes, el 17 de octubre se había producido una nueva visita del American Blues and Folk Festival, también al Palau de la Música de Barcelona, con Jimmy Reed, John Lee Hooker, T. Bone Walker, Big Joe Williams, Curtis Jones y la Eddie Taylor Blues Band.

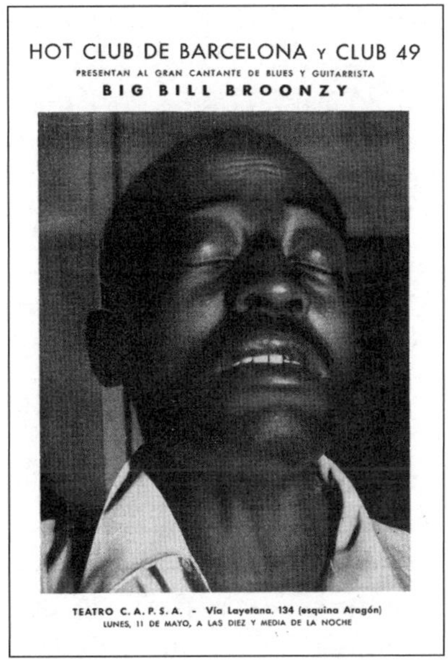

Big Bill Broonzy en el cartel del Teatro Capsa

Las visitas de *bluesmen* se suceden con cuentagotas. En 1968 Memphis Slim y Eddie Boyd actúan en la tercera edición del Festival Internacional de Jazz de San Sebastián y dos años después, en 1970, Taj Mahal se instala en Madrid casi de incógnito y ofrece una serie de conciertos improvisados. Uno de ellos tuvo lugar en un descampado de Moratalaz donde se presentaba un proyecto urbanístico, La Ciudad del Espacio, del arquitecto Ricardo Bofill, que nunca se llevó a cabo. El concierto acabó con la intervención policial y el episodio sirvió de base en 2017 para el proyecto *The Drowned Giant*, de la artista Anna Moreno, en el que colaboró el experto en blues Ramón del Solo, uno de los asistentes a aquel *happening* de 1970. Pero regresemos a las visitas de los *bluesmen*, porque en 1971 Ray Charles actúa en el Teatro Salamanca de Madrid y en 1974 lo hacen Canned Heat en el Teatro Monumental.

Años de transición

A finales de los años setenta y principios de los ochenta el país entra en la etapa de la Transición marcada, más allá de la recuperación de la estructuras de gobierno democrático, por una época inicial de euforia creativa y cultural con diversos resultados. En el mundo del blues eso se traduce en el incremento de conciertos de músicos norteamericanos y en los primeros intentos de formación de bandas españolas dedicadas al género, que tienen antecedentes difusos en grupos anteriores como Los Estudiantes y su tema «El Rock and Roll», de 1959, que a pesar de su nombre es más blues que rock, o como Quico Pi de la Serra, que comenzó su carrera musical muy influido por Big Bill Broonzy y que en 1963 formó la banda Els 4 Gats, con un repertorio que incluía temas con fuerte influencia del blues como «Sempre em perdo» y «Cla i Cat». En línea con el blues psicodélico que germinó sobre todo en Inglaterra, en España surgieron bandas como las andaluzas Gong, en 1967, Smash, en 1968, o Green Piano, en 1969, que tuvieron su réplica catalana con el grupo Máquina, surgido en 1969. Por haber hubo también versos sueltos y divertimentos que usaron el nombre como patente de corso, como en el caso de Moncho Alpuente y su grupo Desde Santurce a Bilbao Blues Band, con música gamberra y transgresora en la medida de los posible, en unos tiempos, los últimos años del franquismo, en que esa posibilidad era más bien escasa. Musicalmente sus discos tenían de todo: rock, charlestón, folk o incluso tango, pero blues más bien no. En 1974 Lone Star editan *Oveja Negra*, un álbum de hard rock y blues, que tuvo la mala fortuna de grabarse justo cuando la discográfica, Diresa, quebraba por un desfalco. El disco despareció para ser reeditado de forma pirata en 1979 y por fin ha sido reeditado en el año 2018. También se puede rastrear el blues en varios temas del guitarrista Salvador Domínguez, como por ejemplo «Midnight Train», de 1976, con su fugaz grupo Banana, y a finales de los setenta la banda madrileña Mermelada mantuvo viva la influencia del blues y el rhythm and blues.

En cuanto a conciertos, en los años ochenta el panorama empieza a cambiar, sobre todo con la consolidación del Festival de Jazz de Madrid que ofrece actuaciones de B. B. King en 1982 y de Junior Wells y Buddy Guy en 1985, Ray Charles en el 86 o Albert Collins en el 87. También el festival que se celebra en el Colegio Mayor San Juan Evangelista de Madrid desde 1981, se interesa por el blues y trae a Memphis Slim y James Son Thomas en 1986, Magic Slim en el 87, y otros muchos como Clarence *Gatemouth* Brown, Albert Collins o Bob Margolin, a medida que avanza la década. Más allá de Madrid y Barcelona también había vida para el blues, como demuestra el festival celebrado en Alicante en 1986 con la banda local Peter Cantropus y los de Cromagnon, los andaluces Rufus & Bulla Blues Band y estrellas internacionales como Buddy Guy, Junior Wells, Clarence *Gatemouth* Brown y Johnny Copeland, o el Festival Blues a l'Estiu de Hospitalet de finales de los ochenta, por el que pasaron artistas como Johnny Mars o Louisiana Red

Ray Charles

En 1979 se estrena *Tren Tres*, el programa de Jorge Muñoz, «El Maqui», en Radio 3, dedicado en exclusiva al blues y que fue el alimento intelectual para muchos aficionados durante tres décadas. En 1981 Vicente Zúmel inaugura «La Hora del Blues» en Radio Pica de Barcelona, que hoy es el programa de radio decano del blues español. En 1984 abre la sala La Coquette, refugio del blues madrileño durante décadas y por esa misma época abre en Barcelona, la Cova del Drac, un antiguo templo de la nova cançó que servirá como rampa de lanzamiento de los primeros músicos de blues de la ciudad condal a principios de la década. También en 1981 nace Cambayá Records, la primera discográfica española dedicada al blues –aunque ha extendido su catálogo al jazz y al flamenco– creada en la localidad malagueña de Antequera por Navi y Antonio Blanco, cuyo primer disco fue de la Caledonia Blues Band y que siguen en activo y son responsables de la creación del Festival de Antequera en 1988, uno de los más antiguos, superado por el de Figueras, en 1986, y el de Guecho, que comenzó 1987 y seguido de los de Cerdanyola y Badalona, que se fundaron en 1989.

A principios de los ochenta comenzaron también a surgir las primeras bandas. Hacia 1981 nace Blues Express, uno de los primeros proyectos de Paco *Predicador* Ramírez, un histórico del blues español que cinco años después montará el grupo La Negra. También en 1981 nace la Harmónica Zúmel Blues Band, creada por Vicente *Harmónica* Zúmel, un pionero del blues en nuestro país que ya en 1971 había formado el grupo Ancora Blues Band. En 1985 grabaron un videoclip con el tema «Fes m'ho nena» –el primer blues grabado en catalán– y en 1988 editaron *Stratto Blues*, el primer disco de blues grabado por una banda catalana, integrada en esa ocasión por Vicente Zúmel, Amadeu Casas, August Tharrats, José María Merchán y Chento G. Briganti, con colaboraciones de Toni Solá, Ricard Gili, Joan Ferrer, Lotti Lewis, Carlos Segarra, Big Mama Montse y Ricky Sabates, y producción de Joan Ventosa, uno de los principales agitadores del blues en la Ciudad Condal. Fue una banda pionera y embrionaria, alrededor de la cual germinó el blues catalán a principios de los ochenta y por ella pasaron la mayoría de los músicos que crearían sus propias bandas a lo largo de los ochenta y los noventa en el entorno barcelonés. El grupo actuó en la práctica totalidad de los festivales españoles durante casi dos décadas y compartieron escenario con la mayoría de las estrellas del blues norteamericano que pasaron por el país. Tal y como reza en su biografía, Vicente Zúmel dejó de tocar el 31 de diciembre de 1999. En 1981 también surge Pata Negra, banda de raíces flamencas con una fundamental carga de blues, fundada por Raimundo y Rafael Amador, que nace oficialmente con la salida de su disco *Pata Negra*, pero cuyos orígenes se remontan a 1978, con la desaparición del grupo Veneno, que formaban junto a Kiko Veneno. Cada vez más lejos del blues ortodoxo, grabaron cuatro discos más: *Rock gitano*, en *1982*, *Guitarras callej*eras, en 19*85*, *Blues de la frontera*, en 1987 e *Inspiración y locura*, en 1990. Raimundo Amador seguirá vinculado al blues especialmente a través de sus afamadas colaboraciones con B. B. King. Ese mismo año de 1981 también nació en Almería la Bulla Blues Band, fundada por Luis García Escobar, con músicos como Fafy Molina, Paco Campos, Rufus o Miguel Saavedra.

Papa Blues

En 1982 nace la Dolphin Blues Band, una banda de Miranda de Ebro, Burgos, cuya importancia fundamental radica en haber sido la primera banda española en grabar un disco de blues, al que nos referiremos más adelante. Ese mismo año el armonicista de Palma de Mallorca Víctor Uris funda la Harmonica Coixa Blues Band con el bajista Toni Reynés y el guitarrista Pep Baño. La formación llegó a estar integrada por ocho músicos. En 1987 editan un primer *single* tras el que grabaron dos discos: *Harmonica Coixa Blues Band*, en 1988, y *Walking Blues*, en 1991, en el que participarían el guitarrista Vicenç Caldentey y la cantante Big Mama Montse. En los noventa Uris formaría un trío con Amadeu Casas y Big Mama –con la que grabaría dos discos más– y en 2002 grabaría el álbum *De lado a lado*, dando inicio a una carrera en solitario que ha producido otros dos discos: *I Don't Know Why!* y *Boogie Thing*. En 1983 aparecen Peter Cantropus y los de Cromagnon, un trío acústico valenciano formado

Tonky de la Peña

por Juan Carlos Masiá (voz, armónica y guitarra), Julio Serrano (teclados) y Chema Ferrer (batería). Al poco tiempo se incorporaron Jorge Juan Villaverde (bajo) y Hans Van de Stad (guitarra), y por último Adolfo Crespo (percusión). El grupo sigue funcionando como Cantropus Blues Band, aunque de la formación original sólo queda Julio Serrano. Su trayectoria está recogida en el disco *Cruisin'*, editado en 2011 por Contraseña Records.

En 1984 aparece otra banda emblemática en el origen del blues español, la Tonky Blues Band, creada por Tonky de la Peña, que, según sus propias palabras, montó a base de «reclutar músicos procedentes de distintos ámbitos en una época de muy poco blues» y que contó inicialmente con Steve Jordan a la batería, José Luis Martín al bajo y Ñaco Goñi a la armónica. El proyecto se convirtió en un permanente banderín de enganche para sucesivos músicos que serán parte fundamental del blues madrileño y español, como Francisco Simón, Adrián Costa, Marcos Coll o Sergio y Pablo Bárez, entre otros. En 1987 se edita *Blues Corner*, el primer disco de blues grabado en Madrid, producido por el club La Coquette, al que siguieron *Vudu Mama*, en 1990, *Chica De Negro Corazón* (*single*), en 1991, *Tonky Blues Band. Piedra Rodante*, con Mick Taylor, en 1992, *Groovin The Blues*, en 1994, *Night Time*, en 1999 y *Pawn Shop Blues*, en 2008, y *Hard Times Blues*, en 2015, ambos con Paul Orta. Y casi al mismo tiempo que Tonky montaba su anda en Madrid, en Andalucía surgía Algeciras Blues Express, fundada por Alex «Guitar», Jesús Palomares, Pedro Marcet, Manuel de Arcos, Tony Mill y Robert Ross, que grabaron con Cambayá Records un LP de título homónimo en 1985 y un disco que permanece inédito, *Garantía de origen*. Alex «Guitar» mantiene una carrera en solitario que ha producido tres discos: *Hooked on the Blues*, con su compañero Manuel de Arcos –otro histórico del blues andaluz–, en 2005, el año que participó en el disco colectivo *Resophonic Players of Europe*, y finalmente *Tarifa Wind*, en 2015.

Otra banda destacada de esta época es Entresuelos, formada originalmente en Sevilla en 1978, que estaba integrada por Carlos Cepeda (voz y guitarra), Perico Mayoral (guitarra), Vicente Ibáñez (bajo), Manolo Arcos (armónica) y Curro Castañeda (saxo). A ellos se les unirían Peque (percusionista), Manolo Lucio (percusionista) y Andrés Pozuelo (coros). En 1981 graban un disco con colaboraciones de Manolo Imán, Marcos Mantero y Manuel Amador, hermano de Raimundo y Rafael. El disco nunca vio la luz y, tras numerosos cambios en su formación, que incluyen a músicos como Julio Rabadán, Jorge Martínez, Javi Bonilla, Juan Arias, Juan Guerrero, Edwin Bohlmann, Paco Martínez, Domingo González o Charly Cepeda (hijo del fundador), en 1990 editan con Cambayá Records su único disco, de título homónimo. La banda languideció hasta desaparecer con broche final en 1989, cuando se celebró un concierto de homenaje con músicos de todas las etapas, en el que Carlos Cepeda abandonó inesperadamente el escenario, poniendo un abrupto y definitivo punto final a su trayectoria.

Pero en aquellos años ochenta el país estaba ávido de novedades y modernidades llamativas y el público, pero sobre todo los medios de comunicación, abrazaron con mucho más entusiasmo la colorida «movida», quizá musicalmente más mediocre, que se miraba en el espejo del punk y la new wave inglesa, que a aquel viejo sonido afroamericano que bebía de las fuentes originales estadounidense, pero filtradas por el blues británico. Las bandas de blues, pese a la solvencia de sus intérpretes tuvieron durante los años ochenta mucha menos repercusión mediática que cualquier otro estilo musical.

1985, el año que empezó todo

El año 1985 está considerado como una especie de fecha fundacional del blues hecho en España por la confluencia casual de varios factores: la publicación del primer disco de una banda de blues española, la aparición de la primera revista del blues en el país, la grabación del primer videoclip de la Harmonica Zúmel Blues Band, la visita a Madrid de Junior Wells y Buddy Guy y el comienzo de la singladura activa de bandas como la Tonky Blues Band o Algeciras Blues Band, entre otras. Lo que coloca el kilómetro cero del blues español en el año 1985 es sobre todo la publicación del disco *Papa blues*, editado por Producciones Serrano, el primer álbum de la Dolphin Blues Band, creada en 1982 en Miranda de Ebro por Luis Pinedo «Pititi», Antonio Acebedo y Javier Alzola. El disco contenía diez temas, en tres de los cuales colabora el *bluesman* tejano Little Willie Littlefield, que por aquel entonces tenía cincuenta y cuatro años. Pero aparte de la anécdota de haber colocado la primera piedra discográfica, la influencia de la Dolphin no fue mucho más allá. Lo que sí fue un hecho de gran trascendencia fue la publicación del primer número de la revista *Solo Blues*, que salió a la calle en el verano de

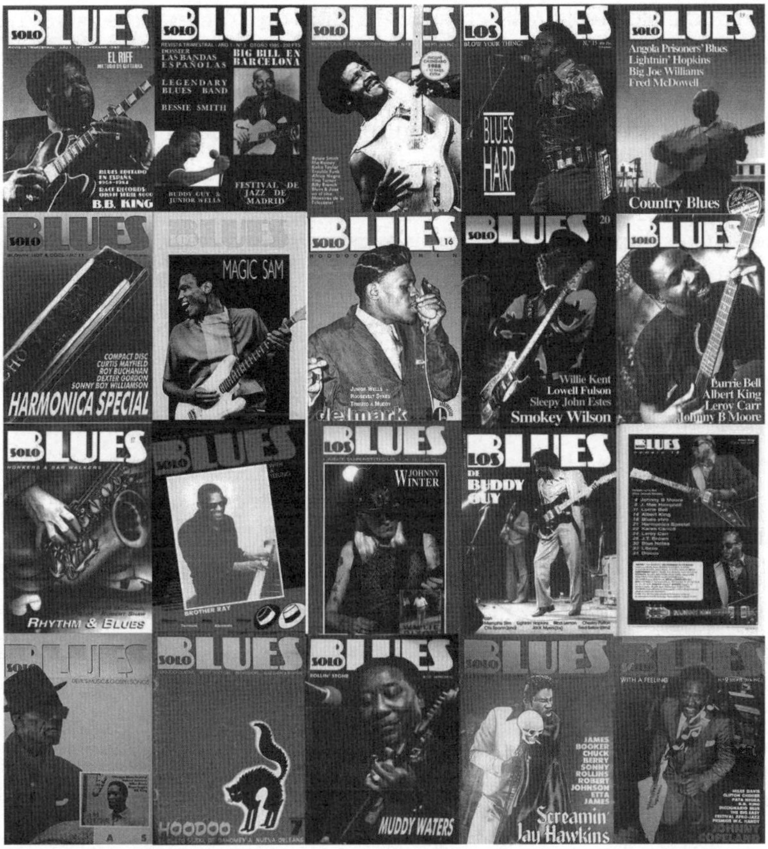

Revista *Solo Blues*

1985, con una portada dedicada a B. B. King y artículos sobre el blues publicado en España y un reportaje sobre Race Records: Okeh Serie 8000. La publicación era iniciativa prácticamente en solitario de Javier *Jay Bee* Rodríguez y su hermano Juan Antonio. La revista se convirtió en la referencia de los aficionados españoles y el medio por el que muchos neófitos descubrieron el blues a través de sus completos y exhaustivos reportajes, críticas de discos y entrevistas a músicos. Además de la revista, los hermanos Rodríguez fueron responsables de la venida a España de un buen número de *bluesmen* norteamericanos a nuestro país. Una tarea que «Jay Bee» ha retomado a raíz de cumplirse treinta años de la publicación, además de ser el abanderado de un cierto purismo sobre el género, sosteniendo que la categoría de *bluesman* es una prerrogativa exclusiva de los afroamericanos, lo que le coloca en el centro de la eterna polémica que parece alimentar a un sector de los aficionados al género en cualquier parte del mundo.

En 1985 también comienza el programa *El sonido de los pantanos*, en la emisora Onda Verde de Madrid, un proyecto de Ramón del Solo, quien ha acuñado la expresión «Brigadas Internacionales del Blues» para definir al grupo de músicos extranjeros que desde los años ochenta se afincaron en España contribuyendo decisivamente a la difusión del blues. Nombres como los de los estadounidenses Steve Jordan, Norman Hogue, Jack Smith y David Gwynn, el escocés David Waterston, más conocido como «Whisky David», el mentor de Ñaco Goñi, el uruguayo Flaco Barral o los ingleses Stevie Zee, Graham Foster y Mike Vernon, todo ellos instalados en Madrid menos este último, afincado desde hace más de dos décadas en Andalucía. También ha habido *blueswomen* extranjeras, como Velma Powell, que vino en los noventa a estudiar a los literatos del Siglo de Oro y se quedó para acabar cantando blues, o Lotti Lewis que se afincó en Barcelona desde principios de los ochenta y se convirtió en una figura de referencia de la música afroamericana en la ciudad, donde murió en el año 2006. En Barcelona también son parte importante de la historia del blues músicos como Steve de Swardt, procedente de Zimbabue, el inglés Caspar St. Charles, el norteamericano Julian Vaughn o el también norteamericano Hook Herrera, que durante los noventa y los 2000 pasó largas temporadas en la ciudad condal.

En la segunda mitad de los ochenta surgen también bandas como Bluesville, de los sevillanos Little Boy Quique, Mingo Balaguer y Julio Colin, Los Lester, el grupo de los barceloneses Amadeu Casas, José María Merchán y Juanito Linares, o Fas Tard, también de Barcelona, fundada por Leo Carreras e integrada actualmente Ignasi Vidal, José Manuel Arcos, Albert Guitart y David Benach. Es la hora de los pioneros que abrieron caminos que el tiempo acabó cegando en muchos casos. Aunque nacieron como Blues Express hacia 1981, en 1986 se crea en Barcelona el grupo La Negra, que dejaron para la posteridad un disco titulado *Tengo la Negra*, con diez temas propios en castellano interpretados por su formación: Amadeu Solernou a la voz, Paco Ramírez en la guitarra, Daniel Piris también en la guitarra, Jordi Ortiz al bajo, Pepe Heredia «Papitu» a la batería y Julio Lobos, teclados, acordeón, armónica y producción. Sus integrantes seguirán distintos caminos, la mayoría formando parte de la historia del blues barcelonés. Paco Ramírez, factótum de la banda y uno de los primeros exponentes del blues en castellano, además de pasar por la mayoría de las bandas pioneras de Barcelona, como Harmónica Zúmel Blues Band o Chicago Blues Tributo, ha desarrollado una prolongada carrera como «Predicador» Ramírez, primero acompañado por Hoochie Coochie Boys y luego, a partir de 2005, por Los Apóstoles del Ritmo, además de colaborar en bandas históricas como Los Sírex o grabar con bandas como Amor de Madre y Huapachá Combo. En su última etapa en solitario ha grabado media docena de discos: *Más triste es robar*, en 1999, *Amor de madre*, en 2003, *Prisas y pausas*, en 2007, *En caso de duda: rock & roll*, con Eddie Catman en 2010, *Una agradable sensación*, en 2013, y *Ataraxia. Dulce camino*, en 2015.

En 1986 surge también otra banda importante en esta etapa de despegue en los ochenta, la Caledonia Blues Band, grupo sevillano integrado originalmente por Lolo Ortega (guitarra), Juan Arias (bajo) y Juan Ramón Borreguero «Rama» (ba-

Caledonia Blues Band y Otis Rush

tería), a los que al poco tiempo se suma el armonicista Mingo Balaguer y Arias es sustituido por Paco Martínez. En 1988 se incorpora Michael Lindner, un cantante de origen norteamericano y al año siguiente editan su primer disco, *Just Rhythm and Blues*, al que seguirán *Blues for the Mother* (1990), *Caledonia Blues Band (*1991), *Alameda Sessions* (1993) y *Chicken Jump* (1995). En 1991 Lolo Ortega es sustituido por Quique Bonal, que a su vez será sustituido por Lolo, que regresa al año siguiente junto con Juan Arias. El regreso a Estados Unidos de Michael Lindner en 1996 supone el final definitivo de la formación. Fue la primera banda española que actuó en los Estados Unidos, en 1994 en el Club Buddy Guy's Legends, de Chicago. Al mismo tiempo que la Caledonia, nace La Blues Band de Granada, integrada por Joaquín Sánchez (guitarra), Pepe Chamorro (bajo), Antonio Valero (batería) y el cantante franco-alemán Pecos Beck, a los que se acabaron sumando Ignacio Sánchez (guitarra), Pepe Visedo (saxo) y Estanis Peinado (teclados). En 1990 lanzan su primer álbum, *El mejor blues de la ciudad*, al que siguieron *Negro en tierra de blancos* (1992), *La vida no es fácil* (1995), *Cuatro* (2000), *Llamando a tu puerta* (2002), *20 años no son nada* (2008) y *The Grand Sessions*, con Otis Grand (2009). La banda sigue en activo tras una larga trayectoria marcada por los múltiples cambios en la formación.

Probablemente la banda de esta época que más difundió el blues entre el público no estrictamente aficionado al género sean Los Deltonos, creados en 1986 en la localidad cántabra de Muriedas por Hendrik Röver (guitarra), Chewis Herrero (bajo) y Juanjo Velasco (batería). Al año siguiente ganan en el concurso Marejada 87 para bandas de la comunidad y participan en el LP recopilatorio. En 1989 graban *Los DelTonos*, un EP con cuatro temas, Mon Castellanos sustituye a Juanjo en la batería y

Los Deltonos

un año después editan su primer álbum, *Tres hombres enfermos*, y realizan una mítica gira, el Tour Enfermo, que los convierte en uno de los grupos más populares del país. A partir de entonces han editado ocho discos de estudio: *Bien, mejor* (1992), *Ríen mejor* (1996), *Sólido* (2003), *GT* (2005), *Buenos tiempos* (2008), *La caja de los truenos* (2011), *Saluda al campeón* (2012), *Salud!* (2015) y *Los DelTonos* (2017), además de dos piratas, *Calamar* y *Live Ego Trip* editados sin su permiso, cuatro álbumes en directo, varios EP, numerosos sencillos promocionales y varios discos de su proyecto paralelo Hank y la carrera en solitario de su cantante Hendrik Röver. Por la banda han pasado también Iñaki García, Fernando Macaya, Pablo Z Bordas y Javi Arias.

En 1987 nace uno de los proyectos más longevos del blues español, Lone Rhino Club, fundada por Julio Lobos, que dio su primeros pasos como un trío en el que además de Lobos (voz y teclados) estaban Jaione García (voz) y Luciano Garrigó (guitarra), pero muy pronto se incorporaron Joan Llinares (batería), Sintu Bonell (bajo) y Xavi *Bubu* Prats (guitarra). En 1989 realizaron su primera grabación «Los ejes blues», una versión de «Los ejes de mi carreta» que se ha convertido en un tema emblemático en la carrera de Julio Lobos, que durante décadas alternó su proyecto de Lone Rhino con su colaboración con músicos destacados de escena del blues y el rock. Han grabado cuatro discos: *Lone Rhino Club*, en 2009, *Travi Blues Sessions*, en 2010, *De Norte a Sur*, en 2011 y *Mentes abiertas*, en 2014. El mismo año de la creación de Lone Rhino nacen también Bluesfalos, un grupo de Murcia creado por el guitarrista Manuel Gómez Mateos, «Slim Gómez», uno de los pioneros del blues en castellano, con Emilio Chicheri (voz), Carlos Turbina (saxo), Chico Moya (bajo) y Fiti Espejo (batería). Su discografía está integrada por *Mi guitarra y el blues* (1990), *La magia* (1992), *Lo mejor 10 Aniversario* (1999) y *Siempre* (2014). El grupo sigue en activo con Slim Gómez, Turbina y Fiti y la incorporación de Persi Herraiz al bajo y Abel Silva en los teclados y la armónica.

Ya en la recta final de la década, en 1988 en Barcelona, Quim Quiñonero (guitarra), Natxo Fargas (voz), Edu Beltrán (bajo), Nacho Chamorro (guitarra) y Mario Pérez (batería) forman Riders. Aunque sus componentes han ido cambiando a los largos de los años, la banda sigue en activo bajo la dirección de Quim Quiñonero que alterna su proyecto personal con colaboraciones con músicos como Santiago Auserón o Antonio Orozco, además de haber participado en la fundación de grupos como Badge, que editó en 1998 el disco *Badge. El homenaje a Eric Clapton*, The Bluesters y Aishah Davis Band. En 1989 el guitarrista malagueño José Fernández «Lito», monta Lito Blues Band, un grupo histórico que ha mantenido una trayectoria regular durante más de dos décadas en la que ha editado dos discos: *Presentación*, en 2003, y *Revisited*, en 2009. La banda sigue en activo con «Lito» a la guitarra, Suzette Moncrief y Lourdes del Pino en las voces, Manuel Moles en los teclados, Jorge Blanco al bajo y Nicolas A. Huguenin en la batería.

Crecer a caballo entre dos siglos

En los años noventa el blues en España sigue avanzando con una especie de inercia que no produce resultados espectaculares pero logra que el género se vaya consolidando poco a poco, con un paulatino, aunque discreto, incremento de festivales y de nuevas bandas, mientras se consolidan las nacidas en la década anterior. En 1990 nace el Festival de Blues de Reus, en el 91 el de Córdoba y en el 94 el de Cazorla y el de Roses. En 1992 nace Big Bang una discográfica independiente de Granada, activa entre diciembre de 1992 y febrero de 2003 que trabajó básicamente con flamenco, blues y rock. En 1995 José Félix Azkarate, «Xarra» y Ubane Uzin, dos promotores culturales vascos, montan en Soraluze, Gipúzcoa, la discográfica Gaztelupeko Hotsak, en principio especializada en blues y luego ampliada a otros géneros como el rock, el jazz o la música vasca. El primer álbum grabado en solitario fue del madrileño Ñaco Goñi y después de más de dos décadas se han convertido en la principal discográfica de blues en el país. En 1998 cierra la revista *Solo Blues*, después de publicar veinte números que forman ya parte ineludible de la historia del blues español. Su fundador, «Jay Bee» Rodríguez, aún no tira la toalla y continuará editando durante cuatro años más un boletín mensual de noticias y novedades discográficas, *Blues Express*, única referencia escrita sobre durante esos años. En 1995 aparece una nueva publicación, *Ritmo y Blues. La revista de Música Negra*, dirigida por Óscar Cubillo y editada en Las Arenas, Guecho, que aguantará hasta el año 2000 editando quince números. Tres años después se produce un nuevo intento de corta vida, la revista *Barnablues*, una publicación gratuita que sólo llegó a sacar tres números. La siguiente publicación llegará en 2005, con el magacín editado por la Sociedad de Blues de Barcelona, del que se editaron doce números y que acabó dando paso al *Anuario de Blues*, editado por la SBB y Bad Music y que va ya por su novena edición.

A principios de los noventa ese movimiento se traduce también en la aparición de personajes como Alfonso Cito, un histórico del rock que, desde que en 1993 organizó una gira de Johnny Copeland por España, se convirtió en uno de los productores más activos del género a nivel internacional. Además, se produce una eclosión de bandas que no tuvieron una vida muy prolongada pero sí un importante peso en el desarrollo de la escena blusera, como los gerundenses Blues de Rostoll, que en 1995 y 1996 grabaron dos discos *Blues d'aquí i d'allà* y *En viu a L'Angel Blau*, o los andaluces Los Perkins, que en 1996 lanzaron el disco *Blues cabal*.

En abril de 1991 abre en Barcelona una nueva sala, La Boite, que será escenario de la eclosión del blues en la década de los noventa, con bandas como Blues Reunion, una de las formaciones resultantes de la diáspora de músicos de la Harmónica Zúmel Blues Band, en este caso integrada por Big Mama Montse, Amadeu Casas, Víctor Uris, August Tharrats, Santi Ursul y Caspar St. Charles, que en 1990 editaron un disco homónimo del que sólo se lanzaron 500 copias. En 1991 nace casi en paralelo a la anterior, la banda Big Mama & The Blues Messengers, formada por Big Mama, Santi Ursul, Francesc Capella, Aljosa Muti , Gilles Berthenet, Pere Enguix y Julian Vaughn, que editaron dos discos, *Blues, Blues, Blues*, en 1992 y *Big Mama & The Blues Messengers*, en 1993. Alejado del ambiente barcelonés y en un estilo muy distinto, mucho más cercano al blues rock, en 1991 también comienza su trayectoria personal Javier Vargas, que ese año crea la Vargas Blues Band y graba su primer álbum, *All Around the Blues*, iniciando una carrera en la que hasta el momento ha grabado más de 25 discos, ha recorrido los escenarios más importantes del mundo y se ha convertido en una de las figuras de mayor proyección internacional del blues rock español, codeándose con la élite de los músicos de rock y blues power como Chris Rea, Alvin Lee, Jack Bruce o Carlos Santana, y *bluesmen* de Chicago como Junior Wells o Roy Buchanan. A pesar de su impresionante currículum, no ha podido evitar las reticencias de cierto sector de aficionados al blues, especialmente entre los más puristas.

Regresando a los noventa en España, encontramos a dos genios de lo que podríamos llamar el *underground* blusero: Malcolm Scarpa y Ñaco Goñi, que aunque empezaron tocando en las calles y el metro de Madrid a mediados de los ochenta, fue en 1992 cuando Cambayá Records, produjo su disco *Doin' Our Kind*, como Malcolm Scarpa & Ñaco Goñi y Los Jokers, casi un incunable del blues peninsular en el que colaboran Francisco Simón, Steve Jordan y Elvia Aguilar. Ñaco y Malcolm han tocado juntos durante más de treinta años, de los que Gaztelupeko Hotsak ha editado un recopilatorio, y tanto juntos como por separado han dejado una importante huella en el blues español. Ñaco Goñi es uno de los armonicistas más emblemáticos del panorama blusero español, al que ha aportado seis discos: *Blues Company*, en 1995, *Ñaco Goñi y los Bluescavidas - Directo en Moby Dick Club*, en 1999, *Nada que Perder*, también con los Bluescavidas en 2003, *Blues con los colegas*, en 2006, *Ñaco Goñi & Xulián Freire*, en 2013 y *Ñaco Goñi 30 Años*, en el 2014. Por su parte, Malcolm Scarpa, a pesar de sus escasas apariciones públicas, ha logrado sacar adelante una importante producción discográfica, sobre todo en la primera mitad de los años noventa, con discos como *Malcolm Scarpa*, en 1993, *My Devotion*, en 1994, *The Road of Life Alone*, en 1995, *33 1/3 Microsillons*, en 1996, *Echoes of an Era (Outtakes 1993-1996)*, en 2001 y *Las Cosas Cambian*, en 2004.

Ñaco Goñi

Si Malcolm y Ñaco era los reyes del metro la calles de Madrid en aquel mítico año de 1992 en el que España entró en los tiempos de modernidad y bonanza de pelotazos económicos con las Olimpiadas de Barcelona y la Expo de Sevilla, en las calles de A Coruña quienes comenzaron a sentar sus reales fueron Miki Nervio & the Bluesmakers, una banda de blues acústico que durante más de dos décadas tuvo su escenario habitual en las calles de esa ciudad gallega, al estilo de los viejos *bluesmen*, aunque también triunfaron en los festivales de Galicia, donde fueron una banda de referencia, con temas propios y estándares de folk blues rural, que quedaron grabados para la posteridad en tres discos: *Miki Nervio & the Bluesmakers*, en 1998, *15 Years Old Blues*, en 2007 y *Let the Old Times Roll*, en 2013. Y sin salir de Galicia, en 1993 comienzan su andadura los Reyes del K. O. Adrián Costa y Marcos Coll comenzaron tocando juntos siendo un par de adolescentes en Santiago de Compostela desde donde se trasladaron a Madrid a finales de los noventa y principios del 2000, primero Marcos y luego Adrián, para curtirse tocando en la banda de Tonky de la Peña y marcharse a Berlín en el 2004. Tras más de tres años en la capital alemana dieron el salto a Estados Unidos, donde en año 2011 decidieron emprender carreras en solitario. En 2018 se han vuelto a unir para realizar algunos conciertos. En 2002 editaron su primer trabajo, *Los Reyes del K.O.*, junto a Javi Vacas y Antonio Álvarez, disco al que siguieron *Coll Vs. Costa*, en 2003, *Home Made Blues*, en 2004, *Hot Tin Roof*, en 2006, *Live in Yorckschlösschen Berlín*, en 2008, *Funky tortillas*, con Tino Gonzales en 2009, e *It's Fiesta Time!*, 2010.

Por aquellos días de 1992 el pionero del piano boogie, August Tharrats, a quien ya hemos visto con formaciones con los Blues Messengers o Tandoori Lenoir, monta su propio trío y un año más tarde inicia su larga colaboración con la cantante Txell Sust, con quien ha grabado cuatro discos hasta el momento: *Blue Time*,

Gran Hotel Havana, *Non Stop* y *Jazz Nature*. Tha, como es conocido en los ámbitos musicales, es uno de los pioneros del blues que más tiempo se ha mantenido en activo, participando en numerosos proyectos en paralelo y tocando con músicos de todas las generaciones. En su dilatada carrera ha tocado con grandes nombres de la escena internacional del blues como Louisiana Red o Johnny Mars. Durante años, a su faceta de músico unió la de dibujante de cómics, una disciplina artística que comparte con su hermano, el guionista Joan Tharrats, y en la que goza de un enorme prestigio, aunque es un terreno del que actualmente se encuentra retirado.

A principios de los noventa también se produjo una importante efervescencia blusera en Granada con músicos como Julian Bourne, bandas como Los Lagartos, la Blues Band de Granada o Blues de Garrafa, en la que militaban músicos como Joaquín Sánchez y Félix López, que en 1993 editaron un primer *single*, «The Garrafa», y un disco, de título homónimo, en 1997. En 1994 nace el Festival de Blues de Cazorla, que se convierte casi de inmediato en la cita más importante del país para los aficionados al género que pueden disfrutar en esa pequeña localidad de la sierra jienense de las mejores bandas e intérpretes del panorama nacional e internacional, y que después de un cuarto de siglo sigue siendo una de las mejores citas europeas del blues. Ese mismo año Fede Aguado y Osi Martínez montan en Madrid uno de los dúos más longevos y más creativos del blues hecho en castellano. Hay quien los ha definido acertadamente como los reyes del blues callejero madrileño. En 1999 grabaron su primer disco, *Con el corazón en la mano*, en 2007 *Dos balas perdidas* y en 2014 *Veinte años no es nada*, todos con composiciones propias en castellano. Se separaron en 2017.

En 1994 Big Mama, Víctor Uris y Amadeu Casas, editan *El blues de la inflació*. Dos años después Big Mama y Víctor Uris graban *El Blues de l´ombra blava*. Por el camino, Amadeu Casas, junto a August Tharrats, Dani Nel·lo, Pep Pascual, Artur Regada y Aldo Munari, ha creado en 1995 Tandoori LeNoir, una banda netamente instrumental de larga vida, que grabará su primer disco, de título homónimo, en 2003, ocho años después de su fundación. Mucho más al sur, en Andalucía, en 1996 de las cenizas de Caledonia Blues Band surge una formación inicialmente llamada Blues Machine e integrada por Mingo Balaguer y Quique Bonal, armónica y guitarra, junto con el vocalista J. M. Morueta, el pianista Alberto Miras, el bajista Fernando Torres y el batería José Mena, que pronto es rebautizada como The Blues Blasters para telonear a B. B. King en un concierto en Marbella en 1997. Dos años después sacan su primer álbum, *Here we are!*, con la discográfica independiente granadina Big Bang. En el 2001 entran en el grupo el cantante australiano Brent Larkham y el batería Xavi Reija, graban *Keep the Blues Alive!* y a continuación realizan una gira por Estados Unidos, pero tras la desaparición de la discográfica Big Band, la banda se separa definitivamente en 2004. 1996 es también el año fundacional de The Midnight Rockets. La banda se formó con el nombre original de The Impossible Midnight Rockets, integrada por el armo-

Jeff Espinoza y Francisco Simón

nicista Maurici Morera, el guitarrista Juan Baena, el bajista Xavi Curto y el batería Xavi Sánchez. Han dejado tres discos registrados: *Midnight Jump*, en 1999, *B-Blues Stuff*, en 2006 y *Special Woman*, en 2011. A lo largo de los cerca de veinte años de historia de la banda han pasado por ella numerosos músicos como Eloi Moya, Sergi Escriu, David Torras, Octavio Cortés, Ricardo Massari, Reginald Vilardell y Marc Ruiz.

A finales de los noventa en Madrid se vive la resaca de la tan cacareada movida de principios de los ochenta, de donde vienen los componentes de Red House, un grupo que nace en1997. Como ellos mismos dicen, la banda es fruto de la larga amistad entre el angelino Jeff Espinoza y el madrileño Francisco Simón, que se conocieron a finales de los ochenta en la banda Flying Gallardos, en la que además de Spinoza y Simón, militaban, Ramón Arroyo y Nacho Lles, de Los Secretos, y Steve Jordan, un histórico extranjero del blues español, que actualmente sigue en activo con Steve Jordan & La Banda del Escalón. Red House es una de las bandas punteras del panorama del blues hispano y ha grabado más de media docena de discos. También en 1997 surgen Danny Boy & The Jumpers. El armonicista valenciano Danny Boy fue el líder de este cuarteto formado por Fran Moreno, Álvaro Díez, Alfredo Montesinos y Javier Hernández, que se convirtió en un referente local, tras el que creó los Danny Boy Blues Harp Band y los Snake Dancers, junto a Raúl T-Bonski y Juanjo Malasideas de los Nasty Boogie. Ese año nacen Andabluses con José Mari Pardo, Julian Maeso, Chiqui Mingo, Chechu Sierra y Dani Galiano. Para evidenciar que 1997 fue un año fructífero para el blues, en Valladolid se funda Bluedays, una banda de estilo Chicago integrada por Carlos

Sanz, Jorge Otero «Jafo», Nacho Castro y Mike Terry, que han grabado cuatro disco: *Guan Mor Taim*, en 2005, *Una noche llantén*, en 2008, *Tartaruga!*, en 2010, *Todojunto*, en 2013, *Step into the Blues*, en 2015 con Velma Powel y que marca una nueva etapa de la banda como sustentadora de la cantante de Chicago afincada en España, con la que en 2018 lanzaron el disco *Blues to the Bone*.

Blues en la Taberna

A punto de alumbrar el nuevo siglo, en 1999, nace La Taberna del Blues, una web creada por un grupo de aficionados que marcará el tránsito entre dos siglos en el blues español. La formación del proyecto se fraguó en Rota, Cádiz, en un encuentro de Álex Pulido y Chema Núñez, dos sevillanos aficionados al género que en el 2000 dieron de alta la web como blues.laporranegra.com para convertirla luego en tabernablues.com. Un par de años después incorporaron a Mabel González Bolaño, «Lady Blues», que se acabaría convirtiendo en la figura más visible del proyecto. La Taberna inauguró una etapa virtual en el blues español, en el más estricto de los sentidos, y generó un proceso de fortalecimiento de lazos entre músicos y aficionados de distintos puntos de la península, adelantándose a la transversalidad que se fraguaría pocos años después con la aparición de las asociaciones de blues. No sólo fue un punto de encuentro virtual, sino que se convirtió además en el punto de unión de aficionados y músicos que se encontraban con regularidad para intercambiar información. Además, fue durante una década lo más parecido a un medio de comunicación, difusión e información sobre blues, con numerosos artículos sobre el género de especialistas como David García, Maurici Morera, Eugenio Moirón, Héctor Martínez, Ramón del Solo, Jorge Lera, Salvi Pardas, Alfonso Trulls, Juan Casanova, Santiago Páez o Lucky Tovar, activista del blues sevillano al frente de su programa Terminal Blues, dueño del local Casa Grande del Blues y cantante de Los Hermanos Roncha, fallecido en el 2012. Pero buena parte de los colaboradores se parapetaban bajo seudónimos como Gustavoblues, Milespaul, Carlos BluesCafe, Evilblues, Sonnyboy o Pin, lo que dificulta mucho el rastreo de los nombres que contribuyeron a difundir el blues en una etapa crucial de su desarrollo en España, a finales del siglo xx.

El mismo año en que se fraguaba la web de la Taberna, 1999, nacía en Galicia, el otro extremo de la península, Víctor Aneiros & Blue Notes, un banda de estilo Chicago, en la que su líder, Víctor Aneiros comenzó cantando en inglés y castellano, pero pronto se convirtió en el mayor exponente del blues en gallego, con letras propias y textos de autores galaicos como Rosalía de Castro, Ramiro Fonte, Luis Pimentel, Curros Enríquez o Lois Pereiro. Ha grabado nueve discos entre los que destacan *Que el blues te acompañe* (2000), *Blues do amencer* (2004). *Brétemas da Memoria*, en 2010 y *Un extraño entre la multitud* (2017). Por esos mismo días de finales de 1999 y principios del 2000 nacen un buen número de programas de radio que contribuyen poderosamente a un renacer del blues hecho en España, como el programa de Radio Carcoma, «Blanco y Negro», de Eugenio Moirón, uno de los principales difusores del blues madrileño en las dos primeras décadas del siglo XXI. A esa época pertenecen también «El Autoblues», de J. L. «Long Fingers», «Blues Connection», de Juan Pérez Aznar, «Vas De Blues», de Jordi Ruiz y «Dilluns Tempestuosos», de Manel Granell. A finales de los noventa se crea Música Fundamental, la discográfica onubense dirigida por Carlos Ferrer, cuya actividad principal se dirige a las músicas de raíz: folk, blues, jazz, country o flamenco, principalmente de músicos afincados en Huelva y Andalucía, también del sur de Portugal y en Barcelona en 1998 abre sus puertas el Honky Tonk Blues Bar, desde entonces el local de referencia del blues barcelonés por el que han pasado la práctica totalidad de las bandas de la ciudad y los grupos que la visitan.

Keith Dunnn en el Honky Tonk Blues Bar de Barcelona

Ese periodo entre dos siglos contempló también el nacimiento de un buen número de bandas, como Charmers, una banda de blues swing surgida en el año 2000 con Julio «Colín» y Pepe Delgado en las guitarras, Javier Delgado al contrabajo, Manuel Vergne a la batería y Paula Haynes a la voz. El grupo edita un disco de título homónimo en 2005, el mismo año en el que nace Pepe Delgado y la Reunión de Blues, que además de por el propio Pepe, estaba integrada por Manolo Márquez al contrabajo, Manolo de Arcos en la armónica, Colín a la guitarra y Fernando Cañas, el malogrado compañero de Pepe, a la batería que en una década producirán tres discos. *Sesión #1*, en 2006, *El blues hasta los huesos*, en 2008 y *Swing, sudor y lágrimas*, en 2009. En la otra punta de la península, dos hermanos de Sant Just Desvern, Pere y Víctor Puertas, guitarra y armónica, formaron en el año 2000 el dúo más sólido de blues tradicional que haya generado el panorama español, Suitcase Brothers. Ese mismo año editaron su primer álbum, *Living with the Blues*, al que siguió *Walk on*, en 2007 y *Gettin' Outta Town* en 2011 y *A Long Way from Home*, en 2014, además del DVD *We Came to Play the Blues*, de

2017. En el 2012 ganaron el concurso de la Piedmont Blues Society en Carolina del Norte y en 2013 fueron galardonados con el segundo puesto en la categoría solo/dúo en el International Blues Challenge de Memphis. También en el 2000, Edu Manazas, un guitarrista también conocido como Edu «Bighands», que en 1996 había montado Dinamita Blues Band y en 1998 Edu «Bighands» Trío, junto al batería Pino Sambataro y el bajista Phineas Sánchez Parra, forma Edu Manazas & Whiskey Tren, incorporando a Oskar González a la guitarra, con los que edita los discos *Things We Used Ta*, en 2001, y *424*, en 2004, *Beethoven Hot Sessions Vol. I y Vol. II*, en 2001 y 2009, respectivamente, *Live! En Zarzalejo*, en 2010, *El Paso*, en 2011, *Mô es bar*, en 2012.

También a principios de siglo surge la figura de Félix Slim, el músico ceutí-gaditano comenzó su carrera hacia el año 2000, perfilándose individualmente como uno de los valores más sólidos del blues tradicional, practicando incluso un estilo muy poco habitual en España, el *one man band*. En 2014 participó en el International Blues Challenge de la Blues Foundation, a donde regresaría en 2017 y 2018 quedando finalista en ambas ocasiones. A lo largo de su carrera ha editado siete discos de blues: *Better Alone*, en 2008, *Live at the Basque Country*, en 2009 con Mingo Balaguer, *Gato Malo*, en 2012, *Live at More Ona*, en 2013, *The Hoodoo Men Groove*, en 2014 y *Midtown Blues*, en 2014. A raíz de su estancia en Grecia en el año 2004 desarrolló una pasión paralela por el rebetiko, un género musical griego con conexiones de fondo sentimental con el blues, fruto de la cual fue el disco *14 Rebetiko Classics*, editado en 2013.

Por esa época echa a andar Tota Blues. Aunque el proyecto comenzó en 1995 en Argentina, su consolidación se produce a partir de la llegada en 2001 a España de sus dos principales artífices, el armonicista Flavio Rigatozzo, «Tota», y su inseparable amigo y compañero, el guitarrista Martín J. Merino, que recomponen la banda con el pianista David Sam, el bajista Jordi Llaurens, más conocido como The Walking Sitck Man, y Marc Ruiz. Además de ellos, por la banda han pasado numerosos músicos como Rod Deville, David Giorcelli, José Pilar, Eduardo Neto, Míriam Aparicio, o Cristian Poyo Moya, y ha actuado en colaboración con músicos norteamericanos como Bob Margolin, Barrelhouse Chuk o Louisina Red. En sus más de dos décadas de recorrido Tota Blues ha producido una docena de discos: *Blues Tradicional*,1999, *Blues Alive*, 2000, R*ey de noche, mendigo de dia*, 2002, *Crazy 'bout The Blues*, 2004, *Long Way from Home*, 2009, *Insatisfacción total*, 2007, *Todo lo hice por los blues*, 2011, *Live at la Tia Felipa*, 2012, *Same Way*, 2013), *Veinte años no es nada* (2016), *Blues and More...*, en 2017 con el pianista Poyo Moya, *Hard to Make a Living*, en 2018, además de producir en 2012 *When I met the Blues*, el disco de su compañera, la actriz Queralt Albinyana. El mismo año que Tota llegaba a España comenzaba también la carrera de Txus Blues & José Bluefingers, el dúo más original, curioso y popular, con un repertorio de letras satíricas y humorísticas en castellano y catalán sobre versio-

Joan Pau Cumellas

nes musicales de temas muy conocidos del blues y el rock, que los han convertido en habituales casi imprescindibles de la práctica totalidad de los festivales españoles. Tienen siete discos editados: *Txus Blues & Jose Bluefingers*, 2001, *Blues de andar por casa*, 2002, *Enfermos de Blues*, 2006, *Blues de la comedia*, 2009, *Blues Circus*, 2012, *Saludos a la concurrencia*, 2016 y *Juntos y revueltos*, grabado junto a Fede Aguado y Osi Martínez en 2017.

También hacia el año 2001, el renombrado armonicista catalán Joan Pau Cumellas, el guitarrista Andreu Martínez, el bajista Ramon Vagué y el batería Pere Foved, forman Mr. Hurricane Band, una sólida banda de blues fusión con la editan dos discos *Hard Driving* en 2005 y *Barcelona-Memphis* en 2008. Cierra este emblemático año 2001 un guitarrista joven pero todo un veterano en cuanto a experiencia, Álex TNT, comienza su andadura discográfica en solitario. A los dieciocho años había comenzado a dejarse ver por la histórica sala barcelonesa La Boite, donde comenzó a compartir escenario con músicos de la talla de Hook Herrera, quien se convirtió en su mentor y guio sus primeros pasos en el camino del blues. Durante más de un década trabajó al lado de artistas como Steve de Swardt, Julian Vaughn o Javier Mas y en el primer lustro del nuevo siglo comenzó a tocar regularmente en Estados Unidos y Canadá, para dar un giro a su carrera hacia el año 2006 y convertirse en Álex Zayas, su actual nombre artístico. Como Álex TNT, ha lanzado tres álbumes, *Walking Your Way*, en 2001, *Siento el blues nuevamente*, en 2003 y *Alex TNT* en 2009 y como Alex Zayas, dos: *Guitarshock*, en 2011 y *Electric Ryder Vol.1*, en 2015.

Con Alex TNT, tuvo su primera experiencia discográfica Jordi Llaurens Yñesta, más conocido musicalmente como «The Walking Stick Man», uno de los intérpretes de blues más peculiares y genuinos del panorama español, guitarrista, cantante, armonicista y contrabajista, que además se fabrica buena parte de su propio instrumental. Corría el año 2001 y Jordi tocaba el bajo en el *Walking Your Way* de Alex, tras lo que vendrían colaboraciones con otros artistas como Hook Herrera, Michael Young, Lluís Coloma, Javier Mas o Casper St. Charles, entre otros muchos. Pero The Walking Stick Man tenía ya una larga carrera a sus espaldas, viajando y tocando por Europa, lo que en el año 2006 se traduce en su primer disco en solitario, *Caravan Blues*, tras el que en 2008 edita *Undercover Blues* y en 2017 *Rise Again*, su último disco por el momento.

En el año 2003 un joven pianista que había comenzado en el rock & roll y poco a poco se había ido decantando hacia el blues y el boogie woogie, recibe el premio a Mejor Músico del Año, por la Asociación de Músicos de Jazz y Música Moderna de Cataluña. El pianista se llama Lluís Coloma y ese será el primero de una larga serie de galardones que recibirá a lo largo de su carrera y que le acreditan como el pianista de blues y boogie de más proyección internacional del país. Un año antes, en 2002, había grabado su primer disco, *Remember*, al que seguirán diez más, contándose todos por éxitos. El último por el momento *Boogie Wins Again*, grabado en 2016. Trabajador infatigable, es uno de los músicos que más actúa de la escena española y mantiene ocho formaciones en paralelo, desde piano solista a sexteto y varias asociaciones con pianistas, armonicistas y guitarristas de primera fila del blues nacional e internacional. Además, organiza varias citas de pianistas internacionales de boogie, como la Blues & Boogie Reunión de la noche de reyes en la Jazz Cava de Terrasa o el Boogie Woogie Jubilee del Ciclo de Blues & Boogie de L'Hospitalet.

Despegando en el siglo XXI

A principios de 2005, fruto de la inquietud de un grupo de aficionados, nace la Societat de Blues de Barcelona con una repercusión inesperada, no sólo en su entorno geográfico más próximo sino también en el resto del país. El ejemplo sirve de acicate para que en los años siguientes vayan surgiendo sucesivamente entidades como la Asociación de Amigos del Blues de Cáceres, La Casa del Blues de Sevilla, y las sociedades de Blues de Madrid, Canarias, Valencia, Alicante, Lleida, Málaga, Córdoba, Benicassim, Cerdanyola y así hasta una treintena a fecha de hoy, muchas de las cuales tratan de coordinar su actividad, bien con contactos bilaterales, bien tratando de mantener una entidad virtual, Conexión Blues, que pretende agrupar a todas las entidades sin ánimo de lucro dedicadas a promover el blues. La aparición del asociacionismo coincide en el tiempo con una nueva proliferación de festiva-

Lluis Coloma Trío

les, en muchos casos fruto y objetivo de las propias entidades, como el Festival de Béjar, nacido en 1999, el Festival de Blues de Nou Barris, predecesor del Festival de Blues de Barcelona, nacido en 2002 fruto del dinamismo de una pequeña asociación del barrio, Capibola Blues, en 2004 nacen el Tolosandblues, Santa Blues de Tenerife, Blues & Rivers, en 2005 el Ciclo de Blues & Boogie de L'Hospitalet Festival de Blues de Corralejo, y la Asociación de Blues de Hondarribia crea en 2006 con el primer Hondarribia Blues Festival, que en menos de una década se convierte en uno de los más importantes de España y Europa. Por esas fechas nace también el Festival de Burlada, el Blues en el Castillo de Benalmádena, el Sanbar Leioa y un largo etcétera de citas bluseras que irán creciendo, con altibajos, a lo largo de la nueva centuria. Actualmente son más de sesenta los festivales que se celebran a lo largo del país, casi todos montados por aficionados o sociedades, y generalmente en condiciones de estrecheces económicas que sus organizadores solventan con más imaginación que apoyos, tanto públicos como privados, a pesar de los cual la mayoría son gratuitos. Hacia el año 2004 nace la discográfica barcelonesa Amphora Records, creada por Jordi Rivalta y dedicada fundamentalmente al blues. En 2005 nace el blog dedicado al blues, *Marcados por el Fuego*, del sevillano Lewis Romero, un difusor incansable e histórico del blues andaluz que ha cantado con diversas bandas y llegó a grabar un disco con cuatro canciones en el año 2002.

Tras las experiencias afortunadas de Caledonia Blues Band, The Blues Machine y The Blues Blasters, en 2002 Mingo Balaguer decide poner en marcha un nuevo proyecto: Mingo & The Blues Intruders, con sus viejos compañeros Quique Bonal a la guitarra, Fernando Torres al bajo y Juan de la Oliva en la batería. En 2008 editaron su primer trabajo, *Goin' West*, en 2010 el segundo *Fun to Visit*, bajo la batuta del mítico productor británico Mike Vernon y en 2013 lanzan *Wild Wild Woman*, el último trabajo hasta el momento de esta banda de históricos y excelentes músicos que sigue en activo. También en el año 2002 nace The Lazy Jumpers, una de las bandas más potentes del rhythm & blues y el blues de las dos últimas décadas, integrada por Blas Picón, Ivan Kovacevic, Mario Cobo y Marc Ruíz, cuyo fruto fueron los discos *Somebody Tell That Woman*, en 2003, *Bad Luck (Turn My Back on You)*, en 2005, *There's a New Miss Rhythm in Town*, con Little Rachel en 2006, *Comin' on Like Gangbusters*, en 2007 y *Jukebox Drive*, con Mitch Woods, en 2008, tras lo que el grupo se disolvió.

En el año 2003, Hernán Senra «Chino», un guitarra virtuoso del *slide* y el *dobro* afincado desde un par de años antes en Barcelona, se une con algunos compañeros con los que había tocado en los clubs y la calle de la ciudad condal y monta Down Home, junto al contrabajista serbio Ivan Kovacevic, Duska Miscevic al saxo alto, Pol Prats al saxo tenor y Martí Elias a la batería. Después de un lustro tocando juntos y de producir dos discos, *Running out of time*, en 2005 y *Once Again*, en 2010, los integrantes de la banda emprenden sus propias carreras. Hernán Senra monta primero The Acoustic Blues Company, junto a Rod Deville, con quien en 2010 crea también Chino & The Big Bet, una banda con la que hasta el momento ha grabado *100 Years - Tribute to Robert Johnson*, en 2010, la trilogía *SIX*, entre 2010 y 2013, *Dixon Dixit*, en 2015 y *Lovin' Greed*, en 2017. En 2013 la banda quedó en el segundo puesto del European Blues Challenge, con Giggs Nother a la batería. Junto al guitarrista Albert Bello, Senra también mantiene la formación paralela Shine, dedicada al jazz manouche y con la que han grabado dos discos: *Shine* y *Just a little swing*. En los últimos tiempos su colaboración con el armonicista Víctor Puertas ha dado como resultado dos discos *Goin' Away*, en 2017, y *Sacred Cat Session*, grabado ese mismo año junto al guitarrista californiano Nathan James. Por su parte, Ivan Kovacevic sigue con The Nu Niles, la banda de rock & roll creada junto a Mario Cobo y Blas Picón, que ha producido doce discos, y además de sus múltiples colaboraciones con músicos como el pianista Bernat Font o con Dani Nel·lo y sus Mambo Jambo, o proyectos de jazz como 5 Spots, en 2014 crea la Barcelona Big Blues Band, la única *big band* estable de blues del país, nacida de una idea de Willy Capibola, la inquieta mente que junto a su amigo Ricard Chaure ha sacado adelante numerosas iniciativas en Barcelona como la que dio origen al festival de blues de la ciudad o a la primera escuela de blues del estado español.

También en 2003 los hermanos Aitor y Eneko Cañibano, guitarra y bajo, montaron Travellin' Brothers junto al cantante Jon Careaga, el pianista Under Unzuaga, sustituido esporádicamente por Mikel Azpiroz, el saxo Alain Sancho y el batería Isi Redondo. Quince años después han actuado prácticamente en todo el mundo y han grabado ocho discos: *A Blues Experience* (2004), *From The Road* (2006), *Red Hot*

& Blue (2009), *Big Band* (2012), *Christmas Special* (2012), *Magnolia Route* (2014), *One day in Norway* (2016) y *13th Avenue South* (2018). En 2015 ganaron el concurso European Blues Challenge. Otros hermanos, en este caso Emilio y Carlos Arsuaga, armónica y batería, crean una banda en 2005, King Bee, junto a Álvaro Bouso, a la guitarra, y en el 2012 lanzan su primer disco, Po' Boys, con Sergio Fernández en la guitarra, Ignacio Mendivil al bajo y la colaboración de Joaquin *Tato* Soler y Miguel Verdaguer Zaragoza, en los saxos tenor y alto. King Bee ha colaborado con numerosos *bluesmen* norteamericanos, en especial con Lazy Lester, a quien acompañaron en numerosos giras por España antes de su fallecimiento. El mismo año en que se crea King Bee, en la localidad guipuzcoana de Bergara nacen los Belceblues, un grupo formado en 2008 por Asier Elorza, Ibon Larrañaga, Gille Sanz y Oihan Vega, que son los genuinos representantes del blues en euskera, idioma que combinan con el inglés en sus tres discos editados hasta el momento: *Infer*, 2008, *Diabulus in Musika*, 2012 y *Road to Memphis*, 2013.

Además de los grupos ya reseñados, en la primera mitad de la década que inauguraba el siglo XXI se produce una importante eclosión de bandas, como el grupo catalán La Teoría del Taburete, que en 2003 lanza su primer disco homónimo, al que siguen *Blues en los bares*, 2006, *Homenatge a les grans dames del blues*, 2009 y *Nits del Mô Es Bar*, en 2012, o el también catalán Andreu Martínez, más escorado al jazz, con cinco discos en su trayectoria: *Senyals de Vida* (2003), *Live at the XI International Jazz Festival Lleida* (2005), *Fast Food* (2007), *Colors* (2010) *Live at Jazzman* (2011) Otra de esas bandas es The Blind Lemons, creada en 2005 por los madrileños David García, Goyo Web, M. Á. *Johannes* Martínez, Marino Orejana y Alfonso Gómez, que grabaron dos discos: *Southside Gumbo* en 2008 y *Join the Party* en 2013; BloodHound, el proyecto de blues rock del batería Luis Goñi con un disco editado en 2010: *0'5 vol;* Violante Blues, la banda creada por Yolanda Jiménez con Osi Martínez a la armónica y Kapo Alburquerque en la guitarra, Pino Sambataro a la batería y Cope Gutiérrez al teclado; ZZ Blues Band, con un disco, *Zuhaitz Zatitxuak Blues Band*, grabado en 2012. También podríamos incluir en este apartado a Pere Mallén Trío, el proyecto de Pere Mallén y los hermanos Sergio y Pablo Bárez, nacido como homenaje al guitarrista Sean Costello, fallecido en 2008 a los veintiocho años, plasmado en el disco *One Shot!* y que ha trascendido a su propósito inicial para convertirse en una banda habitual del circuito madrileño, o a The Blues Prisoners, el dúo barcelonés con un disco editado en 2015, *Classified*, integrado por Sergio Giunta a la guitarra y Lluís Souto a la armónica, quien también forma de parte de The King Revellers, la banda que desde el año 2000 comparte con el veterano guitarrista Agustí Mas, el armonicista David Sánchez, el bajista Sergi Barahona y el batería Oriol Planells. En el año 2001 se incorpora de lleno a la escena del blues el maestro del *lap steel*, Gaby Jogeix, con su primer disco, *Learnin'*, en 2001, donde demuestra un virtuosismo que seguirá desarrollando en sus siguientes proyectos: *Steel the Blues*, en 2006 y *Hermosa Beach* en 2012.

Novísimos... o no tanto

El buen momento que vive el blues en España en la primera mitad de la primera década del 2000 hace que muchos veteranos y músicos fogueados de generaciones anteriores vean una oportunidad de regreso, coexistiendo con bandas de jóvenes aficionados que se acercan al género con una gran cultura musical, propiciada por la facilidad de acceso a la información de las nuevas tecnologías. Esa confluencia de veteranía y entusiasmo, de conocimiento teórico y experiencia personal, ha resultado ser una de las grandes riquezas del blues hecho en España durante la última década.

A principios del siglo XXI también surgieron formaciones como The Pure Tones mayoritariamente encarnada por veteranos sevillanos como Paco y Luis Martínez en las guitarras, Manolo Arcos en la armónica, Domingo González a la batería y Andrés Palma en el bajo. En 2004 nacía Mr. Groovy and The Blue Heads, una contundente banda de rhythm & blues integrada por dos músicos con una larga carrera a sus espaldas: Txerra MrGroovy y Philip Pearson, con Andrés Tomás, Javi Bermúdez y Fran Mangas, que hasta el momento han editado los discos *Monday Club*, en 2006, *Blueseando*, en 2009, *Jauja*, en 2012, *Somos Más*, en 2015 y *Una noche en Bilbao*, en 2017. También un grupo de excelentes y curtidos músicos de blues crean en Cáceres en el año 2010 la banda Guitar Not So Slim, con Troy Nahumko a la guitarra, Moi Martín al abajo, José Luis Naranjo en la armónica y Lalo González a la batería. En el año 2010 editan su primer disco, *Gash Money*, en el 2011 el segundo, *Bailout*, y en 2013 el tercero, *Diet Slim*. Otros curtidos y excelentes músicos son los fundadores de The 44 Dealers, una banda que nace en Madrid a mediados de 2008 como proyecto paralelo a Special 20, que un año antes habían editado el álbum *Someday*. Juanma Montero, Fernando Jiménez, Román Mateo, la formación base de la banda, han editado tres discos: *Welcome to the Big Fat and Greasy Blues*, en 2011, *Got a Better Deal?*, en 2013, *Little Cooking from the Big Chief*, en 2016 y un documental *The 44 Dealers Never Too Late*, que resume la trayectoria de la banda, en 2017.

Una artista que nunca había dejado los escenarios, pero que a principios del nuevo siglo irrumpe todavía con más fuerza es la *blueswoman* catalana Big Mama Montse, que a partir del año 2000 emprende una asociación con el armonicista Joan Pau Cumellas, con el que graba tres discos: *Tableau de Blues*, *Stir The Pot* y *En el nom de tots*, tras los que se embarca en distintos proyectos como Blues Rooted, Crazy Blues Band o El Taller The Musics All Stars. A partir de 2013 emprendió una etapa con la pianista Míriam Aparicio, como Big Mama & Sister Marion, materializada en dos discos: *Real Women Blues*, en 2014 y *Juke Joint Sessions* en 2016. El compañero habitual de Big Mama, el armonicista Joan Pau Cumellas, también mantiene una creciente actividad en esta etapa, editando un disco en 2004 con el guitarrista Miguel Talavera, con quien volverá a grabar ocho años después *Rollin'*

Big Mama Montse

and tumblin, poniendo en marcha en 2009 con Luis Gómez la Barcelona Bluegrass Band, e iniciando una colaboración con el histórico Quico Pi de la Serra y con Amadeu Casas, que producirá dos discos: *QuicoLabora* y *Duess Tasses*, además de grabar un disco en 2015 con Valentí Moya, *Coincidences*.

Otro histórico que reanudó su producción musical entrado el siglo XXI fue Lolo Ortega, el guitarrista andaluz de la Caledonia Blues Band y otros grupos míticos, que en 2003 edita su primer disco en solitario, *Blues de la dama*, al que seguirán *Yo mismo*, en 2009, *Mr. Bluesman*, en 2012 y *Live in Palace*, grabado en directo en 2014. Amadeu Casas también mantiene una importante actividad, con media docena de discos en solitario y un dúo con la cantante Myriam Swanson, una de las mejores voces de nuestro blues. A finales de los noventa Alan Bike se convierte en un figura muy popular en los bares y en las calles de Barcelona donde toca y narra historia creadas por él –que en el año 2015 se convirtieron en un libro titulado *Alrededor del compás*, editado por Bad Music Blues– y en 1999 graba su primer disco de blues, *Alan Bike*, tras el que producirá tres más autoeditados, todos con temas de producción propia y letras cargadas de ingenio. En los últimos años ha formado el dúo Bike & Lonesome, junto al armonicista MA Lonesome, que unidos a Daniel Nunes, forman el trío Los Tres Cerditos, que comenzó como un homenaje a Howlin' Wolf, pero que ha tomado su propia personalidad.

En el apartado de novísimos, en 2006 Núria Perich, Alberto Noel Calvillo, Héctor Martín, Joan Vigo y Jonathan Herrero, montaron una de las bandas más jóvenes y prometedoras, A Contra Blues, que se ha convertido en una formación que trasciende el género partiendo de las raíces. En el 2009 resultaron ganadores del II Concurso de la Sociedad de Blues de Barcelona y desde entonces no han dejado de crecer, tocando en festivales de toda Europa, cuyo principal concurso de blues, el European Blues Challenge, ganaron en 2014. En 2008 grabaron su primer álbum, de título homónimo, tras el que editarán *A Contra Blues II*, en 2010, *En vivo*, en 2012, *Chances en 2013*, *R&B Rarezas y Blues*, en 2015 y *Heart and Guts*, en 2017. Y mientras en Barcelona surgían los A Contra Blues, en valencia aparecían Nasty Boogie, un grupo de blues tradicional integrado por Daniel *Hoodoo Man* Tena, armónica y voz, Raúl Rabadán 'T-Bonski', guitarra, Alex Casal, bajo y Juanjo Iniesta «Malasideas», bajo, que hasta el momento han grabado dos discos: *Moanin' At Midnight* y *Fresh Little Fish*. En paralelo y al mismo tiempo, aparecían en Madrid, The Forty Nighters, la banda de los guitarristas Álvaro Leal y Paco Gonzalo, el armonicista Héctor Martínez, el bajista Chema Contreras y el batería Carlos Sánchez, que acabaría siendo sustituido por Eric Domínguez, banda que en 2008 edita su primer trabajo, *Keep Foolin' Around*, en 2010 *First Aid Blues* y en 2012 *One in Five Million*.

Para cerrar este círculo, el año 2006 sale a la calle el primer disco de una banda madrileña, Juan Bourbon, Juan Scotch & Juan Beer, o sea Quique Gómez en la armónica, Curro Serrano a la guitarra y Diego de la Torre al bajo, en este caso con Diego Gutiérrez a la batería. En realidad la banda había nacido en 1999 y se convirtió durante cinco años en una de las referencias del blues madrileño. En el 2011 publicaron *Second Floor*, esta vez con Coke Santos a la batería. Aunque el proyecto se mantiene hibernando, sus miembros han emprendido sus propios proyectos. Quique Gómez tiene un pie en los Estados Unidos a donde se marchó por primera vez en 2008. En 2010, publica *Doin' the Siesta*, con Lorenzo Thompson, José Luis Pardo y Big Yuyu y en 2011 con el cantante Willie Buck y el guitarrista José Luis Pardo graba *Songs For Muddy*. En 2013 con Luca Giordano y varios músicos históricos de Chicago graba *Chicago 3011 Studios* y en 2016 con su proyecto Quique Gómez & His Vipers, edita *Dealin' with the Blues*, con Pablo Sanpa y Curro Serrano en las guitarras, Héctor Rojo al bajo, Guillaume Destarac en la batería y Javier Del Castillo al piano. Con Gatos Bizcos edita en 2015 *Eurovegas*, y en 2018 *I Can't Believe my Eyes*.

Pero regresamos a 2007, cuando dos veteranos guitarristas de la escena madrileña, Luis Resina y Carlos García, se unen al armonicista Jorge Lera, el bajista Conan Carmona y al batería Roberto Cuervo. Para dar vida a The Downtown Alligators, una banda de blues de Chicago que se ha convertido en un referente de la escena de la capital y ha producido hasta el momento cuatro discos: *Hey Mama, We Got Some Blues for You*, en 2008, *Ain't Got No Shame*, en 2010, *Hip Shakin'Mamma*, en 2013 y *The Downtown Alligators. The Official Bootleg*, en 2015.

También en 2007 crea su primer proyecto personal David Giorcelli, un pianista que llevaba más de una década colaborando con distintas bandas de Barcelona, y que ese año monta David Giorcelli Trío, y graba un primer disco, *Rambling with my boogie*, con el contrabajista Lluís Salvador y el batería Josep Bruguera, que será muy pronto sustituido por Reginald Vilardell, uno de los baterías más activos de

The Downtown Alligators

la ciudad con años de experiencia en sus baquetas. En 2009 edita *Hotel Boogie* y en 2010 *Live at Bel-luna*. A partir de ese momento, su carrera da un giro absoluto a raíz de su unión con la cantante Ster Wax, una de las voces más sobresalientes del panorama actual, surgiendo el proyecto Wax & Boggie, que tendrá varias formaciones, desde trío a gran combo, y que producirá hasta el momento tres discos: *Lost in a dream - Milano Club Blues Nights*, en 2012, *Everynight*, en 2014 y *Come Whit Me*, en 2016.

En septiembre del año 2008 Justin Coe, un periodista norteamericano afincado hace décadas en Madrid, trabajando para la Radio Exterior de RNE, estrena el programa «Ruta 61», el único de ámbito estatal dedicado al blues en la radio convencional. Con más de 400 programas se ha convertido en el referente radiofónico por excelencia en la radio española, programando tanto a músicos y bandas históricas como a novedades de bandas españolas y europeas. En los siguientes diez años surgirá un importante número de iniciativas radiofónicas como por ejemplo «Blues en las Ondas», de Daniel Monedero, «La Música del Segle Passat», de Salva Martínez, «Blues Sindycate», de Carlos Díez Escribano, «El Corralón Del Blues», de José Luis Palma, «Just Blues», de Armand García, «Born to the Bad», de Manel Marín y Pere Verdoy, «Kostaldeko Trenan», de Íñigo Martín, «Red Hot Blues», de Josep Palmada, «La Cofradía del Blues», de Ramón del Solo y Claudio Gabis, «T'Agrada el Blues», de Quico Pi de la Serra o «Bad Music Blues», el programa de radio nacido en 2010 y realizado por Joan Ventosa, Mónica Fernández y Manuel López Poy, del que surgirá una asociación homónima que producirá varios documentales como *Barnablues, la historia del blues a Barcelona* y *Hondarriba Crossroads, punto de encuentro*, un resumen de la historia del blues español, producido por el festival vasco. Esta entidad también puso en marcha el *Anuario de Blues* que posteriormente pasó a editar la Societat de Blues de Barcelona. El programa de radio dejó de emitirse en el año 2013, pasando entonces a llamarse Bad Music, dirigido por José Luis Martín, ampliando su contenido a otros géneros de la música negra.

Alboreando la segunda década del siglo XXI el panorama del blues español entra de lleno en una época de expansión en la que nuevos valores y músicos históricos nutren una escena en la que en demasiadas ocasiones la calidad de la oferta supera a la cantidad de la demanda. A pesar de ello, artistas como el argentino José Luis Pardo, deciden probar fortuna. Pardo, que ya había realizado giras por España en 2005 y 2006, decide instalarse en Madrid en 2009, usando la ciudad como plataforma para sus colaboraciones con *bluesmen* internacionales como Tail Dragger, Bob Stroger, Michael Burks o Bob Margolin. También realiza giras por Europa, que le han llevado hasta Rusia en un par de ocasiones y en el 2011 colabora en la creación de la Escuela de Blues de Madrid junto a otros músicos de la ciudad. Entre sus discos destacan producciones con una nota de sentido del humor como *As the Years Go Passing By*, en 2013, *13 formas de limpiar una sartén*, en 2014, o *Ruccula for Drácula*, en 2016, entre otros.

Dani Nel·lo

En el año 2009 el histórico saxofonista de Los Rebeldes, Dani Nel·lo, tras varios y variopintos proyectos en solitario o colaborando con otros artistas, que le han llevado desde el mundo del *taboo* al del teatro, pasando por la novela negra o el swing de las *big bands*, emprende un proyecto de rhythm & blues acústico, Mambo Jambo, en el que está acompañado por Mario Cobo a la guitarra, Ivan Kovacevic al contrabajo y Anton Jarl en la batería, que por el momento han producido un EP y tres discos: *Los Mambo Jambo*, en 2012, *Jambology*, en 2016, e *Impacto Inminente*, en 2017. Ese mismo año de 2009 un joven y genial panista muy vinculado al mundo del blues en sus orígenes, Bernat Font, monta su propia banda Bernat Font Trío, con Joan Motera al contrabajo y Martí Elias a la batería y con su primer disco, *The Shout*, ganó en 2012 el premio Enderrock a la mejor nueva propuesta de jazz, demostrado el estilo que le es más propio y en el que ha demostrado ser un virtuoso en sus siguientes cinco discos. Ha colaborado también en sendos álbumes de Chino & The Acoustic Blues Company, The Suitcase Brothers y Lluís Coloma. Cerrando esa lista de músicos surgidos en 2009, ese año la guitarrista Susan Santos abandona su Badajoz natal y se traslada a Madrid donde crea una banda al estilo power blues, Susan Santos & The Papa's Band, con la que en 2010 publica *Take me Home*, dos años después *Shuffle Woman*, en 2014 *Electric Love*, y en 2016 *Skin & Bones*, una discografía que unida a su potente directo la ha convertido en una de las mejores guitarras del blues rock español y la ha proyectado a una carrera internacional que la ha llevado ya a los más destacados festivales europeos.

La gran eclosión

Entramos ya en la segunda década del siglo XXI con un torrente de bandas que hace prácticamente imposible su enumeración exhaustiva. En 2010 los asturianos Blues & Decker editan una maqueta de promoción y dos años después sale a la calle su primer disco, *Stealin' the Blues*, al que siguen *Unplug the Drill* en 2014 y *From the Men We Are* en 2016. También en 2010 graba su disco de título homónimo el virtuoso de la guitarra Alex Caporuscio, de origen italo-británico y afincado desde 1995 en Madrid donde colabora con habitualmente con músicos como Ñaco Goñi, Noel Soto, Velma Powell, Javier Vargas, Amar Sundy o Red House. Ese mismo año en Barcelona, un grupo de músicos veteranos, con Philip Stanton a la cabeza, se reúnen para montar The Bluesters2. Un año después, también en Barcelona, surge una de las apuestas más sorprendentes y heterodoxas del blues en los últimos tiempos: Caustic Roll Dave, el proyecto de David Vilà que ha producido dos discos: *Long Term Music* y *Approaching Noise*, en los que el blues del Delta suena como si lo hubiesen triturado en una machacadora industrial pero con mucho conocimiento musical. Ese mismo año de 2011 Tofol Martínez, guitarrista de Sabadell, lanza su primer disco de blues, *Hallelujah*, tras el que editará *1979*, en 2014 y *No Panic!*, en 2017. Coincidiendo en el tiempo el inquieto cantante, armonicista y batería Blas Picón lanza un nuevo proyecto, esta vez un novedoso trío de batería, armónica y guitarra, Blas Picón & The Junk Express que practica un blues muy personal, ácido y demoledor, y que desparece en 2018 dejando tres discos editados: el primero con el nombre de la banda en 2011, el segundo, *Askin' Out Loud*, grabado en 2013, y *I'd Rather Be Dead*, en 2015.

Desde Mallorca en 2012 llegan Los Peligrosos Gentlemen, o lo que es lo mismo: Ignasi Simó armónica y voz, Balta Bordoy a la guitarra, Pablo Di Salvo al bajo y coros y Pep Lluís García en la batería, una banda de una enorme elegancia que editó un álbum de título homónimo en 2015. Balta Bordoy, que se ha trasladado a Barcelona en los últimos años, colabora habitualmente con músicos nacionales e internacionales, entre los que destaca el armonicista norteamericano afincado en Europa, Keith Dunn, con quien en 2017 grabó un disco en el que colaboran Víctor Puertas y Lluís Coloma, en directo en el Honky Tonk Blues Bar, el local referencial del blues en la Ciudad Condal. Al mismo tiempo, pero en Tolosa, Guipúzcoa, surge The Romanticos, el proyecto del guitarrista Iker Piris con Xabier Barrenetxea al bajo e Hilario Rodeiro a la batería. Los une a Los Peligrosos Gentlemen la elegancia de su estilo, aunque en su caso más cerca del blues sureño que del sonido Chicago. En 2012 editan su primer álbum, *My Time*, dos años después *Do It Yourself* y en 2017 *Good Vibrations*, un disco compuesto íntegramente por temas propios. Iker Piris mantiene un proyecto paralelo con el armonicista de Barcelona, Blas Picón, que hasta el momento ha dado como resultado el álbum *Heartbreakin' Men*, publicado en 2016.

Después de cerca de veinte años de carrera musical pasando por casi todos los estilos del blues, el guitarrista Johnny Big Stone decide en el año 2013 dar un paso definitivo con la apuesta por un nuevo proyecto, Johnny Big Stone & the Blues Workers, en el que le acompañan dos viejos compañeros, Jordi Abad «Little Jordi» en el contrabajo y Reginald Vilardell a la batería. Ese año lanzan el primer disco, *Jumpin & Dodgin*, con el que realizan presentaciones por todo el país, que consolidan a la banda como una de las más solventes en el estilo de blues clásico. En 2015 graban su segundo álbum, *Move On*, en el que cuentan con invitados de lujo como Víctor Puertas al piano, Dani Pérez a los saxos, y Sweet Marta en los coros. Los dos discos contienen sobre todo temas propios. Solo un año después sacan el tercero, *Juke Joint Sessions Vol1*, esta vez con David Giorcelli al piano y Víctor Puertas al hammond B3 y un repertorio de versiones de grandes clásicos. En paralelo Johnny Big Stone mantiene un proyecto acústico con la cantante y armonicista Marta Suñé, «Sweet Marta», con el que en 2015 editaron el disco *Johnny Bigstone & Sweet Marta Vol.1*. En el mismo momento histórico que Johnny Big Stone & the Blues Workers, surgen en Madrid los Sleepy Roosters, una banda en el más puro estilo del blues de Chicago montada en 2013, por el cantante Sergio *Brown Sugar* Fernández, el guitarrista Iñaki Moreno y el armonicista Nono Mellado, con dos discos en su haber: un EP en 2013 y el álbum *Chicago Roosters* editado en 2017. Otro proyecto es el del armonicista Danny del Toro, un artista que hasta el momento ha publicado tres discos: *Double Dare*, editado en 2014 con el guitarrista británico Julian Burdock, *Bad Beat*, en 2017, y *Drunk Karaoke*, en 2018. Ese año sale *Badland's Blues*, el tercer disco de Fernando Beiztegui y los Culpables, con Javier Martín, Dani Cuenca y Cristobal Oteros «Pobas».

Una de las últimas y más sonadas irrupciones en el mundo del blues español ha sido la de Jimmy Barnatán & The Cocooners, la banda del actor, escritor y músico santanderino que en 2010 editó su primer LP, *Black Note*, cosechando un éxito que le ha llevado a participar en los principales festivales durante los últimos seis años, en los que ha lanzado cuatro discos más: *After the Blue Times*, en 2011, *Room 13: A Blues Tale*, en 2013, *Motorclub*, en 2015, y *Bourbon Church*, en 2017.

Pero el último en irrumpir a lo grande ha sido un veterano, el guitarrista andaluz Quique Bonal, compañero de fatigas de Mingo Balaguer desde prácticamente sus inicios, que en el 2015 se ha zambullido en un nuevo proyecto, la banda Q & The Moonstones, a la que ha incorporado a una joven y magnífica cantante, Vicky Luna, respaldada por una contundente base rítmica con Nani Conde al bajo y Rafa Rabal a la batería, y todo el equipo bajo la dirección del histórico productor

Travellin Brothers

británico Mike Vernon, el mismo que tuvo en sus manos los primeros proyectos de Eric Clapton, John Mayall o Fleetwod Mac y que ha sido el encargado del primer LP de la banda, *This & That*.

Podríamos continuar la lista de proyectos del blues hecho en España con la nueva banda del armonicista Fredy García, Fredy Harmónica & the Concealers, barceloneses como The Black Snakes, sin duda una de las mejores bandas de blues folk tradicional, junto a los madrileños Tomacos, o con los también madrileños Downtown Loosers, el dúo canario Los Gumbo o los gallegos Bakin Blues Band, The Lákazans o Andrea & the Black Cats, ganadores del VI Concurso de la Societat de Blues de Barcelona, o con los sevillanos Kid Carlos Band, la banda del joven prodigio de la guitarra Carlos Moreno. También podemos extender el listado de nuevas bandas a los Lucky Makers, al arrollador *one man band* malagueño Hot Nasho, los vascos White Towels, Stay Blues, Arima Beltza y los veteranos Mercado Negro, o a los valencianos Tijuana Blues, o el punk blues de los también valencianos Mississippi Alligators, o los cordobeses de La Pana Brothers, Cristóbal Oteros «Pobas» y Pablo Carrascal, y su estilo callejero y un sinfín de bandas imposibles de enumerar en este capítulo y que merecerían un libro por sí mismas, lo que revela claramente el momento expansivo que vive el blues hecho en España que, como señalábamos anteriormente, goza de mejor salud en la oferta de la calidad de los intérpretes que en la infraestructura de locales y la venta de discos que permita la supervivencia de dichos intérpretes.

7. África y el blues del desierto

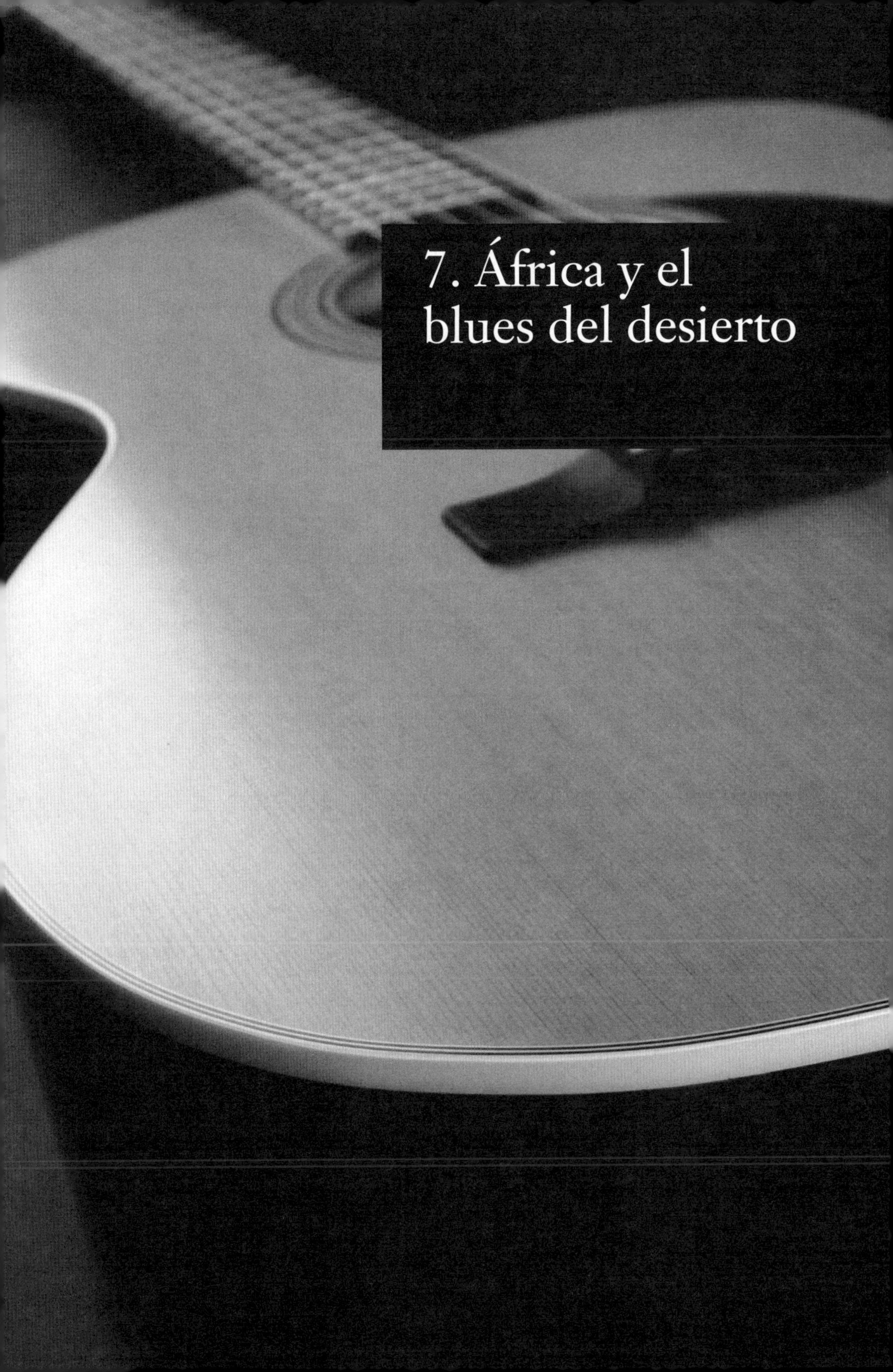

Usando una terminología propia del flamenco, el *african blues* –también conocido como *afro blues* y blues del desierto–, podría ser considerado «un cante de ida y vuelta». Todo comenzó hace cuatro siglos, cuando el Níger, el Gambia, el Come, los ríos que morían en el Atlántico, se convirtieron en las venas por las que se desangraba África, rutas de dolor por las que también viajaron ritmos ancestrales que cruzaron el océano para alumbrar una música nueva que marcaría la cultura popular del siglo XX. Fue la música procedente de la costa occidental africana, de donde procedían la mayoría de los esclavos que fueron llevados a América del Norte, la que, tras un largo proceso de transformación y lenta fusión con las músicas tradicionales de procedencia europea de los colonos blancos, dio lugar al blues. Y fue el blues evolucionado de la segunda mitad del siglo XX el que, una vez que llegó a África y se reencontró con las raíces de sus ancestros, creó un nuevo género en el que los ritmos surgidos en los campos del sur de los Estados Unidos, que evolucionaron y se electrificaron en las ciudades del norte, se adaptaron en una nueva vuelta de tuerca a los viejos compases de los instrumentos tradicionales de las aldeas de los países del Sahel y del golfo de Guinea, para engendrar un nuevo género conocido como Blues Africano o Blues del Desierto.

Si hubiese que poner una fecha oficial de nacimiento de este género, esta podría ser el 20 de abril de 1990, cuando Shanachie Records lanza el álbum *African Blues* de Ali Farka Touré. En realidad se trataba de una reedición de un álbum editado dos años antes bajo el nombre de *Ali Farka Touré (Green)* y supuso el inicio de su reconocimiento internacional como intérprete y representante de una nueva corriente musical que unía el blues norteamericano con la moderna música africana de raíces étnicas. Esa música acabaría siendo mundialmente conocida como blues africano, una etiqueta que ha calado en el ámbito de la industria musical, a pesar de las reticencias de muchos aficionados y expertos y a pesar también de que el propio Ali Farka la puso en duda en numerosas ocasiones, como por ejemplo en su intervención en el documental *'The Blues' Feel Like Going Home*, de Martin Scorsesse o en una entrevista concedida al diario *El País* en mayo de 1994: «La palabra blues está bien para Europa pero no para mí. Todo eso que se llama blues es cien por cien africano; son las ramas y hojas de la música africana».

Ali Farka Touré, el bluesman del río Níger

Ali Farka nació probablemente en el otoño de 1939, en una pequeña aldea llamada Kanau, cerca de Tombuctú, cuando Mali era todavía una colonia francesa. Se llamaba Ali Ibrahim Touré y recibió el nombre añadido de «Farka», que en lengua bambara significa «burro», un animal que encarna la resistencia y la tozudez, dos características que parece que también poseía el *bluesman* africano. Así lo demostró al ser el único de sus diez hermanos que superó la infancia y sobrevivió a las enfermedades y la miseria que acorralaban a su familia, sobre todo después de que su padre muriese tras ser reclutado por el ejército francés para combatir en la Segunda Guerra Mundial. Obligado a sobrevivir del duro trabajo en el campo, desarrolló una temprana afición por la música y se convirtió en un autodidacta absoluto, fabricándose él mismo su primer instrumento con una cuerda y una calabaza seca. Aprendió a tocar los instrumentos tradicionales como el violín *njarka*, la flauta *peul* o el laúd de cuatro cuerdas conocido como *ngoni*, pero todo cambió cuando a los dieciséis años vio actuar a Keita Fodeba, un guitarrista mandinga de Guinea-Conakry considerado el embajador de la cultura africana durante los años cincuenta. A partir de entonces decidió dedicarse a tocar la guitarra, un instrumento que no pudo comprarse hasta que tuvo casi treinta años. Su biografía es una permanente lucha por la vida, en la que ejerció los más diversos oficios, de labrador a músico de orquesta, pasando por taxista en la capital de Mali.

En 1960 Mali logra la independencia y, en un ambiente propicio a la recuperación de la cultura y las artes populares, Ali Farka monta su primer grupo musical, La troupe 117, con el que comienza a actuar por todo el país. Hasta que en 1968 sale por primera vez de África para representar a su Mali en un festival celebrado en Sofía, la capital de Bulgaria. A su regreso a casa el país, hasta que en una convulsa época política, con el golpe de estado de un militar, Moussa Traoré, con el que Mali abandona la órbita socialista y se aproxima al bloque occidental de Estados Unidos, de donde comienza a llegar una nueva influencia cultural que para Ali Farka se traduce en los discos de músicos negros norteamericanos de esa época, que escucha en la emisora de Bamako, Ramio Mali, en la que trabaja como ingeniero de sonido. Tras entrar en contacto con el blues de John Lee Hoocker –al que admiraba y consideraba un verdadero africano–, el soul de Otis Redding o el funk de James Brown, Touré inicia una nueva etapa artística en la que se convierte en una estrella en todo el ámbito del sahel africano gracias a su mezcla de música tradicional y blues afroamericano. En 1976 graba sus primeros discos, *Ali Touré Farka* y *Spécial «Biennale du Mali»*, con el sello Sonafric, al que siguen varios discos con remezclas, reediciones y temas nuevos como *Biennale*, en 1978, *Ali Touré dit Farka*, en 1980, *Ali Farka Touré (Red)*, en 1984, y *Ali Farka Touré (Green)*, en 1988.

Por fin en 1990 el sello norteamericano Shanachie reedita el álbum *Ali Farka Touré (Green)* bajo el título de *African Blues* y Ali Farka comienza a convertirse

Ali Farka Touré

en un artista de proyección internacional, tal y como confirma ese mismo año su otro disco, *The River*, tras el que comienza una serie de colaboraciones estelares con figuras del blues como Taj Mahal en *The Source*, de 1992, Ry Cooder en *Talking Timbuktu*, con el que consigue un Grammy en 1994, o *Mississippi to Mali*, con Corey Harris en 2002. Pero a pesar de los éxitos discográficos, los premios y las aclamadas giras por Europa y Estados Unidos, Ali Farka seguía apegado a su terruño en el pueblo de Niafunké, a donde se había trasladado en los años ochenta y donde seguía cultivando una tierra a la que, con mucha dificultad, lograba arrancar cosechas de mango o arroz. Rodeado de sus doce hijos y pegado a sus raíces, en un poblado sin teléfono ni electricidad, siguió grabando discos como *The Rough Guide to West African Music*, en 1995, *Radio Mali*, en 1996 o *Niafunké*, 1999, un álbum con el que regresó a las raíces de la música africana. En su retiro doméstico mantenía viva la conciencia de la cultura africana que siempre reivindicó y tenía a mano a sus queridos *djin*, los espíritus del río Níger de quienes decía que había recibido su talento musical, que a pesar de todos los engaños a los que le había sometido la industria discográfica –algo en lo que también coincidía con los primeros *bluesmen* norteamericanos– le proporcionó el dinero suficiente para pagar de su bolsillo el asfaltado de carreteras, la construcción de canales de riego y la compra de un generador para proporcionar electricidad a Niafunké, que en el año 2004 le nombró alcalde. Murió el 7 de marzo de 2006, antes de poder tener en sus manos el premio Grammy que había ganado este año por su obra *In the Heart of the Moon*, publicada el año anterior y en la que había participado su amigo Toumani Diabaté, con quien también comparte un disco póstumo, *Ali and Toumani*, publicado en el año 2010.

Toumani Diabaté, el rey de la kora

Queriendo o sin querer, Ali Farka creó un movimiento que inspiró a una nueva generación de músicos africanos entre los que sobresale como heredero destacado Toumani Diabaté, un músico maliense nacido el 10 de agosto de 1965 en Bamako, la capital del país, en el seno de una familia con una larga tradición de músicos, como su propio padre, Sidiki Diabaté, un intérprete local de kora muy conocido por haber grabado en 1970 el primer disco de la historia de este instrumento tradicional de los *griots* africanos, una especie de trovadores, mezcla de músicos y narradores de historias, propios de la cultura de África occidental. Además, su hermano menor, Mamadou Sidiki, también es un consumado maestro de kora y su prima Sona Jobarteh ha hecho historia al convertirse en la primera mujer intérprete profesional de dicho instrumento. Fue precisamente su padre quien a los veintidós años la dio la alternativa discográfica, al incluirle en el álbum *Ba Togoma*, editado en Londres en 1987 por el sello Rogue Records con la banda integrada por Sidiki Diabaté, Mariama Kouyaté, Djeli Mady Sissoko y Kandia Kouyaté. Un año después publica su primer disco en solitario, *Kaira*, un instrumental editado por la discográfica británica Hannibal en el que demuestra su inapelable virtuosismo con la kora, un instrumento que aportará ese mismo año de 1988 al disco *Songhai*, con el grupo español de nuevo flamenco Ketama, con quienes volverá a grabar en 1994 en el álbum *Songhai II*. Es esta versatilidad lo que le permite participar en proyectos interculturales con músicos de flamenco, jazz o blues y le ha proporcionado su prestigio internacional. Ha grabado discos con multitud de artistas, como el también maliense e intérprete de kora, Ballake Sissoko, con quien editó *New Ancient Strings*, en 1999, el *bluesman* Taj Mahal, *Kulanjan*, en 1999, el trombonista y compositor de jazz Roswell Rudd, *Mali Cool*, en 2003, el propio Ali Farka Touré, *In The Heart Of The Moon*, en 2005, la cantante islandesa Björk, *Volta*, en 2007, o *Ali and Toumani*, en 2010, los músicos brasileños Arnaldo Antunes y Edgard Scandurra, con quienes en 2011 grabó *A Curva da Cintura*,

Toumani Diabaté

cerrando por el momento este ciclo de colaboraciones con los álbumes *Toumani & Sidiki*, en 2014, y *Lamomali*, en 2017, editados de nuevo con su propio padre. En el año 2006 Doumani recibió el premio Grammy al mejor disco de Traditional World Music por el álbum *In the Heart of the Moon*. Su obra ha sido objeto de dos documentales: *Bamako Is a Miracle*, de Samuel Chalard, Arnaud Robert y Maurice Engler, y *Toumani Diabaté - Koraklänge aus dem Land der Flusspferde*, de Martina Pfaff, en el que el músico maliense participa con la Symmetric Orchestra en la Trienal Filarmónica de Colonia.

Autodidactas entre la tradición y la modernidad

La misma senda polvorienta del blues africano que abrieron Touré y Diabaté fue transitada también por decenas de músicos, en su mayoría hijos de la sabana y el desierto de Mali, el país que durante más de tres siglos, entre 1235 y 1545, fue un imperio que ocupaba la parte central del recorrido del río Níger, con más de cincuenta millones de habitantes y un millón de kilómetros cuadrados que iban desde las arenas del desierto del Sáhara hasta las costas del Atlántico, y del que procedían la mayoría de los esclavos que fueron a parar a las plantaciones americanas. Maliense es Boubacar Traoré, un guitarrista de formación autodidacta que practica mezcla de blues, música árabe y *kassonké*, la música tradicional de la región de Kayes, junto al río Senegal, donde nació en 1942. Logró una gran popularidad en su país a partir de la independencia, en 1960, y llegó a ser una estrella local, aunque no grabó su primer disco, *Mariama*, hasta 1990. De hecho, durante los años setenta y ochenta vivió en una situación de extrema pobreza y casi todo el mundo le dio por muerto, hasta que en 1987 apareció sorpresivamente en la televisión. Tras esta reaparición falleció su mujer y él se trasladó a Francia, donde trabajó como obrero para sacar adelante a su familia hasta que una productora británica descubrió una cinta con una de sus antiguas apariciones en la radio y por fin grabó un disco que le catapultó internacionalmente como uno de los mejores intérpretes del llamado african blues. Ha grabado ocho discos y protagonizado una película, *Je chanterai pour toi*, en el año 2001.

De la factoría maliense de blues africano han salido también Mariam Doumbia, nacida en Bamako en 1958, y Amadou Bagayoko, nacido en la misma ciudad en 1954, que forman un famoso dúo de músicos ciegos que practican una variopinta mezcla de sonidos a base de blues eléctrico, música árabe, percusión africana e hindú y ritmos caribeños. Amadou y Mariam se conocieron y se enamoraron en el instituto para jóvenes ciegos de Mali –en el que Amadou fue director de la banda de música en la que Mariam era cantante– y contrajeron matrimonio en 1980. Amadou comenzó una exitosa carrera como intérprete, compositor y director de la Asociación Maliense para la Promoción Social de los Ciegos. Mientras, fue cre-

Afel Bocoum

ciendo la fama de la pareja como intérpretes de afro blues, tanto en Mali como en el extranjero, y durante una década vivieron en sitios tan dispares como París, Londres, Burkina Faso y Costa de Marfil. Durante ese tiempo consolidaron su carrera musical, realizaron varias grabaciones en casete, editaron cuatro discos y compartieron escenario con estrellas de la talla de Stevie Wonder y Kool and the Gang, hasta que en 2005 se cruzó en su camino el músico Manu Chao, que les produjo el disco *Dimanche à Bamako*, que los catapultó definitivamente al estrellato mundial. Desde entonces han grabado siete álbumes más, entre ellos su participación en el *Voices from the FIFA World Cup*, que incluye su «Celebrate the Day», el himno oficial de la Copa Mundial de Fútbol de 2006 junto al cantante alemán Herbert Grönemeyer, que supuso su consolidación definitiva.

Heredero directo del John Lee Hooker africano, como también es conocido Ali Farka, es Afel Bocoum, guitarrista nacido en 1955 en la misma región que Touré, quien fue su padrino musical y en cuya banda, ASCO, empezó como aprendiz a los trece años. Este músico comprometido usa su lengua materna, el sonrai, el tamasheq, el idioma de los tuareg, y el fulfulde, la lengua de la etnia de los fula, en sus canciones, que tratan sobre todo de la situación social de su país, manteniendo una postura claramente progresista y denunciando el clasismo, el racismo, el machismo, los matrimonios forzosos y la pérdida de valores tradicionales. Musicalmente se formó con su padre, un conocido músico popular de bodas y celebraciones familiares y ha reconocido siempre la influencia blusera de John Lee Hooker, del rey del pop africano, Salif Keïta, y del músico cubano Mongo Santamaría. Al contrario que la mayoría de los intérpretes de afro blues, prefiere la guitarra acústica a la eléctrica y su banda, Alkibar, mezcla dos guitarras acústicas con numerosos instrumentos tradicionales de Mali, como el *njarka*, un rudimentario violín de una cuerda, la percusión a base de *djembe* y calabazas secas, y el *njurkle*, una especie de laúd. En 1999 grabó su primer disco, *Alkibar*, en 2006 colaboró en el álbum *Savane*, de Ali Farka Touré, y tiene otros dos discos propios: *Niger*, en 2006, y *Tabital Pulaaku*, en 2009. Es uno de los artistas más populares de Mali.

Issa Bagayogo fue una gran promesa de corta vida y un músico autodidacta de orígenes humildes que se convirtió en un consumado maestro del *kamele n'goni*, un instrumento de seis cuerdas similar al banjo, y en su día fue comparado con los grandes músicos del país, como Ali Farka Touré y Toumani Diabaté. En 1991 se trasladó a la capital, Bamako, donde logró grabar una casete que no tuvo mayor fortuna. Regresó a su aldea natal y dos años después volvió a intentarlo, pero el éxito seguía sin sonreírle y tuvo que convertirse en conductor de autobús en la capital, donde acabó sucumbiendo a la depresión y el alcoholismo, hasta que conoció a Yves Wernert, un ingeniero de sonido francés que le propuso mezclar la música tradicional con el sonido tecno, fruto de lo cual fue *Sya*, su primer disco, grabado en 1998 con el sello Six Degrees Records de San Francisco, dedicado a la música étnica internacional. El disco se convirtió en un éxito y Bagayogo fue conocido a partir de entonces como Techno Issa. En 2002 editó *Timbuktu*, en 2004 *Tassoumakan* y en 2008 *Mali Koura*, su último disco antes de fallecer en 2016 tras una larga enfermedad.

Otra promesa prematuramente desparecida fue Mamoutou Camara, más conocido como Mangala. Hijo de un antiguo miembro del ejército colonial francés y una bailarina, desarrolló una temprana vocación artística que le llevó a formar parte a los once años de la Orquesta Regional de Kayes, su lugar de nacimiento. El rey del pop maliense, Salif Keïta, le contrató para participar en su gira europea de 1985 y tres años después fundó el grupo Donke junto a Alain Lecointe, con el que graban un primer álbum, *Paris-Bamako*, al que seguiría en 1991 *Remix Mandé*. En 1992 participa en la fundación del grupo Sofa, en el que participan músicos de Mali, Camerún, Guinea y Cabo Verde, y en 1993 editó un proyecto en solitario, *Complaintes Mandingues Blues*, tras el que grabó otros cinco discos de música tradicional y géneros mixtos como el afro blues, el afro jazz y el afro beat, antes de morir en Bamako en 2010.

Aunque un tanto alejados geográficamente del blues del desierto, los kenianos Abana Ba Nasery practicaron durante los años sesenta y setenta una música marcadamente tradicional con influencias de blues e incluso de pop. El grupo, integrado por Shem Tube, voz y guitarra, Justo Osala, guitarra, y Enos Okola, percusión, tiene un solo disco recopilatorio, *Classic Acoustic Recordings from Wes-*

tern Kenya, lanzado en 1989, tras su disolución. En 1991 regresaron con una formación renovada que grabó un disco, *Nursery Boys Go Ahead*, en una línea de pop étnico, muy alejada de la influencia del blues. Esta también se puede rastrear en el grupo El Ualy –en referencia a El Uali Mustafa Sayed, fundador del Frente Polisario– introductores de la guitarra eléctrica en la música del Sáhara Occidental y que en 1982 grabaron un disco titulado *El Ualy: Polisario vencerá*. En este caso la influencia de la música afroamericana llegó durante la etapa colonial española, aunque el grupo se fundó a finales de los setenta en los campamentos de refugiados en Argelia y estuvo en activo hasta principios de los años noventa, cuando su herencia ha sido recogida por músicos como Nayim Alal, Baba Salama, Boika Hassan o Mariem Hassan.

Tinariwen. Mucho más que un grupo musical

En este apartado dedicado al blues del desierto merecen una mención destacada los Tinariwen, veterana banda tuareg que lleva treinta años en la música y que está integrada por artistas procedentes de Kidal, una población situada en el desierto de Mali y conocida internacionalmente como sede principal del Movimiento Nacional para la Liberación del Azawad, la organización que aglutina a los rebeldes tuareg que reclaman la independencia de un territorio situado al norte de Mali y al sur de Argelia. La banda original se fundó en 1979 en Tamanrasset, en el corazón del Sáhara argelino por el que se movían clandestinamente formando parte de los grupos nómadas del desierto. El núcleo central estuvo formado por Ibrahim ag Alhabib, también llamado Abraybone, y Alhousseini ag Abdoulahi, más conocido como Abdallah, cantantes y guitarristas que construyeron sus primeros instrumentos con latas, alambres y trozos de madera –emulando sin saberlo a muchos de los primeros *bluesmen* de las zonas rurales del Misisipi– y la cantante Mina Wallet Oumar, a quienes se unieron otros jóvenes rebeldes e inquietos como Mohamed ag Itlal, Leyya ag Ablil o Gassabe ag Attuhami. Actuaron por primera vez en un festival en Argel, en 1982, con el nombre de Taghreft Tinariwen. Sus canciones tenían un contenido reivindicativo y hacían apología de la rebelión tuareg de la que formaron parte activa, incluso a veces como combatientes armados, como en el caso de Keddou ag Ossad, de quien la leyenda cuenta que mientras luchaba con un kalashnikov llevaba la guitarra eléctrica colgando de la espalda. Pronto se convierten en una leyenda del desierto. Sus canciones, grabadas rudimentariamente en casetes, son prohibidas por los gobiernos de Mali, Níger y Argelia y pasan de mano en mano de forma clandestina.

En 1992, con la firma de la paz entre el gobierno maliense y los rebeldes tuareg, Tinariwen abandonan la militancia clandestina y comienzan a participar en numerosos festivales y viajan a Francia por primera vez en 1999, cosechando un

Tinariwen

notable éxito bajo el nombre de Azawad. Su andadura internacional se consolida con su actuación en el Womad de Canarias en 2001, el año en el que participan en la primera edición del célebre Festival au Désert, que ellos contribuyeron a organizar para colaborar en la difícil consolidación de la paz entre las tribus tuaregs y el gobierno de Mali, que actualmente mantienen todavía enfrentamientos esporádicos. Desde entonces, el grupo se ha convertido en un referente mundial de la música africana, actuando en miles de conciertos y suscitando la admiración de estrellas de la música como Carlos Santana, Robert Plant, Red Hot Chili Peppers o los mismísimos Rolling Stones, para quienes hicieron de teloneros en un concierto celebrado en Dublín en 2007. Grabaron su primer álbum, *The Radio Tisdas Sessions*, en el año 2002 en pleno desierto usando energía solar. En 2004 publicaron *Amassakoul* y en 2007 *Aman Iman*, que significó su consolidación a nivel mundial y los convirtió en uno de los grupos más populares de África. Desde entonces han editado cuatro discos más: *Imidiwan*, en 2009, *Tassili*, en 2011, por el que les concedieron un Grammy al Mejor Álbum de World Music, *Emmaar*, en 2014 y *Elwan*, en 2017. Su historia ha sido protagonista del documental *Teshumara, les guitares de la rébellion touareg*, del director francés Jérémie Reichenbach.

Nuevas generaciones superando fronteras

Uno de los más genuinos representantes de las nuevas generaciones del blues africano es precisamente Boureima *Vieux* Farka Touré, hijo de Ali Farka Touré, nacido en 1981, cuyo primer disco, *Vieux Farka Touré*, editado en 2007, contó con el permiso de Ali Touré, Toumani Diabaté y otros ancianos de la comunidad musical maliense, cuando Eric Herman, del sello Modiba, se propuso producirlo por primera vez dos años antes, debido a la férrea oposición inicial de Ali Farka a que su hijo se dedicase a la música. Desde entonces Boureima ha grabado seis discos más y se ha situado en los primeros puestos de la *world music*. Seis años mayor que él, pero ocupando un puesto de absoluta relevancia entre los nuevos intérpretes del género, está Rokia Traoré cantante, compositora y guitarrista, miembro de la clase alta maliense y que contó con el apadrinamiento de Ali Farka, con seis discos en su haber y numerosos premios internacionales como el BBC World Music de 2004 o el Victoires de la Musique de 2009 al mejor disco de World Music por su álbum *Tchamantché*.

A esta nueva hornada de músicos africanos de proyección internacional pertenece también el senegalés Baaba Maal, miembro de una familia de pescadores que aprendió a tocar la guitarra con un músico ciego, el griot Mansour Seck, y logró una beca para estudiar en París, de donde regresó para seguir estudiando música tradicional y grabar un disco en 1994, *Firin' in Fouta*, el quinto de su carrera, que supuso su lanzamiento a nivel internacional, algo que se consolidó sobre todo tras un nuevo trabajo, *Nomad Soul*, en 1998. Con 17 discos en su haber, es el músico más famoso de su país. De Senegal es también Nuru Kane, un guitarrista que se ha hecho muy popular tocando el *guimbri*, un instrumento marroquí similar a un bajo de tres cuerdas. Con su banda, Bayefall Gnawa, se ha hecho tremendamente popular tanto en África, donde se ha convertido en un mito tras su éxito en el Festival au Désert de 2004, como en Europa, donde actúa regularmente en países tan dispares como España, Noruega o Inglaterra. Hasta el momento ha grabado tres discos: *Sigil*, en 2006, *Number One Bus*, en 2010 y *Exile*, en 2013. De la nueva generación, a pesar de su edad, Omara *Bombino* Moctar, un tuareg de Níger, nacido en 1980. Guitarrista autodidacta, comenzó formando parte del grupo de Haja Bebe, una institución en la música del desierto, trabajó durante años como pastor y en 1997 comenzó a dedicarse profesionalmente a la música. Montó el Grupo Bombino, una banda eléctrica que supone una rareza en el desierto, y en 2008 grabó su primer álbum, *Guitarras de Agadez*. Desde entonces ha editado seis discos más y ha protagonizado el documental *Agadez, la música y la rebelión*.

Cierran esta lista dos mujeres que rompieron moldes: la mauritana Malouma, y la marroquí Asmaa Hamzaoui. Malouma Mint El Meidah nació en 1960 en Mederdra y se educó en una familia muy vinculada a la música tradicional. Con sólo seis años su madre le enseñó a tocar el *ardin*, un arpa de diez cuerdas que sólo pueden tocar las mujeres, según la tradición, una tradición contra la que arremetió cuando empezó a cantar en solitario desde los once años canciones que ella misma componía, como «Habibi Habeytou», un tema en el que atacaba el maltrato al que las mujeres eran sometidas por sus esposos. Tras ser obligada a casarse siendo sólo una adolescente, tuvo que dejar de actuar hasta 1986, cuando regresó a los escenarios con un estilo en el que mezclaba composiciones tradicionales con elementos del blues y el jazz. Sus letras se inspiran en poetas árabes clásicos como Al-Mutanabbi y Antarah ibn Shaddad, caracterizados por su defensa de los oprimidos y su crítica a la corrupción política y moral. Durante toda su vida ha sufrido presiones y censuras por su decidida postura a favor de los derechos de las mujeres y la condena del racismo y la desigualdad. Con más de media docena de discos ha obtenido los mayores galardones y premios a su creatividad y capacidad artística y musical y además atesora reconocimientos a su labor social y humanitaria como la condecoración como Caballera de la Legión de Honor de Francia que recibió en 2013. Por su parte Asmaa Hamzaoui, que nació en Casablanca, y tiene sólo veintiún años, ha recogido el testigo de Malouma y lidera su propio grupo, Bnat Timbouktou, formado íntegramente por mujeres, y es además la primera mujer que toca profesionalmente el *guembri*, el ancestro africano del bajo. Junto a la cantante pop Nabyla Maan, es la promesa femenina más destacada de la música marroquí.

Desde que en 1995 Ry Cooder se asoció con Ali Farka Touré para producir el álbum *Talking Timbuktu*, el afro blues, como etiqueta musical, ha traspasado fronteras y actualmente es practicado por músicos que no han nacido ni vivido en África, como el guitarrista y compositor británico Ramon Goose, que nació en Colchester en 1977 y ha trabajado tanto para *bluesmen* estadounidenses como Boo Boo Davis, como para la estrella de la música senegalesa Diabel Cissokho, el mauritano Daby Touré o el ghanés Atongo Zimba, estrellas emergentes de la música africana. Otro británico estrechamente vinculado con el llamado blues del desierto es Justin Adams, nacido en 1961 en Westminster, pero criado en Egipto, que grabó su primer disco en 2001, *Desert Road*, y que ha producido varios discos del grupo maliense Tinariwen. Corey Harris, el *bluesman* nacido en 1969 en Denver, Colorado, también es habitualmente vinculado al *afro blues*, sobre todo por su colaboración con Ali Farka Touré en el álbum *Mississippi to Mali*, de 2002, y por sus habituales viajes por África occidental, donde trabaja con músicos anónimos e investiga en las raíces de la música afroamericana.

8. Los divulgadores

Obviamente, los grandes protagonistas del blues fueron los músicos que lo parieron y lo amamantaron, las mujeres y los hombres que cantaron sus ilusiones y sus desgracias, sus sueños y sus miserias, componiendo canciones con historias populares o experiencias personales, cantándolas en garitos de mala muerte, en teatros ambulantes o en las aceras de los guetos negros. Pero ninguna de esas historias, ninguna de esas canciones habría sobrevivido para alumbrar uno de los géneros culturales más importantes de la historia moderna de no haber sido por aquellos individuos que se enamoraron del blues para darlo a conocer y convertirlo en una música universal. Antropólogos, historiadores, musicólogos, periodistas, *disc jockeys*, productores y cazatalentos, merecen un puesto de honor en cualquier libro de historia del blues que se precie de serlo.

Los estudiosos del género fueron mayoritariamente blancos, quizá porque cuando se realizaron las primeras aproximaciones teóricas a esta cultura, allá por finales del sigo XIX y principios del XX, el acceso de los negros a la enseñanza era, por decirlo suavemente, limitado. La segregación en las escuelas no se acabó hasta mediados de los años cuarenta en los estados del sur, y en buena parte de los del norte el interés de las clases dirigentes por la formación de los hoy llamados afroamericanos, era más bien escaso.

La primera hornada de testimonios sobre el blues y el folclore afroamericano en general corrió a cargo de sociólogos y antropólogos cuyo objetivo fundamental no era la investigación de las expresiones musicales de los negros de los Estados Unidos sino el estudio de las costumbres, las características raciales y la situación social y económica de los esclavos y sus descendientes. Fueron estudiosos de la trata de esclavos como el profesor Stanley M. Elkins, predicadores como George Whitefield, compositores de música religiosa como William Walker o negros libertos abolicionistas como Charlotte Forten quienes recogieron los primeros testimonios escritos de los cantos y los bailes practicados por los esclavos de las plantaciones sureñas, y fueron profesores universitarios como Howard W. Odum o Charles Peabody quienes dejaron constancia de los primeros balbuceos del blues, una música que en sus inicios no despertaría demasiado interés entre los ilustrados blancos y ni siquiera entre los pocos escritores e intelectuales afroamericanos de las primeras décadas del siglo XX. En líneas generales, durante sus primeros años de vida el blues fue considerado un género musical menor, un entretenimiento poco refinado, propio de negros analfabetos y con escasos conocimientos musicales.

Todo cambió radicalmente después de la Segunda Guerra Mundial, cuando una nueva generación de jóvenes blancos procedentes de los ambientes universitarios descubrieron que la música que escuchaban en los clubs de los barrios negros de Chicago, Detroit, Los Ángeles o Nueva York, hundía sus raíces en los campos de Misisippi, las Carolinas o Alabama y formaba parte fundamental del folclore norteamericano. Fueron esos jóvenes blancos los responsables del llamado *blues revival*, entre los años sesenta y setenta. Mary Katherine Aldin, editora de la revista *Living Blues* y directora del programa *Alive & Picking* en la emisora KPFK de Los Ángeles, el musicólogo Mack McCormick, redescubridor de Mance Lipscomb, Robert Shaw y Lightnin' Hopkins, Frank Driggs, productor de Columbia Records, Pete Welding, fundador de Testament Records y especialista en grabaciones de blues y folclore negro, David Evans, etnomusicólogo, profesor de música en la Universidad de Memphis y autor de varios libros de blues fruto de sus viajes por los estados del sur durante los años sesenta, Fred Reif, historiador musical de Detroit, Robert Palmer, musicólogo y autor de uno de los mejores análisis de la evolución del blues, o Jim O'Neal, uno de los fundadores de *Living Blues* y director del sello Rooster Blues, son sólo algunos de los nombres del abultado y variopinto pelotón de quienes sucumbieron al encanto de la llamada música del diablo y se sumergieron en su estudio.

Muchos de esos ilustrados muchachos blancos se convirtieron en afanosos buscadores de viejos discos de pizarra, los antiguos *race records*, grabados por músicos negros desconocidos y, sobre todo olvidados. Muchos se lanzaron a los caminos realizando verdaderas hazañas detectivescas para localizar a los autores de aquellos viejos temas que hablaban de desamores, miserias, violencias, hazañas sexuales o mitos populares, y que ellos consideraban como una de las piedras angulares de la cultural popular norteamericana. Tal es el caso de Ed Denson y John Fahey, que en 1961 se propusieron averiguar si Bukka White, el autor original de la canción «Fixin' to Die Blues», de la que Bob Dylan acababa de grabar una versión, seguía vivo, y dónde estaba. Por entonces White era un ex recluso que había desaparecido del panorama musical y del que nadie tenía noticia alguna, así que los dos jóvenes aficionados usaron como pista el título de uno de sus temas, «Aberdeen, Mississippi Blues», y enviaron una carta al pueblo de Aberdeen, dirigida textualmente al «viejo cantante de blues Bukka White». Por fortuna y puro azar, un familiar de Bukka trabajaba en la oficina postal de Aberdeen y le hizo llegar la carta al *bluesman*, que para entonces residía en Memphis. Algunos de estos jóvenes curiosos incluso fueron tomados por agentes de la ley que metían las narices donde no los llamaban, como en el caso de Tom Hoskins, que cuando por fin localizó a Mississippi John Hurt le soltó de sopetón: «Te hemos estado buscando durante años», a lo que el viejo *bluesman*, que le había tomado por un agente que investigaba el negocio familiar de contrabando de alcohol, contestó con cara de no haber roto nunca un plato: «Se equivoca de hombre. Yo no he hecho nada malo».

Esta fiebre investigadora fue perfectamente descrita por el dibujante Robert Crumb –estrella del cómic underground, gran aficionado al blues y al jazz y autor de la mejor colección de retratos de artistas de ambos géneros– en una entrevista con el periodista cultural David Moreu: «Lo primero que descubrí fue el viejo blues rural que llegaría a amar con el paso del tiempo. Sonaba extraño y muy exótico porque no había música como esa en el entorno en el que crecí, ni en la radio ni en la televisión. Simplemente no formaba parte de mi mundo, pero lo descubrí gracias a los discos. A los dieciocho años empecé a ir de puerta en puerta en el vecindario negro de la ciudad de Dover, en Delaware, donde vivía en aquellos días. Llamaba a las puertas y preguntaba a la gente si tenían discos viejos que quisieran vender. A veces tenían algo, sobre todo viejos vinilos de 78 RPM de jazz negro y de blues de los años veinte y treinta. Así fue como empecé a acumular una gran cantidad de grabaciones tempranas de blues. Entonces no conocía a nadie a quien le gustara tanto esa música como a mí. Luego, a mediados de los sesenta, comenzaron a aparecer las reediciones de ese material».

Para llegar a ese punto que relata Crumb, en el que los antiguos discos de los *bluesmen* y las *blueswomen* cobraron la suficiente importancia para ser reeditados y difundidos como parte fundamental de la cultura norteamericana, fue necesario recorrer un largo camino de la mano de varias generaciones de estudiosos, aficionados o simplemente hombres de negocios, que dieron a conocer al blues y sus protagonistas y cuyos nombres más destacados se reseñan a continuación.

Sociólogos, musicólogos y periodistas

Charles Peabody

Su trabajo *Notes on Negro Music*, publicado en septiembre de 1903 en la revista *Journal of American Folklore* es una de las primeras referencias concretas a la música de los negros del sur de los Estados Unidos que acabaría siendo bautizada como blues y que este arqueólogo descubrió cuando en 1901 el Peabody Museum le encargó realizar una excavaciones en busca de restos de la tribu india *chocktaw* en las proximidades de Clarksdale, Misisipi. Poco a poco, el arqueólogo comenzó a interesarse por las peculiares canciones que sus trabajadores interpretaban al final de cada jornada laboral para olvidar la dureza del trabajo, canciones que hablaban sobre todo del amor y la mala fortuna. Dejó un peculiar registro sobre las extrañas y quejumbrosas melodías que cantaba un anciano de la plantación Stovall, justo el sitio donde viviría cuatro décadas más tarde Muddy Waters, una de las mayores leyendas del blues. Aunque Peabody no use ese término en las cuatro páginas escasas de su texto, sus notas hacen claras alusiones al uso de tres acordes y desconocidas alteraciones en su afinación que corresponderían a las *blue notes* y que apuntan hacia un ancestro claro del blues.

Howard W. Odum

Howard Washington Odum, nació en Bethlehem, una pequeña población de mayoría blanca al norte de Georgia, en 1884. Tras pasar por las universidades de Emory, en Georgia y Clark, de Massachusetts, se doctoró en la de Columbia, en Nueva York, donde se convirtió en especialista en el tema racial. Fue presidente de la American Sociological Association y en 1936 publicó *Among his other works are Southern Regions of the United States*, un estudio fundamental sobre las relaciones raciales en el sur de los Estados Unidos que incluía importantes apuntes sobre la literatura y la música popular. Fue un destacado reivindicador de la igualdad para los afroamericanos y uno de los primeros estudiosos de su folclore. Otros trabajos suyos fueron *Rainbow Round My Shoulder: The Blue Trail of Black Ulysses* (1928) y *Recent Social Trends in the United States* (1933). Pero su principal aportación al blues fue su estudio *Negro Workday Songs*, publicado en 1926, en colaboración con Guy B. Johnson. En el libro recogen letras de decenas de canciones de la vida cotidiana de los negros –tal y como reza su título– y en sus páginas se hacen referencias concretas a un tipo de música conocida como blues, que define como canciones de melancolía, contraponiéndolos, por su espíritu profano, a los espirituales religiosos y enlazándolas, por su estructura, con los *work songs*.

Guy B. Johnson

Sociólogo y antropólogo, coautor junto a Howard W. Odum de *Negro Workaday Songs*, y al igual que este, un destacado estudioso de la cultura negra y un pionero defensor de la igualdad racial. Originario de Texas, se graduó en la Universidad de Chicago y en 1924 fue contratado por Odum como colaborador en el Instituto para la Investigación en Ciencias Sociales de Carolina del Norte. Escribió obras sobre la cultura popular negra como *John Henry: Tracking Down Negro Legend*. Odum y Johnson fueron los primeros en perfilar la figura de los *bluesmen* y del fenómeno de la transmisión musical de canciones con ligeras variaciones dentro de la comunidad afroamericana.

John y Alan Lomax

Los Lomax son la saga familiar más importante en la difusión del blues y un pilar fundamental en la investigación y recopilación de la música popular norteamericana. John Avery Lomax, el padre, nació en 1867 en Goodman, una localidad situada en el corazón del Delta del Misisipi, pero a los dos años sus padres se lo

Alan Lomax

llevaron a Meridian, Texas, una población de mayoría blanca donde se aficionó a la música vaquera. En su juventud se hizo amigo íntimo de Nat Blythe, un peón contratado por su padre, que había vivido los tiempos de la esclavitud y que fue decisivo en el despertar de su curiosidad por la música afroamericana. A los veintiún años abandonó la granja familiar para hacerse profesor y tras pasar por varios trabajos acabó ingresando en la Universidad de Texas en Austin a los veintiocho años, donde se graduó en literatura inglesa. En 1906 se trasladó a la Universidad de Harvard, en Massachusetts, centro de los estudios folclóricos estadounidenses, donde aumentó su interés por la música. En 1910 publicó su primer trabajo, *Cowboy Songs y Other Frontier Ballads*, un libro que despertó el interés por la música popular en Estados Unidos y convirtió a Lomax en una figura popular. A partir de entonces se dedicó a viajar por todo el país dando conferencias, e investigando el folclore y se convirtió en presidente de la American Folklore Society.

Tras la muerte de su esposa y después de superar la ruina económica que le supuso la Gran Depresión, comenzó a colaborar con la Biblioteca del Congreso, para la que durante más de diez años realizaría 10.000 grabaciones con destino al Archive of American Folk Song. En esa tarea estaría respaldado por toda su familia especialmente por su esposa Ruby y su hijo Alan, que le acompañó desde su primer viaje en 1933, recorriendo plantaciones, granjas penitenciarias, fábricas, barrios marginales, aldeas recónditas y cualquier sitio por remoto que fuera, donde hubiese un intérprete de blues, folk o cualquier otra música popular. Fruto de este trabajo son las miles de horas de grabación de canciones y entrevistas y el descubrimiento de decenas de músicos del blues, entre ellos figuras tan fundamentales para el género como Leadbelly o Muddy Waters y fueron fundamentales en las carreras de artistas del folk blanco y negro como Woody Guthrie y Josh White. Los Lomax son una de las columnas vertebrales de la historia del blues y su labor de documentación y difusión supera a la de cualquier otro divulgador. A la muerte de John Lomax, en 1984, esa labor recayó en su hijo Alan, que acabó acumulando un legado de 17.000 horas de grabaciones sonoras, 150.000 metros de película y más de 5.000 fotografías que hoy están a disposición de cualquier persona del planeta a través del proyecto Global

Jukebox, accesible gratuitamente en la web culturalequity.org. Alan no se limitó a documentar el folclore norteamericano, sino que entre 1946 y 1982 viajó por todo el mundo, desde Inglaterra, Irlanda, Italia, España, Rusia o Rumanía, hasta el Caribe o las Indias occidentales. Curiosamente, su labor en campamentos de vagabundos, poblados de trabajadores, prisiones y plantaciones agrícolas acabó levantando los recelos del FBI, que le mantuvo investigado entre 1942 y 1979. Falleció en Florida en julio de 2002. Dentro de su extensa bibliografía destaca *The Land Where the Blues Began*, un libro a modo de memorias personales y testimonio de la historia del blues, publicado en 1993. Con el mismo título se produjo un documental en 1979.

Paul Oliver

Paul Hereford Oliver, nacido en Nottingham, Inglaterra, en 1927, este experto en arquitectura popular es uno de los principales estudiosos y divulgadores del blues, desde que en 1959 publicó una biografía de Bessie Smith. En 1964 viajó al Delta del Misisipi y los guetos negros de Chicago para realizar el primero de los numerosos trabajo de campo que desarrolló, grabando, fotografiando y entrevistando a músicos de todos los Estados Unidos, casi siempre en colaboración con su esposa Valerie Coxon. En su obra profundizó en el contexto social y cultural del blues, al que consideraba una respuesta del pueblo afroamericano a su prolongada situación de opresión. Su obra más conocida es *The Story of the Blues*, publicada por primera vez en 1969, libro de cabecera para la mayoría de los aficionados. Además, produjo una serie de discos recopilatorios para CBS y publicó una numerosa bibliografía con obras como *Blues Fell this Morning: The Meaning of the Blues* (1960), *Conversation with the Blues* (1965) y *Screening the Blues: Aspects of the Blues Tradition* (1968), *Savannah Syncopators: African Retentions in the Blues* (1970), *Songsters and Saints: Vocal Traditions on Race Records* (1984), *Blues Off the Record: Thirty Years of Blues Commentary* (1984), *Broadcasting the Blues: Black Blues in the Segregation* (2006) y *Barrelhouse Blues: Location Recordings and the Early Traditions of the Blues* (2009). También dibujó portadas de discos para los sellos Decca y Brunswick. Falleció el 15 de agosto de 2017.

Amiri Baraka (LeRoi Jones)

Es uno de los intelectuales afroamericanos más destacados del siglo XX y su obra *Blues People*, publicada por primera vez en 1963, es una obra de referencia fundamental para todos los estudiosos del blues y de la cultura afroamericana que analiza la influencia fundamental del jazz y el blues en la construcción de una verdadera cultura estadounidense, tanto a nivel musical, como económico y social. Nacido en el seno de una familia de clase media de Newark, Nueva Jersey, en 1934, como Everett LeRoi Jones, fue un brillante universitario en Brunswick y Columbia y en 1954, fue alistado en la Fuerza Aérea, donde se le acusó de comunista en plena época de la caza de brujas y fue licenciado con deshonor. Tras lo que él mismo describió como una persecución racista, a finales de los cincuenta se integró en la vida bohemia del

Greenwich Village neoyorquino y desarrolló una importante labor editorial. En 1965, tras el asesinato de Malcom X, se unió a la Nación del Islam, se divorció y se trasladó a vivir a Harlem bajo un nuevo nombre: Imamu Amear Baraka, convertido en posteriormente en Amiri Baraka. A lo largo de medio siglo creó una extensa obra como novelista, ensayista, poeta, dramaturgo y crítico musical y se convirtió en uno de los intelectuales afroamericanos más incómodos para el sistema por su postura radical en torno al conflicto racial. Murió en enero de 2014 tras una vida tan fructífera intelectualmente como controvertida personalmente por las acusaciones de racismo, homofobia y antisemitismo. Sigue siendo una figura fundamental para entender la cultura afroamericana.

Samuel Charters

Samuel Charters

Nacido en 1929 en Pittsburgh, Pensilvania, se crió en el seno de una familia con grandes inquietudes y conocimientos musicales y, tras participar en la Guerra de Corea y obtener una licenciatura en la Universidad de Berkeley, California, a los veintidós años se instaló en Nueva Orleans, donde inició una labor de reivindicación de la música y la cultura afroamericanas como una forma de luchar contra el racismo y la opresión, según su propia definición. Fue una pieza clave en la recuperación del blues tradicional en los años sesenta, con una especial atención al mensaje de sus letras. En 1953 emprendió su búsqueda del legado de músicos como Robert Johnson y Blind Willie Johnson y comenzó a realizar grabaciones de campo a artistas como Lightnin' Hopkins. Su primer libro, *The Country Blues*, se publicó en 1959 junto con un álbum homónimo con una recopilación de grabaciones de los *bluesmen* antes mencionados y otros como Sleepy John Estes, Blind Lemon Jefferson, Lonnie Johnson, Big Bill Broonzy, Blind Willie McTell, Peg Leg Howell o la Memphis Jug Band, entre otros. Además de una prolífica producción de libros sobre jazz y otras músicas populares, su contribución literaria al blues abarca obras como *The Poetry of the Blues* (1963), *The Bluesmen* (1967), *Robert Johnson* (1973), *The Legacy of the Blues: A Glimpse Into the Art and the Lives of Twelve Great Bluesmen: An Informal Study* (1975), *The Roots of the Blues: An African Search* (1981), *Blues Faces: A Portrait of the Blues* (2000) y *Walking a Blues Road: A Selection of Blues Writing, 1956-2004* (2004). En 1962 realizó el documental *The Blues*. En 1970, descontento con la deriva ideológica de Estados Unidos, se instaló con su esposa Ann en Suecia para trabajar en la discográfica Sonet Records. Escribió varios libros sobre músicos y poetas escandinavos y falleció en Estocolmo en marzo de 2015, a los ochenta y cinco años.

Harry Smith

Harry Everett Smith, nacido en 1923 en Portland, Oregón, fue un artista influyente en el *underground* norteamericano y la generación beat, y en su faceta como musicólogo contribuyó decisivamente a la recuperación del viejo blues, sobre todo a raíz de la publicación de su *Anthology of American Folk Music*, una selección de discos editada en 1952 por Folkways Records, que incluía a viejas glorias del blues, el folk y el country como Sleepy John Estes, Mississippi John Hurt, Blind Lemon Jefferson, Dick Justice, The Carter Family, Clarence Tom Ashley o Buell Kazee.

Lawrence Cohn

Es autor de uno de los libros más monumentales sobre la historia del género, *Nothing But the Blues: The Music and the Musicians*, publicado en 1993. Se trata de un libro coral que escarba en los orígenes y aborda prácticamente todos los aspectos de la historia del blues a través de once capítulos escritos por otros tantos expertos en los distintos subgéneros, estilos y artistas –como Samuel Charters, David Evans, Richard K. Spottswood, Mark A. Humphrey, Bruce Bastin, Charles Wolfe, John M. Cowley, Barry Pearson, Jim O'Neal, Mary Katherine Aldin y prólogo de B. B. King– de una forma enciclopédica y profusamente ilustrado con fotografías de los más grandes protagonistas del género, lo que lo ha convertido en un manual de referencia. Abogado de profesión, Cohn es el fundador de Legacy Recordings, perteneciente a la multinacional Sony Music. En su carrera como ejecutivo de la industria musical también ha sido vicepresidente de Epic Records, director de Playboy Records y productor de la serie de grabaciones de músicos Roots 'n' Blues, de Columbia Records. En 1991 ganó un Grammy al mejor álbum histórico por el doble álbum *Robert Johnson: The Complete Recordings*, que contiene todas las grabaciones originales del mítico *bluesman*, por el que también recibió el Premio W. C. Handy y una distinción especial de la Memphis Blues Foundation.

David Evans

Nacido en 1944 en Boston, Massachusetts, en los años sesenta empezó a viajar por los estados del Sur para realizar numerosas grabaciones de músicos de blues, especialmente en la zona próxima a Memphis, donde fundó la High Water Recording Company, la discográfica de la Universidad Estatal, que editó numerosos discos de blues y góspel a principios de los años ochenta. Gracias a sus trabajos salieron a la luz numerosos músicos de blues olvidados y contribuyó a documentar en profundidad la vida y obra de pioneros como Tommy Johnson, al que dedicó su primer libro, publicado en 1971. También es autor de obras como *Big Road Blues: Tradition and Creativity in the Folk Blues* (1982) y *The NPR Curious Listener's Guide to the Blues* (2005). También mantiene una faceta de músico, tanto en solitario como con su banda Last Chance Jug Band.

Gérard Herzhaft

Músico e historiador nacido en 1943 en Lyon, durante sus años de estudiante en La Sorbona acompañó a su hermano, Cisco Herzhaft, un conocido músico de blues en Francia, tocando la guitarra y la armónica, lo que le permitió conocer a muchos *bluesmen* estadounidenses que iban de gira por el país galo. Colaboró con revistas como la francesa *Soul Bag* y la británica *Blues Unlimited*, y en 1968 realizó su primer viaje a los Estados Unidos, dedicándose a rastrear la huella de los viejos *bluesmen* cuyos discos había escuchado y que en algunos casos logró localizar y entrevistar para su obra más conocida, *Encyclopédie du Blues*, publicada por primera vez en 1979 y revisada, corregida y actualizada gracias a sus continuos viajes por los escenarios naturales del blues hasta convertirse en la obra definitiva, *La Grande Encyclopédie du Blues*, publicada en 1993. Otras obras suyas son *Le Guide de la Country Music et du Folk* (1999 con Jacques Brémond), *Americana. Histoire des musiques de l'Amérique du Nord* (2005) y *Le livre de l'Harmonica* (2008 con David Herzhaft). También ha escrito varias obras de ficción, muchas de ellas relacionadas con el blues.

Jacques y Marcelle Morgantini

Jacques Morgantini nació en 1924 y se aficionó al jazz en su juventud escuchando los discos de muestra que usaba su padre para vender gramófonos. Durante su etapa como estudiante en Toulouse conoció al presidente del Hot Club de France, Hughes Panassié, pionero en la difusión de la música afroamericana en Europa, y se convirtió en vicepresidente de la entidad a partir de 1950. Al año siguiente Morgantini acogió en su casa a Big Bill Broonzy durante su primera visita al viejo continente. Será el comienzo de una amistad y una pasión por el blues que le llevará a organizar conciertos y conocer a leyendas como T-Bone Walker, John Lee Hooker, Big Joe Williams, Sister Rosetta Tharpe, Memphis Slim o Koko Taylor. A principios de los años setenta su mujer, Marcelle Morgantini, otra apasionada del blues, viajó con su hijo a Chicago para grabar a los músicos que habían pasado por Francia y que en su país no tenían el reconocimiento merecido, como Magic Slim, Jimmy Dawkins, Willie Kent, Jimmy Johnson y un largo etcétera. El matrimonio Morgantini reunió un excepcional archivo musical y fotográfico, con el que en 2016 se realizó el documental *Jacques Morgantini: La Memoire du Blues*.

Sonny Payne

John William Payne, conocido en el universo del blues como «Sunshine» *Sonny* Payne, fue durante más de cinco décadas el *disc jockey* del programa «King Biscuit Time» –el primero de música por y para afroamericanos– en la KFFA de Helena, Arkansas. Nació en 1925 en dicha localidad, donde su padre tenía una gasolinera en la que el joven Payne conoció a leyendas del blues como Robert Jr. Lockwood y Sonny Boy Williamson. A los quince años comenzó a trabajar como vendedor de periódicos y en 1941, cuando se fundó la emisora KFFA, consiguió entrar como

Sonny Payne

chico de los recados. Un año después comenzó a hacer de locutor de cuñas publicitarias aprovechando una ausencia momentánea del locutor oficial y propietario de la emisora, Sam Anderson. Aprendió a tocar el bajo y en 1942 se alistó en el ejército y combatió en el Pacífico. A su regreso probó fortuna en la música y realizó varias giras con el músico de country Tex Ritter y con bandas de jazz y swing como la de Harry James, pero en 1951 decidió abandonar la vida errante y se estableció de nuevo en Helena como locutor oficial del programa «King Biscuit Time», patrocinado por la compañía de harinas King Biscuit Flour. Por entonces, el programa era ya una leyenda en la música afroamericana, en la que se habían forjado músicos como Sonny Boy Williamson, Robert Lockwood, Houston Stackhouse, Pinetop Perkins, Dudlow Taylor, Peck Curtis y Cedell Davis, que tocaban en directo, hasta que en los años sesenta se impusieron definitivamente los discos de vinilo. El programa, que se sigue emitiendo, es el más antiguo dedicado a la música en la historia de la radio y ha sido fundamental para la consolidación y difusión del blues. Payne recibió en dos ocasiones el premio Keeping the Blues Alive y en 2010 ingresó en el Blues Hall of Fame. Después de más de seis décadas frente al micrófono difundiendo el blues, falleció en febrero de 2018 a la edad de 92 años.

Dick Waterman

Este periodista nacido en 1935 en Plymouth, Massachusetts, se convirtió en los sesenta en el principal representante de *bluesmen* tradicionales que, en la mayoría de las ocasiones, él mismo se encargó de rescatar del olvido, como Skip James, Sam *Lightnin* Hopkins, Arthur Crudup, Bukka White y Mississippi Fred McDowell, entre otros. Pero su momento cumbre llegó en 1964, cuando localizó a Son House en su casa de Rochester, Nueva York, en compañía de otros dos jóvenes fanáticos del blues, Phil Spiro y Nick Perls, que le ayudaron a persuadir al viejo *bluesman* para que volviera a tocar. Sin embargo, House había olvidado buena parte de sus habilidades musicales y Waterman recurrió a otro aficionado, Al Wilson –que un año más tarde fundaría la mítica banda de blues rock Canned Heat– para que le ayudase a recuperar su maestría con la guitarra, lo que llevó al propio Waterman a afirmar un tanto exageradamente, que «Al Wilson le enseñó a Son House a tocar como Son House».

Jim O'Neal y Amy van Singel

Fundadores de la primera revista dedicada al género, *Living Blues Magazine* y responsables de la mayoría de las entrevistas publicadas a partir de 1970 y durante su primera década con los grandes *bluesmen* supervivientes, recogidas en el libro *The Voice of the Blues*, una referencia indispensable para conocer la historia del blues a través de la propia voz de sus protagonistas. Tras vender los derechos de la revista y su fondo sonoro y documental al Center for the Study of Southern Culture de la Universidad de Misisipi, Jim siguió realizando durante tres décadas labores de editor, alternándolas con la redacción de artículos y conferencias y la producción de discos a través de los sellos Rooster Blues Records y Stackhouse. Jim fue incluido en el Blues Hall of Fame en 2002 y Amy en 2017.

Paul Garon

Es uno de los redactores originales de la revista *Living Blues* y ha dedicado parte de su vida a investigar y escribir numerosos libros y artículos sobre el género, algunos de ellos en colaboración con su esposa Beth, entre los que destacan: *The Devil's Son-In-Law: The Story of Peetie Wheatstraw and His Songs* (1971), *Blues and the Poetic Spirit* (1975), *Woman With Guitar: Memphis Minnie's Blues* (1992 con Beth Garon), *What's the Use of Walking if There's A Freight Train Going Your Way? Black Hoboes and Their Songs* (2006 con Gene Tomko) y *White Blues*, un extenso estudio publicado en 1995 en el número 4 de la revista *Race Traitor*.

Gayle Dean Wardlow

Nacido en Texas en 1940, pero criado en Meridian, Misisipi, es uno de los mayores especialistas en el Delta blues, con trabajos centrados especialmente en las figuras de Charlie Patton y Robert Johnson. Aficionado desde muy joven a coleccionar viejos discos de pizarra, posee una de las mayores colecciones de blues de preguerra y ha publicado numerosos estudios entre los que destaca el libro *Chasin' That Devil Music: Searching for the Blues*, incluido en el Blues Hall of Fame como un clásico de la literatura del blues. A pesar de su extensa labor investigadora, su fama se debe sobre todo a sus indagaciones sobre la muerte de Robert Johnson y al hecho de haber sido quien descubrió su certificado de defunción. Una de sus últimas aportaciones es la recuperación del desconocido *bluesman* Hayes McMullan, de quien en 2017 ha editado un disco extraído de las grabaciones que realizó cuando lo entrevistó en 1967.

Elijah Wald

Músico e historiador nacido en 1959 en Cambridge, Massachusetts, en el seno de una familia de alto nivel intelectual, a los dieciocho años abandonó Estados Unidos y durante más de dos lustros recorrió Europa y Asia. A su regresó comenzó a interesarse por el folk y el blues y recorrió las zonas rurales tocando en clubs y garitos del sur. Escribió durante varios años en el diario *The Boston Globe* y colaboró en proyectos musicales con la Smithsonian Institution. Su aporte al conocimiento del blues se concreta en las obras *River of Song: A Musical Journey Down the Mississippi* (con John Junkerman, 1998), *Josh White: Society Blues* (2000), *Escaping the Delta: Robert Johnson and the Invention of the Blues* (2005) y *The Blues: A Very Short Introduction* (2010).

Cazatalentos y productores

J. Mayo Williams

El primer productor afroamericano y pionero en las grabaciones de blues, Jay Mayo *Ink* Williams, nació en 1894 en Pine Bluff, Arkansas, pero su padre fue asesinado cuando él era sólo un niño y su madre se lo llevó a Monmouth, Illinois. Fue a la universidad, destacando como atleta, combatió en la Primera Guerra Mundial y se convirtió en jugador profesional de fútbol americano –uno de los tres primeros negros junto al futuro actor y cantante Paul Robeson– pero su verdadera vocación era la música y en 1924 comenzó a trabajar para la Paramount Records como cazatalentos y productor de la sección de *race records*, para buscar artistas de blues y jazz, una actividad en la que se ganó su apodo, «Ink» (tinta), por su capacidad para obtener las firmas de los mejores músicos para grabar sus discos. Entre sus hallazgos figuran dos pioneros del género que no habían grabado a pesar de su veteranía: Ma Rainey y Papa Charlie Jackson. También impulsó las carreras de leyendas del blues como Ida Cox, Blind Lemon Jefferson, Tampa Red, Trixie Smith o Georgia Tom y de artistas de jazz como King Oliver, Jelly Roll Morton. En 1927 creó su propio sello, Black Patti, la segunda discográfica negra creada en los Estados Unidos, pero el proyecto no prosperó y fichó por Brunswick Records hasta que el *crack* bursátil de 1929 y la posterior Gran Depresión hundieron el mercado discográfico y tuvo que regresar al fútbol como entrenador. En 1934 comenzó a trabajar para el sello Decca produciendo discos de músicos como Mahalia Jackson, Alberta Hunter, Sister Rosetta Tharpe, Marie Knight, Blind Boy Fuller, Sleepy John Estes, Kokomo Arnold, Bumble Bee Slim o Peetie Wheatstraw. Su férrea dirección en la producción musical y cierta avaricia profesional que le llevó a convertirse en coautor de algunos temas de sus músicos, le granjearon enfrentamientos y acusaciones de comportarse como un explotador blanco. Musicalmente se le considera uno de los creadores del *jump blues* y un precursor del rock & roll.

Tras la Segunda Guerra Mundial funcionó como productor independiente y montó varios sellos como Harlem, Southern y Ebony. Murió en Chicago el dos de enero de 1980.

John H. Hammond

Nacido como John Henry Hammond en 1910 en Nueva York, fue uno de los primeros corresponsales que la prestigiosa revista musical británica *Melody Maker* tuvo en los Estados Unidos. Desde que en 1927 asistió a un concierto de Bessie Smith en Alabama, su vida se orientó definitivamente hacia la investigación, la promoción y la divulgación de la música popular norteamericana, sobre la que su sombra se proyectaría decisivamente durante más de cinco décadas. En 1931 se estrenaba como productor musical con la grabación de un disco del pianista de jazz Garland Wilson, el primero de una larga lista que incluye a estrellas musicales de dimensión universal como Billie Holiday, Benny Goodman, Count Basie, Aretha Franklin, Pete Seeger, Bob Dylan o Bruce Springsteen, por citar sólo a algunos de los más representativos.

Su contribución más decisiva a la promoción del blues se produjo el 23 de diciembre de 1938, cuando organizó en el Carnegie Hall de Nueva York el primer concierto «From Spirituals to Swing», el primer gran evento histórico de música afroamericana que reunía a las principales figuras del momento del blues, el góspel y el jazz, en el que actuaron Big Bill Broonzy, que sustituía al recientemente fallecido Robert Johnson, Ida Cox, Big Joe Turner, Sonny Terry, Albert Ammons, Meade Lux Lewis, Sister Rosetta Tharpe, la orquesta Count Basie, Mitchell's Christian Singers, Sidney Bechet, The Golden Gate Quartet y James P. Johnson. Su constante e intensa relación con la música y la cultura afroamericanas le convirtieron en un firme y radical defensor de los derechos civiles durante la larga etapa de la segregación racial. En 1975 se retiró de la primera línea del negocio musical, aunque siguió ejerciendo de cazatalentos. En 1986 fue incluido en el Rock and Roll Hall of Fame y falleció un año más tarde, a los setenta y siete años.

Lester Melrose

Fue uno de los primeros productores de discos de blues. Nació en una granja de Illinois en 1891 y a los veintitrés años se trasladó a Chicago, donde trabajó como dependiente y mozo de almacén hasta que montó una tienda de música con su hermano mayor, Walter, y el compositor Marty Bloom (Martin Blumenthal). La tienda se llamaba Melrose Brothers Music Company y era también una editora de discos a la que pronto se incorporó el *jazzman* Jelly Roll Morton como principal compositor. Tres o cuatro años después, hacia 1925, Lester vendió su parte del negocio y se estableció por su cuenta como cazatalentos y productor de músicos de blues como Big Bill Broonzy, Memphis Minnie, Sonny Boy Williamson, Lonnie Johnson, Victoria Spivey, Jazz Gillum y Leroy Carr, entre otros nombres que configuraban lo más granado del blues de preguerra. Melrose trabajó como productor independiente para los principales sellos del momento: Columbia, RCA Victor, Bluebird y Okeh, comenzó a usar en sus sesiones de grabación un grupo homogéneo de músicos y creó el sonido precursor del blues eléctrico de Chicago y el rhythm & blues. Continuó en la brecha durante los primeros años cincuenta, pero los nuevos sonidos que surgieron después de la Segunda Guerra Mundial, y que él mismo había contribuido a crear, hicieron que su estilo fuese pasando de moda y acabó retirándose a Florida, donde disfrutó de las ganancias acumuladas con sus turbios manejos de *royalties* y derechos de autor –tenía el *copyright* de más de tres mil canciones sin saber tocar una nota– hasta que murió en 1968.

Fred Hager

Pianista, arreglista y director de orquesta, en las dos primeras décadas del siglo XX, Hager compuso numerosas canciones con los nombres de F. Wallace Rega o Mile Rega, pero pasó a la historia de la música afroamericana casi sin proponérselo, al ser el productor de Okeh Records, responsable de que Mamie Smith grabase el primer disco de blues. El 14 de febrero de 1920, Hager, tenía alquilado un estudio en Nueva York para grabar a Sophie Tucker, una cantante de variedades blanca, que no se presentó. Gracias a la insistencia del director de orquesta Perry Bradford, Hager decidió aprovechar el estudio con una cantante negra que había llevado Bradford, que se llamaba Mamie Smith y que grabó los temas de la Tucker: «That Thing Called Love» y «You Can not Keep a Good Man Down», que tuvieron buena acogida a pesar de las amenazas de boicot que pesaban sobre los músicos negros. El 10 de agosto Smith volvió al estudio para grabar varios temas de Bradford entre los que se encontraba «Crazy Blues», que vendió un millón de copias en menos de un año, especialmente entre el público afroamericano. El éxito de la canción supuso una verdadera revolución en el ámbito musical con la popularización de los *race records*, los discos hechos por y para afroamericanos, y desató una verdadera fiebre en todas las discográficas que se lanzarían a la búsqueda de cantantes negras para emular el éxito de la Smith.

H. C. Speir

Henry Columbus Speir, era un emprendedor hombre de negocios blanco nacido en 1895 en Prospect, Misisipi. Después de trabajar en Nueva Orleans en la fábrica de fonógrafos Victrola, en 1925 se instaló en Jackson, donde montó una tienda de música en Farish Street, en el barrio negro, en cuya trastienda montó un pequeño estudio de grabación, desde el que comenzó a trabajar como cazatalentos y productor de discográficas como Okeh, Victor, Gennett, Vocalion, Decca, Columbia y Paramount. Speir recorrió la región de Misisipi y se hizo tan popular que muchos jóvenes con vocación musical acudían a su negocio para que les hiciera una grabación de prueba. Por sus manos pasaron algunos de los *bluesmen* y *blueswomen* más importantes del blues del Delta, como Charley Patton, Tommy Johnson, Skip James, Ishmon Bracey, Kokomo Arnold, Bo Carter, The Mississippi Sheiks, Mississippi Jook Band y Lucille Bogan. Muchos estudiosos del blues dan por seguro que por su estudio de Farish Street pasó también Robert Johnson, que haría allí un primer registro de prueba antes de que Speir lo enviase a Dallas para que conociese al productor de ARC Don Law, que finalmente se encargaría de sus dos sesiones de grabación. En 1942 un incendio destruyó la tienda de Speir y se perdieron la mayoría de sus grabaciones, tras lo que se dedicó al negocio inmobiliario.

Don Law

Donald Firth Law nació en Londres en 1902 y a los veintidós años emigró a Estados Unidos. En 1931 trabajaba en Dallas como contable de Brunswick Records, y cuando el sello fue absorbido por la American Record Corporation se convirtió en cazatalentos, dedicado a buscar nuevos artistas en compañía de su compatriota Art Satherley. En 1936 conoció en Dallas a un joven negro «bastante corpulento y extremadamente tímido», según su propia definición. Se llamaba Robert Johnson y se lo llevó a San Antonio, donde el 23 de noviembre Law dirigió en el Hotel Gunther la primera sesión de grabación acreditada del mítico *bluesman*, por la que pagó unos cien dólares. De aquel encuentro Law contaba que tuvo que sacar a Johnson de comisaría tras un encontronazo con la policía y que tuvo que prestarle dinero para pagar la compañía femenina que se había llevado a su hotel. Lo que sí es cierto es que el resultado de la grabación impresionó a Law y Johnson fue convocado de nuevo para realizar su segunda y última grabación en Dallas. Catorce meses después el *bluesman* fallecía y Law emprendía una exitosa carrera como productor de country, que le llevaría a trabajar con artistas como Johnny Horton, Lefty Frizzell, Marty Robbins y Johnny Cash.

Frank Buckley Walker

Nacido en una granja próxima a Nueva York en 1889, abandonó pronto su casa y realizó distintos trabajos en su juventud. Se alisto en la marina durante la Primera Guerra Mundial y a su regreso comenzó a trabajar en la Columbia Phonograph Company, que en 1923 lo envió a los estados del sur del país como cazatalentos. Su golpe de suerte llegó cuando, con ayuda del promotor Clarence Williams, encontró a Bessie Smith, a la que había escuchado años antes en Alabama, y la llevó a Nueva York para grabar «Down Hearted Blues», su primer gran éxito. Fue su mayor aportación a la historia del blues, ya que la mayoría de sus hallazgos se producirían en el terreno del country con artistas como Samantha Bumgarner, Clarence Ashley y, sobre todo, Hank Williams.

9. Las claves del género

Un género como el blues, que va más allá de un mero estilo musical y que ha generado a su alrededor una cultura, un medio de expresión, una manera de ver la vida, una forma de sentir e incluso un lenguaje universal, forzosamente ha creado un mundo de referencias propias y particulares, sin las que es muy difícil adentrarse en él, tratar de entenderlo y asimilar muchas de sus esencias. A continuación se ofrecen unas cuantas definiciones básicas de lugares comunes, referencias históricas, técnicas musicales, instrumentos, expresiones, entidades y conceptos, a modo de diccionario básico y guía para caminar por el enrevesado y mágico universo del blues y la música afroamericana.

American Folk Blues Festival

Festival itinerante que llevó el blues a los escenarios europeos entre los años 1962 y 1972, ideado por el crítico y productor alemán Joachim-Ernst Berendt, y puesto en marcha por Horst Lippmann y Fritz Rau, dos promotores que contactaron con Willie Dixon, que por entonces era uno de los pilares fundamentales del blues de Chicago y fue quien se encargó de reclutar a los artistas del primer desembarco masivo del blues en el viejo continente: Sonny Terry, Brownie McGhee, John Lee Hooker, Memphis Slim, T-Bone Walker y Shakey Jake, a los que en sucesivas oleadas seguirían mitos del blues como Big Mama Thornton, Willie Dixon, Victoria Spivey, Sonny Boy Williamson II o Howlin' Wolf, entre otros muchos cuyas actuaciones supusieron el primer contacto con el blues de la hornada de músicos británicos como The Rolling Stones, The Yardbirds o The Animals, que años más tarde darían vida a la llamada *british invasion* del rock y alumbrarían el nacimiento del blues británico. El resultado discográfico de esta década de conciertos fueron cuatro álbumes oficiales: *American Folk Blues Festival, 1962-1968*, *The Lost Blues Tapes*, *Blues Giants* y *American Folk Blues Festival 1970*.

Barrelhouse

Nombre que recibían los establecimientos en los que se vendían bebidas, especialmente whisky y cerveza de mala calidad y fabricación casera, que se servían directamente de un barril colocado encima del mostrador. Surgieron en los barrios bajos de Nueva Orleans a finales del siglo XIX y se extendieron por los guetos negros de todas las ciudades de Norteamérica. Acabaron por denominar también a un estilo de piano de blues y boggie woogie, el barrelhouse music, cuyos máximos representantes fueron artistas como Cow Cow Davenport, Pinetop Smith, Jimmy Yancey o Mead Lux Lewis.

Beale Street

En los tres kilómetros de esta calle de Memphis, Tennessee, se encierra una parte fundamental de la historia del blues. A mediados del siglo XIX era una calle dedicada al comercio de las mercancías que llegaban en los barcos que surcaban el Misisipi. A finales de siglo se convirtió en la arteria principal del barrio negro, cuando Robert Reed Church, un afroamericano que se había hecho millonario tras la Guerra Civil, compró los terrenos adyacentes y se transformó en el refugio urbano de los negros de las zonas rurales, que allí podían alojarse libremente en un hotel y realizar cualquier actividad. La afluencia de músicos que llegaban desde los campos del Sur la convirtió en la zona más animada de la ciudad, especialmente a partir de los años veinte, cuando prosperaron las casas de empeño, los clubes nocturnos, los teatros y los locales de apuestas, en los que, además de la música, florecieron el juego, el contrabando de alcohol,

la prostitución y el crimen. En la primera mitad del siglo XX la ciudad vio florecer el blues, con sus famosas bandas de jarra, como la legendaria Memphis Jug Band, y artistas que actuaban en sus aceras y sus garitos y que se convirtieron en mitos como Memphis Minnie, James Cotton, B. B. King, Johnny Ace o Howlin' Wolf, entre un larguísimo listado de músicos que incluyen también a algunos jóvenes blancos llamados Elvis Presley o Johnny Cash. Hoy Beale Street es la meca de peregrinación de turistas musicales de todo el mundo que visitan sus bares y tiendas de *souvenirs*.

Billboard

Lista por excelencia de la popularidad musical y revista semanal fundada en 1894, lo que la convierte en una de las publicaciones periódicas más antiguas del mundo. Inicialmente anunciaba fiestas, espectáculos circenses, ferias y atracciones, pero poco a poco fue decantándose por la información musical y en 1936 publicó su primer *ranking* de ventas musicales, seguido del primer listado de popularidad en 1940 y su primer Hot 100, la lista que catalogaba los singles más vendidos y su emisión en radio, en 1958. Actualmente publica más de cien listas semanales, entre las que destacan el Billboard 200, para álbumes, y el Billboard Hot 100 All-Time Artists, para artistas. En 1949 introdujo el término *rhythm & blues* para denominar a la música realizada por afroamericanos, sustituyendo para siempre al término *race records*, como se conocía hasta entonces en Estados Unidos la música hecha por y para negros.

Blues Foundation

Fundada en Memphis en 1980, es la principal organización mundial dedicada a la preservación y promoción del blues a través del reconocimiento de la labor de sus intérpretes y divulgadores. Su actividad principal se canaliza mediante los premios Blues Music Awards, que hasta el año 2006 llevaron el nombre del llamado padre del blues, W. C. Handy. La Blues Foundation también gestiona el Hall of Fame Museum, cuenta con la participación de más de 125 asociaciones de blues de todo el mundo y es la entidad organizadora del International Blues Challenge, el concurso más importante a nivel mundial.

Blue Note

Es conocida también como *worried note*. Según la definición más clásica, es una nota que se canta o se emite en un tono ligeramente diferente del estándar para lograr una mayor expresividad. Es la que da al blues su carácter esencial y proviene originariamente del canto vocal de raíz africana. Surge del efecto musical resultante de bajar un semitono el tercer y séptimo grados de la escala pentatónica mayor. Técnicamente las *blue notes* son tres: b3, b5 y b7, considerándose la b5 como de origen africano.

Blues Revival

Nombre con el que se conoce el movimiento de recuperación del blues tradicional que se produjo en los años sesenta, sobre todo por parte de aficionados y especialistas blancos que se dedicaron a buscar las auténticas raíces de un género que habían conocido gracias al sonido electrificado de *bluesman* como B. B. King, Magic Sam, Freddie King, Bobby *Blue* Bland, Buddy Guy o Albert King, que paradójicamente fueron relegados a un segundo plano por los estudiosos del género, habitualmente jóvenes universitarios, que no los consideraba lo suficientemente puros. Una legión de jóvenes blancos armados de grabadoras comenzaron a recorrer las aldeas del profundo Sur y los rincones más recónditos de Chicago o Detroit en busca de viejos discos de pizarra y músicos olvidados que sobrevivían a mitad de camino del olvido y la miseria. Festivales de público abrumadoramente blanco como el Newport Folk Festival sirvieron para recuperar a viejas leyendas del blues como Son House, Mississippi John Hurt, Fred McDowell o Skip James, entre otros, mientras músicos blancos practicantes del blues, como el norteamericano Paul Butterfield o los británicos Cream y John Mayall & the Bluesbreakers, contribuyeron a recuperar el blues anterior a la Segunda Guerra Mundial, rescatarlo de su deriva rockera y darle una nueva dimensión global, tanto musical como culturalmente, en un movimiento que alcanza a nuestros días.

Canned Heat

Canned Heat (calor enlatado) es el nombre popular con el que se conoce el Sterno, un combustible comercializado en 1920 por la Candle Corporation y que era una pasta a base de etanol, metanol y agua que, diluido, se usaba como bebida por los vagabundos y los negros más pobres del Sur, especialmente durante los años de la Ley Seca, con efectos letales para la salud. Tenía un tono rosáceo, lo que le valió el sobrenombre *pink lady*, aunque también era conocido como *squeeze* y *old jelly*. Tommy Johnson, uno de los grandes bebedores del blues, le dedicó a este brebaje su «Canned Heat Blues» y su nombre fue adoptado por la banda homónima de blues rock fundada en 1965 en Los Ángeles.

Chaing gang

Originalmente define a un grupo de presos encadenados para realizar trabajos forzados, muy ligado a la iconografía del blues y habitual en las granjas penitenciarias de los estados del Sur, donde comenzaron a ser usados de forma generalizada tras la Guerra Civil para realizar obras públicas de reconstrucción de carreteras, tendidos del ferrocarril o diques fluviales. Por asociación directa, el término pasó a denominar también a los peculiares cantos de trabajo, que usaban los afroamericanos de las cuadrillas de presidiarios, en un argot que les permitía el intercambio de mensajes codificados para mantener abiertamente diálogos prohibidos sin que sus vigilantes pudiesen descifrarlos.

Crossroad

El cruce de caminos en sentido físico o figurado –en su acepción de encrucijada personal– es uno de los lugares comunes para el contacto con el más allá y el supremo maligno en la mayoría de las culturas. En el universo del blues es el lugar elegido por el diablo para aparecerse a medianoche a los músicos y comprarles el alma a cambio de virtuosidad musical, éxito, fama y fortuna, tanto en el dinero como en el amor. Robert Johnson fue el *bluesman* que llevó más lejos su leyenda en torno al *crossroad* y el pacto con el diablo, convirtiéndose en una leyenda universal, pero en el tiempo se le adelantó otro Johnson, Tommy, que contaba con pelos y señales el ritual del pacto con Satán cuando regresó a su pueblo después de haber desparecido por una larga temporada. En realidad fueron muchos los *bluesmen* conocidos y desconocidos que alardearon de su pacto con Satanás y el mito del cruce de caminos es uno de los elementos más reconocibles de la cultura blues, tal y como demuestran los numerosos temas que se le dedicaron al asunto, especialmente los cientos de versiones que se han hecho del «Crossroads» de Robert Johnson, autor de otro hito como «Me and the Devil Blues».

Diddley bow

Instrumento de cuerda de fabricación casera, de raíces africanas, utilizado sobre todo por los niños y adolescentes de las plantaciones y que fue la herramienta fundamental de aprendizaje de muchos guitarristas del blues. Consiste básicamente en un alambre tensado entre dos tablas –habitualmente en el porche de las cabañas– que se hace sonar pellizcándolo con los dedos mientras se desliza por él un *slide* hecho con un trozo de metal o el cuello de una botella. También se le llama *jitterbug* y *one-string*. Al ser un instrumento de iniciación que es sustituido por la guitarra a la más mínima oportunidad, son pocos los músicos que han seguido utilizándolo en sus actuaciones, aunque ha habido intérpretes que han pasado a la historia por su especial virtuosismo con él, como Lonnie Pitchford, Jessie Mae Hemphill, Napoleon Strickland o Eddie *One String* Jones. Incluso hubo quien lo electrificó, como Willie Joe Duncan, que bautizó su invento como Unitar. Hay versiones que ligan este instrumento con el nombre artístico de Otha Ellas Bates, más conocido como Bo Diddley.

Dobro

Conocido también como guitarra resonadora o resofónica, es una guitarra acústica en la que la boca está cubierta por una chapa o lámina metálica, conocida como resonador que amplifica la vibración de las cuerdas produciendo un sonido singular que recuerda de alguna forma al *steel guitar*. Fue inventado en 1929 por John Dopyera para Do.Bros, abreviatura de Dopyera Brothers, la empresa creada por John y sus hermanos para fabricarlo. Es un instrumento usado fundamentalmente en el blues –lo usaron músicos como Blind Boy Fuller, Son House o Tampa Red– y, aunque con menos asiduidad, en el country y el bluegrass. En 1994 Gibson Guitar Corporation adquirió la marca comercial Dobro.

Field holler

El canto conocido como grito o llamada de campo proviene de la época de la esclavitud y tiene sus raíces en la costa occidental africana. Consistía fundamentalmente en un grito largo, fuerte y musical, que subía y bajaba y se rompía en falsete y tenía la función evidente de regular el ritmo de trabajo, e incluso aliviar parte de su carga más penosa y agotadora, y además la intención oculta de comunicar a unos esclavos con otros sin llamar la atención de sus amos, aunque también fue usado por los blancos que trabajaban en el campo. Se trata de un lenguaje musical híbrido que desarrolló las llamadas *blue notes*, que serían la base del futuro blues. Se distinguía del *work song*, la canción de trabajo colectiva, en que habitualmente era cantado por un solo individuo, aunque en ocasiones podía tener un esquema de llamada y respuesta, porque a veces se escuchaba cantar a un trabajador solitario, al que se respondía con el grito de otro campesino desde un campo distante. Según el entorno en el que se produjesen, se conocen como *corn-field hollers* (gritos de campo de maíz), *water calls* (llamadas de agua) y simplemente *whoops* (gritos). La primera descripción conocida la realizó Frederick Law Olmsted en 1853 y las primeras grabaciones se realizaron en los años treinta del siglo XX.

Fingerpicking

Técnica de interpretación a la guitarra nacida en las zonas montañosas de Virginia Occidental y las dos Carolinas, donde se desarrolló el llamado Piedmont Blues. Consiste fundamentalmente en tocar usando los dedos de la mano de forma independiente, ejecutando movimientos simultáneos en lugar de rasguear las cuerdas. Es una técnica que permite a un guitarrista tocar a la vez el ritmo y la melodía, al igual que en un piano, razón por la que también es conocida como *ragtime guitar*. El guitarrista Blind Blake está considerado el padre de este estilo.

Great Depression

Etapa de recesión económica que comenzó en Estados Unidos y se prolongó durante más de una década cobrando dimensiones internacionales que llevaron al mundo a las puertas de la Segunda Guerra Mundial. Las consecuencias del *crack* del 29 sumergieron al país en una década de deterioro del nivel de vida, de enormes cifras de desempleo, que en 1933 alcanzaron la cifra récord de 13 millones de parados, con cientos de miles de trabajadores deambulando de un estado a otro de la Unión, tratando de huir de la miseria que afectó de forma brutal a la población afroamericana. Musicalmente supuso la quiebra de la incipiente industria musical y la desaparición de muchos intérpretes de blues, especialmente las *blueswomen* que protagonizaron el *classic blues*, que a finales de los años veinte se encontraba en pleno apogeo y que la depresión llevó a la quiebra artística y económica.

Hobo

Término de origen y aplicación ambiguo –originalmente hoe-boys, algo así como los chicos de la azada– comenzó definiendo a los trabajadores ambulantes que comenzaron a desplazarse por el país, especialmente de forma clandestina en los ferrocarriles, tras la desmovilización de la Guerra Civil y acabó definiendo genéricamente a los vagabundos sin hogar que trabajan a cambio de comida y techo a lo largo de la primera mitad del siglo XX. El término se comenzó a usar en la zona de California hacia 1890 y acabó definiendo al millón y medio de trotamundos que en 1934 llegó a vagar por todo el país. Muchos *bluesmen* formaron parte de esta legión itinerante que quedó popularizada sobre todo en el tema «Hobo Blues» de John Lee Hooker.

Hokum

Palabra originaria de los espectáculos de *mistrel* que define los trucos escénicos de gestos o voz usados por los intérpretes de blues y música popular destinados a provocar las carcajadas del público o reacciones de empatía, con insinuaciones de tipo sentimental, sexual o humorístico. El término pasó a destinar genéricamente el tipo de canciones jocosas y satíricas.

Honky Tonk

Nombre genérico de origen peyorativo que se daba a los bares y cantinas donde se reunía habitualmente una clientela de trabajadores, buscavidas, prostitutas y supervivientes de diversa índole en los que se ofrecían espectáculos, habitualmente a cargo de músicos de blues o country y artistas ambulantes. Acabaron denominando un subgénero musical, el honky tonk music, un estilo de ragtime al piano marcado fundamentalmente por las deficiencias que en dichos locales tenían estos instrumentos, habitualmente maltratados y desafinados.

Jake

Bebida obtenida a partir del destilado de raíces que podía alcanzar un contenido en alcohol del 70%. También era conocida como *Jamaica Ginger* y se popularizó gracias a la Ley Seca de 1920 y la Gran Depresión de 1929. Habitualmente para su destilado se usaba alcohol adulterado y su consumo producía efectos especialmente nocivos entre los que destacaba una extraña parálisis en las piernas que obligaba a caminar contorsionándose, lo que recibió el nombre de *Jake Leg* o *Jake Walk*, recogido en numerosos blues, entre ellos «Jake Walk Blues», popularizada por los Allen Brothers en 1930.

Juke Joint

Mezcla de tienda, bar, local de apuestas e incluso prostíbulo, muy habitual en zonas rurales del sur de los Estados Unidos y usualmente ubicadas en cruces de caminos. Por lo general se trata de construcciones improvisadas con materiales de derribo, como hojalatas, maderos y planchas de cartón, en las que la población de las localidades cercanas se reunía para bailar, emborracharse y escuchar música, habitualmente a cargo de *bluesmen* ambulantes. Su nombre deriva del dialecto criollo *gullah*, mezcla de inglés y lenguas de la costa occidental africana, y podría tener varias acepciones y raíces, desde la de jaleo y jarana, proveniente del término *jook*, a la de hogar del diablo, derivado del vocablo africano *dzugu*.

Jug

Traducible literalmente por «jarra», se trata de un recipiente de vidrio o barro de boca estrecha, destinado a contener líquidos, habitualmente distintos tipos de whisky, vino o alcohol en general, que se usaba como instrumento soplando por su embocadura desde distintos ángulos. Llegó a ser tan popular entre los músicos callejeros que las bandas que formaban pasaron a llamarse *jug bands*, aunque en ellas se integraban todo tipo de instrumentos caseros, desde tablas de lavar a cucharas, *kazoos*, banjos, violines, contrabajos y guitarras, en muchas ocasiones construidos artesanalmente con cajas de madera o trozos de barriles. Estas bandas fueron muy populares a principios del siglo XX y tuvieron un papel decisivo en el desarrollo y expansión del blues y el jazz primitivos.

Kazoo

Instrumento de la familia de los membranófonos, constituido por un tubo con una abertura en la que se fija una membrana de papel de fumar o un material similar, que al tararear o cantar por un agujero realizado en la embocadura modifica el sonido de la voz logrando un efecto de vibración que lo convierte en el más simple de los instrumentos de viento. Su invención se atribuye a Alabama Vest, un músico de Macon, Georgia, que dio las instrucciones a un relojero alemán, Tadeo von Clegg, quien fabricó el primer modelo y lo presentó en la Feria del Estado de Georgia en 1852. Fue muy usado por músicos y bandas callejeras de blues rural.

«King Biscuit Time»

Programa de la emisora de radio KFFA de Helena, Arkansas, patrocinado por la marca de harina, King Biscuit Flour y pionero en la emisión exclusiva de música hecha por y para afroamericanos. Comenzó a emitirse el 21 de noviembre de 1941 con una actuación de Sonny Boy Williamson II y Robert Lockwood, el germen de los King Biscuit Entertainers, la banda residente del programa a la que se incorporarían el pianista Pinetop Perkins y el percusionista James Peck Curtis y por la que en un momento u otro pasaron *bluesmen* de la talla de Elmore James, Muddy Waters, Jimmy Rogers, Little Walter, James Cotton o Levon Helm. La influencia de este programa fue fundamental en la expansión del blues y tuvo gran peso en los inicios de grandes mitos del género como B. B. King, Robert Nighthawk, James Cotton o Little Walter Jacobs. Fue imitado por otras emisoras y pronto comenzaron a proliferar programas de blues en toda la zona, como el que realizó B. B. King en la WDIA de Memphis, la primera con una plantilla exclusivamente afroamericana. Todavía en emisión, es el programa musical más longevo de la radio en Estados Unidos.

Library of Congress

Situada a espaldas del Capitolio, en Washington D. C., la Biblioteca del Congreso de los Estados Unidos es uno de los mayores centros documentales del mundo con casi 37 millones de libros escritos en 470 idiomas, un millón de periódicos de todo el mundo, 14 millones de grabados y fotografías, decenas de miles de grabaciones cinematográficas y 2,7 millones de grabaciones sonoras. Su labor ha sido fundamental para la preservación de la música folclórica norteamericana y en particular del blues, gracias a las grabaciones de campo, realizadas en granjas, prisiones, *juke joints* o domicilios particulares, que encargó a folcloristas como John y Alan Lomax, Willis Lawrence Jones, John Work o Herbert Halpert, entre otros muchos, y que actualmente están recogidas en el National Recording Registry.

Maxwell Street

Corazón del gueto negro de Chicago, esta calle fue construida a mediados del siglo XIX por inmigrantes irlandeses y ha sido el hogar de las sucesivas oleadas migratorias que llegaban a la ciudad de los vientos: griegos, rusos, alemanes, italianos, afroamericanos y mexicanos.

A mediados del siglo XX, el legendario Maxwell Street Market, en el que se vendía y compraba absolutamente de todo, tanto legal como ilegal, fue también el hogar en el que se crió el nuevo blues electrificado –por el simple método de enchufar el amplificador de la guitarra en la casa de un vecino– que sería mundialmente conocido como Chicago blues. Las aceras de Maxwell Street fueron durante largas temporadas el escenario de mitos del blues como Big Bill Broonzy, Jim Brewer, John Lee Hooker, Little Walter, Buddy Guy, Bo Diddley o Robert Nighthawk, que grabó en plena calle su disco *Live On Maxwell Street - 1964*.

Minstrels

Género musical generalizado en los Estados Unidos en la segunda mitad del siglo XIX que mezclaba la tradición musical blanca con el incipiente folclore negro y cuya característica principal era que sus intérpretes eran blancos con la cara pintada de negro que imitaban, habitualmente de forma grotesca y caricaturesca, los estereotipos afroamericanos. Tras la Guerra Civil fue aumentando paulatinamente el número de artistas negros, dándose la paradoja de que al final estos eran mayoría y habían heredado un espectáculo creado como imitación a su propio folclore. En general eran espectáculos ambulantes en los que se interpretaban distintos tipos de músicas, de baladas a canciones populares o temas instrumentales bailables originarios del folclore europeo y que influyeron poderosamente en la creación de las bases del blues. También era conocido como vodevil *blackface* y sus orígenes se remontan a las primeras décadas del siglo XIX, época en la que cobró fama un espectáculo llamado Jump Jim Crow, a cargo del actor Thomas Dartmouth Rice, conocido por su alias, «Daddy Rice». Fue tal su fama que el nombre Jim Crow acabó sirviendo para referirse despectivamente a los negros del Sur, y también bautizó genéricamente a las leyes segregacionistas que limitaban la libertad de los afroamericanos y que pasarían a la historia como «Leyes Jim Crow».

Mississippi Blues Foundation

Es una organización creada en 2003, integrada por dirigentes políticos, entidades ciudadanas y organizaciones empresariales del estado de Misisipi para la preservación del blues y su promoción como bien cultural. Su herramienta de trabajo es la Mississippi Blues Commission, integrada por dieciocho comisionados que representan a las principales organizaciones y regiones geográficas del estado y su presidente es designado por el gobernador. Sus iniciativas más destacadas y visibles son la Blues Musicians Benevolent Fund, una entidad de ayuda a artistas necesitados, y el Mississippi Blues Trail, una iniciativa que difunde y señaliza toda la geografía del blues, desde los lugares de nacimiento de *bluesmen* y *blueswomen* hasta sus cementerios, sitios emblemáticos, *honky tonks*, lugares de grabación, muesos, etc. La MBF es una entidad interdependiente de The Blues Foundation de Memphis.

Mojo

Término que hace referencia a un poder sobrenatural o un don mágico y que suele materializarse en un amuleto que atrae la buena suerte y otorga un poder de atracción tanto para el sexo opuesto, el dinero o el éxito artístico. Habitualmente adoptaban la forma de un saquito que contenía raíces, huesos de animales, hierbas medicinales, piedras y amuletos de todo tipo proporcionados por una persona ducha en las artes de la hechicería. Proviene del grisgrís, un amuleto africano, y su sentido podríamos asociarlo por proximidad al concepto del *duende* en el flamenco. En el blues ha dado contenido y título a numerosos temas, siendo «I Got My Mojo Working», de Preston *Red* Foster, el más famoso de todos.

Moonshine

Whisky de fabricación clandestina y alta graduación, elaborado originalmente en la región montañosa de los Apalaches, que recibe su nombre (luz de luna) de los contrabandistas ingleses de licor, que trabajaban de noche, aprovechando la luz de la luna. De la contundencia de este brebaje dan fe los otros nombres con los que se conocía, como *panther's breath* (aliento de pantera) o *mule kick* (patada de mula). El *moonshiner*, la persona que fabrica el licor ilegal, fue una figura habitual entre los *bluesmen* y a este negocio se dedicaron, entre otros muchos, Scrapper Blackwell, Charley Jordan, Kokomo Arnold, Mississippi John Hurt y el mismísimo McKinley MorganField, más conocido como Muddy Waters. El tema de referencia más directa es probablemente «Moonshine», de Sonny Boy Williamson I.

Race Records

Llamados inicialmente *negro series* o *colored music*, los discos de cualquier estilo musical grabados por y para negros en Estados Unidos recibieron el nombre de *race records* durante casi treinta años. Su origen oficial se sitúa en 1922, cuando el periódico afroamericano *Chicago Defender* publica el anuncio de un disco en el que usa la denominación «race series of records», aunque dos años antes Okeh Records presentó a Mamie Smith –la primera cantante que grabó un blues– como «our race artist». Originalmente servían para que el público de las ciudades del norte diferenciase la música negra del hilbilly blanco, ambas realizadas en el sur rural del país. Su influencia fue fundamental en la difusión del blues en los años veinte y treinta, aunque su incidencia fue muy escasa entre el público blanco. Se trata fundamentalmente de discos de 78 revoluciones editados por discográficas como

Okeh, Vocalion, Victor, Emerson o Paramount Records y varias otras compañías. La revista Billboard publicó una lista de éxitos de *race records* entre 1945 y 1949, año en el que, a iniciativa del periodista Jerry Wexler, se cambió el nombre por el de *rhythm & blues records.*

Songster

Músico ambulante, habitualmente afroamericano, muy popular en el sur de los Estados Unidos a finales del siglo XIX, tras la abolición de la esclavitud. Su figura es previa a la aparición del blues, género a cuyo nacimiento contribuye y con el que coexiste durante las primeras décadas del siglo XX. Eran sobre todo cantantes, aunque en numerosas ocasiones solían acompañarse con instrumentos, como guitarras, banjos o violines tocados por ellos mismos o por compañeros más o menos ocasionales. Su repertorio abarcaba desde baladas y canciones populares hasta temas bailables y su presencia era habitual en las fiestas campestres, los *medicine shows* o las plazas de pueblos y ciudades. Fueron fundamentales para la creación de un folclore propio de los afroamericanos que influiría decisivamente en la creación y divulgación del blues.

South Side

Barrio de Chicago en el que a mediados del siglo XX se asentó una mayoría de población afroamericana proveniente de los estados rurales del sur de país. En sus calles surgieron los clubs en los que actuaron los músicos que crearon el blues urbano y electrificado que sería universalmente conocido como Chicago blues. A partir de los años sesenta la construcción de la Autopista Dan Ryan que separaba el barrio del resto de la ciudad, incrementó la tradicional segregacion urbana en la que vivían los afroamericanos y el South Side se convirtió en una de las zonas más activas en la lucha por los derechos civiles y en un gueto en el que la semilla de la segregación hizo germinar el *black power*.

Slide

También conocido como *bottleneck*, denomina tanto al utensilio –originalmente un cuello de botella– como a la técnica de tocar la guitarra en la que se usa, deslizándolo sobre las cuerdas a lo largo del mástil mientras se toca una nota para acentuarla prolongadamente. Es una técnica usada por los *bluesman* originales de

Misisipi, quienes la adoptaron del *slack key* de los músicos hawaianos, y además de cuellos de botella usaban navajas, anillos o cilindros de metal para lograr el efecto deseado. Su uso es una de las características más reconocibles universalmente de los músicos de blues.

Speakeasy

Establecimiento clandestino de venta de bebidas alcohólicas sin licencia. Sus orígenes se remontan al primer tercio del siglo XIX, pero proliferaron en Estados Unidos especialmente durante la Ley Seca (1920-1932) y fueron la base del enriquecimiento de las mafias con la fabricación clandestina y el contrabando de bebidas alcohólicas. La corrupción de las autoridades facilitó su expansión y muchos llegaron a ser clubs notorios y conocidos en los que durante los años veinte actuaron asiduamente músicos de jazz y blues. También eran conocidos como *blind pig* o *blind tiger*, especialmente si se trataba de tugurios de mala muerte.

Steel guitar

Instrumento perteneciente a la familia de la guitarra, de forma rectangular y habitualmente sin caja de resonancia –excepto los modelos acústicos primitivos hechos con base en la guitarra española– que se toca en posición horizontal, colocado sobre las rodillas o sobre un armazón, pulsando y frotando las cuerdas con un artilugio denominado *steel*, que es similar al *slide*. Muy utilizado por los músicos de hillbilly y los *bluesmen* originales, su origen está en el *slack key*, un estilo de guitarra hawaiana que se difundió por el sur de los Estados Unidos en los años veinte y treinta. A partir de 1931, la marca Rickenbacker empezó a fabricar guitarras *lap steel* sin caja y amplificadas eléctricamente. Ha tenido evoluciones como la *table steel guitar*, hacia los años cincuenta, con un mástil adicional y ocho cuerdas por mástil, además de un pedal que modificaba la tensión de dos de las cuerdas y la *pedal steel guitar*, con dos pedales y diez cuerdas por mástil.

Theatre Owners Booking Association

Más conocida como TOBA, esta entidad era un circuito de teatros para público negro dirigidos por empresarios blancos –con alguna rara excepción como el Morton Theater de Athens, Georgia– en los que representaban espectáculos de vodevil, música clásica y orquestas y cantantes de jazz y blues. El proyecto se creó a partir de la iniciativa del famoso artista de vodevil y gerente de la Colored Actors' Union, Sherman H. Dudley, quien en la segunda década del siglo XX estableció una red de teatros propiedad de ciudadanos negros en Washington y Virginia. En 1920 se creó formalmente la TOBA, bajo la presidencia de Milton Starr, dueño de un teatro en Nashville. La asociación, conocida popularmente como Toby Time –o Tough On Black Asses (Golpea los Culos Negros), por el duro trato a los artistas– llegó a tener más de 100 teatros y permitió la programación estable de espectáculos por y para negros en los estados del sur de los Estados Unidos, donde imperaba la segregación racial. Las protagonistas del llamado blues clásico, como Ma Rainey, Bessie Smith, Mamie Smith, Ethel Waters o Edmonia Henderson, maestros del jazz y el swing como Louis Armstrong, Fats Waller o Duke Ellington, intérpretes de jazz como Adelaide Hall, cantantes de ópera como Minto Cato, comediantes como Tim Moore o futuras estrellas del music hall como Joséphine Baker, fueron algunos de sus más representativos intérpretes.

Washboard

Instrumento musical de percusión derivado de la tabla de lavar que se toca tanto golpeando la plancha de madera o metal ondulado y raspándola con dedales, cucharillas u otros utensilios de metal. Comenzó a usarse para acompañar el *hamboning*, una danza africana practicada por los esclavos de las plantaciones. Conocido también como *rubbing board*, dio lugar a un tipo de canción, los *rubbing songs* de las lavanderas. Su uso en el blues se generalizó con la eclosión de las *jug bands*, convirtiéndose en el principal instrumentos de percusión de los músicos callejeros. Cayó en desuso con la electrificación del blues y recientemente se ha vuelto a recuperar por los artistas que se acercan a las raíces del género. Su hermano el gemelo, el *frottoir*, usado fundamentalmente en la música zydeco, es prácticamente igual pero prescinde del marco de madera y demás posibles añadidos, quedando reducido sólo a la plancha de metal ondulado.

Work songs

Canciones de trabajo habitualmente ligadas a las plantaciones sureñas, aunque no exclusivas de ellas. Eran piezas sencillas, con ritmo cadencioso y letras improvisadas, interpretadas de viva voz, sin acompañamiento instrumental, y tenían por objetivo fundamental la sincronización de movimientos en los trabajos realizados en grupo. Fueron un denominador común en todo el mundo, sobre todo antes de la mecanización laboral, pero en el sur de los Estados Unidos cobraron una relevancia especial al ser interpretadas por los esclavos de las plantaciones y sus descendientes ya que son el fermento de un folclore genuinamente negro. Emparentados con los *hollers*, o gritos de campo, solían tener un formato de llamada y respuesta y fueron decisivos en el nacimiento del blues.

Filmografía

Los primeros años del blues están escasamente documentados cinematográficamente, con excepción de un par de cortometrajes protagonizados por Bessie Smith y Mamie Smith a finales de los años veinte, o de algunas rarezas casi antropológicas como la grabación realizada hacia 1930 por los noticiarios de cine de William Randolph Hearst del tema «Foldin' Bed», interpretado por Whistler & His Jug Band, la grabación en 1935 de «Harlem Blues» de Mamie Smith y sus intervenciones puntuales cantando en películas como *Paradise in Harlem* (1939), *Mystery in Swing* (1941) o *Because I Love You* (1942), o la fugaz intervención de Black Ace en la película *The Blood of Jesus* interpretando el tema «Truck 'Em On Down». En los años cuarenta Columbia realizará algunas filmaciones como *Boogie Woogie Dream*, una actuación de los pianistas Meade Lux Lewis, Pete Johnson y Albert Ammons o las grabaciones de Leadbelly en el *Folk Songs of America* de la cadena WNYC. Habrá que esperar a los años sesenta para que algunos músicos e investigadores graben a los viejos *bluesmen* para documentales y programas de televisión, como el *Rainbow Quest* de Pete Seeger para la Advertisers Broadcasting Company, en cuyo capítulo 36 dedicado al olvidado Mississippi John Hurt, o la grabación de la cadena de televisión canadiense CBC que en 1966 reunió en Toronto a las mayores estrellas de blues del momento –de Muddy Waters a Sonny Terry y Brownie McGhee, pasando por Willie Dixon o James Cotton– para realizar un programa histórico, *Blues Masters*, que fue reeditado en 1999. Pero sin duda el mejor material fílmico de los años sesenta son los cuatro volúmenes del American Folk Blues Festival grabados entre 1966 y 1969, divididos en dos lanzamientos: el *The American Folk Blues Festival 1962-1966, Vol. 1-3*, y el DVD independiente *American Folk-Blues Festival: The British Tours 1963-1966*, que contienen una magnífica selección de las giras europeas organizadas por los promotores Horst Lippmann y Fritz Rau, con lo más granado del blues del momento, como Muddy Waters, Sonny Boy Williamson, John Lee Hooker, Sippie Wallace, T-Bone Walker, Sonny Terry & Brownie McGhee, Memphis Slim, Otis Rush, Lonnie Johnson, Big Mama Thornton, Bukka White, Howlin' Wolf, Son House y un larguísimo etcétera.

A partir de los años ochenta, y sobre todo de los noventa del siglo XX, las grabaciones de conciertos, festivales y vídeos de artistas consolidados del blues, como los múltiples conciertos de B. B. King, como el *Live in Dallas* de 1983, o «bolos» históricos como el de Muddy Waters & The Rolling Stones en 1981, además de decenas de vídeos de actuaciones en directo de músicos como Albert Collins, Ray Charles, Albert King, John Lee Hooker, Luther Allison, Taj Mahal, Stevie Ray Vaughan, John Mayall o Coco Montoya, por citar sólo a algunos de los más distribuidos, se cuentan por centenares y sería inútilmente prolijo enumerarlos a todos.

Más allá de los documentales y películas sobre el propio género, el blues forma parte de la banda sonora de miles de películas, con una especial incidencia en el género carcelario, de *Cool Hand Luke* (*La leyenda del indomable*), con un magnífica interpretación de «Arletta Blues» a cargo de las guitarras de Howard Roberts y Tommy Tedesco, a *Huracán Carter*, con temas soberbios de Ray Charles y Etta James, e incluso de algún western como *Little Big Man* (Pequeño Gran Hombre) con una banda sonora dominada sorprendentemente por la armónica de blues bajo la dirección del mismísimo John Hammond. También son innumerables los films de la más variopinta temática que tienen el blues como elemento principal de su bandas sonoras: *Angel Heart*, el tenebroso policíaco dirigido por Alan Parker en 1987, *Mystery Train* de Jim Jarmusch en 1989, el drama romántico *The Hot Spot*, de Dennis Hopper en 1990, *Fried Green Tomatoes*, de Jon Avnet en 1991, *Heaven's Prisoners*, de Phil Joanou en 1996, *Big Bad Love*, de Arliss Howard en 2000, o *Fences*, una película dirigida y protagonizada por Denzel Washington en 2016, que narra la historia crepuscular de un ex jugador afroamericano de béisbol, son algunos de los mejores ejemplos de esta estrecha conexión entre el blues y el séptimo arte. Una relación que se concreta detalladamente en la selección que ofrecemos a continuación con los documentales y películas de ficción que mejor han retratado la historia del blues.

St. Louis Blues

Dudley Murphy, 1929

Cortometraje protagonizado por Bessie Smith en los albores del cine sonoro, que se ha convertido en la única herencia fílmica conocida de la emperatriz del blues, que interpreta a una mujer abandonada por su amante, en una quejumbrosa interpretación del tema de W. C. Handy, «St. Louis Blues». Acodada en la barra de un *speakeasy* y aferrada a una jarra de cerveza, Bessie se lamenta por la infidelidad de Jimmy Mardoqueo, el actor y bailarín que interpreta a su novio, mientras el papel de tercera en discordia es para Isabel Washington Powell, que encabezan un elenco de actores exclusivamente afroamericanos. La banda de acompañamiento incluía a James P. Johnson al piano, Thomas Morris y Joe Smith en las trompetas, y al coro de Johnson Hall, que le da a la grabación un sonido grandilocuente nada habitual en las canciones de la diva. Esta banda sonora es la única grabación de Bessie Smith producida fuera de Columbia Records.

Jailhouse Blues
Basil Smith, 1929

Cortometraje de Columbia Pictures protagonizado por Mamie Smith, la cantante que grabó oficialmente el primer disco de blues y que en la película interpreta dos temas: «Jailhouse Blues» y «You Can not Do Do!». La cinta, en la que Mamie interpreta a la mujer de un recluso que implora su liberación, estuvo almacenada durante años en la Biblioteca del Congreso sin banda sonora hasta que en el año 2009 se encontró una copia del disco en Australia y se han podido sincronizar las imágenes con las dos canciones mencionadas. El reparto lo completan los actores J. Homer Tutt, Peter Grainger, Billy Mitchell y Andrew Fairchild.

Low Light and Blue Smoke: Big Bill Blues
Jean Delire, 1956

Cortometraje de dieciséis minutos rodado durante la visita de Big Bill Broonzy a Bruselas en diciembre de 1956, con guion de Jacques Boigelot y un presupuesto tan exiguo que no dio más que para grabar cuatro temas, «When Did You Leave Heaven», «Just A Dream», «Guitar Shuffle» y «Saturday Night Blues», en la ambientación del club de jazz ubicado en la Grand Place, la Cave à Soutra, en un escenario de luces bajas, humo de cigarrillos y botellas de alcohol, en el que Big Bill está acompañado por un reducido elenco de actores, casi figurantes: Patricia Karim (Paule Jehan), Raymond Peira, Monique Verlay y la banda The Bodash & His Feetwarmers. A pesar de obtener el Oso de Plata en la sección de cortometrajes en el Festival de Cine de Berlín de 1957, en su día la película se exhibió sólo en la televisión belga y en clubs de aficionados.

St. Louis Blues
Allen Reisner, 1958

El celebre tema de W. C. Handy, da título también a esta película basada en la vida del hombre que bautizó oficialmente el blues. La película reúne a buena parte de la élite de la música afroamericana del momento, con Nat *King* Cole, Cab Calloway, Ella Fitzgerald, Eartha Kitt, Barney Bigard, Mahalia Jackson, Teddy Buckner, Jester Hairston y los actores Ruby Dee y Juano Hernández. La banda sonora incluye las doce composiciones más emblemáticas de W. C. Handy, interpretadas por Nat *King* Cole con el acompañamiento de las distintas estrellas que forman el reparto, entre las que destaca una impresionante Ella Fitzgerald que a partir de entonces incorporó a su repertorio el tema «St. Louis Blues».

The Blues
Samuel Charters, 1962

Documental realizado en el verano de 1962, por el musicólogo Samuel Charters y su esposa Ann durante un viaje a Saint. Louis, Memphis, Luisiana y Carolina, en el que grabó a músicos prácticamente olvidados entonces como Furry Lewis, J. D. Short, Baby Tate y Sleepy John Estes. Tuvo un lanzamiento limitado a unos cuantos campus universitarios y festivales, pero se convirtió en pieza de culto como una documentación única del blues de preguerra. Además de su valor musical, también tenía una importante carga social, mostrando la pobreza, la segregación racial y la situación de abandono de los *bluesmen*, reflejadas en dos escenas: la de Furry Lewis filmado barriendo las calles y la de la casa de Baby Tate allanada a mitad de la entrevista por la policía local en busca de contrabando. Inexplicablemente la película no sólo desapareció de la circulación, sino que se perdieron todas las copias, incluida la de los Charters, y durante años el documental se consideró perdido para siempre. Sin embargo, una copia de la banda sonora se conservó y acabó llegando a Inglaterra, donde influyó decisivamente en músicos como Cream y los Rolling Stones. Contenía temas de *bluesmen* como Sleepy John Estes, Furry Lewis, Pinkney *Pink* Anderson, Black Ace, Baby Tate, Gus Cannon, Memphis Willie B, Willie Borum y Baby Tate. Afortunadamente, una copia ha sido recuperada y restaurada en 2015 por el dueño de la discográfica escocesa, Document Records, Gary Atkinson

Blues and Gospel Train
Philip Casson, 1964

Programa musical británico producido por Granada Television en un singular escenario de una estación de ferrocarril, que cuenta con las actuaciones en directo de Sonny Terry and Brownie McGhee, Sister Rosetta Tharpe, Muddy Waters, Reverend Gary Davis, Willie *The Lion* Smith, Cousin Joe, Otis Spann y Ransom Knowling.

Devil Got My Woman, Blues at Newport
Alan Lomax, 1966

En el Festival de Blues de Newport de 1966, Lomax tuvo la brillante idea de reproducir la ambientación de un *juke joint* del viejo Sur para grabar una de las piezas documentales más originales de los años sesenta, con las actuaciones de cuatro leyendas del blues como Son House, Skip James, Howlin' Wolf y Bukka White, que no sólo tocan y cantan, sino que además bailan, se gastan bromas e interactúan libremente, lo que convierte esta pieza de una hora en una joya para los aficionados y en un resumen de la historia del blues que va de los años veinte a los cincuenta.

Blues Maker
Christian Garrison, 1969

Cortometraje de quince minutos de duración centrado en la figura del *bluesman* de Misisipi, Fred Mc Dowell, que además de interpretar varios temas de su repertorio realiza algunos comentarios sobre grabaciones de espacios naturales, campos de algodón, pantanos, viejas cabañas y escenas de la vida cotidiana del viejo Sur rural. El film fue producido por el Departamento de Educación de la Universidad de Misisipi y fue grabado nueve años después de que McDowell, uno de los más genuinos representantes del blues rural, fuese redescubierto por Alan Lomax.

The Blues Accordin' to Lightnin' Hopkins

Les Blank, 1970

Es uno de los documentales más genuinos del blues, realizado por uno de los mejores documentalistas independientes de la música estadounidense, Les Blank –con el respaldo del cámara Skip Gerson–, especializado en música popular, con particular atención al entorno social y cultural. El documental está realizado sin recurrir a artificios, grabado en los alrededores de la casa de Hopkins, en Centerville, Texas, incluye imágenes de sus vecinos y se basa en la narración del propio *bluesman* que interpreta sus temas, acompañado en ocasiones por el guitarrista Mance Lipscomb. Una aproximación genuina e íntima a la biografía y las motivaciones personales de uno de los *bluesman* más singulares.

Sounder

Sounder

Martin Ritt, 1972

Un film ambientado en la Luisiana rural de los años de la Gran Depresión que narra las duras vivencias de una familia cuyo padre es encarcelado en una granja penitenciaria y el azaroso camino de su hijo para ir a visitarlo en un viaje que se convierte en una experiencia iniciática. La película adapta la famosa novela homónima del escritor de literatura juvenil William H. Armstrong y está protagonizada por Cicely Tyson, Paul Winfield, Kevin Hooks, James Best y Taj Mahal, que además de encarnar a Ike, un amigo de la familia, interpreta los 20 blues que integran la banda sonora del film, acompañado por Lightnin' Hopkins en cuatro de ellos. En 1973 consiguió cuatro nominaciones a los Oscar y dos a los Globos de Oro.

Lady Sings the Blues
Sidney J. Furie, 1972

Inspirada en la autobiografía de Billie Holiday, a quien da vida la cantante Diana Ross, que se hallaba en la cumbre de su carrera tras su salida de The Supremes y que interpretó también las canciones de la banda sonora –una cuidada selección del repertorio de Lady Day– que en 1973 se aupó al número uno de la lista del Billboard. El film fue producido por Motown Productions para Paramount Pictures y obtuvo cinco nominaciones a los Oscar.

Chicago Blues
Harley Cokeliss, 1972

Curioso documental narrado por el humorista y activista político Dick Gregory, centrado en la vida de los *bluesmen* en Chicago, tratando de salir a flote con su música en medio de las tensiones generadas por la segregación racial, protagonizado por Muddy Waters, Buddy Guy, Junior Wells y el escritor y presentador de televisión Studs Terkel.

Leadbelly
Gordon Parks, 1976

Film biográfico que narra la historia de Huddie William Ledbetter, más conocido como Leadbelly, que está interpretado por Roger E. Mosley, mientras que Art Evans da vida a Blind Lemon Jefferson y James Brodhead a John Lomax. La película se centra en sus orígenes como aparcero, su etapa como lazarillo del *bluesman* ciego Blind Lemon Jefferson y sus peripecias como músico ambulante hasta ser encarcelado por primera vez, posteriormente liberado por el gobernador, conmovido por su pericia musical, y encarcelado de nuevo tras apuñalar a un hombre en una pelea. La película termina con su salida de prisión gracias a los buenos oficios de John y Alan Lomax, que tras grabarlo para la Biblioteca del Congreso le darán la oportunidad de convertirse en una leyenda del blues y del folk americano.

The Land Where The Blues Began
Alan Lomax, 1979

Documental sobre las raíces sociales y musicales del blues, rodado en el Delta del Misisipi por Alan Lomax, John Bishop y Worth Long para la Mississippi Authority for Educational Television. Contiene entrevistas y actuaciones en directo, grabadas la mayoría de las veces en sus casas o al aire libre, de *bluesmen* como Napoleon Strickland, Lonnie Pitchford, Clyde Maxwell, Lucius Smith, Clyde *Judas* Maxwell y su esposa Bea Maxwell, Sonny Boy Nelson, Wilber Puckett, Joe Savage, Walter Brown, William S. Hart, Bill Gordon, James Hall o el reverendo Caesar Smith, músicos locales prácticamente desconocidos por los aficionados al género, en muchos casos agricultores, trabajadores del ferrocarril, predicadores o ex presidiarios, que mantienen la pureza de la tradición del blues.

The Blues Brothers

The Blues Brothers
John Landis, 1980

Esta película de ficción fue responsable en buena medida de la recuperación de la música de raíz afroamericana en los años ochenta, especialmente debido a la presencia en el film de figuras legendarias del blues, el rhythm & blues y el soul. Cuenta las peripecias de John Belushi y Dan Aykroyd, en el papel de los hermanos Jake y Elwood Blues, que tratan de reunir a su vieja banda para realizar un concierto y recaudar fondos para salvar el orfanato en el que se criaron. Se trata de una sucesión de gags y persecuciones, trufadas de excelentes números musicales interpretados por John Lee Hooker, Aretha Franklin, Ray Charles, James Brown y Cab Calloway. La banda montada para acompañar a Belushi y Aykroyd estaba integrada por parte de los mejores músicos de estudio del rhythm & blues como Matt Murphy, Steve Cropper, Lou Marini, Donald *Duck* Dunn, Alan Rubin, Murphy Dunne, Willie Hall y Tom Malone, que con sucesivos cambios han seguido actuando durante décadas bajo el nombre de The Blues Brothers y han editado siete discos. En la traducción del título para España y Latinoamérica desapareció la palabra *blues*, sustituida por referencias al talante de los protagonistas: *Granujas a todo ritmo* y *Los Hermanos Caradura*, respectivamente. Es la novena película musical más taquillera de la historia con una recaudación que supera los 115 millones de dólares.

Mississippi Blues

Robert Parrish y Bertrand Tavernier, 1983

El guionista, actor y director de películas de legendarias de los años cincuenta y sesenta, como *The San Francisco Story o The Purple Plain*, Robert Parrish, realiza su último trabajo como director en esta película en la que, junto al cineasta francés Bertrand Tavernier, realiza un viaje por Misisipi buscando las raíces del blues. La narración comienza con un recuerdo para la muerte de Bessie Smith y a partir de ahí se suceden una serie de entrevistas en las que amas de casa, profesores, predicadores o agricultores, desgranan sus recuerdos, hablan de su vida cotidiana o interpretan viejos blues, mientras rememoran los duros tiempos de la segregación y la lucha por los derechos civiles. Y todo con banda sonora a cargo de músicos prácticamente olvidados como Roosevelt Barnes, Raymond Thomas, Joe Cooper o Hayward Mills.

Paris, Texas

Wim Wenders, 1984

Esta multipremiada producción francoalemana de ficción, rodada en el desierto de Texas, que narra la historia de un hombre amnésico y está protagonizada Harry Dean Stanton, Nastassja Kinski y Dean Stockwell, debe su fama sobre todo a la belleza de sus agrestes imágenes y a su música, a cargo de Ry Cooder, un virtuoso del *slide* que construyó la banda sonora a partir de una versión de un tema de Blind Willie Johnson, «Dark Was the Night (Cold Was the Ground)», uno de los blues más sublimes compuestos jamás.

Crossroads

Walter Hill, 1986

A pesar de las críticas por su simplicidad, esta película tuvo la virtud de descubrir la leyenda del *crossroad* y el pacto con el diablo a un nuevo público no aficionado al blues. Cuenta la historia de Eugene Martone, un joven guitarrista neoyorquino aficionado al blues, interpretado por Ralph Macchio –famoso por su papel en Karate Kid– que conoce a un viejo *bluesman*, presunto amigo de Robert Johnson, Willy *Blind Dog* Brown, un armonicista que languidece en un geriátrico, interpretado por Joe Seneca, músico además de actor. El muchacho y el anciano emprenden un viaje de vuelta a Misisipi, mientras el segundo le enseña los secretos del blues, pacto con el diablo incluido. El guionista, John Fusco, un aficionado al género, se inspiró en un viejo armonicista que conoció personalmente y creó una historia a medio camino entre la comedia sentimental y el musical, que concluye con un duelo de guitarras –bastante alejado del blues– a cargo de Steve Vai y Arlen Roth, que toca realmente la parte de Machio. La banda sonora corrió a cargo de Ry Cooder y por ella circulan *bluesmen* de distintas generaciones, como Frank Frost, John Price, Otis Taylor, Richard *Shubby* Holmes, Bobby King, Willie J. Greene Jr,

Sam King, Arnold McCuller y Terry L. Evans. La popularidad del film se debió en buena medida a la decidida apuesta de la productora, Columbia, que se gastó seis millones de dólares en su promoción.

The Search for Robert Johnson

Chris Hunt, 1991

Documental narrado por John Hammond, hijo del histórico cazatalentos, productor y mánager de artistas como Billie Holiday, Bessie Smith, Benny Goodman o Bob Dylan, entre otros, que realiza un recorrido por el profundo sur de los Estados Unidos tras las huellas de Robert Johnson y su mítico pacto con el diablo, intentando desentrañar una biografía tan oscura como legendaria. El legado musical de Johnson es interpretado por dos de sus viejos compañeros de correrías, Johnny Shines y David Honeyboy Edwards, quien siempre afirmó que acompañaba a Robert la noche que le envenenaron en un garito de Greenwood, Misisipi. Incluye entrevistas con músicos admiradores de Johnson como Keith Richards y Eric Clapton, o estudiosos como Gayle Dean Wardlow y Robert Burton *Mack* McCormick.

Deep Blues: A Musical Pilgrimage to the Crossroads

Robert Mugge, 1991

El crítico musical Robert Palmer es el guionista de un viaje por Misisipi y Tennessee, rastreando a los supervivientes del country blues en una época en la que se consideraba prácticamente desaparecido. En las grabaciones intervienen músicos históricos como Roosevelt Barnes, R. L. Burnside, Jessie Mae Hemphill, Napoleon Strickland, Abe Young, Big Jack Johnson, Junior Kimbrough, Little Joe Ayers, Calvin Jackson, Booker T. Laury, Jack Owens, Lonnie Pitchford, Bud Spiers y Wade Walt, muchos de los cuales vieron relanzada su carrera gracias a este documental de la productora británica Oil Factory Productions, creada por David Allan Stewart –el fundador de Eurythmics– y su hermano John.

Bluesland: A Portrait in American Music

Ken Mandel, 1993

Documental de ochenta y cinco minutos producido por Toby Byron y Richard Saylor, que realiza un exhaustivo recorrido por los diferentes estilos de blues y analiza su impacto en otros géneros como el rock o el swing. Además de entrevistas con expertos y músicos como Albert Murmura, Robert Palmer y Keith David, incluye una extensa selección de grabaciones de figuras clave del blues, el jazz, el rhythm & blues y el rock, como Son House, Big Bill Broonzy, Leadbelly, Charlie Patton, Blind Lemon Jefferson, Bessie Smith, Ma Rainey, Louis Armstrong, Charlie Parker, Brownie McGhee y Sonny Terry, Sonny Boy Williamson, Muddy Waters, Elmore James, B. B. King, Chuck Berry, Elvis Presley o Mick Jagger, entre otros.

Blues Brothers 2000

John Landis, 1998

Cumpliendo el refrán de que nunca segundas partes fueron buenas, esta secuela no tuvo ni de lejos la misma repercusión que su predecesora, dirigida también por Landis en 1980. Protagonizada por Dan Aykroyd tras la muerte de su compañero John Belushi, sustituido en el papel coprotagonista por John Goodman, la película vuelve a reunir a un elenco de estrellas de la música afroamericana como Aretha Franklin, James Brown, B. B. King, Bo Diddley, Koko Taylor, Wilson Pickett, Dr. John, Erykah Badu o Junior Wells, que participan a título individual o en un duelo final entre la formación clásica de los Blues Brothers y un supergrupo denominado The Louisiana Gator Boys, en el que se integran también músicos blancos de blues y rock como Eric Clapton, Steve Winwood, Jimmie Vaughan, Charlie Musselwhite o Jonny Lang. A pesar de su espectacularidad, el guion tiene una carga de previsibilidad que convierte el film en una sucesión de gags y un desfile agradecido de superestrellas del blues y el rhythm & blues.

Can't You Hear the Wind Howl? The Life & Music of Robert Johnson

Peter Meyer, 1998

Uno de los documentales mejor planteados sobre el legendario *bluesman*, realizado a base de fotografías de época, entrevistas exclusivas y recreaciones dramáticas, con Keb «Mo» encarnando a Robert Johnson, en el que el actor Danny Glover ejerce de narrador, sobre un guión de Jean Compton y Peter Meyer, complementando los testimonios de coetáneos como Johnny Shines, Honeyboy Edwards, John Hammond o su hijastro Robert Jr. Lockwood y émulos como Robert Cray, Eric Clapton y Keith Richards. Producido por Sweet Home Pictures, las recreaciones de la vida de Johnson en imágenes en blanco y negro le dan un logrado estilo de docudrama.

O Brother, Where Art Thou?

Joel y Ethan Coen, 2000

Protagonizada por George Clooney, John Turturro y Tim Blake Nelson, que interpretan a tres reclusos fugados de una granja penitenciaria, la película es una revisión de la *Odisea* de Homero ambientada en el profundo sur de los Estados Unidos en los años que vieron nacer el blues. La excusa de la acción es la recuperación del botín de un atraco enterrado en una zona que va a ser anegada por un pantano y en su periplo los protagonistas se topan todos los lugares comunes y mitos del blues primigenio, que incluyen pacto con el diablo, persecución del Ku Klux Klan e incluso un encuentro con el *bluesman* Tommy Johnson –uno de los pioneros que alardeó de su pacto con Lucifer– con quien los fugados graban en una estación de radio un tema, el tradicional «Man of Constant Sorrow», que los hace famosos y que es la canción estrella de una magnífica banda sonora que recibió un premio Grammy en el año 2001. En España se estrenó como *O Brother!* y en Hispanoamérica como *¿Donde estás, hermano?*

O Brother, Where Art Thou?

The Blues, a Musical Journey

Martin Scorsese, 2003

Es el proyecto cinematográfico dedicado al blues más ambicioso realizado hasta el momento. Coincidiendo con el 100 aniversario del legendario momento en que WC Handy descubriese oficialmente el blues en el apeadero de Tutwiler, Martin Scorsese, lanzó esta serie documental de siete películas sobre el origen, evolución y desarrollo del género, del que es un declarado apasionado. El propio Scorsese dirigió *Feel Like Going Home*, el capítulo en el que se bucea en los orígenes y en el que se exponen las claves sociales, culturales y musicales del Delta blues, rastreando sus ancestros en la costa occidental africana. Un viaje en el que ejerce como guía uno de los miembros más destacados de las nuevas generaciones del blues, Corey Harris, y en el que se entremezclan grabaciones antiguas y recientes, actuaciones en vivo y declaraciones de protagonistas de distintas épocas.

Wim Wenders se encarga de dirigir el capítulo en el que se perfila la figura del *bluesman*, titulado *The Soul of a Man*, y dedicado a tres artistas de distintas épocas y trayectorias: Skip James, Blind Willie Johnson y J. B. Lenoir. El episodio integra actuaciones de artistas tan variopintos como Beck, Bonnie Raitt, Shemekia Copeland, Jon Spencer Blues Explosion, Nick Cave, T-Bone Burnett, Lou Reed o Los Lobos. El tercer episodio, *The Road to Memphis*, dirigido por Richard Pearce está dedicado al blues de Memphis y su mítica calle-escenario, Beale Street, con la participación de uno de sus hijos predilectos, B. B. King, y actuaciones y entrevistas de artistas como Bobby Rush, Rosco Gordon e Ike Turner. La dicotomía entre Dios y el diablo es el tema de fondo de *Warming by the Devil's Fir*, el capítulo que dirige Charles Burnett y que narra el viaje de un joven a Misisipi en una visita familiar y se sumerge en los mundos opuestos de un madre religiosa y aficionada al góspel y de un tío fanático del blues. La banda sonora está integrada por la mayoría de los grandes mitos del género, de Bessie Smith a Dinah Washington, pasando por Big Bill Broonzy, Ida Cox, Muddy Waters, Sister Rosetta Tharpe o John Lee Hooker, por citar sólo algunos de los nombres más sonoros de una veintena de *bluesmen* y *blueswomen*.

El blues de Chicago es el protagonista de fondo del episodio titulado *Godfathers and Sons*, dirigido por Marc Levin y protagonizado por el rapero Chuck D y el hijo de Leonard Chess, Marshall Chess, que se unen en la producción de una versión de *Electric Mud*, el polémico álbum con el que Muddy Waters intentó hacer una aproximación al rock psicodélico en 1968. En el proyecto se mezclan estrellas del blues como Pinetop Perkins, Magic Slim o KoKo Taylor, con músicos de hip hop como Chuck D o Common, además de incluir actuaciones de archivo de los grandes mitos del Chicago blues. El sexto capítulo está dedicado al blues británico bajo el título de *Red, White and Blues* y con dirección de Mike Figgis, que en su día tocó en una banda blues con Brian Ferry y que documenta la labor de músicos como Eric Clapton, Steve Winwood o Eric Burdon, que adaptaron a su estilo personal el blues de los grandes maestros norteamericanos y alumbraron un estilo que no sería deudor del original, sino que serviría para dar a conocer al mundo entero a los *bluesmen* originales. El broche de este gran proyecto documental lo pone Clint Eastwood, con el capítulo titulado *Piano Blues*, con entrevistas a grandes maestros como Ray Charles, Pinetop Perkins, Dr. John o Marcia Ball y grabaciones de archivo de Fats Domino, Otis Spann, Art Tatum, Pete Johnson, Jay McShann, Nat King Cole, Martha Davis, Professor Longhair o Duke Ellington, entre otros.

Blues Story

Jay Levey, 2003

Documental de noventa minutos de duración realizado fundamentalmente con material de archivo que incluye viejas grabaciones de entrevistas a *bluesmen* históricos, fotografías, imágenes de conciertos y antiguas grabaciones musicales de músicos como Bobby *Blue* Bland, Charles Brown, Clarence *Gatemouth* Brown, Ruth Brown, R. L. Burnside, Honeyboy Edwards, Willie Foster, Lowell Fulson, Buddy Guy, John Jackson, B. B. King, Koko Taylor, Robert Lockwood o Magic Slim, entre otros muchos. Todo ese material se vehicula con comentarios de historiadores, críticos y expertos en el género que realizan un recorrido desde sus raíces africanas hasta su momento de esplendor como blues urbano en la segunda mitad del siglo XX.

Hellhounds on My Trail: The Afterlife of Robert Johnson

Robert Mugge, 2000

Documental concebido como un tributo al mítico *bluesman* por parte del Rock and Roll Hall of Fame de Cleveland, que no aporta ninguna novedad pero que incluye un buen puñado de actuaciones de homenaje a cargo de músicos como Roosevelt Barnes, Rory Block, R. L. Burnside, Guy Davis, Robert Lockwood Jr., Keb «Mo»,

Eric Clapton y el guitarrista de Grateful Dead, Bob Weir. Incluye también archivos sonoros del propio Robert Johnson y entrevistas a productores, especialistas y *disc jockeys* como Robert Porter, Jim O'Neal o Peter Guralnick.

Bill Wyman's Blues Odyssey

Bill Wyman, 2001

El ex bajista de los Rolling Stones rinde homenaje a los *bluesmen* y *blueswomen* que influyeron decisivamente en su carrera con este documental que cuenta con recreaciones históricas, imágenes de archivo, actuaciones y entrevistas de personajes de los más variado, como los músicos B. B. King, Otis Rush, Taj Mahal o Buddy Guy, el miembro de los Beach Boys Mike Love, el legendario productor Sam Phillips o el granjero Gil Stovall, propietario de la hacienda donde Muddy Waters pasó su infancia, entre un largo elenco de personajes que dan una dimensión global de la historia del blues.

You See Me Laughin': The Last of the Hill Country Bluesmen

Mandy Stein, 2002

Tal como indica su subtítulo, es un documental sobre los últimos representantes históricos del Hill Country Blues, el estilo de las montañas del norte de Misisipi, como R. L. Burnside, T-Model Ford, Junior Kimbrough, Johnny Farmer, Cedell Davis, Asie Payton o Kenny Brown. El documental mezcla entrevistas y declaraciones de los supervivientes, con imágenes de archivo –entre las que destacan las de R. L. Burnside y sus giras con Iggy Pop y John Spencer Blues Explosion– y actuaciones en vivo. Buena parte de ese material fue proporcionado por el sello independiente Fat Possum Records, que trabaja para mantener viva la memoria del Hill Country y es a su vez protagonista de la película.

Ray

Taylor Hackford, 2004

Jamie Foxx en *Ray*

Biopic que recrea la vida de Ray Charles, interpretado por Jamie Foxx, acompañado en el reparto por C. J. Sanders –que da vida al joven Ray–, Kerry Washington, Regina King, Clifton Powell y Harry Lennix, entre otros. La historia se centra en los inicios de Charles, su periodo como revelación musical de Atlantic Records, su adicción a las drogas y su complicada relación con las mujeres, hasta su consolidación como estrella de la música negra estadounidense. La banda sonora corrió a cargo del propio Ray y de Craig Armstrong, y está integrada por 12 temas escogidos entre lo más granado del repertorio del genio de Georgia, que falleció el mismo año de su estreno. La labor del actor Jamie Foxx mereció un oscar y la película recibió otro por su banda sonora además de dos Globos de Oro y dos BAFTA.

Lomax: The Songhunter

Rogier Kappers, 2004

Documental de homenaje a Alan Lomax, el musicólogo responsable –junto con su padre– de grabar y rescatar del olvido a la mayoría de los *bluesmen* históricos. Está estructurado como una *road movie* en la que las distintas etapas del viaje vital de Lomax son recreadas mediante las entrevistas con los protagonistas de sus grabaciones, que le llevaron mucho más allá del entorno del blues, a todos los rincones del planeta. La idea original del director era grabar una extensa entrevista con el propio Lomax, pero la hemorragia cerebral que sufrió en 1998 lo dejó incapacitado para hablar, así que sustituyó su testimonio por el de los testigos de su trabajo, desde músicos como Pete Seeger hasta pastores de las montañas escocesas, pasando por labradores gallegos o matronas italianas. El documental se complementa con grabaciones realizadas en su día a artistas como Leadbelly o Woody Guthrie y con extractos de una entrevista de Lomax concedida a la BBC en 1991.

Eric Clapton: Sessions for Robert J

Stephen Schible y Chris Hilson, 2004

Eric Clapton es uno de los mayores y más reconocidos fans de Robert Johnson y este es su tributo más personal al gran mito del blues. Se trata de un documental grabado en Londres y Dallas durante los ensayos de la gira de presentación del disco homónimo, e incluye una sesión de grabación muy especial realizada en el almacén de Dallas donde Johnson hizo algunas de sus grabaciones. Incluye también comentarios de Clapton sobre su descubrimiento de Robert Johnson y los *bluesmen* originales retrocediendo desde el blues blanco y conversaciones sobre los temas del disco con su banda de acompañamiento. La última parte, con Clapton en solitario, fue rodada en Santa Mónica.

Richard Johnston: Hill Country Troubadour

Max Shores, 2005

Documental narrado y protagonizado por el hombre orquesta Richard Johnston, que realiza un viaje personal en busca de las raíces del Misisipi Hill Country blues. En su recorrido en furgoneta por el norte del estado, Johnston entrevista a grandes del género como R. L. Burnside y Jessie Mae Hemphill o a jóvenes como Richard Johnston o Kinney Kimbrough, hijo del histórico Junior Kimbrough, al tiempo que actúa en calles y locales de las localidades que visita o en su propia furgoneta.

Black Snake Moan

Black Snake Moan

Craig Brewer, 2006

Con título inspirado en el tema de Blind Lemon Jefferson, «The Black Snake Moan», narra las desventuras de una joven toxicómana y ninfómana blanca, maltratada por su amante, que se refugia en la cabaña de un antiguo *bluesman* negro reconvertido en fanático religioso, que pretende devolverla a la senda de la virtud por el expeditivo método de encadenarla en su casa y alternar los sermones religiosos con las canciones de blues que interpreta a la guitarra y que llegan a su mayor grado de virtuosismo durante una enloquecida fiesta en un garito de afroamericanos. Protagonizada en sus papeles principales por Samuel L. Jackson, Christina Ricci y Justin Timberlake, esta película de ficción, lejanamente basada en la novela *Silas Marner*, de George Eliot, es todo un homenaje al blues del Misisipi y su banda sonora contiene temas de Son House, R. L. Burnside, Jessie Mae Hemphill, Bobby Rush, Scott Bomar o el propio Samuel L. Jackson, entre otros.

Honeydripper

John Sayles, 2007

Con un reparto encabezado por Danny Glover, que incluye músicos y cantantes como Keb «Mo», Kel Mitchell, Gary Clark Jr. o Mable John –la primera *blueswoman* que firmó con el sello Tamla de Motown– al servicio de una banda sonora a cargo de Mason Daring, que incluye temas de Tampa Red, Joe McCoy, Memphis Slim, J. Mayo Williams & Estelle Johnson, Jessie Mae Robinson y Hank Williams. La acción transcurre en un pueblo de Alabama en el que un joven músico vagabundo se hace pasar por un famoso guitarrista de Chicago para salvar un garito de blues en decadencia, en los años en los que el viejo blues rural está dando paso al blues electrificado de Chicago y al rhythm & blues.

Cadillac Records

Cadillac Records
Darnell Martin, 2008

Película de ficción que narra los primeros tiempos del sello *Chess Records*, que supuso la mayor concentración de estrellas del blues y el rhythm & blues durante los años cincuenta. Centrada en la figura de Leonard Chess –fundador de la compañía junto a su hermano Phil– a quien da vida Adrien Brody, el film narra los encuentros y desencuentros de las grandes mitos de la época como Muddy Waters, Little Walter, Willie Dixon, Howlin' Wolf, Etta James, Chuck Berry o Jimmy Rogers, interpretados por artistas como Jeffrey Wright, Columbus Short, Cedric the Entertainer, Eamonn Walker, Beyoncé, Mos Def y Kevin Mambo, respectivamente. La conjunción de estrellas, una cuidada ambientación y una banda sonora producida por Steve Jordan recibió tres nominaciones a los Grammy en 2010 y fue número uno en la lista de blues del *Billboard*.

Who Do You Love?
Jerry Zaks, 2008

Biopic titulado como la canción de Bo Diddley que narra la vida del productor Leonard Chess, creador junto a su hermano Phil del sello discográfico que lleva su apellido y que fue decisivo para la consolidación y difusión del Chicago blues. La película está protagoniza por Alessandro Nivola, David Oyelowo (como Muddy Waters), Robert Randolph (como Bo Diddley), Chi McBride (como Willie Dixon), Tim Bellow (como Chuck Berry) y Miko DeFoor (como Little Walter), entre otros. Menos espectacular que *Cadillac Records*, la película es bastante más fiel a la historia real, aunque se da la curiosa circunstancia de que fue rodada en Nueva Orleans y no en Chicago, donde transcurre la acción.

Toot Blues

Chris Johnstone, 2008

Documental dedicado a la Music Maker Relief Foundation, fundada por Timothy Duffy, un musicólogo de Carolina del Norte, y su esposa Denise, en 1994, para preservar la memoria del blues tradicional de la zona de Winston-Salem, plagada de artistas tan geniales como excéntricos. Está protagonizado por ancianos *bluesmen* y *blueswomen* a la vez legendarios y semidesconocidos, como Adolphus Bell, Guitar Gabriel, Essie Mae Brooks, Willa Mae Buckner, Cool John Ferguson, Boo Hanks, Macavine Hayes o Beverly *Guitar* Watkins, entre otros, casi todos abocados a una situación de abandono y pobreza que la Music Maker trata de paliar en lo posible. El propio Tim Duffy ejerce las funciones de narrador, entrevistador y realizador de las actuaciones en vivo que componen este peculiar viaje a una de las zonas más olvidadas del blues.

Me and the Devil Blues

Aidan Prewett, 2009

La búsqueda de las raíces del blues y el mito de Robert Johnson de dos jóvenes músicos australianos son la base de este documental de tono aparentemente ingenuo, pero que revela la universalidad del blues, en una serie de encuentros de los protagonistas con personajes como Miriam Chamani, sacerdotisa del Templo Espiritual Voodoo de Nueva Orleans, el veterano *bluesman* Willie *Big Eyes* Smith, o Ben Payton, uno de los representantes del Delta blues actual, en un recorrido por los lugares tópicos del blues, de las calles de Clarksdale y Nueva Orleans, a los Estudios de Sun Records.

Roll Over Beethoven - Chess Records Story

James Maycock, 2010

Documental realizado con motivo del sesenta aniversario del sello creado por los hermanos Chess, en el que se repasa la historia de esta emblemática discográfica y su decisiva influencia en la evolución de la música negra en la segunda mitad del siglo XX. La narración abunda en detalles anecdóticos sin perder de vista las relaciones y el trasfondo social y racial en el que se movieron los creadores y técnicos de la discográfica, en su mayoría blancos, y los músicos negros. Las declaraciones de músicos y cantantes como Sugar Pie Desanto, Billy Boy Arnold o Andre Williams y testigos históricos o trabajadores de la compañía, como Marshall Chess, el hijo del fundador Leo, el jefe de ventas Max Cooperstein, el distribuidor Stan Lewis o el *disc jockey* Herb Kent, se mezclan con imágenes y comentarios de artistas de otras épocas y estilos como Jimmy Page, de Led Zeppelin, Mick Hucknall, de Simple Red o Chuck D, de Public Enemy, e imágenes de archivo y recreaciones de la época a cargo de actores, para conformar un sólido documental.

Hugh Laurie: Down by the River

John-Paul Davidson, 2011

Documental en el que el actor Hugh Laurie realiza un recorrido de Texas a Nueva Orleans interpretando canciones en un homenaje personal y un viaje a las raíces y la historia del blues y el jazz, en el que toman parte músicos como Allen Toussaint, Irma Thomas, Tom Jones, el cantautor y productor Joe Henry y el propio Hugh Laurie. El documental pertenece a la serie de la televisión británica *Perspectives*, que en 2013 emitiría otro episodio de homenaje del actor británico al blues, *Hugh Laurie: Copper Bottom Blues*.

Blues America

Mick Gold, 2013

Documental de la BBC Four dividido en dos partes: *Woke Up This Morning* y *Bright Lights, Big City*, narrado por el músico de rock y hip hop Huey Morgan, que cuenta con la participación de estrellas como Keith Richards, Taj Mahal, Chuck D, Bonnie Raitt, Seasick Steve y Buddy Guy, con cuyos testimonios se construye la narración de la historia del blues desde sus orígenes hasta el nacimiento del rock & roll y su decisiva influencia en géneros como el pop británico o el hip hop.

Bessie

Dee Rees, 2015

Película producida por el canal de televisión HBO TV sobre la emperatriz del blues, centrada en su azarosa y turbulenta vida y su ascensión desde joven cantante de espectáculos ambulantes a famosa estrella de la canción. Bessie Smith está interpretada por Queen Latifah, acompañada en el reparto por Michael Kenneth Williams como su primer marido, y por Mo'Nique como Ma Rainey, la madre del blues que le dio la alternativa en los escenarios. Recibió cuatro premios Emmy.

Memoire de Blues de Jacques Morgantini

Jacques Grasser, 2016

Documental editado por el Jazz Hot Club de Pau recopilando el abundante material que Jacques Morgantini y su esposa Marcelle recopilaron durante años durante las visitas que realizaron a su casa de Pau, en el sudoeste de Francia, que se convirtió durante décadas en la embajada del blues norteamericano, visitada por artistas como Big Bill Broonzy, John Lee Hooker, T-Bone Walker, Rosetta Tharpe, Koko Taylor, Pinetop Perkins, Johnny Shines o Memphis Slim, entre otros, durante sus giras de conciertos por Europa durante los años sesenta y setenta. El documental recoge los recuerdos de Morgantini, entrevistas y grabaciones realizadas en su propio domicilio y grabaciones realizadas por Marcelle a principios de los setenta en los clubs del South Side y el West Side de Chicago a artistas que entonces eran prácticamente ignorados en su país de origen, como Magic Slim, Jimmy Dawkins o Jimmy Johnson.

I Am The Blues

Daniel Cross, 2017

Documental canadiense que explora la pervivencia del blues, comenzando su recorrido en el Blue Front Cafe, en Bentonia, para adentrarse en los pantanos de Luisiana o en los bosques del norte de Misisipi de la mano de viejas glorias que aún actúan en el tradicional *Chitlin' Circuit*, como se conocía la ruta de los locales donde los músicos de blues podían actuar con libertad en los tiempos de la segregación racial. En la película, escrita por el propio Daniel Cross y producida por Eye Steel Film, aparecen tanto viejas leyendas como músicos desconocidos para el gran público como Bobby Rush, Barbara Lynn, Henry Gray, Carol Fran, Little Freddie King, Lazy Lester, Robert *Bilbo* Walker, Jimmy *Duck* Holmes, R. L. Boyce, L. C. Ulmer y Paul *Lil' Buck* Sinegal.

American Epic

Bernard MacMahon, 2017

Serie documental realizada por la BBC y producida por Jack White, T. Bone Burnett y Robert Redford que bucea en los orígenes de la música de raíz norteamericana de inicios del siglo XX: el blues, el góspel, el folk, el sonido cajún, la música hawaiana y la de los nativos americanos. Narrado por Redford y escrito por Elijah Wald, el proyecto es fruto del trabajo del director Bernard MacMahon, la productora y escritora Allison McGourty y el guitarrista de la banda Garbage, Duke Erikson, que recorrieron los Estados Unidos en busca de material y recuerdos de los pioneros musicales. La serie recoge imágenes de archivo inéditas, películas, fotografías y entrevistas con músicos y testigos de la época, entre los que se encuentran The Carter Family, la Memphis Jug Band, Elder Burch, The Williamson Bros. & Curry y Dick Justice. También contó con la contribución de músicos actuales como el *bluesman* Taj Mahal, la estrella del country Willie Nelson, el músico y actor Steve Martin o el rapero Nas.

Bibliografía recomendada

No Ficción

BAERST, DAVID, *Hexagone Blues (2 Vol.)*, Camion Blanc, Rosières-en-Haye, 2015.

BAS-RABÉRIN, PHILIPPE, *Blues moderno*, Ediciones Júcar, Gijón, 1983.

BOURGEOIS, ANNA STONG, *Blueswomen: Profiles of 37 Early Performers, with an Anthology of Lyrics, 1920-1945*, McFarland, Jefferson, 2004.

BRUNNING, BOB, *Blues: The British Connection*, Helter Skelter Publishing, Londres, 2016.

COHN, LAWRENCE, *Solamente Blues: la música y sus músicos*, Paidós Ibérica, Barcelona, 1994.

DAVIS, FRANCIS, *The History Of The Blues: The Roots, The Music, The People*, Da Capo Press, Cambridge, Massachusetts, 2003.

DEMÊTRE, JACQUES Y CHAUVARD, MARCEL, *Voyage au pays du blues*, Editions CLARB, Lavallois-Perret, 1994.

DOMENECH FEDI, JOSÉ M., *La música del diablo. Historia del blues británico*, Curbet Ediciones, Girona, 2012.

DOMENECH FEDI, JOSÉ M., *Pianistas de Blues*, Lenoir Ediciones, Llagostera (Girona), 2018.

GARCÍA LEDESMA, JORGE, *El camino triste de una música: el blues en México y otros textos de blues*, Ediciones La Cuadrilla de la Langosta, México, D. F., 2008.

GINZERG, ELI Y EICHNER, ALFRED S., *El negro y la democracia norteamericana*, Biblioteca de Historia de la Editorial Uteha, México D. F.,1968.

GIOIA, TED, *Blues: La música del Delta del Misisipi*, Turner Publicaciones, Madrid, 2010.

GRÄTZER, GABRIEL, *Blues por regiones*, Collegium Musicum de Buenos Aires, 2013.

GRÄTZER, GABRIEL Y SASSONE, MARTÍN, *Bien al sur. Historia del blues en la Argentina*, Gourmet Musical Ediciones, Buenos Aires, 2015.

HARRISON, DAPHNE DUVAL, *Black Pearls: Blues Queens of the 1920s*, Rutgers University Press, New Brunswick, 1988.

HEMSY DE GAINZA, VIOLETA, *Claudio Gabis: Sur, blues y educación musical*, Lumen Argentina, Buenos Aires, 2000.

HERZHAFT, GÉRARD, *La gran enciclopedia del Blues*, Ma Non Troppo, Barcelona, 2003.

HJORT, CHRISTOPHER, *Strange Brew: Eric Clapton and the British Blues Boom*, Jawbone, Londres, 2007

JACKSON, BUZZY, *Disfruta de mí si te atreves*, Alba Editorial, Barcelona, 2006.

JONES, LEROI (AMIRI BARAKA), *Blues people: Música negra en la América blanca*, Nortesur Editorial, Sant Cugat del Vallès (Barcelona), 2011.

KOMARA, EDWARD, *Encyclopedia of the Blues* (2 Vol.), Routledge, Nueva York, 2005.

LÓPEZ POY, MANUEL, *Camino a la libertad. Historia social del blues*, Bad Music Blues, Barcelona, 2009.

LÓPEZ POY, MANUEL, *Entre el cielo y el infierno. Efemérides del blues clásico*, Lenoir Ediciones, Llagostera (Girona), 2013.

MORGAN, KENNETH, *Cuatro siglos de esclavitud transatlántica*, Editorial Crítica, Barcelona, 2017.

MYRUS, DONALD, *Baladas, Blues y el Big Beat*, Editorial Diana, México, 1966.

OLIVER, PAUL, *Historia del Blues*, Alfaguara Nostromo, Barcelona, 1976.

PALMER, ROBERT, *Deep Blues. A musical and Cultural History, from the Mississippi Delta to Chicago's Southside to the World*, Penguin Books, Nueva York, 1988.

PEDRO, JOSEP, *El blues en Madrid. Una exploración de la cultura musical en el espacio urbano*, UCM, 2012.

ROLF, JULIA, *Blues: La historia completa*, Ma non tropo, Barcelona, 2008.

SAWYER, CHARLES, *B.B. King*, Ediciones Jucar, Gijón, 1989.

SOUTHERN, EILEEN, *Historia de la música negra norteamericana*, Ediciones Akal, Madrid, 2001.

TONER, ANKI, *Blues*, Celeste Ediciones, Madrid, 1995.

TRULLS, ALFONSO, *Blues: vieja música, nueva música*, Ediciones Cátedra, Madrid, 1996.

VERNON, PAUL, *African-American Blues, Rhythm and Blues, Gospel and Zydeco on Film and Video, 1926-1997*, Ashgate Pub Ltd, 1999.

WYNN, NEIL A., *Cross the Water Blues: African American Music in Europe*, University Press of Mississippi, 2007.

Ficción

BARNATÁN, JIMMY, *New York Blues*, La Esfera De Los Libros, Madrid, 2012.
LEONARD, ELMORE, *El Blues del Mississippi*, Ediciones B, Barcelona, 2006.
LOPÉZ POY, MANUEL/ANECHINA, SUSI, *Los días azules. Ficciones del blues*, 66 RPM Ediciones, Barcelona, 2012.
MOSLEY, WALTER, *Blues de los sueños rotos*, Anagrama, Barcelona, 2001.
SABUGAL, NOEMÍ, *Una chica sin suerte*, Ediciones del Viento, A Coruña, 2018.
SIERRA I FABRA, JORDI, *Alma de blues*, Timun Mas, Barcelona, 1991.
VICO, JUAN, *Hobo*, Ediciones de la Isla de Siltolá, Sevilla, 2013.
WIDEMAN, JOHN EDGAR, *Homewood blues*, Editorial Montesinos, Vilassar de Dalt-Barcelona, 1987.

Cómics

ANGUX/TAMARIT, NÚRIA, *Avery's Blues*, Dibbuks, Madrid, 2016.
CASINI, STEFANO, *Moonlight Blues*, Astiberri, Bilbao, 2005.
CRUMB, ROBERTY, *R.*, *Crumb Draws the Blues*, Knockabout Comics, Londres, 1992.
CUZOR, STEVE/COLMAN, STÉPHANE/THIRAULT, PHILIPPE, *O'boys*, Norma, Barcelona, 2012.
DILLIES, RENAUD, *Betty Blues*, Ponent Mon, Alicante, 2007.
DUCHAZEAU, FRANTZ, *El sueño de Meteor Slim*, Ponent Mòn, Alicante, 2008.
DUCHAZEAU, FRANTZ, *Blackface Banjo*, Spaceman Books, Madrid, 2015.
DUPONT, JEAN-MICHEL/MEZZO, *Love in vain. Robert Johnson (1911-1938)*, Spaceman Books, Madrid, 2014.
Serie BD Blues, Éditions Nocturne, Paris.
1 *Sonny Terry & Brownie McGhee*, Éric Cartier, 2004.
2 *A Gospel Story*, Kkrist Mirror, 2004.
3 *Charley Patton*, Robert Crumb, 2004.
4 *Robert Johnson*, Jean-Sé, 2005.
5 *Muddy Waters*, René Hausman, 2005.
6 *John Lee Hooker*, Steg, 2006.
7 *B. B. King*, Jean-Michel Nicollet, 2006.
8 *Blind Lemon Jefferson*, Rodolphe e Isaac Wens, 2006.
9 *Lead Belly*, José-Louis Bocquet y Steve Cuzor, 2006.
10 *T. Bone Walker*, Yves Leclercq y Georges Van Linthout, 2007.
11 *Howlin' Wolf*, Benoît Bonte, 2007.
12 *The Big Bill Broonzy's Legend*, Laurent Astier, 2007.
13 *Memphis Minnie*, Olivier Wozniak, 2008.

14 *Sonny Boy Williamson*, Jean Songe y Jean-Christophe Chauzy, 2008.
15 *Ray Charles*, José Correa, 2010.
16 *Memphis Slim*, Will Argunas, 2011.
17 *The Blues*, Sergio Toppi, 2014.
18 *Skip James*, Maël Rannou y Jean Bourguignon, 2016.

VOLLMAR, ROB/GARCÍA CALLEJO, PABLO, *Bluesman* (Tres tomos), Edicions De Ponent, Alicante, 2005.

VV. AA. *La historia del blues (Siniestro Total presenta)*, Under Cómic, Madrid, 2000.

Playlist

A través del siguiente enlace o código Qr puedes escuchar una selección de las mejores canciones de blues seleccionadas por el autor:

https://open.spotify.com/playlist/7JAqt7wlWwt6Y8LNOkXJMo

En la misma colección

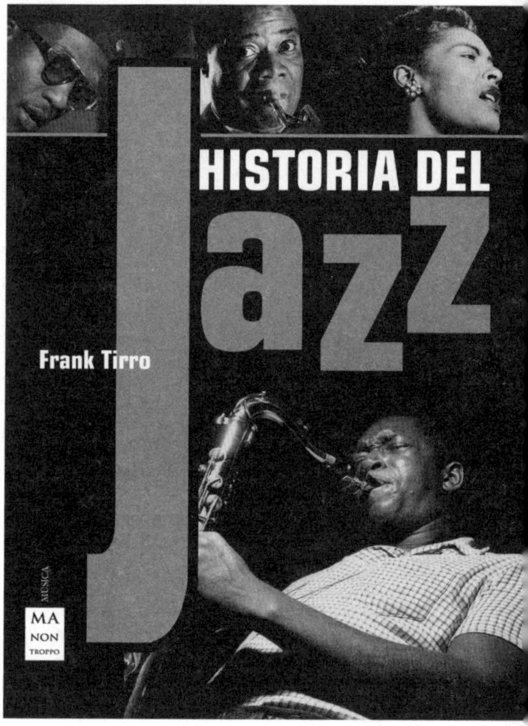

Próximamente

Vintage
Grégoire Hervier

Un *thriller* que ningún aficionado al rock y al blues puede perderse.

Con un sinfín de historias y anécdotas sobre guitarras míticas, artistas legendarios y lugares emblemáticos del rock y el blues.

Un joven guitarrista apasionado por los instrumentos musicales, que trabaja ocasionalmente con un vendedor de renombre, tiene la mision de entregar una antigua guitarra a un excéntrico coleccionista inglés en una mansión en las orillas de Loch Ness. El colecciónsta le encarga una misión increíble: encontrar el prototipo de una guitarra mítica, misteriosa y maldita, la Moderna. aunque no se sabe si realmente existió... Cinco años de documentación y una erudición impresionante han resultado en una novela con aire vintage, una ensoñación increíble, al ritmo de los viajes por carretera en USA sobre los orígenes artísticos y técnicas de blues, rock'n'roll, metal ... y las guitarras.

Publicación febrero 2019. Reserve su ejemplar en: info@redbookediciones.com